U0111250

三聯學術文庫

本書出版獲教育部人文社會科學重點研究基地

中山大學歷史人類學研究中心資助

國家與文化領導權

上海大眾文化的社會主義改造（1949-1966）

肖文明／著

出版說明

　　上世紀八十年代以來的中文學術出版，從以譯介西方學術和思想精華為主，逐漸發展至開掘本土學術資源與引進世界級學術成果並重。在過去三十年間，學科體系漸趨完備，中文原創學術作品與論述體系已成規模，學術出版也因此而獲得源源不斷的知識資源。

　　三聯書店素負有「傳播新銳思想、弘揚中國文化」的使命，自三十餘年前便開始出版不少學術系列叢書，如「近代中國學術名著叢書」、「三聯精選‧學術系列」、「西方文化叢書」等。當時的出版風格已相當超前，不拘囿於學科界限，為我們今天的學術出版打下了堅實的基礎。在中西文化交匯、多元學術價值並存的今日之香港，傳承和發揚這一獨特的出版傳統，並使之在與外部世界的對話中迸發出新的火花，是我們的使命，更是夙願。

　　「三聯學術文庫」正是為發揚這一傳統而新設立的開放、多元、自由的學術出版平台。文庫收入人文與社會科學領域的海內外中青年學者以中文寫作、富有學術創見的原創專著，每年分輯推出。作品需交由學術專家評審通過，並符合學術規範，方可入選。文庫以嚴格的標準接納多元思維，尤其強調作品能夠體現新視角、新見解或是新的研究方法。

　　學術研究對於世界的意義，從來不限於在經濟、社會及文化上提供量化的價值。儘管世界在急遽變化，思想卻愈需要空間去沉澱。學

術研究是複雜且糾結、漫長且孤獨的過程，我們願一如既往，鼓勵和襄助海內外優秀學者，將他們歷經多年思考與積澱的論述，以樸實而典雅的形式，凝聚為充實而有光輝的著作，呈現於讀者面前，真正實現以學術出版引領社會思潮。我們期待海內外學人不吝賜稿、充實文庫，在當代學術史上劃下光亮的軌跡。

三聯書店（香港）有限公司編輯部

目錄

導論

一、引言：新中國與文化領導權

1. 導言

本書源自筆者多年來對中國文化變遷的關注。錢穆先生曾被形容為「一生為故國招魂」，而其歷史背景自然是中國固有文化一定程度上成為「遊魂」。中國傳統文化如何成為「遊魂」，而此「遊魂」是否可「魂兮歸來」，這些都是引人深思的問題。如果借用余英時先生關於「內在理路」與「外在機緣」的區分，那麼社會學對於文化變遷的分析，毋寧更偏向「外在機緣」的一面。從社會學的視野來審視文化變遷，我們會發現，文化在現代社會所面對的獨特處境，是盧曼（Niklas Luhmann）所說的自我指涉的（self-referential）具有自主性的諸社會系統的興起與擴張，[1] 而其中最值得關注的即政治系統（以國家為最樞紐的組織）與經濟系統（以市場為基本機制）。儘管傳統社會中的文化決不是停滯不動，但現代社會的到來顯然使得文化變遷的速度和範圍變得更快和更大，而現代國家與市場的興起是其中最重要的影響力量。因此，對於社會學者而言，對現代國家與市場的細緻分析與理解，是分析文化變遷的必要前提。這在新中國史的語境下是尤為適用的。

事實上，如果要對過去七十年中國的大眾文化發展尋找一種「中國模式」或者「中國特色」，則其最鮮明的特點即在於國家對大眾文化領域積極而全面的介入。對於新中國七十年的歷史，人們往往以 1979 年為分界線而分之為「前三十年」和「後四十年」。對於「前三十年」國家與大眾文化的關係，一句「八億人民八部戲」，似乎就以大結局的

---

1 Luhmann, N. *Social Systems*. Trans. by J. Bednarz Jr. &D. Baecker, Stanford, California: Stanford University Press, 1995.

方式定格了人們對它的認知，凸顯了國家對文化生產的極為有力的宰制。對「後四十年」而言，國家已隨著改革開放的推進逐漸收縮其對大眾文化領域的控制範圍，但國家對大眾文化的積極介入仍然是清晰可見的。這表現在國家雄心勃勃地構建公共文化服務體系的努力，通過國家的大量投資和政府自上而下的督導來建設和強化基層的文化機構（文化館、文化站等），而在文化生產方面，也持續地以「五個一工程」、大眾電影百花獎等活動來鼓勵比較貼近官方價值立場的文化產品的生產，並透過在市場上佔優勢的國有媒體進行傳播。

雖說這是有心人顯而易見之事實，但現有研究對新中國的國家與大眾文化之關係的分析仍顯得不足。有學者針對當下頗為興旺的關於中國農村的研究指出，「這些研究中一個比較共同的特點是對於國家或政府權力的討論不夠深入。國家權力在這些研究中被作為前提條件出現，或者作為一個模糊混沌的龐然大物來對待。」[2] 這一評價也同樣適用於大眾文化的研究領域。本書正是從國家的視角來審視新中國的國家與大眾文化的關係。不過，有必要指出的是，本書將研究的時段限制在新中國成立至文革爆發這一期間，也就是 1949 至 1966 年之間。之所以選擇這一時段，是因為這是新中國的創建時期，這一時期所建立起的國家與大眾文化關係的模式對此後影響深遠，我們今日所看到的官方的文化機構建制（上自文化部下至鄉村的文化站）也基本是於這一時期所確立，要理解「後四十年」的國家與大眾文化關係，有必要回溯至這一時期。

這一時期不僅是我們當下文化走向的歷史背景，更重要的是，它為我們提供了極佳的機會來分析現代國家如何影響了文化發展的軌跡。在一「政治掛帥」的年代，我們可以暫時擱置對經濟系統的關注（這不

2　周飛舟：〈從汲取型政權到「懸浮型」政權 —— 稅費改革對國家與農民關係之影響〉，《社會學研究》2006 年第 3 期。

意味著完全不顧，也不意味著它不重要），而聚焦於現代國家對於文化之塑造。[3] 為了理解這一國家與大眾文化之關係，我們有必要將其置於歷史與現代性的視野下加以審視。

從歷史的視野來看，誠如鄒讜所言，[4] 由於古代中國政治、社會和政治秩序是一體的，所以清帝國的崩潰以及與此同時出現的西方列強的入侵，其導致的就不僅是政治秩序的危機，同時也是文化秩序與社會秩序的危機，這就帶來了中國的全面危機（total crisis）。為了應對這場全面危機，就需要一次全面的革命，也就是將政治革命、社會革命與文化革命畢其功於一役。當新中國成立以後，這種全面危機的格局可以説告一段落，但全面的革命仍然在推進。其深層次的原因在於，一種穩固的新的政治、經濟與文化秩序及其相互關係仍有待確定。在現有的研究中，我們對政治革命、社會革命似乎傾注了更多的關注，而對文化革命（cultural revolution）的過程與機制（特別是大眾文化領域中的變遷）仍缺乏足夠的瞭解。

為了推進這種文化革命，[5] 在大眾文化領域，新中國延續其在延安革命根據地的遺產，要將民國時期主要基於市場的大眾文化模式轉化為主要由國家計劃與動員的群眾文化模式，這一歷史進程是通過社會主義

---

3 對於國家、市場與文化之間的更為錯綜複雜的互動關係，改革開放後的中國或許提供了更佳的分析對象，也有待於將來的研究做進一步的推進。

4 鄒讜：《二十世紀中國政治：從宏觀歷史與微觀行動角度看》，香港：牛津大學出版社，1994 年。

5 「革命」這一詞語所激起的熱情可以說席捲了大半個二十世紀的中國歷史。革命所激發的意象讓人們聯想起翻天覆地的變化，一種強烈的新舊對比，而這也正呼應了當時中國人對現狀積重難返的不滿。所以，整個二十世紀的中國史似乎都是由種種革命構成，政治革命、社會革命、家庭革命、文學革命，不一而足，新中國提出的「文化革命」的口號也似乎是毫不奇怪的。文化革命的口號，反映的是人們普遍對一種新的文化的追求和嚮往，對現有的文化形態的不滿。但是，新中國內部對於文化革命的認識其實存在分歧。文化革命的口號是在 1958 年正式提出的（但此前的種種活動也可視為

文化改造來予以推進的，這是非常巨大的變化，也是本書的重點關注所在。[6] 群眾文化是指由社會主義國家所推動的面向廣大群眾的（業餘）文化活動，它同時承擔了政策宣傳和民眾教育的功能。這有別於主要基於市場機制的大眾文化模式，大眾文化並不必然不具有民眾教育的功能，但這並非其目標。大眾文化模式是基於文娛市場的供需機制，在利潤最大化的動機驅動下由私營的文娛場所與演藝團體發展起來的。群眾文化模式並不全然擯棄市場機制，但其發展方向與模式為社會主義國家所主導，其目標是「寓教於樂」，主要承擔政策宣傳和民眾教育的職責。

是文化革命的實踐），文化革命在該年被列為社會主義建設的重點之一。對於文化革命的一種認識，側重於強調掃盲運動和提高廣大人民的文化水準。持這種觀點的高層領導主要是劉少奇、陸定一和周揚等人。例如，周揚曾經提到，「文化工作首先是文化革命，這中間無所謂社會主義不社會主義，文化問題不是社會主義問題。首先使我們的人民能認字、看書，能經常看戲，群眾能做到這些了，我們給他們什麼文化呢？要給新的文化，而不是舊的文化。」參見周揚：《周揚文集》（第二卷），北京：人民文學出版社，1985 年，第 434 頁。而他們的理解實際上與列寧對文化革命的認識更一致。列寧認為，新文化的發展離不開對資產階級文化的掌握和學習，因此新文化的構建需要一個漸進的長期的過程，參見 Claudin-Urondo, C. *Lenin and the Cultural Revolution.* Sussex: The Harvester Press, 1977; Meisner, M. "Iconoclasm and Cultural Revolution in China and Russia." in A. Gleason, P. Kenez, and R. Stites. (eds.), *Bolshevik Culture: Experiment and Order in the Russian Revolution.* Bloomington: Indiana University Press, 1985。即便對史太林來說，儘管在 1928-1932 年間他在策略上容忍了極左派發動了一場文化革命，但對他來說這並不是很重要的事情，而且也主要是基於政治鬥爭的策略。所以他採取了措施終結這場文化革命，並某種程度上回歸到列寧對文化革命的理解，參見 Fitzpatrick, S. "Cultural Revolution in Russia 1928-32." *Journal of Contemporary History*, Vol.9, No.1, 1974; Fitzpatrick, S. (ed.), *Cultural Revolution in Russia, 1928-1931.* Bloomington: Indiana University Press, 1984。另一種觀點則是將文化革命理解為伴隨階級鬥爭而生的意識形態鬥爭，是新舊文化勢不兩立的殊死較量，並逐漸演變到後來的文化大革命。這一觀點主要代表人物是毛澤東。概而言之，對於文化革命的看法，在中共高層及在民間都存在不同的看法，這種分歧隨著權力格局的變化而影響到中共的文化政策，並對社會主義文化的發展產生深遠影響。

6 需要意識到群眾文化和大眾文化之間的區別，對毛澤東時代而言，群眾文化整體來說是更合適的表達。但為了論述的方便、學術對話以及尊重當下的學術用語，筆者有時會交替使用這兩個詞語。

正因此，推動群眾文化發展的主要為公營的文娛場所與演藝團體，後者雖然有一定的盈利需求，但此並非首要任務。群眾文化的運作主要基於國家的相關文化管理機構的計劃化運營。[7] 在此社會主義文化改造過程中，新舊文化的交替所引發的張力、妥協和衝突，國家在其間的角色、組織運作、機制、後果及導致此後果的種種因素，是筆者特別有興趣探討的。

---

7 從事與群眾文化相關事業的機構被稱為群眾文化機構。至於群眾文化這個概念，由於群眾這個概念本身是有政治意涵的，是與馬克思主義的階級劃分相關聯，主要指涉的是工農兵三大階層（在不同時期其指涉的範圍寬窄不一），所以群眾文化也是具有階級屬性，而有別於資產階級文化和封建文化，這種階級屬性也使得它所承載的是「無產階級思想」，並服務於塑造無產階級革命意識這一目的。另一方面，群眾文化也與專業文化相對，也就是說群眾文化主要是業餘性的，而有別於專業人士的活動，如專業劇團的表演。以毛澤東在他的影響深遠的〈在延安文藝座談會上的講話〉的說法來講，群眾文化主要屬於普及層面，更多的是「下里巴人」的東西，但在此普及的基礎上，專業文化工作者應幫助普及的群眾文化去提高。群眾文化機構主要是對這種群眾文化的發展提供場所和技術乃至資金的幫助，它的導向主要是業餘文化，但有時也為專業演出團體提供演出場所。它的功能不單是表演，而是廣泛涉及文化的不同領域，例如寫作、書法、繪畫、掃盲等。它的教育功能強過表演和藝術功能。其定位是事業單位（無論是公辦還是民辦公助），因此運營上是不以賺取利潤為目的。專門的群眾文化機構主要包括隸屬文化部系統的群眾文化藝術館、文化館，以及隸屬工會系統的工人文化宮和工人俱樂部，還有在廣大農村建立的民辦的農村俱樂部。當然，在基層這種部門區分往往不會這麼嚴格，在很多地方文化館和工人文化宮或工人俱樂部，只是掛兩塊牌子的同一個機構，問題涉及的主要是財政上究竟由工會還是文化局提供支持。群眾文化藝術館一般是設立在省市一級，其主要職能是提供專業知識和技術上的支持，諸如繪畫技術的提高等，它一般並不直接參與群眾文化的實際開展工作。與之不同，文化館主要從事的是實際的群眾文化活動的計劃、推動和組織執行工作，它也擔當一些群眾文化的輔導工作，在一些偏遠或較小的區域，它甚至也承擔一些本來由文化局履行的文化行政工作，比如給流動藝人開介紹信等，參考肖文明：《「政治掛帥」時代的群眾文化 —— 1949-1976 間的 J 縣群眾文化機構和文化霸權》，北京大學社會學系碩士論文，2006 年。文化館一般設置在縣一級，而在鄉鎮一級可能會設置文化站，作為文化館的派出機構。工人文化宮和工人俱樂部在職能上與文化館類似，但它主要服務對象限制為工人或者工人家屬，當然實際中並不一定有如此嚴格的限制。相對來說，工人文化宮規模要大一些，而工人俱樂部則要小一些。

2. 毛澤東文化思想與社會主義新文化的願景

2.1 毛澤東何以重視文化？

為什麼毛時代的中國會如此重視文化事業，又為何有這樣的文化規劃？要回答這些問題，我們必須對毛澤東思想，尤其是其關於文化的思想有一瞭解，並將其與二十世紀中國的文化思潮與具體的歷史背景聯繫起來討論。

正如許多學者所注意到的，[8] 毛澤東思想的獨特性之一在於其對意識的強調往往勝過經濟基礎。史太林主義對毛時代的中國和毛澤東思想的發展無疑有重大影響，但毛澤東批評史太林和蘇聯過於注重技術方面的要素，而忽略了人的問題，忽略了意識、意識形態和上層建築。[9] 由於文化是意識的承載者以及意識形態的中介，所以毛澤東對意識的關注就轉化為思考如何塑造一種革命的文化。因此，從早期江西的蘇維埃政權到新中國的成立，[10] 毛始終都強調文化的重要性。在毛澤東的革命學說中，「槍桿子裏出政權」固然是響噹噹的口號，但其也同樣意識到「現在我們不但要武的，我們也要文的，我們要文武雙全」。[11]「革命文化，

8　Wakeman, F. E. *History and Will: Philosophical Perspectives of Mao Tse-tung's Thought.* Berkeley: University of California Press, 1973; Dirlik, A. "The Predicament of Marxist Revolutionary Consciousness: Mao Zedong, Antonio Gramsci, and the Reformulation of Marxist Revolutionary Theory." *Modern China*, Vol.9, No.2, 1983; Meisner, M. "Iconoclasm and Cultural Revolution in China and Russia." in A. Gleason, P. Kenez, and R. Stites. (eds.), *Bolshevik Culture: Experiment and Order in the Russian Revolution.* Bloomington: Indiana University Press, 1985; Schram, S. R. *The Thought of Mao Tse-tung.* Cambridge: Cambridge University Press, 1989.

9　可參考 Gurley, J. G. "The Dialectics of Development: USSR versus China." *Modern China,* Vol.4, No.2, 1978。

10　可參考 Holm, D. *Art and Ideology in Revolutionary China.* Oxford: Clarendon Press, 1991。

11　毛澤東：《毛澤東論文藝》，北京：人民文學出版社，1992 年，第 3-4 頁。

對於人民大眾，是革命的有力武器。革命文化，在革命前，是革命的思想準備；在革命中，是革命總路線中的一條必要和重要的戰線」，[12] 毛澤東不僅要發動政治的革命、經濟的革命，也要進行文化的革命，而文化的革命則必須服務於前者。[13]

〈在延安文藝座談會上的講話〉系統地闡明了他對文化的觀點，也成為了新中國成立後文化藝術發展的核心指導思想。在這篇文章中，毛澤東指出了文化的無產階級立場，提出了著名的「文化服務於政治」的口號，其主要的手段就是把文化工作視為思想教育工作來塑造民眾的革命意識。[14] 在中共奪取政權之後，毛澤東堅持其革命學說，依然重視文化的革命，將其視為鞏固政權和國家建設的重要手段。即便在 1956 年完成社會主義改造之後，毛澤東並不認為人民將自動獲得革命意識，相反「我國社會主義和資本主義之間在意識形態方面的誰勝誰負的鬥爭，還需要一個相當長的時間才能解決」。[15] 他認為無產階級、資產階級和其他的人都會想著利用文化藝術傳播各自的觀念，因此必須學會向資產階級作「文化鬥爭」，否則「我們就不能維持政權，我們就會站不住，我們就會失敗」。[16] 到了 1962 年，他更是提出要「保衛我們的文化機關」，自此之後文化事業中的政治成分愈加濃厚，一直推進到後來的「文化大革命」。由此，我們可以理解為何文化革命在毛澤東的政治事業中扮演如此重要的角色。

12　毛澤東：《毛澤東選集》，北京：中國人民解放軍戰士出版社，1967 年，第 668 頁。

13　毛澤東：《毛澤東論文藝》，第 16-32 頁。

14　事實上，毛澤東的〈講話〉本身就是以意識改造為目的的整風運動的一部分。參見沈雁冰：〈不斷革命，爭取文化藝術工作的持續躍進 —— 在全國文教先進工作者代表大會文化工作系統會議上的講話〉，《人民日報》1960 年 6 月 15 日。

15　毛澤東：《毛澤東論文藝》，第 101-107 頁。

16　轉引自黃曼君主編：《毛澤東文藝思想與中國文藝實踐》，武漢：華中師範大學出版社，2002 年，第 243 頁。

從歷史的視野來看這一問題，金耀基指出，毛時代中國的政治系統承繼了中國的儒家傳統，也就是文化與政治不是分離的而是合一的。[17] 溝口雄三通過對梁漱溟的個案研究，展現了這位「最後的儒家」與毛澤東在治理新中國的觀念上的相似之處，並指出新中國實際上採納的是一種為列寧主義所修正過了的傳統父權宗族體制，並將這一體制運用於全中國來實施管理。[18] 與傳統父權宗族體制一樣，新中國也同樣地將文化視為塑造「好人」的手段和途徑。由此來看，新中國如此關心文化工作的背後，實際有著傳統的持久影響。[19] 同理，我們對社會主義新文化的認識也應超越將其理解為簡單的政治意識形態的操弄，而必須與新文化運動、五四運動以來的種種文化思潮聯繫起來予以審視，例如反傳統主義、民粹主義（如「到民間去」的口號[20]）、社會達爾文主義、民族主義和烏托邦主義[21]。同時，二十世紀中國文化所帶有的高度政治意味和對一種新文化的普遍的追求，也必須結合晚清以降的「全面危機」這一歷史局勢，以及知識份子乃至普羅大眾共同追求一富強自主的國家這一事實，方有更好的認識。概而言之，對毛澤東的文化思想以及它所影響的毛時代中國的特殊的國家與文化關係的理解，必須同時考慮馬克思列寧主義的傳統、中國古代的傳統以及二十世紀中國有影響力

17　金耀基：《中國社會與文化》，香港：牛津大學出版社，1993 年，第 119 頁。

18　溝口雄三：〈另一個五四〉，《中國文化》1997 年第 15-16 期。

19　史華茲（Benjamin I. Schwartz，又譯史華慈）在試圖探尋毛澤東所發動的文化大革命的思想根源時，說他驚訝於社會倫理在毛澤東思想中所扮演的重要角色。他一方面指出盧梭主義對道德之強調對此有很大的影響，但另一方面也強調傳統文化比西方思想起了更重大的作用，他這裏尤其提及孟子，Schwartz, B. "The Reign of Virtue: Some Broad Perspectives on Leader and Party in the Cultural Revolution." *The China Quaterly* 35, 1968。

20　可參考 Hung, C. T. *Going to the People: Chinese Intellectuals and Folk Literature, 1918-1937*. Cambridge: Council on East Asian Studies, Harvard University, 1985。

21　可參考張灝：《時代的探索》，臺北：聯經出版事業公司，2004 年。

的文化思潮和具體的歷史局勢才能獲得更清楚和全面的理解。

2.2 毛澤東的社會主義新文化觀

毛澤東早在〈新民主主義論〉中就對新民主主義文化提出三個標準，即「民族的」、「科學的」、「大眾的」，在同一時期，張聞天也提出過「民族的」、「民主的」、「科學的」、「大眾的」四個標準，內容上差不多。這些標準對於社會主義新文化的走向影響深遠。

「民族的」是首要的特徵。毛澤東對「民族的」界定包含兩層意思：第一層是指反對帝國主義壓迫，主張中華民族的尊嚴和獨立；第二層是指要有自己的民族形式，反對全盤西化，反對帝國主義文化、半封建文化。[22] 由於「民族的」含意中，首要的就是要反帝國主義，因而社會主義新文化也深深烙上反帝國主義的痕跡。另外一方面，「民族的」則是強調一種民族風格，帶有某種文化民族主義的色彩。在這方面，值得注意的是，儘管與知識份子的「到民間去」運動不同，群眾文化是一種中共自上而下推行的組織化的運動，其活動形式也超越了民間文化的範疇，但群眾文化在相當程度上繼承了「到民間去」運動的邏輯，它以民間文化為基礎，也以民間文化為楷模。在群眾文化的領導者看來，[23] 民間文化更具有民主性和反封建性，更能體現中華民族的精神，因而應以此為我們的民族形式。這種新的文化被注入新的思想觀念，將承擔起喚醒民眾、塑造新的國民性的重擔。[24] 這種新的國民性塑造的過程，也就是新的民族塑造的過程。

所謂「科學的」，強調的是它的反迷信和反封建的色彩，「它是反

22　毛澤東：《毛澤東論文藝》，第 29-30 頁。

23　周揚：《周揚集》，北京：中國社會科學出版社，2000 年，第 85-88 頁。

24　周揚：《周揚集》，第 88-92 頁。

對一切封建思想和迷信思想，主張實事求是，主張客觀真理，主張理論和實踐一致的」，體現出一種較為鮮明的現代取向。新中國在成立後展開大規模的掃盲運動，在群眾文化和各種宣傳活動中都非常注意宣傳各種科學知識，如解釋「月食」是如何形成的等，這些活動都體現出非常鮮明的科學取向。

最後是所謂的「大眾的」，「這種新民主主義的文化是大眾的，因而即是民主的。它應為全民族中百分之九十以上的工農勞苦民眾服務，並逐漸成為他們的文化。」這裏強調這種新文化是要為廣大人民群眾服務，要成為廣大人民群眾的文化，而不是服務於少部分精英與權貴的文化。因此，這種意義上的「大眾的」新文化，自然就相當程度上是一種「群眾文化」，而不是民國時期那種充滿著娛樂性與市場氣息的大眾文化。

「大眾的」這個概念，與「人民性」這個概念是密切相關的，而「人民性」對於理解社會主義文化改造與走向又至關重要。那麼，究竟該如何理解這種「人民性」，「人民性」的標準是什麼？毛澤東在〈中國共產黨在民族戰爭中的地位〉一文論述馬克思主義中國化時提到，「代之以新鮮活潑的、為中國老百姓所喜聞樂見的中國作風和中國氣派」，[25]其中「為中國老百姓所喜聞樂見的」可以説是「人民性」的一個重要標準，也成為影響隨後新文化走向的重要尺度。毛澤東在隨後的〈在延安文藝座談會上的講話〉再次強調了這種新文化的人民群眾取向，而秧歌可被視為延安時期這種為群眾所喜聞樂見的新文化的典範。在新中國成立以後，上述文藝思想更成為全國群眾文化發展的指導思想，這在其他高層領導的講話中也被反覆強調。如周恩來在新中國成立後數次文藝講話中提到，「它[26]之所以能夠存在，總有一個基本的條件，這就是我兩

---

25 毛澤東：《毛澤東選集》。

26 筆者註：各種地方戲曲。

年前說過的，『廣大人民愛好它』。毛主席曾説過，這是廣大人民『喜聞樂見』的東西。它之所以為廣大人民所喜愛，是由於裏面有人民性的東西，有符合人民生活的東西，所以能夠流傳到今天，並且可能流傳到更遠的將來。」[27]「藝術是要人民批准的。只要人民愛好，就有價值；不是反黨、反社會主義的，就許可存在，沒有權力去禁演。」[28] 由此可見，新中國所要塑造的這種新的社會主義大眾文化，其初衷即是要使之成為群眾所喜聞樂見的新文化，而群眾是否喜愛也就成為重要的標準。毛澤東總結道：「民族的科學的大眾的文化，就是人民大眾反帝反封建的文化，就是新民主主義的文化，就是中華民族的新文化。」

我們需要關心的是，這樣一種願景在何種程度上影響了新中國的社會主義文化發展的走向，新中國又在何種程度上落實了這樣的願景，在此過程中又遭遇了哪些挑戰，對這一願景的推進所帶來的歷史後果是什麼？

3. 主要理論框架與核心概念

3.1 國家性質的繁複性

如前所述，本書是從國家的視角來審視新中國所推動的社會主義文化改造運動。當我們要分析國家對文化變遷的影響時，首先需要對國家有一種系統的認知，因此需要一種相應的國家理論。在這方面，本書特別強調一個概念，即「國家性質的繁複性」，這一概念在很大程度上借鑒了斯科克波（Theda Skocpol，又譯斯考切波）的「國家中心觀」[29] 與

27 周恩來：《周恩來論文藝》，北京：人民文學出版社，1979年，第36頁。

28 周恩來：《周恩來選集》（下卷），北京：人民出版社，1984年，第337頁。

29 Evans, P. B., Rueschemeyer, D. and T. Skocpol. *Bringing the State Back In*. Cambridge: Cambridge University Press, 1985.

米格達爾（Joel Migdal）的「社會中的國家」理論 [30]。所謂「國家性質的繁複性」是指：

（1）國家在不同社會領域中的能力是不均衡的，即便是一些公認的「強國家」，它在某些領域可能國家能力很強，而在某些領域國家能力則可能較弱，因此需要細緻分析其在不同社會領域中的國家能力狀況，及其對國家治理與政策實施的影響。[31] 另外，斯科克波在其隨後的關於美國社會政策的研究中，[32] 也指出某一領域的國家能力會隨著國家所推行的新的政策而發生改變（斯科克波稱之為政策反饋，「policy feedback」），故此，國家能力的分析，不僅要考慮國家在不同領域以及不同領域的不同面向，也必須考慮到歷時性的因素。

（2）強國家能力存在一種悖謬效應，即強國家能力在短期來看，確實有助於實現和落實國家意志與國家目標，但在一個更長的時期內，卻可能恰恰帶來一些違背國家意志與目標的後果。

（3）國家不是只有一個單一的國家目標，而是往往同時追求諸多不同的國家目標，這些不同的國家目標可能會有相互協調與相互促進的作用，但也經常出現相互衝突與相互削弱。這一點往往因為下面將要談到的國家內部的不同質性而被強化，這種不同質性可能來自國家主導的意識形態或者觀念內部的矛盾，也可能來自不同的國家領導人的意識形態或者觀念差異，還有可能來自這一點，即不同國家目標的具體推動者

---

30 Migdal, J. S. *State in Society: Studying How States and Societies Transform and Constitute One Another*. Cambridge: Cambridge University Press, 2001.

31 Evans, P. B., Rueschemeyer, D. and T. Skocpol. *Bringing the State Back In*. Cambridge: Cambridge University Press, 1985.

32 Skocpol, T. *Protecting Soldiers and Mothers: The Political Origins of Social Policy in the United States*. Cambridge, MA: Harvard University Press, 1992; Skocpol, T. "Bringing the State back in: Retrospect and Prospect." *Scandinavian Political Studies*, Vol.31, No.2, 2008.

實際是不同的部門，而部門之間存在的利益與認知差異，就容易帶來國家目標之間的衝突。

（4）一方面國家是現代社會生活中一非常強有力的行動者，但另一方面國家在推進其國家計劃時常常並不順利，其原因之一就在於國家與社會內部的複雜性與非同質性。我們時常使用的「國家與社會關係」這一理論框架，通常將國家與社會分別視為同質化的整體。不過，就國家而言，在縱向維度自上而下有不同的層級，在橫向維度則有不同的部門，因此，國家並非一鐵板一塊的整體。同樣的，社會內部由於階層、血緣、地緣等等因素，其複雜性與非同質性是顯而易見的。由於國家與社會內部存在的這種非同質性與複雜性，國家意志與國家目標在落實過程中，自然會遭遇種種阻擾與變通，這也正是所謂「上有政策，下有對策」所揭示的道理。在這方面，米格達爾（Joel S. Migdal）的「社會中的國家」理論有較為系統的論述。

（5）無論國家顯得多麼強大，國家的觸角以及國家能力有其限度，這一限度一方面來自前面所述這四點，更來自於這一事實，即作為系統力量的國家，始終是嵌入在廣袤的生活世界之中，國家往往試圖去改變和轉化生活世界，但生活世界則基於其厚重的歷史與韌性抵制這種重塑，甚至在此互動過程之中，潛移默化地改變了國家。[33] 這一論點與米格達爾的「社會中的國家」理論有很多類似的地方，但也有一些重要的差

---

33 此處所言生活世界，主要是借用哈貝馬斯在《溝通行動理論》一書中所提出的系統與生活世界的區分。在哈貝馬斯看來，社會是由系統與生活世界所共同構成的，它們分別對應著工具行動與溝通行動。系統大體包含的是金錢子系統和權力子系統，簡單來說就是資本主義經濟體制與國家行政管理體制。生活世界是指我們與他人共同生活於其中的平凡世界，區別於系統，生活世界是非正式的、未市場化和行政化的社會生活領域，這些社會領域提供著共用的意義和理解，並為日常社交提供了社會視野。參見詹姆斯‧戈登‧芬利森著，邵志軍譯：《哈貝馬斯》，南京：譯林出版社，2015 年，第50 頁。

別。「社會中的國家」對於國家觸角與國家能力的限度的強調，主要是從一種利益與權力的碎片化角度去論證的。本書使用「生活世界」這一概念，則意在強調歷史傳統與文化積澱對於國家所施加的約束與限制。

由於這些不同的維度，國家性質具有相當的繁複性，而這又反過來影響文化變遷的歷程。關於這一國家理論的視角在文化社會學領域中的運用，下一節會有更為系統的介紹，我們也會在隨後的經驗研究中看到這些理論所能提供給我們的經驗洞察。

需要說明的是，由於本書採取的是國家的視角，因此，筆者的重點就不是當時的普通民眾對於群眾文化的感受與認知，也不是那些文化工作者的具體文藝實踐。不過，在下文論述中，這兩方面都有不同程度的涉及。

3.2 文化領導權

本書把新中國成立初期大眾文化領域的社會主義改造視為新中國塑造文化領導權的非常重要的組成部分。「文化領導權（cultural hegemony）」這個概念來自意大利共產黨領袖與馬克思主義理論家葛蘭西。[34] 在葛蘭西的政治思考中，一個政黨及其階級的統治，不僅要建立在強制（coercion）的基礎上，也要建立在智識和道德的領導權或者說文化領導權基礎上。[35] 統治階級必須通過各種領導權機構 [36] 在群眾中塑造出對其自身的認可和共識（consent），然後獲得其合法性並維繫統

---

[34] 一個簡要的概念史可參見 Bocock, R. *Hegemony*. Chichester: E. Horwood, 1986。

[35] Gramsci, A. *Prison Notebooks*. New York: Columbia University Press, 1992. 對葛蘭西著述中對「文化領導權」的不同用法的更為詳盡的分析請參考 Adamson, W. L. *Hegemony and Revolution: A Study of Antonio Gramsci's Political and Cultural theory*. Berkeley: University of California Press, 1980。

[36] 領導權機構的含義是非常寬泛的，它包括市民社會中的各種機構，如工廠、教堂、學校等等。

治。[37]這一概念是葛蘭西在一戰後意大利的具體歷史環境下思考以下問題而得出的：為什麼意大利法西斯主義能夠獲取政權？或者說，為什麼意大利共產黨失敗了？為什麼歐洲的資產階級能夠維持他們的統治？在葛蘭西看來，其原因在於無產階級沒有培養出其自身的文化形式，[38]而資產階級文化已經通過各種領導權機構滲透到日常生活的各個方面，並取得了文化領導權的地位。他反對當時盛行的馬克思主義的機械決定論，後者認為隨著經濟基礎的變化無產階級會相應地自動獲得革命意識。事實恰恰相反，在當時的意大利，不僅普通民眾對於無產階級革命無動於衷，甚至不少左派人士也加入了法西斯主義的陣營。[39]考慮到這一歷史現實，葛蘭西認為對歐洲的無產階級政黨來說，更有效的政治策略是創造出他們自身的文化並去獲取文化領導權，並塑造出針對資產階級的文化領導權的反領導權（counter-hegemony），來向民眾傳播馬克思主義，將他們的常識轉化為正確的意識，一種對世界的「哲學」觀照。葛蘭西強調在這個過程中黨扮演著政治教育者的角色，也意識到「有機知識份子」（organic intellectuals）的重要性。儘管葛蘭西堅持知識份子作為教育者的角色，但在知識份子與民眾之間的關係上，葛蘭西並非是精英主義者，因為有機知識份子是來自於無產階級的，他們之間有密切的互動。透過這種互動，知識份子和民眾將建立起智識和道德集團（intellectual/moral bloc），而這就是未來的社會主義的基礎。要完成這一過程，有機知識份子及其階級必須努力在意識形態上去同化和征服傳統知識份子。換言之，有機知識份子不能僅將自身視為是傳統知識份子的

37 葛蘭西著，曹雷雨等譯：《獄中札記》，鄭州：河南大學出版社，2015年，第57-63頁。

38 馬斯泰羅內（Mastellone, S.）主編，黃華光、徐力源譯：《一個未完成的政治思索：葛蘭西的《獄中札記》》，北京：社會科學文獻出版社，2000年。

39 Bates, T. R. "Gramsci and the Theory of Hegemony." *Journal of The History of Ideas.* Vol.36, No.2, 1975.

對立面，同時也應積極地去接納他們。[40] 因此，文化領導權的建立過程不是將一種意識形態強加於社會之上的過程，而是涉及到自始至終的不同社會勢力之間的協商與妥協。

葛蘭西認為，文化領導權建設不能作為一個階級來推動，成功的文化領導權必須放棄他們局部的階級利益，其意識形態的組織應該圍繞更具普遍性的能指，如民族主義、宗教或者「人民」。[41] 由於這種領導權的整體性和全局性，領導權就必須兼顧被領導者利益，必須建立整體的協調一致，諸如「人人都聽過前線下來的軍官講述士兵在必要的時候如何隨時準備冒生命危險，而另一方面，如果漠視他們的存在，他們就會反抗」，[42]「在建立政黨的時候，必須賦予政黨『堅如磐石的整體性』，而不是把它建立在次要問題的基礎上；因此應當盡心留意領導和普通士兵、領袖和跟隨的群眾之間的協調一致」，表達的都是這樣的意思。[43]

這樣的妥協往往需要相當的善意與熱情，正如葛蘭西所言：「如果要成功組織一個新的沒有內部矛盾的同質的政治經濟歷史集團，就需要改變某些必須吸收的力量的政治方向。由於兩種『相近的』力量只能通過一系列的妥協或武力，要麼互相結成聯盟、要麼強行使一方服從另一方，方能接入新機體，此處的問題是一方是否具有某種力量，使用這種力量是否『富有成效』。如果兩種力量的聯合旨在擊敗第三方，訴諸於武力和脅迫（即使假定它們可行）不過是假設的手段；唯一具體的可能是妥協。可以用武力打擊敵人，而不是打擊屬於自己方面的部分，因為這是自身希望迅速吸收的部分，其『善意』和熱情也是自身所需

---

40 Lloyd, D. and P. Thomas. *Culture and the State*. New York and London: Routledge, 1998.

41 Rosenthal, J. "Who practices hegemony? Class Division and the Subject of politics." *Cultural Critique*, 1988.

42 葛蘭西著，曹雷雨等譯：《獄中札記》，第 171 頁。

43 葛蘭西著，曹雷雨等譯：《獄中札記》，第 190 頁。

要的」。[44]

　　葛蘭西批評那種不妥協理論，認為這種理論是與經濟主義密不可分的。這種經濟主義相信歷史發展中存在著與自然規律近似的客觀規律，以及信仰與宗教一樣預先確定的目的論。但是，「這種傾向沒有認識到下面的事實：群眾的意識形態因素總是落後於整體的經濟現象，因此，在一定的階段，經濟因素引起的自發運動在傳統意識形態因素的作用下減慢、受阻甚至暫時中斷 —— 所以為確保理解群眾經濟立場的迫切性，必須進行有意識、有計劃的行動，儘管可能與傳統領導的政策發生摩擦。在政治上總是有必要採取相應的主動，以便把經濟運動從傳統政策的死壓下解放出來。」[45] 所以，基於文化領導權的立場，我們要反對經濟主義、機械主義和宿命論，強調意志的介入和主動性，而這種意志是需要因時而動、因勢而動的，因為這裏並不存在那樣一種宿命的與自然規律相似的客觀規律。

　　之所以強調這種意志的介入和主動性，是因為領導權不是「抽象的」，它不是機械重複、科學或理論公式，而是施加於真正的人，這些人在一定的物質生產狀況與生產內部各種迥異和「偶然」集結的社會要素下進行「自發」結合，具有明確的感情、見解以及零碎的世界觀等等。這裏所謂的「自發」，是指它們不是產生於已經覺悟的領導集團進行的任何有系統的教育活動，而是受到「常識」，也就是普遍的傳統世界觀啟發的日常經驗。

　　這裏產生了一個基本的理論問題：「現代理論」[46] 可能與群眾的「自發」感情發生矛盾嗎？答案是否定的。在葛蘭西看來，「現代理論和群

44 葛蘭西著，曹雷雨等譯：《獄中札記》，第 207 頁。

45 葛蘭西著，曹雷雨等譯：《獄中札記》，第 206 頁。

46 葛蘭西用這個詞語來指代馬克思主義，以躲避監獄裏的審查。

眾的『自發』感情之間存在量的程度差異，而不是質的差異。它們肯定可以相互『轉換』，可以從一者轉化為另一者。對所謂『自發』運動的忽視、更有甚者鄙視，也就是不能有意識地領導這些運動或不能把它們提到更高的政治層次，常常可能導致極為嚴重的後果。被統治階級的『自發』運動也常常因此伴隨著統治階級右翼的反動活動…… 有效的政變原因包括責任集團不能有意識地領導自發的反抗活動，或者把他們變成積極的政治要素」。**47**

在這段話裏，葛蘭西強調的是領導權要建立起與常識之間的關聯，雖然它歸根結底應該超越常識，而所謂的常識就是由傳統的世界觀所塑造出來的日常經驗，這種日常經驗可能是不自洽和不自知的，並與傳統存在關聯的。馬克思主義不能鄙視民眾的常識和自發性，而是要建立與它的關聯，並從而去教化、引導，並消除不良的外來影響。因此，如何去認識和轉化這種「自發性」，從而實現向「現代理論」的轉化，就構成文化領導權很重要的一環。如果採取一種粗暴的方式去對待「自發性」，會傷及文化領導權的推進。在此過程中，就需要發揮意志的主動性，需要妥善處理民眾的「常識」。葛蘭西的這一文化領導權觀念對於我們今日審視與反思新中國的文化改造是頗有裨益的。

3.3 新中國與文化領導權

在關於新中國的文化與思想論述中，「意識形態」這個概念是常被運用的。不過，本書則選擇從文化領導權而非意識形態這個概念出發來分析，其原因如下。「意識形態」一般被認為無法解釋為何被統治者會自願同意統治階級的領導。文化領導權概念則讓我們注意到共識的生產。為了爭奪文化領導權，主導性階層必須進行介入，與處於對立立場

---

47 葛蘭西著，曹雷雨等譯：《獄中札記》，第 253-254 頁。

的群體、階層、利益進行協商，而且必須帶來真正的調節，這同時也促使我們注意到國家在文化領導權的形成過程中所扮演的重要角色。文化領導權比較傾向強調歷史情境和妥協，強調必須在文化中進行具體意識形態機構的實踐分析。[48]

由此來看，文化領導權這個概念擴展了我們對文化的理解，促使我們去關注日常生活當中的文化實踐，並特別引發了學者對大眾文化領域的重視，而本書的關注點也恰恰在大眾文化領域；其次，文化領導權強調需要看重文化實踐的組織基礎和當中的具體社會機制，並注意到國家在此過程中扮演著重要角色，這與本書所採取的國家理論視角是具有契合性的；再次，文化領導權非一固定不變之事物，而是始終處於變動、衝突和調和之中，文化領導權強調了文化是一個過程，並讓我們注意到這個過程是不斷變遷的且存在著內部的張力，各方存在著對文化領導權的爭奪，由此我們需要重視在此過程中的國家與社會之間的複雜互動，本書對這些方面都有所觸及；最後，文化領導權概念反對階級化約論，也注意到大眾文化構成中的多樣性，因此文化領導權強調妥協與協商的重要性，反言之，如無妥協與協商，則共識的生產是很難進行和維繫的，這一論點與本書的核心關切是非常相關的。[49]

最後，我們也可看到文化領導權與毛澤東思想、新中國史之間的契合之處。很多學者都指出毛澤東和葛蘭西之間的相似性。[50] 毛澤東曾

48 Graeme Turner 著，唐維敏譯：《英國文化研究導論》，臺北：亞太圖書出版社，2000 年。

49 Gottdiener, M. "Hegemony and Mass culture: A semiotic Approach." *American Journal of Sociology*, 90(5), 1985; Williams, R. *Marxism and Literature*. Oxford and New York: Oxford University Press, 1977, pp. 108-114.

50 Todd, N. "Ideological Superstructure in Gramsci and Mao Tse-Tung." *Journal of The History of Ideas*, Vol.35, No.1, 1974; Wakeman, F. E. "The Use and Abuse of Ideology in the Study of Contemporary China." *The China Quaterly*, No.61, 1975; Dirlik, A. "The Predicament of Marxist

有「槍桿子」和「筆桿子」的說法，這與葛蘭西的強制和領導權並置的觀念頗有相似之處。當然，毛澤東思考的文化與政治處境與葛蘭西大有不同。1949 年之後，毛澤東和中共佔據的是權力支配地位，而意大利共產黨則面臨的是法西斯統治者的威脅，而葛蘭西本人更身陷囹圄。此外，葛蘭西的領導權概念是與他對歐洲社會的分析聯繫在一起（並與蘇俄的狀況進行了比較），而至於是否能夠將這個概念用於分析毛時代中國這一個案也是值得討論的。[51] 但是，文化領導權的概念對於分析毛時

Revolutionary Consciousness: Mao Zedong, Antonio Gramsci, and the Reformulation of Marxist Revolutionary Theory." *Modern China*. Vol.9, No.2, 1983.

51 文化領導權這一概念在葛蘭西的思考當中主要是作為一種革命策略提出來的，而在思考這一革命策略的時候，葛蘭西自然針對的是意大利這樣的西方社會，因此源自西方社會的「市民社會」的概念是與「文化領導權」的概念緊密相關的。批評者也正是基於毛時代中國不存在「市民社會」這一判斷來指出使用文化領導權來分析毛時代中國是不恰當的。但是，筆者仍然認為在本書使用文化領導權的概念是合適的。因為當我們把文化領導權這個概念視為社會科學的分析概念而非革命策略的時候，文化領導權的概念就具有更廣泛的適用範圍。例如，萊廷就用這個概念來分析英殖民統治下的西非的約魯巴人（Yoruba）社會，參見 Laitin, D. D. *Hegemony and Culture: Politics and Religious Change among the Yoruba*. Chicago and London: The University of Chicago Press, 1986. 其次，本書使用這個概念主要是與「強制」（coercion）相區分，強調的是社會主義國家建設過程當中「上層建築」領域在其中所扮演的重要性，而文化領導權這一概念正有利於對此進行分析，其相對於意識形態這些概念的優勢已在前文有詳述，此處不贅述。而且，社會主義國家的官方用語或者是針對社會主義國家的研究，都有使用文化領導權的概念，例如「無產階級文化領導權」（proletarian hegemony），可參考 Fitzpatrick, S. "Culture and Politics under Stalin: A Reappraisal." *Slavic Review*, Vol.35, No.2, 1976; Bocock, R. *Hegemony*. Chichester: E. Horwood, 1986。第三，葛蘭西的市民社會的概念並不具備今天中國學界所盛行的「市民社會」概念所包含的那種英美自由主義傳統的預設，尤其是國家與社會相互對立的預設，參考 Fontana, B. "State and Society: The Concept of Hegemony in Gramsci." in Mark Haugaard and Howard H. Lentner (ed.), *Hegemony and Power*. Lanham. Md.: Lexington Books, 2006。最後，毛時代的中國實現其較大程度的對社會的滲透和控制，是經歷了一段較長的時間，而且最終它也面臨國家的觸角範圍的問題，因此認為毛時代的中國只有宰制而無文化領導權，這是對歷史的簡化，也是對毛時代中國國家內部的複雜性的低估，這也正是本書所提出的「國家性質的繁複性」所要指明的。

代中國的文化政治還是很有幫助的。如前所述，在毛澤東看來，建立起社會主義新文化的文化領導權對於維繫和發展新生的社會主義國家是十分重要的，因為封建文化和資本主義文化作為一種文化領導權的替代，仍然對民眾產生消極的影響。因此，要確立社會主義新文化的領導權需要持續不斷的努力。新中國通過對相關的制度、機構、人員與具體的文化內容進行全方面的改造（一個凝練的表達就是戲改領域中所謂的「改人、改制、改戲」），從而將民國時期高度市場化與娛樂化的大眾文化轉化為一種社會主義國家高度介入的群眾文化。這個過程涉及到文化與政治、機構與文化行動者之間複雜的互動過程，文化領導權的概念為我們提供了一個視角，也要求我們對這一過程所牽涉的組織基礎與社會機制予以密切關注，這也正是本書經驗研究的關注對象。當然，如前所述，葛蘭西論述中的領導權機構和知識份子的界定是比較寬泛的，但本書更關注的是狹義的「文化」領域，[52] 而本書所將要探討的主要就是與大眾文娛相關聯的文化機構和文化實踐。

4. 研究對象與資料來源

本書主要利用上海市檔案館與上海市黃浦區檔案館解密的相關檔案資料，特別是 1949-1966 年間上海市文化局的相關檔案。除此之外，

---

[52] 正如威廉斯所言，文化這個概念是最難界定的詞語之一。事實上，仍然不斷有新的文獻來討論文化的定義問題，如 Smith, P. *Cultural Theory: An Introduction*. Massachusetts and Oxford: Blackwell Publishers, 2001; Jenks, C. *Culture*. London: Routledge, 2005。對此，威廉斯本人提供了三種基本的定義：（1）智識、精神或者審美的一般發展過程；（2）某一民族、某一時期或某一群體的特定的生活方式，此生活方式由一共同的精神所影響塑造；（3）智識活動，尤其是藝術活動的產品與實踐，Williams, R. *Keywords: A Vocabulary of Culture and Society*. New York: Oxford University Press, 1976, p.80。本書所探究的文化，就是基於第三種含義，尤其指的是大眾領域的娛樂與藝術活動。

本書也參考了《上海文化史誌通訊》雜誌以及《上海文化藝術誌》等誌書。基於以上材料，本書呈現了 1949-1966 年間在上海進行的社會主義文化改造運動，其中筆者特別關注的是上海市文化局這一時期的相關歷史實踐。其緣由在於我們前面所說的，本書主要採取的是一種國家的視角，而國家在地方上推動文化改造時，最依賴的機構便是文化局，因此對文化局的關注有利於瞭解國家介入基層文化改造的各種舉措與社會機制。筆者另外選取了上海大世界遊樂場為個案，詳細分析這個著名的遊樂場所的社會主義改造歷程。通過這一個案，讀者將更好地理解新中國建構文化領導權這一宏大歷程的一些組織基礎與微觀社會機制。

之所以選擇上海，是因為上海是民國時期大眾文化的中心，其創造的大眾文化不僅風靡全國，甚至也影響到了東南亞。[53] 上海和北京作為民國時期中國之兩大文化中心，常被人以「海派」和「京派」來形容各自的文化，兩派互相攻訐，而輿論之評價也是褒貶不一。什麼是海派，雖說並無定論，但一般讓人聯想到的則是現代、洋氣、創新大膽和兼收並蓄。[54] 魯迅曾評論過海派和京派，他說「京派是官的幫閒，海派則是商的幫忙」。[55] 海派文化與商品市場有著更為密切的關係是一不爭之事實，所以海派文化往往更敏感於消費者的需要而體現出大眾化的傾

---

53 Jones, A.F. *Yellow Music: Media Culture and Colonial Modernity in the Chinese Jazz Age.* Durham, NC: Duke University Press, 2001.

54 高長虹 1929 年寫的〈南海的藝術化〉就呼籲說北京的南海需要音樂會，而「中國的公園，我知道的，有上海的虹口公園，到夏天來的時候，每禮拜四總有一次音樂的演奏。在公園裏，最適宜的藝術是音樂了。」姜德明編：《夢回北京：現代作家筆下的北京，1919-1949》，北京：生活・讀書・新知三聯書店，2009 年。這可為所謂「海派」略作一註腳。

55 魯迅：《且介亭雜文二集》，北京：人民文學出版社，1981 年。

向，而且為了迎合大眾對新奇和刺激的需要，往往敢於做出革新。[56] 從海派京劇和京派京劇之比較就可略窺一二。[57] 這樣一種海派文化氛圍的形成，說到底，實乃所謂的都市現代性的一個側面。

民國上海被認為是中國都市現代性的典範，而這種都市現代性不僅表現在新的交通工具、水電煤氣的使用，[58] 或者是新型時間觀念的孕育，[59] 也包括很重要的一點，是一種新型的大眾娛樂的孕育。當然，中國古代並非沒有娛樂，王爾敏先生有專書探討明清時期的娛樂生活。[60] 不過，現代娛樂在很大程度上仍是舶來品，如賽馬、電影和檯球等。十里洋場的上海，隨著租界的不斷擴張壯大，外僑的漸次增多，西式娛樂漸漸漫出洋人的小圈子，而影響及華界。[61] 這種大眾娛樂之不同之處不僅體現在形式上的中西差異，更為重要的是，它由一種現代市場機制所維繫。在這個市場機制支撐的娛樂市場裏面，一方面是大眾娛樂的

56　因為這種商業化的取向可能導致惡俗的現象，故當時也有討論「惡性海派」和「良性海派」的問題，可參考沈宗洲、傅勤：《上海舊事》，北京：學苑出版社，2002 年。

57　海派京劇，「做工追求強烈刺激外，唱功追求靈活流暢，劇本追求新奇曲折，服裝追求新潮靚麗，佈景追求新異變化」。故有人形容，海派京劇是「看」的，而京派京劇則是「聽」的。此外，上海還是第一個出現京劇女伶和京劇女班的地方。光緒初年，京伶李毛兒就收買一批貧家女孩到租界唱堂會，而 1894 年就出現第一家專演京班髦兒戲的美仙茶園，參見胡曉軍、蘇毅謹：《戲說海上：海派戲劇的前世今生》，上海：文匯出版社，2007 年，第 37 頁。這種追求新奇的「敢為天下先」正是海派的一個特色。另參陳伯海主編：《上海文化通史》，上海：上海文藝出版社，2001 年。

58　羅蘇文：《近代上海：都市社會與生活》，北京：中華書局，2006 年。

59　李歐梵著，毛尖譯：《上海摩登——一種新都市文化在中國，1930-1945》，香港：牛津大學出版社，1999 年。

60　王爾敏：《明清時代庶民文化生活》，長沙：岳麓書社，2002 年。

61　高福進：《「洋娛樂」的流入：近代上海的文化娛樂業》，上海：上海人民出版社，2003 年。在這個過程中，上海買辦階層對西人之生活方式亦步亦趨，對這種生活方式在華界的傳播應起了重要作用，可參考馬學強：《出入於中西之間：近代上海買辦社會生活》，上海：上海辭書出版社，2009 年。

供給者和生產者的商業化操作，套用一個人們熟知的詞語，文化已然成為「工業」了。比如百代音樂在上海的唱片業之經營就已經非常成熟，且唱片的銷售已經構成一個跨國的商業鏈，從歐美到上海的複製模仿和「民族化」，再由上海蔓延到香港再到東南亞。[62] 大眾娛樂的生產者如影視歌星，其包裝也頗為成熟，以至於專門報導影視歌星走向的各色小報也隨之興旺發達，營業蒸蒸日上。另一方面則是大眾娛樂的消費市場的形成。這個消費市場是一有差等的市場：既有一擲千金的富商闊少，他們居住在霞飛路上法國梧桐樹掩映下的西式洋樓裏，品味著俄國的麵包或是法式的咖啡；也有只捨得幾個銅子而又要尋點樂子的窮苦大眾，[63] 這些人很多都是剛從蘇北來到上海謀生的新移民，從事著人力車夫、搬運工一類的苦力，居住在蘇州河畔風雨飄搖的棚屋裏面；當然還有隨著現代工業和金融業的發展而初步浮現的上海白領階層，他們出入於百樂門和大光明，在 office 的勞作之後，體會這個城市的聲色電。[64] 而為大眾娛樂的生產者和消費者提供交匯點的，就是各式各樣的新式文化娛樂場所，它們於十九世紀末期之後如雨後春筍般出現，締造出都市裏新的公共空間和風景線。在這方面，上海也同樣是開風氣之先。中國的第一座現代公園誕生於上海租界，電影院也較早於上海出現，而到二十世紀二三十年代，電影院的數量和規模更是盛極一時，新式戲曲舞臺也同樣是最早出現於上海。戲曲欣賞儘管是古而有之的，但從傳統戲園到現代劇場的轉變，反映的是西式娛樂空間對傳統娛樂空間的衝擊，因為從舞臺設置與裝備、劇場的空間佈局、觀賞的視野乃至觀賞的儀態都借鑒了

---

62 Jones, A.F. *Yellow Music: Media Culture and Colonial Modernity in the Chinese Jazz Age.* Durham, NC: Duke University Press, 2001.

63 盧漢超著，段煉等譯：《霓虹燈外：20 世紀初日常生活中的上海》，上海：上海古籍出版社，2004 年。

64 葉文心等：《上海百年風華》，臺北：躍升文化事業有限公司，2001 年。

西式劇場的特點而表現出重大的變化。在諸多娛樂場所當中,遊樂場的出現,可以說是這些新型娛樂空間的大綜合,同時也融入了傳統的娛樂空間形態。

在這些眾多的大眾娛樂場所中,上海大世界遊樂場是其中最知名者之一,甚至有「不到大世界,枉來大上海」的說法。上海大世界於1917年由商人黃楚九創辦,後轉手給青幫頭目黃金榮。其特色在於「百戲雜陳,連番不斷」的經營模式,在大世界內部不同的樓層和劇場內持續上演不同種類的戲劇或曲藝節目,以保證在開放時間內文娛活動的多樣性和「連番不斷」,由此,觀眾在購買一張票以後,就可以在接下來的數小時內隨心所欲地觀賞或者參與不同的文娛活動。這一特色加上較為低廉的票價,使得大世界頗受普羅民眾的歡迎,每年可招攬數百萬的觀眾。由於上海文娛場所眾多,競爭激烈,大世界在其發展過程中也添加了不少諸如草裙舞等淫穢低俗的節目,起用帶有色情色彩的女子招待,場內不乏流鶯和偷竊份子,加上與青幫的千絲萬縷的關聯,甚至捲入諜匪暗殺等轟動事件,就使得一般高雅人士視大世界為低俗混亂之地而不願踏足。

由於文化領導權的分析必然要指向大眾文化,而上海大世界是這些大眾文化機構當中最著名之一,而且上海大世界的觀眾量也比較大,影響也比較大,所以筆者選擇這個機構作為個案研究對象。大世界這樣一個草根味十足、影響甚廣又「劣跡斑斑」的大眾文娛機構,對於要塑造社會主義文化領導權的新中國而言,無疑是重點爭取的對象,其目標則是要將其轉化為「高尚的人民樂園」。

5. 章節安排與主要觀點、研究問題

本書分上、下兩篇。導論中,引言介紹本書的問題意識與一些基本的思想背景、理論框架與研究對象,第二節是更為系統地介紹本書的

基本理論框架，也就是如何借鑒既有的國家理論，從國家的視角來研究文化生產過程，這一理論視角在既有的文化社會學文獻中是相對缺失的，而本書隨後的經驗研究部分則應用了這一理論視角。

上篇就進入經驗研究部分，主要是以上海為個案，討論國家建設與文化領導權建設這一密切交織的歷史進程。其中，第一章想指出的是，晚清以降的一項後設國家目標是追尋新文化。從晚清的下層啟蒙運動，到民國政府推動的民眾教育和新生活運動都是如此，而新中國大規模的文化改造和群眾文化運動可以視為是這一趨勢的延續。國家追尋新文化的過程，同時也是國家不斷將大眾文化納入國家治理範圍的過程，與之相伴的則是相關的國家機構設置、資源配置與科層制建設的過程，概而言之，這是文化領域的國家建設過程。這一過程從晚清到民國再到新中國不斷推進。晚清已經開始有意識地介入大眾文化，民國時期則逐漸形成了社會局、教育局和警察局三局共管的局面。新中國則首次設立了文化局、文化館等一整套的群眾文化管理機構，實現了文化領域中的國家建設的進一步推進。本章在簡要勾勒這一歷史過程的基礎上，重點描述了上海市文化局的科層制建設過程，説明了新中國的文化管理機構實現了專職化、集中化和系統化等科層制發展，正因此，新中國才能獲得文化領域裏更強的國家能力，以更深入、全面地介入文化領域。因此，本章一定程度上強調的是新中國國家能力較強的一面，也能夠解釋國家相對自主性的組織制度基礎。

與之相對，接下來的兩章主要關注的是「國家性質的繁複性」所強調的國家能力的不均衡性問題。不同於「集權主義範式」[65] 所著力強

---

65 本書所說「集權主義」，其對應的英文為 totalitarianism。Totalitarianism 一詞指涉的是一種特定的政治與社會體制，而並不僅僅是用來描述權力是否高度集中或分散，在中文世界該詞也往往被譯為極權主義。

調的「強國家」的無所不能與無孔不入，這裏著力強調需要分析不同社會領域中的具體國家能力。其中，第二章重點討論了文化管理機構與文化生產機構在科層制發展方面的不足與困境，這表現在分工不明和職能不清、機構整合不足、人員配置困境與形式主義等方面。第三章仍然是從國家能力的角度切入，不過關注的是財政能力，其旨在說明，新政權的文化改造試圖實現文化設施的現代化與文化消費上的均等化，但由於財政資源的不足，新政權並未完全實現其文化改造的目標。這些內容提醒我們應摒棄「強國家」、「弱國家」這樣的籠統劃分，通過對具體的國家能力的更多個案分析，我們將瞭解更為真實全面的新中國初期的國家能力狀況，這同時也將有利於我們去超越集權主義模式所留下的一些刻板印象。

第四章指出，新中國的文化治理策略在很大程度上依賴於組織化社會的建設，所謂「組織化社會」，就是儘量將所有個體都安頓在一個國家認可的機構之中，並以各種方式整飭社會組織，從而確立國家機構的主導地位，在文化領域，其具體策略落實為舊的同業公會組織的衰弱、文藝工會的取消以及文藝機構內部的歸口與單位化等等。基於強有力的組織動員能力，新中國在相當程度上構建出了這種形態的組織化社會。這一努力在社會生活的各個領域都有所推進，本章則是從大眾文化領域切入來呈現這一歷史進程。與之相對，第五章主要關注的是國家的不同質性、社會力量的多元性和文化的相對自主性等，從而指出，這種組織化社會的建設是有限度的，也就是這裏所說的「國家觸角的限度」。本章首先回顧了許慧文與蕭鳳霞關於毛時代中國的國家與社會關係的爭論，然後通過對文化生產者、文化中介和文化受眾三個方面的分析，說明文化改造與國家設定的目標之間存在各方面的距離。這一分析能夠呈現出當時文化改造過程中較為複雜且往往被忽略的一面，它也支持了「國家觸角的限度」之說法，同時也有利於我們去反思集權主義模

式的適用性問題及國家理論的相關議題。

上篇是相對宏觀地展現國家建設與文化領導權建設的歷史進程，下篇則聚焦於上海大世界遊樂場這一具體的文化娛樂機構，從而在更微觀的層面來展示這些大眾文娛機構是如何進行社會主義文化改造的，以及其歷史後果為何。在這一過程中，我們處處可看到國家的身影，看到這些微觀的文娛機構的變遷是如何與國家建設的歷程息息相關的。第六章講述民國時期的大世界，凸顯其商業性、娛樂性乃至情欲性，這是為後面的分析提供一個歷史背景，也希望由此提供一種歷史的視野。第七章主要講新政權如何以有條不紊漸進的方式接管和改造大世界，由此可看出新政權較為強大的組織能力和滲透力。第八章主要講從接管大世界到五十年代末期，新政權追求正規化的努力如何悖謬地帶來了發展的困境，加上大眾文化領域的計劃化、「勞逸結合」的推進等因素的影響，最終引致了五十年代中後期大世界之「百戲雜陳」特色的逐漸消逝，而形成初步的「文化同形」。第九章講述的是五十年代末至文革期間大世界的發展歷程。面對初步的「文化同形」，新政權做出了一定的妥協，推行較為寬鬆的文化政策和協商式文化領導權，這緩解了文化同形的趨勢並帶來了大世界經營上的改善。但到 1963 年以後，部分由於對協商式文化領導權所帶來的負面現象的反思，文化政策上開始激進化而採取零和式文化領導權，大世界因此形成進一步的文化同形，而觀眾人數也隨之大幅下滑，這可理解為是新政權文化領導權事業所遭遇的一定程度的挫折。透過第七、八、九章的分析，我們可以在大世界這一微觀個案中看到國家性質的繁複性對大眾文化領域的影響，藉此可獲得國家與大眾文化關係的更為細緻的體認，而其中所揭示的微觀機制（如文化同形的形成）也構成微觀和宏觀之間溝通的橋樑。由這裏的分析也可看到，國家對大眾文化領域這種影響不能以全然的成功或失敗來簡單概括，而毋寧是複雜的，需予以細緻分析，而這種複雜性也正對應著國家性質的

繁複性。

上篇和上篇，一個更偏宏觀，一個更偏微觀；一個側重國家機構，一個側重基層文娛機構。兩者合觀，或許能呈現一個較為整體的畫面。

為了更細緻地探討毛時代中國的國家與大眾文化關係，我們需要明確一些更具體的研究問題。本書希望可以回應以下幾個問題：國家建設與文化領導權塑造是如何關聯在一起的？國家性質的繁複性何以以及如何影響社會主義文化改造？國家是如何改造上海大世界，它發生了哪些變化，又是如何應對國家的改造舉措？國家在這個過程中哪些方面取得了成功，哪些方面又遇到了挫折？它為什麼會遭遇這樣的成功或挫折？這種成功與挫折又與「國家性質的繁複性」有什麼關聯？本書將在歷史的視野及國家理論的分析視角中回答上述問題。透過對這些經驗問題的回答，筆者希望能夠呈現新舊文化的交替所引發的張力、妥協和衝突，還有新中國在其間的角色、組織運作、機制、後果及導致此後果的種種因素，由此可呈現出前述理論討論的分析力度和效度，服務於理論思考的深化，並獲得一些歷史的反思，從而為今日中國之文化建設提供借鑒。

二、將國家帶入文化社會學

本節旨在對本書的基本理論立場及其理論背景予以交代，可視為前文所述的「國家性質的繁複性」的理論背景和補充。本書的理論視角可以概括為「將國家帶入文化社會學」，其核心內容在於將國家變量帶入文化社會學的理論框架之中，在這方面本書特別受益於「國家中心觀」和「社會中的國家」這兩個晚近的國家理論。這一理論視角的合理性在於，在現代社會，如果脫離了國家的視角，我們將無法理解文化生產和文化變遷過程，而這一點在新中國的語境中又尤其適用。

「國家中心觀」是斯科克波（Theda Skocpol）和伊雲斯（Peter Evans）等人於 1985 年合編的《找回國家》一書中系統提出。[66] 該書在批判過往的「社會中心視角」的基礎上，旗幟鮮明地提出要「將國家帶回來」，這一視角已然是當代社會科學的重要分析路徑。這一視角的特別意義在於將國家理解為具有自主性（autonomy）的行動者，會致力於追求其國家目標，而這受制於其國家能力。這一視角要求我們重視對國家本身的分析，而不是將國家的行動化約為種種社會力量的後果。

事實上，無論是英美社會學界還是當代中國的社會學研究，都某種程度上存在著沒有充分重視國家在社會學分析中的作用的傾向，尤其是未能提供對國家變量的具體操作化。[67] 這正是「國家中心觀」試圖去予以矯正的。筆者將說明為何要重視國家對於文化社會學的重要性，然後批判性地回顧既有的一些文化社會學的理論視角，再鋪陳將國家變量引入文化社會學分析的可能路徑。[68]

在進入更具體的分析討論之前，有必要先澄清「國家」與「文化」這兩個關鍵概念。本節對國家的界定，基本採取的是韋伯的界定，即有

---

66 Evans, P. B., Rueschemeyer, D. and T. Skocpol. *Bringing the State Back In.* Cambridge: Cambridge University Press, 1985.

67 對此現象，吉登斯曾有過相應的解釋。吉登斯認為這是源於扭曲的社會分工，即認為社會學所要研究的是社會，即 19 世紀思想家所說的市民社會，對國家的研究則被看做是政治學的專屬範圍。他也指出，另一方面，在對古典經濟學進行批判的過程中，馬克思主義和非馬克思主義社會學卻共同延續了古典經濟學的這一觀點，即社會變遷的最重要動力來自於生產領域，即市民社會領域，國家只負責提供一個能夠使經濟契約受到保護的法律框架，並從整體上監督共同體的利益。Giddens, A. *Sociology: A Brief but Critical Introduction.* London: Macmillan, 1982.

68 事實上，《找回國家》一書所涉及的領域主要涵蓋經濟、政治、社會政策等方面，而該書的三位主編在隨後的學術生涯中的關注點也主要在上述領域，而對文化領域有所忽略。在此意義上，本節論述既是對文化社會學理論視角的一個修補，也試圖對「國家中心觀」的分析框架與經驗研究領域予以推進。

權威制定規則並以此管理整個社會的一套機構，它們擁有在特定區域內對合法暴力的壟斷。事實上，現代國家建立在一套理性化的科層制與運作機制之上，並不斷滲透到整個社會的基層，因此才能實現對合法暴力的「壟斷」。國家是一整套的權力體系，在此意義上國家不等於政府，但政府無疑是國家最重要的構成。文化這個概念在界定上存有很多爭議，所以威廉斯（Raymond Williams）才會稱文化為最難定義的一個詞語。諸如帕森斯等學者實際將文化等同於價值（value），另一些學者將文化視為象徵系統（如紀爾茲），還有一些學者則視之為實踐，諸如流行的「反抗」和「工具箱」（tool kits）這樣的術語，[69] 都是表達這樣的含義。本節所採取的文化概念更接近美國社會學家格里斯沃爾德所謂的文化物品（cultural objects），尤其是在大眾層面進行生產和傳播的文化物品，諸如大眾音樂、電影等。[70] 與之相應，本節所關注的「文化社會學」主要是指關注文化物品的生產與創造的社會學研究。[71]

---

69 Swidler, A. "Culture in Action: Symbols and Strategies." *American Sociological Review*, 51(2), 1986.

70 Griswold, W. *Cultures and Societies in a Changing World*. Thousand Oaks: Pine Forge Press, 2004.

71 在文化社會學（sociology of culture）的範疇中，格里斯沃爾德曾提出過著名的「文化菱形」（cultural diamond）的說法，認為文化社會學的分析落實在四個方面，即文化客體、文化生產者、文化接受者和社會世界，Griswold, W. *Cultures and Societies in a Changing World*. Thousand Oaks: Pine Forge Press, 2004。霍爾等人則將文化社會學的分析性框架界定為以下一些內容：文化的制度結構；文化歷史和文化形式的保存；文化的生產與社會傳播；文化的效果；意義與社會行動，約翰．霍爾等著，周曉虹、徐彬譯：《文化：社會學的視野》，北京：商務印書館，2002 年。如正文所述，本節的分析將更關注文化創造者或者說文化的生產方面的理論，而對其他方面的理論論述會有所忽略。

1. 作為文化行動者的國家

　　正如萊廷所言，[72] 文化具有兩面性（Janus-faced）。一方面，無論我們採納哪種文化的定義，文化都為我們的認知、理解、情感和行動提供詮釋的圖示、象徵意義以及認知工具。套用蒂利（Charles Tilly）的話說，文化與我們的日常生活是「形影不離」的。[73] 對文化的這一面向予以關注的研究進路被萊廷稱之為韋伯傳統，而遵循此一進路的學者也傾向於去描述和呈現意義的生發過程。在這類研究中，最典範的自然是韋伯的《新教倫理與資本主義精神》，而其後繼者也同樣關注於意義生發過程，只不過其詮釋的方法論以及分析的對象（諸如文本、視覺性表徵以及社會行動等）有所不同。[74] 另一方面，文化顯然不是與權力之影響無關的中立事物。我們甚至可以說，權力與文化是形影不離的。這一論點並非否定文化具有一定的相對「自主性」。但是，承認文化與社會生活的其他領域是不同的，且前者不可化約為後者，並不意味著拒絕社會及政治因素對文化的影響。依照所謂「邊沁傳統」（Benthamite tradition），[75] 學者們關注的是基於政治的、社會的或經濟的目的，而對文化進行的有意識的形塑、操縱乃至宰制。對文化的這一面向的分析，

72　Laitin, D. D. *Hegemony and Culture: Politics and Religious Change among the Yoruba*. Chicago and London: The University of Chicago Press, 1986.

73　Tilly, C. "Epilogue: Now Where?" in G. Steinmetz (ed.), *State/Culture: State-formation after the Cultural Turn*. Ithaca and London: Cornell University Press, 1999, p.414.

74　簡要的綜述可參考 Wuthnow, R. and Witten, M. "New Directions in the Study of Culture." *Annual Review of Sociology*, 14, 1988; Spillman, L. *Cultural Sociology*. Oxford: Blackwell Publishers, 2002。

75　Laitin, D. D. *Hegemony and Culture: Politics and Religious Change among the Yoruba*. Chicago and London: The University of Chicago Press, 1986.

往往被稱之為對「文化政治」的分析。[76]

無可否認，國家在政治系統中佔據很重要的位置，即便在全球化的情境下也依然如此 (甚至更顯重要)。[77] 正如有些學者所說的，國家在現代世界已經滲透到日常生活的方方面面，具有轉化力的國家不僅試圖去塑造人民的個人認同，它也試圖去塑造人民整個的道德秩序。[78] 因此，國家在有關文化政治的討論中自然扮演很重要的角色。我們甚至可以說，國家已經成為當代社會中最重要的文化行動者。

那麼，文化與國家為何對各自來說是重要的？從歷史的角度來看，王權國家的合法性建立在神權的基礎上，而現代國家的合法性則是基於它是「全體國民的發展充分且合一的代表」，[79] 在這一合法性的轉變過程中，文化扮演著重要角色。布爾迪厄 (Pierre Bourdieu，又譯波迪堯) 在闡述其個人對國家的認識的時候，特別強調了一種主導性的文化對於國家的合法性建構的重要性，而這一關聯是通過國家對於資訊資本 (informational capital，而文化資本是它的子範疇) 的掌控實現的。這篇文章的英文譯者也指出，法文當中的大寫的 Culture 就是指與國家相關聯的一種主宰性的文化。[80] 霍爾 (Stuart Hall) 在追溯西方國家與大眾文

---

76 筆者瞭解「文化政治」一般既會探討文化的政治面向，也會探討政治的文化面向。不過，此處專指文化的政治面向的討論。

77 在這方面，福山從「九一一」之後的國際安全局勢與第三世界的發展的角度強調了國家的重要性，參見 Fukuyama, F. *State-building: Governance and World Order in the 21st Century.* Ithaca, N.Y.: Cornell University Press, 2004，而魏斯則從全球經濟格局下的經濟發展的角度，否定了「去國家化」的說法，而重申了國家的重要性，參見 Weiss, L. *The Myth of the Powerless State: Governing the Economy in a Global Era.* Cambridge, UK: Polity Press, 1998。

78 Migdal, J. S., Kohli, A and Vivienne Shue (ed.), *State Power and Social Forces: Domination and Transformation in the Third World.* Cambridge: Cambridge University Press, 1994, p.13.

79 Lloyd, D. and P. Thomas. *Culture and the State.* New York and London: Routledge, 1998, p.3.

80 Bourdieu, P., L. J.D. Wacquant and S. Farage. "Rethinking the State: Genesis and Structure of the Bureaucratic Field." *Sociological Theory*, Vol.12, No.1, 1994.

化關係的發展歷史時，也指出在大眾民主國家裏，國家的統治越來越建立在被擴展了的文化功能之上。[81] 換言之，傳統國家當然也承載著一定的文化功能，但現代國家必須對之擴展與充實，方能應對現代社會的需要。其他學者也指出，「只有在國家機構緩慢而逐步地出現之後，文學和藝術才成為標準的教學對象」。[82] 與前述的發展相伴隨的是，傳統上由宗教作為主要的文化機構的角色由現代國家接手，[83] 這也可視為現代性的重要特徵之一。這一觀點在涂爾幹（Émile Durkheim）的著作中也有很好的體現，涂爾幹強調集體意識（主要也是基於宗教）的式微，並極力主張要建立新的道德，而強調現代國家的道德與文化面向。[84] 這一主題在葛蘭西的著作中也同樣可以發現，因為葛蘭西強調國家作為普適的教育者的角色。[85]

此外，隨著傳統的貴族統治在政治和文化領域當中的瓦解，相伴而來的則是平民階層或者大眾的興起，與之相關，文化在現代社會的獨特處境是大眾文化（群眾文化）的興起，這是一前所未有的局面。普羅大眾如此普遍而強烈地捲入到文化生產與文化構建之中，這是現代社會才會提供的歷史場景。這與希爾斯（Edward Shils）所說的「中心與邊緣」（center and periphery）的理論也是密切相關的。[86] 在希爾斯看來，現代社會要求中心與邊緣有更為密切的互動溝通，邊緣開始扮演更積極的

---

81 霍爾：〈大眾文化與國家〉，載於陶東風主編：《文化研究精粹讀本》，北京：中國人民大學出版社，2006 年。

82 Lloyd, D. and P. Thomas. *Culture and the State*. New York and London: Routledge, 1998, p.2.

83 Thilly, F. *A History of Philosophy*. London: Allen & Unwin, 1951.

84 Durkheim, E. *Professional Ethics and Civil Morals*. London and New York: Routeledge, 1992.

85 Adamson, W. L. *Hegemony and Revolution: A Study of Antonio Gramsci's Political and Cultural theory*. Berkeley: University of California Press, 1980.

86 Shils, E. *Centre and Periphery*. Chicago: University of Chicago Press, 1975.

角色，並進入更為中心的舞臺。換言之，在現代社會，過去的庶民成為今日的大眾，並逐漸登上文化與政治的中心舞臺。在大眾社會與大眾文化興起的情境之下，國家自然會積極介入其中，通過文化的形式來實現有效的「中心與邊緣」的溝通。國家的任何文化計劃已不單是國家官員與精英份子的專屬領地，它必須直面大眾的回應與感受，並將哪怕最高貴的文化訴求與普羅大眾建立聯繫。現代國家恰恰提供了這樣一種可能，並在現實之中屢屢付諸實踐。可以說，現代國家、大眾社會、大眾文化（群眾文化）這三者是一併駕齊驅、相互強化的現象。如果沒有大眾社會就不會有大眾文化，而大眾文化又反過來推動大眾社會的發展轉型，但大眾社會的發展離不開現代國家所推動的大眾教育與大眾市場的發展。與此同時，現代國家的合法性需要大眾文化的支撐，因為大眾文化一定程度上成為我們新的「宗教」，因此現代國家必須要介入大眾文化，而且它有這樣的能力去介入。相應的，我們也看到國家採取越來越有意識的、更有力也更全面的措施來干預文化領域。當今絕大多數國家都建立了專門的處理文化事務的機構這一事實，就能說明這一點。[87] 而且，基於科層制的發展，國家日益增長的國家能力使其有能力滲透到整個社會，這使得其對文化的干預日益成為可能。[88] 這種國家對文化的介入之極端個案，體現於所謂的集權主義國家之中。集權主義國家一般被認為是「審美的高度政治化」與「政治的高度審美化」，寬泛來說，它體現的是政治與文化的緊密交織。這一現象並不是現代才有的，古代社會也同樣有這一現象，但集權主義國家的獨特性在於，它試圖在大眾社

---

87 根據卡姆拉瓦的數據，在 164 個非西方國家或地區當中，有 120 個（也就是 71.5%）的國家或地區有獨立的專門的文化部。而在西方國家中，這一比例是 65%。參見 Kamrava, M. *Cultural Politics in the Third World*. London: UCL Press, 1999, p.116。

88 Thomas, G. M. and Meyer, J. W. "The Expansion of the State." *Annual Review of Sociology*, 10, 1984.

會的層面上來實現這種政治與文化的緊密交織，而這需要發達的工具理性、科層制與治理技術作為支撐，而這又是與現代國家的興起相關聯的。

最後，伴隨著貴族政治的衰敗和自由市場的興起，藝術領域當中傳統的恩主制（patronage）也隨之衰微，文化市場則是在蹣跚中成長，職業藝術家在財政上依然是不穩定的，而往往要受文化市場的牽制，受市場邏輯的侵蝕。在一定程度上，國家的資助可以作為抵擋市場侵蝕作用的盾牌，雖然其自身也可能產生另一種侵蝕效果。[89] 因此，一方面是文化領域對一種相對自主性的強調，另一方面是文化市場的邏輯更為強勢的發展，在這個過程中國家扮演微妙且不可或缺的角色。此外，大眾民主社會對於文化產品享受的平等性之看重，也要求有國家之介入，而相關研究也證明，國家資助在這方面扮演正面角色。[90] 晚近的文化社會學研究也進一步驗證了國家的文化功能之強化。在現代社會，國家可以有許多方式來影響文化藝術。這不僅是因為國家資助是藝術作品和藝術機構的一項重要來源，而且國家通過檢查藝術家和藝術作品，提倡某種風格（如中國的社會主義現實主義）或譴責某些風格，從而直接地影響藝術作品的內容。[91]

基於上述的討論，可以說隨著國家和文化日益相互交織的發展，

---

[89] Harrington, A. *Art and Social Theory*. Cambridge: Polity Press, 2004, pp.78-81.

[90] Blau, J. R. *The Shape of Culture: A Study of Contemporary Cultural Patterns in the United States*. Cambridge: Cambridge University Press, 1989.

[91] 即便像美國這樣的被視為國家不怎麼介入文化領域的國家，在 1965 年就成立了國家藝術基金會，當時每年享有 180 萬政府預算，而到 1980 年甚至高達 15000 萬美元。州政府把撥款從 1966 年的 270 萬提高到 1983 年的 12500 萬。基金會的資助也從 1966 年的 380 萬美元提高到 1982 年的 34900 萬。參見約翰·R·霍爾等著，周曉虹、徐杉譯：《文化：社會學的視野》，第 280、282-286 頁。這些數據都能夠說明美國社會中的國家在文化生產流通過程中的重要作用。

國家逐漸成為重要的文化行動者（state as a cultural actor），[92] 甚至是現代社會中最具影響力的文化行動者。正因為此，我們理應將國家納入到文化社會學的理論分析框架之中。

2. 對文化社會學的幾種理論視角的批判性回顧

不過，在當下最具影響的幾種文化社會學的理論視角中，仍缺乏對國家視角的充分重視，尤其是缺乏對國家變量的操作化和具體化。[93] 換言之，沒有有力的國家理論以作支撐來細緻論述國家在文化的生產創造過程中的作用。當然，在有限的篇幅內，筆者無法詳盡和面面俱到地論述文化社會學的所有理論視角，僅對幾種主要的理論視角予以批判性的考察。需要說明的是，此處採納的理論分析方法正是亞歷山大所謂的「測震術」（seismographic principle），以探尋文化社會學的理論地形圖中的一條連貫「斷裂帶」。[94]

2.1「文化工業」理論

法蘭克福學派的「文化工業」理論，結合了馬克思主義視角與韋伯的問題意識，迄今對大眾文化分析領域影響深遠。文化工業理論的主旨是要闡明現代社會的大眾文化，作為一種標準化的工業所製造出來的標準化的產品，喪失了批判的意識，而充當的是社會整合的工具。它所生產出來的是一群麻木和順服的大眾，而這也達到了資產階級繼續維持

---

92 參見 Berezin, M. "The Organization of Political Ideology: Culture, State, and Theatre in Fascist Italy." *American Sociological Review,* 56, 1991。

93 在筆者所見幾本有影響力的文化社會學的教科書或指南中，鮮見關於國家與文化的專題。霍爾等人的《文化：社會學的視野》（2002）一書中有專題討論，但也是很簡略。

94 Alexander, J. *The Meanings of Social Life: A Cultural Sociology.* Oxford: Oxford University Press, 2003.

其統治的目的。[95]「文化工業」理論引導我們關注大眾文化的生產過程及其形式。不過,作為哲學家的批判理論家並未提供相應的細緻的社會科學概念以分析此文化生產過程。後來的馬克思主義者也批評法蘭克福學派的高頭講章未能注意「凡俗」的政治經濟學過程。[96]

我們可以看到,文化工業理論的文化觀主要延續了馬克思主義對文化的看法,即文化很大程度上是一種意識形態;其國家觀也同樣接續的是傳統馬克思主義的國家觀,即國家是統治階級統治的工具。[97] 他們對韋伯的傳承更多著眼於理性化的進程,但沒有足夠關注韋伯的政治社會學部分,即國家的重要性。正因此,他們並沒有正面系統論述國家,當他們論述完大眾文化是維繫統治階級統治的手段之後,似已足夠,無需進一步探究國家的作用與功能,因為潛藏背後的理論預設是國家是統治階級統治的工具。這種忽視和簡化,是對國家與大眾文化關係的不全面也不細緻的呈現。此外,對於大眾文化的批判態度和精英主義立場也引起很多爭議,而這一立場實際是源於對大眾以及大眾文化內部的差異性和多元性的忽視,而這也未嘗不是反映出批判理論對於國家操縱的片面認識,而要超越這種片面性,則需要對國家有更為切實的分析。

2.2 英國文化研究

儘管英國文化研究的影響力近來有所下降,但其數十年的學術

---

95 Horkheimer, M. and Adorno, T. "The Culture Industry: Enlightenment as Mass Deception." in Horkheimer, M. and Adorno, T., *Dialectics of Enlightenment*. New York: Continuum Books, 1972.

96 Bottomore, T. *The Frankfurt School*. Chichester: Horwood, 1984.

97 事實上,馬克思本人對國家的界定是多重和模糊的,並非僅限於本書此處所言「工具主義的國家觀」,可參見 Jessop, Bob. *State Theory: Putting Capitalist States in their Place*. Cambridge: Polity Press, 1990。但馬克思未能發展出一套成熟的國家理論,這一點是學界的共識。

積累仍為我們提供了非常豐富的研究大眾文化的視角。早期霍加特（Richard Hoggart）、威廉斯（Roymond Williams）等人的研究喚起了對工人階級文化的研究興趣，相較於機械馬克思主義當中存在的「經濟化約論」的傾向，他們的著作要求我們注意作為活生生的經驗的文化現象，並以嚴肅的學術立場對這些文化現象進行審查批判。霍爾把這一流派稱之為文化主義傳統。[98] 威廉斯在他的《馬克思主義與文學》等著作中非常系統而簡明地勾勒出了他的文化社會學立場（也往往被稱為文化唯物主義，cultural materialism）。[99] 他關於經濟基礎和上層建築的更為動態的解釋，有力地擺脫了「經濟化約論」的機械主義傾向。他也十分強調要把握整體的社會過程，這使得他對於文化過程有一種更整體的認識，同時對文化過程的複雜性、矛盾性和動態性有很深的體認。在這種整體、動態和歷史性的文化社會學中，他試圖把偏向審美的文學傳統與偏向機構分析的社會學傳統予以有機的結合，[100] 因此他自然強調機構分析對於文化社會學的重要性。但他在界定機構的概念時，一方面是比較寬泛的，另一方面也偏向於指涉文化機構、家庭和教會等這些在葛蘭西的概念體系中被界定為「市民社會」領域的事物。因此，國家並沒有被放在一個顯要的位置，而只是在關於「領導權」的論述中若隱若現地出現。在這一傳統中，階級的概念是比國家的概念更為重要的。另外一個佐證是，威廉斯在其《關鍵詞：文化與社會的辭彙》收羅了眾多「關鍵

---

98 Hall, S. "Cultural Studies: Two Paradigms." in J. Storey. Hemel (ed.), *Cultural Theory and Popular Culture: A Reader.* Hempstead: Prentice Hall / Harvester, 1996.

99 Williams, R. *Marxism and Literature.* Oxford and New York: Oxford University Press, 1977.

100 筆者認為，威廉斯所呈現出來的文化社會學的概念框架是迄今最為系統和均衡的論述。其強調的歷史取向、整體觀和過程觀，對於文化過程的複雜性的體認，對「領導權」概念的分析，以及主導的、剩餘的和新興的文化這樣的細緻區分等，都值得文化社會學家予以重視。

詞」，但獨獨不見「國家」（state）。威廉斯自己也說道，「我開始在成年班的課程探索『文化』這個詞的涵義。由於這個詞的用法困惑我心，我戮力思索，將其聯想到其他的詞：『階級』（class）、『藝術』（art）、『工業』（industry）以及『民主』（democracy）。我可以感覺到這五個詞是屬同一種結構」。[101] 這似乎意味著，在威廉斯的問題意識裏面，國家（state）與文化並無密切的關聯。

霍爾稱之為文化研究的另一範式的，是結構主義流派，[102] 其代表人物自然是法國馬克思主義哲學家阿圖莎（Louis Althusser）。阿圖莎在其著名的〈意識形態與意識形態國家機構〉一文中將國家機構區分為壓迫型國家機構和意識形態國家機構，[103] 這很容易讓人聯想起葛蘭西對「強制」（coercion）與「認可」（consent）這兩種國家統治的機制的區分。阿圖莎也正確地指出，意識形態國家機構是一個階級鬥爭的場所而不僅是階級統治的籌碼。這一區分也使得研究者要關注意識形態的物質層面，也就是意識形態的機構運作及其實踐。但是，這樣的探討並沒有讓人們進一步系統思考國家與大眾文化的關係，而更多的關注則投入在意識形態作為對主體性的塑造的探討上，而這種探討相對而言更側重於語言和表徵系統的研究。

文化主義和結構主義兩派之間相互批評，文化主義批評結構主義忽略了人的能動性以及太強的決定論色彩，而結構主義則批評文化主義

101 雷蒙·威廉斯著，劉建基譯：《關鍵詞：文化與社會的辭彙》，北京：生活·讀書·新知三聯書店，2005年，第4頁。

102 Hall, S. "Cultural Studies: Two Paradigms." in J. Storey. Hemel (ed.), *Cultural Theory and Popular Culture: A Reader*. Hempstead: Prentice Hall / Harvester, 1996.

103 Althusser, L. "Ideology and Ideological State Apparatuses (Notes Towards an Investigation)", in Meenakshi G. Durham and Douglas M. Kellner (eds.), *Media and Cultural Studies: Keyworks*. Oxford: Blackwell Publishing, 2001.

只注意到表面的現象而未探究背後深層的結構。在這個背景下，英國文化研究發生葛蘭西轉向（Gramscian Turn），而其中最關鍵的是對領導權概念的借重。評論者認為，葛蘭西的領導權理論很好地解決了結構與能動性的衝突，因為文化領導權既不是自上而下施加給被動的主體的意識形態，也不是自下而上自發生成的人民的聲音，它是一個不同群體之間抵抗和融合的場所，是不斷變化著的過程。[104] 葛蘭西的領導權理論在馬克思主義的國家理論中具有突破意義，因為他指出了國家不僅具有壓制的功能，也具有積極的文化功能，他也把大眾文化納入到國家的視野。因此，領導權理論要求對國家有一全面和細緻的處理。但是，正如學者所指出的，「葛蘭西轉向」當中的代表人物如霍爾，實際陷入一種話語取向與國家取向之間的兩難。霍爾一方面批評拉克勞（Ernesto Laclau）和墨菲（Chantal Mouffe）把一切都消解為話語，後者也不承認存在一個被視為權力中心的國家這樣的權力空間；但另一方面他又對國家的角色持模糊的立場，同意拉克勞和墨菲所指出的社會關係的多元性，國家是多面向和多中心的，認同不是穩定和固定的，而是變動不居的、流動的，相應的也對話語理論讚賞有加。當話語理論所強調的多元性和異質性威脅到領導權的合一性的時候，他會轉向強調國家的合一性，而當這種國家合一性的強調瓦解了話語的多元性時，則轉向話語理論。這種搖擺不定使他無法發展出一種理論來防止把一切都消解為話語的傾向。在這方面引入社會學的視角去重新處理整體的社會過程是必要的。[105] 霍爾的模糊立場妨礙了他去發展出一種系統的國家理論並將其與大眾文化的

---

104 Storey, J. *An Introductory Guide to Cultural Theory and Popular Culture*. Harvester: Prentice Hall, 1993; Turner, G. *British Cultural Studies: An Introduction*. London: Routledge, 1996.

105 Wood, Brennon. "Stuart Hall's Cultural Studies and the Problem of Hegemony." *The British Journal of Sociology*, Vol.49, No.3, 1998.

議題連接起來，因此將一種更社會學化的堅實的國家理論注入到領導權理論的探討當中，或許是對文化研究中「過度文本化」的一個矯治。

在二十世紀八十年代以後，隨著後現代主義和後結構主義的衝擊，文化研究的關注也逐漸從階級轉到性別、性向和種族等議題，與後現代主義和後結構主義所倡言的一切皆文本、一切皆話語相應，這種文化研究也愈發表現出過度文本化的取向。由於這種對文本的關注，文化研究的重點從文化生產轉向了文化消費，關於「快感」的種種論述取代了領導權，研究中充斥著文化民粹主義和無原則的對民眾能動性的頌揚。[106] 因此，對機構的分析總體是缺位的，而在領導權分析中仍然扮演重要角色的「國家」，則在諸如拉克勞和墨菲的話語理論中被解構和放逐了。正如傅柯所形象地描述的那樣，這一趨向要砍下「君王的頭顱」，[107] 而要把關注點轉移到散佈在社會的各個角落當中的權力與反抗的糾結。儘管這一討論豐富了我們對權力的認識，但現實當中作為權力容器（power container）的國家仍然扮演重要角色。國家並未死去，我們也有理由將一種堅實的國家視角重新帶回文化社會學當中。[108]

2.3 美國傳統的文化生產視角

二十世紀七十年代美國社會學逐漸發展出一種文化生產的理論視角，其代表人物包括彼得森（Richard Peterson）等人。彼得森首先批評

---

106 參見 Turner, G. *British Cultural Studies: An Introduction*. London: Routledge, 1996。

107 Finlayson, A. and J. Martin. "Poststructuralism." in Colin Hay et al (eds.), *The State: Theories and Issues*. New York: Palgrave Macmillan, 2006, pp.166-170.

108 無獨有偶，另一些理論家基於全球化的現象，以及跨國資本主義的茁壯發展這一事實，也傾向於淡化國家的角色，而用全球化和跨國資本來充當解釋變量。這與後現代主義的文本鼓噪有相通之處。王瑾正確地指出了，在此全球化和跨國資本發展的語境下，仍然把國家作為文化分析當中的重要變數的必要性。王瑾：〈「國家」三議〉，《讀書》2000 年第 4 期。

此前的文化社會學有幾個不必要的假設：認為文化是整體性的和前後連貫的，認為文化社會學的重點應在文化的實質內容，認為文化的變遷是緩慢和未經事先計劃的。文化生產視角與這些假設的出發點不同，它關注的是文化生產的過程，這個過程包括創造、製造、行銷、流通、展示、評估和消費等。更具體地說，其探討的問題包括資助的來源、技術和社會組織的影響、守門人（gatekeeper）的影響、[109] 消費者對文化生產的影響等。[110]

文化生產視角大體上有兩種研究取向。一種是社會學新制度主義（sociological neo-institutionalism）的進路，主要發端於組織社會學的研究，代表人物有狄馬喬（Paul DiMaggio）和赫希（Paul M. Hirsch）。這一取向涉及從微觀到宏觀的各個層次，包括：探討一件藝術品從概念到成品的過程當中的四種主要階段，即創造、資助與經營、推廣和消費；探討組織之間關係（inter-organizational approach），諸如行業結構以及對某一問題的解決方案如何塑造了最終的產品，[111] 產品的部分生產是否外包，市場規模及開發的單位成本、政府資助等問題。另一種是符號互動論視角，代表人物是貝克（Howard S. Becker）。他提出藝術世界（art worlds）的概念，認為藝術世界是由藝術家及藝術家的輔助人員相互合

109 守門人指的是對文化產品的生產或生產的某一環節具有審批核查權力的人，如公司主管、評審人、博物館等。

110 Peterson, R. A. "The Production of Culture: A Prolegomenon." *American Behavioral Scientist*, 19, 1976.

111 DiMaggio, P. and P. M. Hirsch. "Production Organizations in the Arts." *American Behavioral Scientist*, 19, 1976; DiMaggio, P. "Cultural Entrepreneurship in Nineteenth-Century Boston: The Creation of an Organizational Base for High Culture in America." in Richard Collins et al (eds.), *Media, Culture and Society: A Critical Reader*. London: Sage, 1986; Crane, D. *The Production of Culture: Media and the Urban Arts*. Newbury Park, Calif: Sage Publications, 1992.

作所構成的,而這個藝術世界影響到藝術產品的生產。[112] 這個視角對藝術家進行分類,[113] 諸如體制內專業人士、特立獨行藝術家、樸素的藝術家等。此外,該視角也會探究收藏家、中介、展覽館、拍賣行等所有人員之間的互動以及這種互動對藝術生產的影響。它也探討藝術家所受到的諸多限制和約束,包括藝術世界的慣例和規範(convention)、生產的物質媒介和技術、資助人及消費市場、公共的趣味以及接觸的管道等。[114] 符號互動論往往被批評為是過於微觀的,但也開始關注組織,試圖通過組織來架起微觀和宏觀之間的聯繫。[115]

綜觀文化生產視角當中各種駁雜的關注,其總體上側重於探討微觀層次上文化行業中的各種角色及其互動,以及中觀層次的組織、行業以及市場結構對文化產品的影響。其中對國家有正面探討的,主要集中在政府資助問題上。這說明對國家與大眾文化的互動關係並無整體性和系統的認識。這種對國家角色的缺乏足夠重視,大概可以用美國自身的國家與文化關係來解釋。美國沒有歐陸國家的那種中央的文化行政部門,而只是由民間的基金會作為國家的代理來予以藝術資助,可以說是相對「自由放任」式的。這種在國家與藝術關係上的形式上的自由姿態,或者說形式上的國家的缺位,也使得研究者並不太注重國家的角色。但事實上,如果我們留意美國關於「文化戰爭」(culture wars)的討論,[116] 關於藝術是否應得到國家資助的問題的爭議,我們會發現即便在美國這樣一個國家,在文化議題上國家並不是缺位的,而且國家在其

112 Becker, H. S. "Art as Collective Action." *American Sociological Review*, 39 (6), 1974.

113 Becker, H. S. "Art Worlds and Social Types." *American Behavioral Scientist*, 1976 (19).

114 Harrington, A. *Art and Social Theory*. Cambridge: Polity Press, 2004.

115 Becker, H. S. and M. M. McCall. (eds.) *Symbolic Interaction and Cultural Studies*. Chicago: The University of Chicago Press, 1990.

116 參考 Hunter, J. D. *Culture Wars: the Struggle to Define America*. New York: Basicbooks, 1991。

中扮演的角色也不僅僅是資助的問題這麼簡單。一個不注重國家作用的文化社會學分析框架顯然是不充分的。

2.4 文化場域理論

　　布爾迪厄所提出的文化場域理論，[117] 是基於對符號學為代表的內部主義視角和馬克思主義為代表的外部主義視角的批評。符號學和結構主義注意到文化產品有其自身之邏輯，需要置身於文化產品之間的相關關係所構成的整體來思考文化產品之意義，但這種分析往往陷入形式主義，也忽略了外部因素的影響。馬克思主義注意到外部的影響，但是諸如反映論（reflection）的模式直接將文化產品與權力勾連起來，缺乏中介環節（mediation），布爾迪厄認為這是一種短路理論，這種理論不能夠認識到文化場域有其自身之邏輯。於是，布爾迪厄在文化產品與權力之間插入場域的概念，一方面場域概念強調其自身的相對自主性，另一方面場域之間的關係（如文化場域與權力場域之間的關係）也促使文化分析不能忽略外部因素的影響。因此，這可以視為對內部主義視角和外部主義視角的超越。此外，通過發展場域、慣習、位置、佔位（position-taking）、策略等概念，布爾迪厄也旨在突破主觀主義和客觀主義的二元兩分，或者是對結構與行動者的二元兩分。可以説，布爾迪厄的理論框架提供了一個非常綜合且平衡的理論框架。

　　布爾迪厄提出，文化分析大概可以分為三個步驟：首先要分析文化場域在權力場域中的位置；其次是文化場域的結構；再次是文化生產者的慣習的生成。[118] 這樣一個分析架構覆蓋了從微觀到宏觀、從行動者

117 Bourdieu, P. *The Field of Cultural Production: Essays on Art and Literature*. Cambridge: Polity Press, 1993.

118 Bourdieu, P. *The Field of Cultural Production: Essays on Art and Literature*. Cambridge: Polity Press, 1993: 14.

到結構的諸面向。但值得注意的是，所謂權力場域指的是社會當中統治階級與被統治階級之間形成的一種關係，因此在論述外部因素對文化場域的影響時，更多的是藉助階級的概念，而並沒有為國家提供重要的角色。此外，布爾迪厄論述的重點是放在文化場域內部的結構和邏輯，而對於文化場域與它所置身其中的權力場域之間的關係並無清晰表述。他非常細緻地勾勒文化場域內部的區分（如有限的文化生產場域和大眾的文化生產場域）、當權者與挑戰者的鬥爭邏輯，也分析了文化場域獲得自主性的歷史過程，[119] 但這些幾乎無一例外都是關於文化場域內部的分析。正如評論者所言，布爾迪厄過於看重「相對自主性」的概念，這也使得布爾迪厄賦予文化場域的內部分析以優先性，而對於場域內部結構分析的強調，導致對於文化場域與其外部要求之間衝突的忽視。[120] 同樣的，這種內部分析及其相應的概念框架，強調的也是一種文化場域結構和邏輯的延續性，缺乏一種社會變遷的理論，如果能夠給予權力場域和文化場域的關係更為系統的論述，尤其是引入一種更為堅實的國家視角，則應能在這方面有所矯正。

事實上，布爾迪厄並非沒有察覺國家對於文化場域的影響，[121] 但他只是一筆帶過，沒有提供對國家的充分系統論述。在筆者所見到的布爾迪厄最為系統的對國家的論述文章中，[122] 其關注的是現代國家的形成過程、國家的合法性的形成、國家對符號資本以及這種信念（doxa）的塑造如何維護這種國家的合法性。這種論述對於國家內部力量的多元性沒

119 Bourdieu, P. *The Rules of Art: Genesis and Structure of the Literary Field.* Cambridge: Polity Press, 1996.

120 Swartz, D. *Culture and Power: the Sociology of Pierre Bourdieu.* Chicago: The University of Chicago Press, 1997.

121 Boudieu, P. *The Field of Cultural Production: Essays on Art and Literature.* Cambridge: Polity Press, 125.

122 Bourdieu, P., L. J.D. Wacquant and S. Farage. "Rethinking the State: Genesis and Structure of the Bureaucratic Field." *Sociological Theory*, Vol.12, No.1, 1994.

有充分的體認，而是過於強調國家的強大塑造能力。但是，即便是這種並不充分的國家理論，也未能與他關於文化場域的理論予以有機的結合。

概言之，在回顧完這些主要的文化分析的理論視角之後，筆者發現普遍存在著對國家變量缺乏足夠的重視與相應的操作化論述，而基於前面的論述，我們有理由將更為堅實的國家視角帶入文化社會學。

3. 將國家帶入文化社會學

在討論將國家帶入文化社會學時，需要首先分析國家的諸多特徵和結構性要素，才能進而討論國家與文化之間的關係。需要強調的是，正如斯科克波等人在《找回國家》一書中所做的那樣，本節提供的僅僅是一參考性的概念框架和一些可能重要的議題。

首先，不同的國家形態會有不同的文化政治的互動模式。主權國家就與被殖民的國家不同，後者必須面對來自外部的統治者，而外部的統治者會帶入他們的文化甚至將其強加於被殖民國家的人民身上。不過，殖民者本身也有不同的文化政策，比如，英國的殖民者堅持的是一種間接統治的方針，而不同於法國和日本。[123] 其次，根據林茲和斯捷潘

---

123 Laitin, D. D. *Hegemony and Culture: Politics and Religious Change among the Yoruba.* Chicago and London: The University of Chicago Press, 1986. 香港的例子說明，即便面對的是同一殖民政府，其文化政策也可能經歷巨大轉變而對其後的文化發展產生重大影響。「六七暴動」使得港督麥理浩爵士（Sir Murray MacLehose）推行新的文化政策，強化「香港是我家」的「香港意識」，這對隨後香港人的文化認同發展產生了很大影響。參見王宏志：《歷史的偶然 —— 從香港看中國現代文學史》，香港：牛津大學出版社，1997 年。此外，1937 年前的上海提供了一個機會讓我們分析多個租界同時並存情況下的文化秩序問題。參見汪暉、余國良主編：《上海：城市、社會與文化》，香港：中文大學出版社，1998 年。

的分類，[124] 主權國家依照從民主到極端獨裁的程度可依次分為：民主國家，威權國家，後極權國家，極權國家，蘇丹型國家（sultanism）。一般認為，民主國家往往對文化的發展賦予更多的自由，而不會過度施加某一特定的意識形態，而極權國家則會通過大眾動員的方式來宣傳鼓動他們唯一的意識形態。

但我們這裏需要特別強調，這僅僅是一種非常粗略的説法，因為即便同一類型的國家，國家對文化領域的干預也是有所不同，而與國家 — 社會關係的結構等因素相關聯。國家類型（regime type）與國家 — 社會關係固然有密切關係，但絕不可視為是等同的概念。國家類型（如民主國家與極權國家的區分）更側重的是政體性質之獨裁與否，而國家 — 社會關係更側重的是國家介入社會的程度與形式，社會如何應對與回應國家的介入，以及國家與社會之間的互動互構。由於國家 — 社會關係之不同，一個民主國家對社會空間的佔據有可能比一個獨裁的國家更大，鄒讜就曾以瑞典和法西斯意大利為例指出，前者對社會空間的控制可能比後者要更大。因此，鄒讜認為必須在國家 — 社會關係以及政權性質之間做出區分，而提出全能主義國家（totalistic state）這個概念。[125] 基於這樣的考慮，我們將國家 — 社會關係視為與國家類型不同且更重要的因素來單獨分析。

關於國家與社會關係，有學者曾經將其歸納為兩種亞模式：一是衝突模式，在這一模式中，或表現為國家對社會的強力控制，或表現為社會的崛起甚而對國家的抗拒；二是互動模式，即國家和社會之間的相

---

124 Linz, J. J. and Stepan, A. *Problems of Democratic Transition and Consolidation*. Baltimore: The John Hopkins University Press, 1996.

125 鄒讜：《二十世紀中國政治：從宏觀歷史與微觀行動角度看》。

互妥協、滲透和共存。[126] 比如，美國政治學家米格達爾就比較強調國家與社會之間的相互衝突，[127] 伊雲斯所提出的「嵌入性自主性」（embedded autonomy）則強調國家與社會之間的相互融合。[128] 這種國家與社會之互動結果有四種可能性：國家對社會的完全轉化；國家對既存社會力量的吸納；既存社會力量對國家的吸納；國家無法滲透進社會。[129] 我們大體可以從上述兩個維度對特定個案的國家與社會關係進行定位。例如，對改革開放後的中國之國家與社會關係的爭議，就體現出這樣的定位趨勢。在衝突 vs 互動這個維度上，有些學者認為，改革開放之後國家與社會的關係更為平衡，並逐漸發展出法團主義的關係模式，而另一些學者則認為改革開放強化了國家與社會的衝突，並導致大量的社會抗爭事件的出現。在國家與社會之互動結果這個維度上，戴慕珍（Jean Oi）認為，改革開放之後國家對社會的管控能力在下降，而許慧文（Vivienne

---

126 周曉虹：〈中國研究的可能立場與範式重構〉，《社會學研究》2010 年第 2 期。

127 Migdal, J. S. *Strong Societies and Weak States*. Princeton, N.J.: Princeton University Press, 1988.

128 Evans, P. *Embedded Autonomy: States and Industrial Transformation*. Princeton, N.J.: Princeton University Press, 1995.

129 Migdal, J. S. *Strong Societies and Weak States*. Princeton, N.J.: Princeton University Press, 1988. 事實上，有學者將國家與社會關係歸納為這樣一個光譜：全能國家 — 國家法團主義 — 社會法團主義 — 市民社會，參見劉鵬：〈三十年來海外學者視野下的當代中國國家性及其爭論述評〉，《社會學研究》2009 年第 5 期。我們可以看到，這樣一個光譜與正文所述國家與社會關係有某種親和性。但是，這些概念本身就存在著內部的複雜性，特別是市民社會與法團主義這兩個概念。另外，以改革開放之後的中國為例，究竟用哪個概念來界定其國家與社會關係，也有很大爭議。有的學者認為出現了市民社會發展的趨勢，有的認為正從國家法團主義向社會法團主義過渡。另有學者認為中國發展出一種法團主義與庇護主義混雜的模式，並稱之為社會主義法團主義（socialist corporatism），參見 Pearson, M. M. *China's New Business Elite: The Political Consequences of Economic Reform*. Berkeley: University of California Press, 1997。總之，對此問題目前難有定論。為避免使本書的概念框架過分複雜，筆者暫且不將這些概念引入討論。

Shue）則認為，國家對社會的管控能力在上升。[130]

國家與社會關係的模式顯然構成國家與文化關係的結構性背景。例如，當國家試圖推動某種文化變革時，國家與社會之間是處於衝突抑或互動，其效果會斷然不同。學界通常討論的上層文化與下層文化、官方文化與民間文化之間的關係，以及社會學界一度爭論的是否存在「主宰性意識形態」的討論，[131] 都應基於對國家與社會關係的模式之分析來獲得更完備的理解。

在國家與社會關係的討論中，最重要的議題之一是國家自主性（autonomy）的問題。自主性一般被理解為國家能夠超越社會力量之約束而追求其自身目標之能力，[132] 而這又引出國家能力的問題。一般而言，國家能力較強的其自主性也較強，反之亦然。因此，對國家能力的具體考察是討論國家與社會關係之必然構成，它也有助於研究者去對國家與社會關係提供更為具體和動態的分析。「國家中心觀」的一大貢獻就是促使學界密切關注國家能力的問題，同一類型的國家其國家能力可能會迥然不同。例如，法國被認為相比於英國和美國有更為集權和更為強勢的國家機器。斯科克波也強調，我們需要注意國家能力的不均衡性問題，也就是說，國家在不同領域當中的國家能力可能是不一樣的。比如，美國對外的國家能力可能比較強大，但對內的國家能力則稍遜。因此，我們需要對國家能力進行細緻的分析。正如魏斯（Linda Weiss）所

130 劉鵬：〈三十年來海外學者視野下的當代中國國家性及其爭論述評〉，《社會學研究》2009 年第 5 期。

131 Abercrombie, N., Hill, S., and Turner, B. S. *The Dominant Ideology Thesis*. London: Allen & Unwin, 1980.

132 這一界定在學界爭議甚多，伊雲斯所提出的「嵌入性自主性」這一概念就試圖矯正自主性界定中所強調的國家與社會之二元兩分，Evans, P. *Embedded Autonomy: States and Industrial Transformation*. Princeton, N. J.: Princeton University Press, 1995。

言，[133] 沒有總體的國家能力，而只有在特定範圍的國家能力。因此，我們要關注的是更為細緻的國家能力，並在具體的歷史語境中予以勾勒和分析。在這方面，國家中心觀並沒有提供一個比較詳盡的分類。

　　基於對已有的國家能力研究的綜合與調整，[134] 本書提出以下的國家能力分類（詳見表 a）：第一組是國家的內在特徵，包括人力資本（國家雇員所擁有的技術、管理能力與專業化水準）、工具理性（國家的組成部分收集和評估信息，並作出合理決策以最大化其效用的能力）、一致性（國家的組成部分對共有的意識形態基礎、目標及方法達成共識及共同行動的程度，以及國家的組成部分相互溝通，建設性地討論觀念、信息和政策的能力）、統合（國家對自身機構和工作人員予以約束，促使國家公務員隊伍有效貫徹和執行政府決策的能力）、彈性（國家應對突發事件，適應社會經濟情況的長期變化以及可持續地解決社會爭議而不引發災難性的崩潰的能力）；另一組是國家與社會關係的指標，包括自主性（國家獨立於外部力量而行動的能力）、汲取能力與財政資源（國家動員社會經濟資源的能力，國家及其組成部分的財政能力）、再分配能力（國家在不同社會集團間對稀缺資源進行權威性的調配的能力）、滲透力（國家成功地將其意識形態、社會政治結構以及行政機構滲透到社會當中的能力）、反應力（國家對地方社會的需求的反應能力）、調控和監管能力（國家指導社會經濟發展的能力，國家促使個體

---

133 Weiss, L. *The Myth of the Powerless State: Governing the Economy in a Global Era.* Cambridge, U.K.: Polity Press, 1998.

134 Migdal, J. S. *Strong Societies and Weak States.* Princeton, N.J.: Princeton University Press, 1988; 王紹光等：《中國國家能力報告》，瀋陽：遼寧人民出版社，1993 年；王紹光：〈和平崛起與國家良治〉，《21 世紀經濟報導》2003 年 12 月 29 日。該分類方式特別參考了多倫多大學「環境稀缺品、國家能力與民間暴力」課題組所提供的分類體系，數據源自 http://www.library.utoronto.ca/pcs/state/keyfind.htm，引於 2010 年 6 月 2 日。

與團體的行為符合國家制定的規定之能力）、強制能力（國家運用暴力手段和威脅等方式維護其統治地位的能力）、吸納與整合能力（國家與社會之間進行溝通，並將各種社會力量與意見有效整合進國家框架與運作的能力）以及合法化能力（國家的道德權威的力度，也就是其國民遵從其命令是出於忠誠和義務，而不是出於脅迫或經濟動機的程度）。

表a 國家能力分類

國家的內在特徵	國家與社會關係的指標
人力資本 工具理性 一致性 統合 彈性	自主性 汲取能力與財政資源 再分配能力 滲透力 反應力 調控和監管能力 強制能力 吸納與整合能力 合法化能力

本書認為這是一個較為周全的國家能力的分類。當然，在具體的經驗研究中可能無法對不同的國家能力都進行面面俱到的分析，但上述國家能力的分類仍值得參考。

此外，斯科克波雖然注意到國家能力的不均衡性的問題，但僅僅是比較宏觀粗略地提及不同領域能力會有不同。事實上，即便在同一領域內（如文化領域）的不同面向，國家的能力也是有所不同的。同時，不同領域裏的國家能力都有相互影響的作用，某一領域的國家能力將會影響到另一領域裏的國家能力。此外，國家能力在某一方面的強大在一定時期和一定程度上推動國家目標的實現之後，可能轉變成妨礙國家目標實現的力量，而且這種國家能力越強大，其妨礙的作用就越強，這是

國家能力的悖謬（the paradox of state capacity），[135] 也是吉登斯（Anthony Giddens，又譯傑登斯）所謂「意料之外的後果」在國家領域裏的一個體現。另外，斯科克波在其隨後的關於美國社會政策的研究中，[136] 也指出某一領域的國家能力會隨著國家所推行的新的政策而發生改變（斯科克波稱之為政策反饋效應），故此，國家能力的分析，不僅要考慮國家在不同領域以及不同領域的不同面向，也必須考慮到歷時性的因素，也就是在政策執行過程當中國家能力的變化。基於對國家能力的較為細緻和全面的分析，我們才能進一步討論關於「強國家」、「弱國家」的問題。

國家與社會關係這一維度落實到具體的文化領域，就需要討論國家與具體的文化機構及文化產品的關係。在這方面，美國社會學者貝雷津（Mabel Berezin）構造出四種國家與文化關係類型：集權主義類型（文化產品與文化生產者都為國家所控制），國家家長制類型（state paternalism，文化產品具有自主性，但文化生產者為國家所控制），文化保護主義類型（文化產品是由國家所控制的，但文化生產者具有自主性），還有多元主義類型（文化生產者和文化產品都具有自主性）。[137] 貝雷津特別分析了法西斯意大利時期的國家與文化關係，她發現法西斯意大利會通過不同手段對文化生產者進行控制，但對文化產品並不加以控制，因此屬於她所說的國家家長制類型，而有別於史太林時期的蘇

---

135 亦可參考就此議題對中國的探討，Shue, V. "Powers of State, Paradoxes of Dominion: China 1949-1979." in K. Lieberthal et al. (eds.), *Perspectives on Modern China: Four Anniversaries.* Armonk, NY.: M.E. Sharpe, Inc, 1991.

136 Skocpol, T. *Protecting Soldiers and Mothers: The Political Origins of Social Policy in the United States.* Cambridge, MA: Harvard University Press, 1992; Skocpol, T. "Bringing the State back in: Retrospect and Prospect." *Scandinavian Political Studies*, Vol.31, No.2, 2008.

137 Berezin, M. "The Organization of Political Ideology: Culture, State, and Theatre in Fascist Italy." *American Sociological Review*, 56, 1991.

聯的國家與文化關係類型，後者往往被視為是集權主義國家 — 文化關係。我們可以看到，就國家類型而言，蘇聯和法西斯意大利都可能被視為是集權主義國家，但在國家與文化關係方面則並不相同。因此，國家與文化關係的類型儘管與國家類型有密切相關關係，但並非完全吻合，因此有必要進行特別分析。這樣一個四分類型學，或許仍有失簡單化，但它不失為分析國家與文化關係的一個有益起點。此外，對此國家與文化關係的分析需要基於對國家與社會關係的模式以及相應的國家能力之分析才能有更清晰的展現。

我們前面討論的幾個要素都屬於國家的結構性維度，而沒有充分討論國家的文化與觀念維度。在這方面，我們需要考慮的另一因素是國家的主導思想以及相應的它對文化的政治觀點。一種常見的錯誤觀念是認為國家的形態將決定其對文化的態度。但正如前述，一個明顯的反例就是法西斯意大利（事實上，納粹德國的文化政策也被認為是較為多元的 [138]）。法西斯意大利通常被認為是集權主義國家，但其對文化的態度是溫和與相對寬容的。這部分是因為法西斯主義的意識形態具有模糊性，從而促成了法西斯意大利時期文化的相對多元主義，這與史太林時期的蘇聯是有所不同的。[139] 因此，國家的主導思想及相應的對文化的政治觀點對文化之發展有重大影響。根據斯捷特的觀點，[140] 存在四種對（大眾）文化的政治觀點 [141]：保守精英主義（如艾倫‧布魯姆），保守民

---

138 可參見 Cuomo, G.R (ed.), *National Socialist Cultural Policy*. Houndmills: Macmillan Press, 1995。

139 Berezin, M. "The Organization of Political Ideology: Culture, State, and Theatre in Fascist Italy." *American Sociological Review*, 56, 1991.

140 Street, J. *Politics and Popular Culture*. Philadelphia: Temple University Press, 1997.

141 斯捷特所提及的對文化的政治觀點不限於國家的主導意識形態，也包括學術界所表達的政治觀點，而這種觀點並不一定能成為國家的主導思想，但為完整性而在此加以羅列也不是沒有意義的。

粹主義（如戴卓爾夫人和列根所推行的新自由主義政策），激進的精英主義（如法蘭克福學派），以及激進民粹主義。[142] 這些不同的對文化的政治觀點，如果上升為國家的主導思想，會極大影響文化的塑造與走向。如果一個社會中或者主要領導集團中存在著不同的對文化的政治觀念，這就可能帶來文化政策的不穩定性與矛盾性，從而影響（大眾）文化的走向。它同時也會帶來後文所說的國家目標之間的衝突。

　　熟悉國家理論的學者會注意到，前述分析視角大體上仍然是「國家中心觀」的立場，也就是強調國家作為一種法團性行動者（corporate actor）所扮演的角色，但我們同樣需要留意其他國家理論所提供的思考資源，特別是米格達爾所提出的「社會中的國家」這一理論範式。[143] 「社會中的國家」這一理論能夠矯正「國家中心觀」所凸顯的一元化和整體化的國家形象，能夠注意到區域、地方與部門之間的巨大差異。「社會中的國家」強調國家的有效性取決於它與社會之間的關聯，[144] 國家幾乎從來就無法自主於社會力量之外，國家的觸角有其限度。正因此，國家必須被分解分析，不應只關注國家的上層領導與組織，同時也需要關注邊緣地帶的國家社會互動，國家的整體角色取決於國家的不同部分與諸多社會組織之間的各種聯結。基於這一理念，米格達爾提出我們需要對國家進行一種人類學式的考察，具體而言，國家可以分為以下四個層次：底層組織、基層部門、中心部門、最高層。由於這樣一個分化，政策的具體執行者將面臨三重壓力，這包括監督者、下屬和同僚，最終

142 參見 Fiske, J. *Television Culture*. London: Routledge, 1989。

143 Migdal, J. S. *State in Society: Studying How States and Societies Transform and Constitute One Another*. Cambridge: Cambridge University Press, 2001.

144 Migdal, J. S., Kohli, A and Vivienne Shue (ed.), *State Power and Social Forces: Domination and Transformation in the Third World*. Cambridge: Cambridge University Press, 1994, pp.2-4.

的政治結果實際反映的是多重政治壓力的合力。[145]「社會中的國家」提醒我們不能把國家視為鐵板一塊的整體，國家在縱向和橫向兩方面都是具有不同質性的。由於國家是嵌入於社會中的，且國家與社會之間的邊界並不是清晰和固定不變的，因此國家行動必然會受制於社會中不同組織與群體的回應，國家行動的效果也在很大程度上取決於二者之間的關係，而這一關係並不必然是和諧的；類似的，國家機構的行動者也天然地嵌入於社會關係網絡中，他們對國家目標、利益與理念的理解也各不相同，這就使得其行動邏輯未必與官方訴求保持一致。另外，我們也同樣需要注意，國家所嵌入的「社會」也同樣是存在高度的不同質性，存在著階層、血緣、地緣、利益與理念等諸多因素所帶來的分化，而我們一般泛泛而談的「人民」與「群眾」等抽象概念，構成這些範疇的一個個具體的個體，並不是千人一面的。最後，國家所嵌入的「社會」之背後是我們習焉不察又不可或缺的生活世界的存在。生活世界是有其歷史傳統與韌性的，而國家並不能輕易改變生活世界的邏輯，而國家與社會的互動過程中，生活世界可能會發生變化，但生活世界也可能會反過來塑造與約束國家的行動邏輯。生活世界的韌性，在文化領域會體現為某種文化的相對自主性（relative autonomy），如文化傳統與價值觀念在社會轉型與變遷過程中的持續性，而在行動者身上則體現在行動者固有認知與行動邏輯的持續性上。諸如此類的因素，就構成國家觸角的限度。

　　需要留意的是，對「社會中的國家」的運用，不要陷入一種碎片

145 Migdal, J. S., Kohli, A and Vivienne Shue (ed.), *State Power and Social Forces: Domination and Transformation in the Third World*. Cambridge: Cambridge University Press, 1994, pp.16-17. 與之類似，在中國研究領域中，有學者就強調要關注「條」與「塊」以及地方政府與中央政府之間的關係與互動，參見 Baum, R. and Alexei Shevchenko. "The 'State of the State'." in Merle Goldman and Rodrick MacFarquha (eds.), *The Paradox of China's Post-Mao Reforms*. Cambridge, Mass.: Harvard University Press, 1999。

化的國家觀，而需要注意「國家中心觀」與「社會中的國家」二者之間的平衡。換言之，就文化領域而言，我們既要注意國家如何作為法團行動者影響和塑造了文化領域，又要在分析中留意具體實踐當中國家與社會內部的不同質性以及生活世界的邏輯，而後者又會影響到國家作為法團行動者之成效。

在具體的研究中，我們往往需要把對國家與文化關係的分析放置在具體的國家目標（state goal）與國家計劃（state project）的背景下進行，也需要對推動這樣的國家目標與國家計劃過程中的文化政策及其引發的政策反饋效應進行分析。在分析具體的國家目標與國家計劃之推動時，我們就很容易將前述分析維度引入（如國家能力）。在這裏，需要特別注意的是，國家目標之間是可能存在衝突的，因為國家往往會追求多個不同的目標，推行多個不同的計劃，而這些目標與計劃相互之間是可能存在衝突的。前面所說的國家的不同質性，這種不同質性既可能是基於利益的，也可能是基於前面所說的理念層面上的，都會進一步強化這種衝突，而且國家作為行動者往往未必會很快意識到這種國家目標之間的衝突。另外，我們也要注意在推進相應的國家目標與國家計劃的過程中，國家所能掌握的政策工具有哪些，又是如何使用相應的政策工具。具體來說，可能需要關注以下一些事項：國家在不同文化領域中的審查制度與資助制度（如電影分類制度），境內外文化產品的生產與流通的配額制度（如美國進口大片的配額），對傳播網絡進行規範的舉措與法律制度（如著作權法的相關規定）等。[146] 此外，這一過程往往伴隨著文化領域當中的國家建設之進程，會涉及到與文化相關的具體科層機構之建設。對這些科層機構之間的相互關係，以及這些科層機構與一般的文化工作者與文化機構之間的互動，需要特別留意「社會中的國家」所提供的洞察。

---

[146] 參見約翰·霍爾等著，周曉虹、徐彬譯：《文化：社會學的視野》。

當然，表 b 所列諸要素並非完整清單，比如，我們還需要考慮國家的具體策略，諸如殖民政府所採用的統治策略以及主權國家所採用的動員群眾的策略。特別重要的是，本書所提供的參考性框架主要針對的是國內環境當中的國家與文化關係，但處於今天全球化的格局之下，國家如何去回應文化的全球化之衝擊（尤其是「美國化」），也是值得重視之議題。例如，加拿大政府對廣播電臺播放非加拿大音樂會給予相應的限制，而法國政府則對本土電影工業提供財政上的資助。[147] 在這一方面，同樣需要參照本書所述國家的諸多結構性特徵要素才能理解不同國家回應文化全球化的方式與效果。我們無法窮盡所有的相關要素，但上文應已提供一個分析國家對文化的影響的基本圖示，它將為我們提供分析的基本起點和概念工具。

表 b 分析國家與文化關係的參考維度

國家類型	被殖民國家
	主權國家（民主、威權、後集權、集權、蘇丹制）
國家與社會關係	1、衝突 vs 互動； 2、國家對社會的完全轉化；國家對既存社會力量的吸納；既存社會力量對國家的吸納；國家無法滲透進社會
國家能力	不同領域及同一領域中的不同面向的國家能力，國家能力的不均衡性問題，強大國家能力的悖謬
國家與文化機構關係	集權主義，國家家長制（state paternalism），文化保護主義和多元主義
對文化的政治觀點與意識形態立場	保守精英主義，激進精英主義，保守民粹主義，激進民粹主義等
國家的不同質性	縱向：底層組織；基層部門；中心部門；最高層 橫向：不同部門；國家目標的衝突
國家能力與觸角的限度	社會的不同質性；國家與社會邊界的模糊性與相互依賴性；生活世界的韌性

---

147 Street, J. "The Politics of Popular Culture." in Kate Nash and Alan Scott (eds.), *The Blackwell Companion to Political Sociology.* Malden, Mass.: Blackwell Publishing Ltd, 2004.

4. 小結

　　本節試圖將國家變數帶入文化社會學的分析框架之中，這一對國家視角的強調構成本書的基本理論立場。本節試圖提供的是一個相對完整的國家與文化關係的參考維度，但這不意味著在接下來的分析中這些不同的維度都會有所涉及。不過，諸如國家能力、國家與社會關係以及「社會中的國家」等維度對於本書的分析都非常重要。

　　本書更關注的是國家對文化的影響，但文化與國家之間的關係絕非是單向的，文化如何塑造國家或者說國家的文化性也值得我們關注（例如貝雷津對法西斯意大利的政治文化的研究 [148]）。需要強調的是，將國家帶入文化社會學，這是一種實證分析的立場，而非規範立場。本書強調要「將國家帶入文化社會學」，旨在推動研究者去客觀分析國家在文化的發展變遷過程中究竟扮演著什麼樣的角色。這絕非暗示其他社會力量對於文化分析不重要，也不認為國家能夠完全主宰或者操縱文化過程，關於這一點，本書隨後的內容也會有所涉及。

---

148 Berezin, M. *Making the Fascist Self: The Political Culture of Interwar Italy.* Ithaca and London: Cornell University Press, 1997.

上篇

國家建設與文化領導權的塑造

第一章

現代中國的國家建設與

文化治理體系的演進

一、引言

　　國家建設是近現代以來所有國家都共同面對的問題，而中國也概莫能外。晚清以降，中國所面對的一項重要歷史任務即如何從古老的文明體中發展出現代意義上的「國家」。例如，梁啟超當時就曾批評中國人只知有「天下」而不知有「國家」，其透顯出來的是與此前天下觀迥然有異的政治秩序想像。這一新的政治秩序想像是費正清所謂「衝擊─反應」的結果，又貫穿於此後數代人的思考並付諸歷史實踐之中。

　　與歐洲相比，傳統中國有遠為悠久的「國家傳統」，中央集權下的大一統國家格局很早就已確立，且擁有一種「早熟」的官僚制度（錢穆語）。此「國家傳統」無疑為現代中國的國家建設奠定了重要基礎，但它仍不是現代意義上的國家。現代國家是伴隨著「民族主義」、「主權」和「領土」等觀念而興起的，除此以外，現代國家也意味著更強大的國家能力、更集權化的國家運作、更理性化的科層制運作和更制度化的政治權力實施。[1] 借用米高·曼的區分，現代國家無論在專斷權力還是基礎權力方面，都比以往要更為強大。因此，現代國家能夠有力地介入社會生活的不同領域，試圖將其權力觸角滲透到哪怕是最偏遠的基層。這種國家能力的發展，得益於國家權力運作的理性化和科層制建設，即一系列國家職能的分化、擴張與相應的科層組織的建設，而國家能力、國家職能與科層制的發展，又與國家權力的集中化相互作用，共同促成了一個個利維坦的發展壯大，並影響到我們社會生活的方方面面。所謂國家建設，粗略而言，指涉的即是前述這些歷史進程。

　　毫無疑問，國家建設是晚近幾十年學術界最為關注的熱點之一，

1　賈恩弗朗哥·波齊著，陳堯譯：《國家 —— 本質、發展與前景》，上海：上海人民出版社，2007 年。

如查理斯‧蒂利、福山等人都對此議題再三致意。[2] 這些學者都強調了國家建設對於現代世界秩序及民族國家內部的各種事務的重要性。現代中國的國家建設也漸為我國學術界所關注，而對這一議題的關注也得益於對中國現代史的一些新的理解。一方面，一場完整的革命包括了新政治秩序的創立與制度化，[3] 因此對國家建設的研究也是中國革命史研究的重要組成部分。另一方面，一改過去主流史學敘述所凸顯的歷史斷裂，晚近的中國研究轉而探尋自晚清以迄民國再到新中國這一長時段裏的歷史延續性。國家建設無疑是這一歷史延續性中的一個顯例，換言之，從晚清到民國再到新中國，儘管政權和意識形態各異，對現代國家的具體想像也各有不同，但都在持續推進現代國家建設。貝德斯基在一篇文章中就強調了新中國與南京國民政府在國家建設方面的延續性，指出二者在國家建設方面有一些共同目標，這包括：抵禦外侮與主權的確立維繫、國家的統一、社會改造、軍隊建設、經濟的現代化、對暴力使用的法理約束等。[4]

　　在這方面，中國研究領域已積累不少成果。在晚近的海外中國研究當中，著名學者魏斐德的上海三部曲《上海警察》、《上海歹土》和

2　Tilly, C (ed.), *The Formation of National States in Western Europe*. Princeton, N.J.: Princeton University Press, 1975; Fukuyama,F., *State-building: Governance and World Order in the 21st Century*. Ithaca, N.Y.: Cornell University Press, 2004; Fukuyama, F., *The Origins of Political Order: From Prehuman Times to the French Revolution*, New York: Farrar, Straus and Giroux, 2011.

3　西達‧斯考切波著，何俊志、王學東譯：《國家與社會革命：對法國、俄國和中國的比較分析》，上海：上海人民出版社，2007 年，第 203 頁。

4　Bedeski, R.E. "The Evolution of the Modern State in China: Nationalsit and Communist Continuities." *World Politics*, Vol.27, No.4, 1975.

《紅星照耀上海城》，[5] 是從歷史縱深角度揭示了現代警察制度是如何在中國土壤上生根成長，而在此過程中市民生活便被系統地納入警察機構管控的範圍。魏斐德實際上從警察機構這一視角勾勒出了現代中國的國家建設歷程，他也對南京國民政府和新中國在國家建設上的異同再三致意。桑頓的《規訓國家》在一個長歷史時段中從道德規訓的角度審視現代中國的國家構建。[6] 貝德斯基同樣採取的是長時段視角，但他是從人身安全的角度進行論述。[7] 余偉康的《中國的非組織化》探討了新中國成立初期教育領域中的國家建設問題。[8] 在國內的研究中，近年來頗為興盛的對新中國成立初期的研究，很多也都涉及國家建設議題，如王紹光對稅收汲取能力的研究，郭聖莉對基層居委會制度的研究，黃冬婭對工商管理所的研究，馮仕政對信訪制度的研究等。[9]

上述這些研究從不同角度豐富了我們對現代中國（特別是新中國成立初期）的國家建設的理解，但這些研究都沒有觸及文化領域。本章想指出的是，自晚清以迄新中國，我們在文化領域中可以清晰地看到國

---

5 魏斐德著，章紅等譯：《上海警察，1927-1937》，上海：上海古籍出版社，2004 年；魏斐德著，芮傳明譯：《上海歹土：戰時恐怖活動與城市犯罪，1937-1941》，上海：上海古籍出版社，2003 年；魏斐德著，梁禾譯：《紅星照耀上海城 —— 共產黨對市政警察的改造》，北京：人民出版社，2011 年。

6 Thornton, P. *Disciplining the State: Virtue, Violence, and State-making in Modern China.* Cambridge: Harvard University Asia Center, 2007.

7 Bedeski, R. *Human Security and the Chinese State: Historical Transformations a[...] Modern Quest for Sovereignty.* New York: Routledge, 2007.

8 U, Eddy. *Disorganizing China: Counter-bureaucracy and the Decline of Socialism.* Stanfor[...].f: Stanford University Press, 2007.

9 王紹光：〈國家汲取能力的建設 —— 中華人民共和國成立初期的經驗〉，[...]社會科學》2002 年第 1 期；郭聖莉：《城市社會重構與國家政權建設：建國初期上[...]政權建設分析》，天津：天津人民出版社，2006 年；黃冬婭：《轉變中的工商所：[...]後國家基礎權力的演變及其邏輯》，北京：中央編譯出版社，2009 年；馮仕政：〈[...]權建設與新中國信訪制度的形成與演變〉，《社會學研究》2012 年第 4 期。

家建設歷程的不斷推進。換言之，國家通過設立相應的文化治理機構，有意識地不斷介入文化領域，來實現對文化的塑造與管理。晚清已開啟這一進程，民國時期則有進一步的推動。新中國在成立以後，更是迅速地自上而下建立起一整套的文化治理機構，上自文化部，下至地方的文化局、文化館和鄉村的農村俱樂部。正是依靠文化領域中的國家機構的發展，國家才可能深入地介入到普通民眾的文化生活，將民眾文化生活納入到國家治理之下。這可以說是新中國國家建設非常重要的一環，因為民眾文化生活直接關聯到民族主義、一般性政治認同和政權合法性的確立，甚至經濟發展也需要民眾文化生活的鼓舞和激勵。正因此，現代中國的國家建設進程始終包含著文化治理體系的演進歷程，而其根由就在於現代國家必須成為社會生活中的文化行動者，而且由於現代國家權力之強化，在眾多文化行動者的競逐者當中，它有可能成為最為重要的文化行動者。

　　本章的經驗探究就是聚焦在現代中國文化領域當中的這一國家建設過程，而這一過程具體落實為相應的文化治理機構的建立與運作。本章將首先闡明作為文化行動者的現代中國國家，隨後將概覽自晚清以迄新中國的文化治理歷程，再基於檔案和其他文獻材料，重點勾勒 1949-1966 年間新中國的文化治理機構體系的確立與構成。讀者從中既可看到現代中國國家建設的歷史延續性，又可看到新中國在文化領域的國家建設方面所帶來的突破。也就是，它較為成功地扮演了以往政權未能夠成功扮演的角色 —— 作為文化行動者的現代國家。

二、作為文化行動者的現代中國國家

　　如前所述，作為現代性的一部分，現代國家與文化自始就表現出一種密切交織的態勢，而現代國家也成為最為重要的文化行動者。在現

代中國，國家作為最為重要的文化行動者也是一種顯明的趨勢。這種趨勢一方面源自中國固有之傳統，另一方面則來自現代中國所面對的現代處境與獨特的歷史境地。

國家與文化的緊密交織，這對中國人而言，是一個很熟悉的古老傳統，只不過在現代社會它以一種現代的面目而濃墨重彩地延續下來。中國人自古就強調政治與文化教化之不可分，在中文語境中，文化一詞就是源自「觀乎人文以化成天下」這樣的觀念。賈誼也曾說道：有教然後政治也，政治然後民勸之。因此，在中國歷史上，國家在很早的時候就已經成為某種意義上的文化行動者。不過，現代處境仍使中國語境下的「國家作為文化行動者」現象產生了某些重要轉變。例如，由於國家的科層制發展與治理技術的理性化，國家對文化領域之滲透能夠達到前所未見的強度與效度。

如前所述，國家作為文化行動者地位的凸顯是由於宗教式微之後的合法化的需要，且這種需要變得更為自覺，即國家需要通過有意識的文化塑造和治理來實現自己的合法性。現代中國面臨著類似的命運，伴隨著末代皇帝的退位，這意味著一種固有的合法性基礎退出歷史的舞臺，而這一固有的合法性兼有卡里斯瑪與傳統合法性的因素。與此同時，1905年科舉制度的廢除基本上顛覆了傳統的士農工商四民社會的格局，儒家這一中國社會中的準宗教（或者說與西方社會中的宗教相對應的功能等價物）也隨之式微，而儒家等固有傳統原本正是政權合法性的重要源泉與基石。在這些因素之下，隨後的共和肇建及其後的各種政權無不面對一種新型的合法性的確立問題，與之相應的則是一種新文化的全方位構建問題，以解決舊有文化式微所留下的空缺。

因此，一方面是中國之固有政教傳統及其現代轉型，而現代國家的發育與發展為其提供了新的更有力的組織與技術基礎，另一方面則是舊有的文化秩序與合法性體系的崩潰所帶來的對新的文化秩序與合法性

體系的需求，這些因素共同促成了作為文化行動者的現代中國國家。

當然，現代的本質就是一種求新意志。如一位學者所說的，「現代性是一種聲稱成為現代的文化，就是說拒絕回望過去，過去等於老舊、傳統、往昔，轉而面向未來，視未來為一種可以達到的、新穎的視野。現代的眾生男女、社會和文明都只有一種指向：『向前』。」[10] 這種求新意志，在近現代中國顯得格外強烈，落實到文化領域，就表現為一種強烈的對新文化的嚮往。這種新文化的追尋同時與「喚醒大眾」密切關聯在一起，這種新文化不單單是士大夫與知識份子要面對的問題，它同時也需要普羅大眾的參與，需要普羅大眾去接納、內化甚至創造這種新文化。這樣一個使命最初是散佈於社會中的各種力量在推動，但從晚清以迄新中國，歷代政權也都在不同程度地以不同形式自覺地擔當這種使命。如晚清新政下的「下層啟蒙運動」、[11] 國民政府的民眾教育運動與「新生活運動」再到新中國所推進的一系列文化改造、群眾文化運動和文化革命，都是明證。事實上，由於現代國家所具有的前所未有的國家能力，只有國家才能最大程度地擔當這一使命，雖然在具體實踐中同樣受制於國家能力與社會力量的分佈等因素。概而言之，現代中國作為最重要的文化行動者，其最重要的一項使命是如何通過新文化的構建而再造文明，以此來矯正「失去重心」（羅志田語）所帶來的持續動盪不安。這一使命於是成為國家建設的重要推動力。為了完成這一使命，國家必須設置相應的行政機構，以推動文化建設和文化管理，這一過程涉及到一系列的科層制建設和相配套的國家能力的構建。伴隨著這一國家建設

---

10 戈蘭·瑟博恩：〈辯證法之後：後現代性、後馬克思主義及其他站位與立場〉，載於吉拉德·德朗蒂編，李康譯：《當代歐洲社會理論指南》，上海：上海人民出版社，2009年，第233頁。

11 李孝悌：《清末的下層社會啟蒙運動：1901-1911》，石家莊：河北教育出版社，2001年。

的歷程，國家作為文化行動者的角色也得以強化。

　　中國的歷史傳統與晚清崩潰之後的全能主義國家的邏輯於是為新中國的國家與文化關係奠定了基調。正因此，放在歷史的視野下，理解文化領域中的國家建設歷程，對於我們理解現代中國以及當下的處境，都是不無裨益的。

三、現代中國的國家建設與文化治理之歷史透視

　　如前所述，晚清以前的舊制王朝並非現代意義上的國家，但以中國源遠流長的「文以載道」的傳統，皇權政府對庶民文化並非概不過問。在中國傳統裏，戲曲表演乃是下賤之行業。在南北朝時開始有樂戶之名，以指稱從事戲曲歌舞表演的人家，而樂戶在政治和聲望上都是下等的，在職業選擇上也有諸多限制。而且一入樂戶，則子孫世代永為樂戶，因而也就是永為賤民。唐代不准農村的農民以藝出外謀生，他們的演出活動被視為下賤，回原籍後還要罰以重役。[12] 清代基本繼承了明代的做法，並且《大清律例》在明律令的基礎上發展出更為細緻的管理條例，諸如當街搭臺懸燈唱演夜戲者，將為首之人照違制律杖一百，並禁止旗人進出戲園酒館等。[13]

　　但是，這樣的禁令究竟在多大程度上能夠得到實施，是可存疑的。尤其是考慮到中國的舊制王朝雖已有較為早熟的官僚制度，但仍不是現代科層制，而且政權的設置是到縣一級為止，而縣以下則由鄉紳

---

12 張發穎：《中國戲班史》，北京：學苑出版社，2003 年。

13 傅才武：《近代化進程中的漢口文化娛樂業（1861-1949）—— 以漢口為主體的中國娛樂業近代化道路的歷史考察》，武漢：湖北教育出版社，2005 年。

這一「第三領域」來予以調解和管理。[14] 以清朝為例，中央政府並無專門管理民眾文化的機構。相近的機構如樂部，其負責的主要是朝廷的演樂事務，而與民眾文化無涉。[15] 在基層領域，蕭公權先生認為，在清朝中後期，農村依然是「意識形態的真空」，大部分居民「既非積極忠於現存的統治秩序也不反對它，而是僅僅關心他們自己日常生活的事情」。[16] 與之一致，清政府在農村所試圖建立的一些「意識形態機構」也是形式主義的，乃至名存實亡。據瞿同祖先生的研究，清政府曾經通過鄉約制度來宣傳清政府的一些意識形態（如康熙皇帝頒佈的一些訓誡教導），但這些活動往往是走過場，甚至因為天高皇帝遠，根本沒有執行。[17] 這些事實也都說明，由於國家政權的建設並未深入到基層，這在不同程度上影響了皇權政府對社會的不同領域的介入，而對戲曲這一大眾文化領域的介入也自然不例外。一個事實是，明初朱元璋父子對戲曲的管制較為嚴厲，故北方民間藝人很少，但南方則較多，甚至流入北京而被錦衣衛抓起來，[18] 這樣一個南北的巨大差異與上述國家政權建設是有密切關聯的。

但自晚清以降，國家開始更為深入系統地介入到大眾文化領域，這一時期同時也是現代意義上的國家建設的開始。例如，程美寶的研究表明，[19] 晚清的官府為了表示捍衛風化而往往對劇目內容嚴加限制，並

14 黃宗智主編：《中國研究的範式問題討論》，北京：社會科學文獻出版社，2003 年。

15 李鵬年等：《清代中央國家機關概述》，哈爾濱：黑龍江人民出版社，1983 年。

16 轉引自詹姆斯·R·湯森、布蘭特利·沃馬克著，顧速、董方譯：《中國政治》，南京：江蘇人民出版社，2003 年。

17 瞿同祖著，范忠信、晏鋒譯，何鵬校：《清代地方政府》，北京：法律出版社，2003 年。

18 張發穎：《中國戲班史》。

19 程美寶：〈清末粵商所建戲園／戲院初探〉，載於姜進、李德英主編：《近代中國城市與大眾文化》，北京：新星出版社，2008 年。

禁演夜戲。王笛通過成都這一個案，[20] 也揭示了晚清官府開始對街頭文化予以深入的介入干預。國家對社會生活的更為密切的干預，與晚清政府積極宣傳「新政」有關聯，這種新政的一個結果就是新型警察局的出現。在市政機構沒有發育完全之前，警察局扮演著多重功能，即負責地方安全、城市管理和推行社會改革。相應的，自晚清到民國時期，警察局在大眾文化的控制方面都扮演重要角色。警察局規定所有戲班的上演戲文必須呈交警察局核查，禁止上演「淫戲」，對公共場所（如茶館）的娛樂演出予以檢查，比如街頭藝人此前在街頭自由表演，此後則必須獲得警局的批准。但是，這樣的規則和趨向雖然說明國家政權對大眾文化介入的制度化，但當時的管控未必有效。例如 1932 年，民國成都市政府要求戲園必須提前遞交劇本審查，並威脅對違反者要予以嚴懲，但結果只有一家戲園遵守了相關規定。[21]

南京國民政府在推進文化領域裏的國家建設方面取得很大進展。南京國民政府設立社會教育司，各省成立了教育局，教育局開始涉入對文藝的管理。因為娛樂業涉及公共治安，所以文娛場所也被納入警察局的治安管理範圍。南京國民政府對大眾文化的管理逐步形成由社會局、教育局、警察局三局共同管理的模式，這一模式基本延續到 1949 年。其職權劃分大致是 [22]：社會局負責公共娛樂場所的登記註冊、監督經營

---

20 王笛著，李德英等譯：《街頭文化：成都公共空間、下層民眾與地方政治，1870-1930》，北京：中國人民大學出版社，2006 年。

21 王笛著，李德英等譯：《街頭文化：成都公共空間、下層民眾與地方政治，1870-1930》。

22 這種功能的劃分也可以得到檔案的支持，以社會局來說，關於開業登記、設備情形及其他一般狀況的記錄，可參考上海市檔案館館藏檔案，檔案號 Q6-13-83，〈上海市社會局關於東方劇場設立登記事檔（1945）〉（後文檔案號，如無特別說明，皆為上海市檔案館館藏檔案號）；劇團設立登記，可參考 Q6-13-594，〈上海市社會局關於難民藝人劇團設立登記檔〉；工資糾紛以及票價調整等，可參考 Q6-8-3075，〈上海市社會局關於大世界之工資糾紛的檔（1946 年 6 月）〉；Q6-13-519，〈上海市社會局關於榮記大世界設立登記檔（1945-1949）〉。

和協調勞資爭議等；教育局負責戲曲和影片的審查、改良或取締，負責演員登記、技藝考查、道德風尚的改造和推選等；警察局則負責公共治安。[23] 此外，由於南京國民政府是由國民黨所主導，所以國民黨的黨務系統也在一定時期介入其中。以上海為例，在 1927-1931 年之間，就先後有社會局、教育局、公安局、國民黨中央宣傳部上海委員會等介入到大眾文化領域的管治，有時是以國民黨中央宣傳部上海委員會為主導，有時則是以社會局、教育局和公安局共管，而國民黨中央宣傳委員會輔助。[24] 相比於晚清和民國初年，無疑此時的國民政府在國家建設方面已有長足推進。在上海這樣一個中國最重要的戲曲和電影的生產基地和消費市場，當局甚至於 1929 年成立了專門的電影檢查委員會，這也凸顯了職能上的進一步分化和專業化。但是，南京國民政府於 1930 年 11 月正式公佈了《電影檢查法》，將電影檢查權力歸於中央，地方檢查權乃告取消，而由內政與教育兩部合組電影檢查委員會，統一電影檢查行政。[25] 一方面，在中央層面設立中央電影檢查委員會固然凸顯了國民黨政府對這一領域的重視，但從科層制的角度來看，由一高高在上的中央檢查委員會來審查全國的電影而無地方性機構以作輔助和補充，這並不利於文化的有效治理。

相較於電影而言，在上海，戲劇領域未得到如此高的重視。在 1927-1931 年間的上海，戲劇審查是由教育局下屬的戲曲審查委員會推行的，但其審查力度並不大，也未建立起成體系的事前檢查制度。在漢

23 傅才武：《近代化進程中的漢口文化娛樂業（1861-1949）—— 以漢口為主體的中國娛樂業近代化道路的歷史考察》。

24 駱曉：《娛樂、政治、風化 —— 審查制度下的上海大眾娛樂（1927-1931）》，華東師範大學歷史系碩士論文，2008 年。

25 馮俊鋒：《國民黨當局在大陸時期對電影的管理與控制研究》，四川大學博士論文，2006 年。

口，1928 年設立了戲劇審查委員會，但戲劇審查委員會沒有執法權，它的執法行為必須通過市政府轉送市警察局進行，這一定程度上影響了戲劇審查委員會對娛樂市場的管理力度和效度。遲至 1933 年 11 月 2 日，仍有作者反映，戲曲審查委員會要求各劇演員登記，但前往登記的寥寥無幾。[26] 由於戲劇審查委員會是非常設的政府管理機構，所以其管理職能自然受多方制約，不過隨後與警察局、教育局等相關部門建立聯席會議機制，一定程度上緩解了這個問題。我們可以看到，這種戲劇審查委員會的設立，相比於南京國民政府初期的設置在職能上有所擴充。如果説初期主要是劇本審查或者是事後懲處，那麼隨後則發展了強制性登記制度、演員的訓練和考核制度，但其執行的效度如何仍是可存疑的。更重要的是，抗日戰爭及其隨後的內戰都使得這種非常設的專職機構無法一展身手。

　　相對來説，社會局、警察局和教育局作為常設機構，其功能的發揮是相對比較穩定的，但事出多門、權責不一，多少影響到管制效果。一直到 1949 年撤往臺灣之前，南京國民政府也未建立起類似此後新中國所設立的文化部 — 文化局的機構，因此並無專門機構來對大眾文化領域及其機構予以系統且深入持久的治理。在權責上，上述三個局也不如此後的文化局寬廣。所以，從國家建設的角度而言，儘管南京國民政府相比晚清和民國初年，在文化機構的建設方面有進一步的推進，但仍不如其後繼者新中國那麼有力和徹底，一言以蔽之，就是因為缺乏文化局這樣的專職、專權且常態性的建制機構。[27]

26　傅才武：《近代化進程中的漢口文化娛樂業（1861-1949）—— 以漢口為主體的中國娛樂業近代化道路的歷史考察》。

27　與之相關，在南京國民政府時期，由於沒有文化部這樣的機構，有關話劇的政策也是政出多門，有關話劇的政策法規的制定實施，分散在國民黨中執委、中宣部、社會部、民眾訓練部、中審會、中央文化事業計劃委員會（文委會）、國民政府內政部、教

此外，南京國民政府也受制於當時領土的形式統一而實質未統一的局面。以上海為例，在抗日戰爭以前，上海市特別政府主要管轄地為華界，而公共租界和法租界有其獨立的審查機構。儘管國民黨政府在大眾文化控制方面逐漸將觸角伸入租界，但租界仍享有相對的獨立性和大眾文化上的自由度，而這也是大批左翼文化人聚集上海的部分原因。由於這種租界的存在，那些在華界可能被禁的大眾文化則可能能在租界找到一棲身之地。[28] 商人黃楚九在創辦大世界遊樂場的時候，選址在法租界內，部分原因也在此。另外，人情和賄賂對當時的國民黨各級官員也是影響甚大，這也同樣影響到對大眾文化的介入，[29] 而以這種方式來獲取弛禁，這在新中國可能性甚低。國家未獲實質統一，這本身就是國家建設的重大不足，也影響到具體領域中的國家建設。同理，本章所關注的新中國文化領域中的國家建設的推進，恰恰是得益於新中國實現國家實質統一這一國家建設的重要一步。

　　概而言之，在國家建設的進程上，從晚清至南京國民政府，國家對文化領域的介入雖然不斷增加，但仍不夠有效、深入與全面。這與文化領域的國家建設的不足是有關聯的。新中國則在文化領域進一步推動國家建設，並構建起上自中央下至鄉村的整套文化治理機構，下文就將論述 1949-1966 年間這套文化治理機構的科層結構與職能。

育部、軍事委員會等機構當中，參見馬俊山：《演劇職業化運動研究》，人民文學出版社，2007 年，第 239 頁。

28　在諸如禁賭、禁絕妓院等方面，租界和華界的尺度就不一，租界也不一定與國民黨政府合作。比如，1930 年國民黨政府宣佈禁止上海的賽狗場，但法租界不予合作。可參考魏斐德：《上海歹土：戰時恐怖活動與城市犯罪，1937-1941》；馬軍、白華山：〈兩界三方管理下的上海舞廳業 —— 以 1927 至 1943 年為主要時段的考察〉，《社會科學》2007 年第 8 期。

29　日偽時期，也同樣可以通過賄賂的方式來獲得更為寬鬆的審核。陳公博曾勒令關閉賭場，但賭場通過繳納保護費給日本警官而獲保留。可參考魏斐德：《上海歹土：戰時恐怖活動與城市犯罪，1937-1941》。

四、新中國的文化治理體系的科層結構與職能

對宏大的國家建設歷程的呈現必須落實到微觀層面的具體機構的建設，為此，下文將在有限的篇幅內粗略勾勒新中國自上而下的整套文化治理體系。為完整起見，筆者將簡要介紹文化部的科層結構與職能，但重點將放在基層社會的相關建設。筆者選取了上海市和江西省 J 縣作為個案，以大體呈現大城市與小城鎮的文化治理機構的科層結構與職能。

1. 文化部的科層結構與職能

新中國在成立後不久就設立了中央人民政府文化部，茅盾是首任部長。如前文所述，此前的政權均無類似文化部的機構設置，因此，新中國創建文化部不僅意味著國家層面對文化治理的高度重視，也意味著文化領域中的國家建設的新格局與新發展。當中央人民政府文化部建立以後，地方一級的文化機構也隨之建立起來。自此以後，現代中國就以專職化的文化治理機構來介入文化領域。

在 1950 年，文化部下屬 7 個廳局，包括：辦公廳、藝術局、科學普及局、文物局、電影局、戲曲改進局、對外文化聯絡局。這當中的「科學普及局」和「戲曲改進局」尤其能夠體現出現代中國對於一種新文化的追求、對於科學與現代化的渴望。這樣一種追求已經直接上升為具體的國家機構設置，這一機構設置在隨後幾經變動，但這樣一種追求已經深刻地嵌入在既有的文化機構的關注之中。

在 1954 年 9 月份，隨著中央人民政府轉變為國務院，中央人民政府文化部就改為中華人民共和國文化部。到 1955 年，文化部機關設了 11 個廳局，包括：辦公廳、電影事業管理局、藝術事業管理局、社會

文化事業管理局、出版事業管理局、文物事業管理局、計劃財務司、對外文化聯絡司、人事司、學校司（1956年以後稱教育司）、人民監察室。1956年增設文化企業管理司，該司於1957年被撤銷，但該年又增加了勞動工資司。1958年撤銷對外文化聯絡司、人民監察室、勞動工資司，並將社會文化事業管理局改為群眾文化事業管理局。這一名稱的轉變更加凸顯了對群眾文化的重視。1959年又恢復了對外文化聯絡司，並增設文化物資生產供應管理局。到1960年增設民族文化工作指導委員會辦公室，廳局機構增加到12個。直到1966年「文化大革命」開始，廳局機構都沒有改變，直到1970年撤銷文化部，改設文化組。[30]

從這一簡要的機構演變可以看出，文化部的職能對象包括了電影、藝術、群眾文化、民族文化和文物等，這意味著國家的文化治理之涵蓋面非常寬廣，從精英文化、專門文化到少數民族文化等都成為國家自覺的治理對象。

當然，要理解這一新型的文化治理體系如何介入到普通民眾的日常生活，我們需要落實在基層的文化治理機構的運作上，這將是下文的主題。

2. 文化局的科層結構與職能：以上海市為例

新中國的文化治理體系最樞紐的一環應是市縣一級的文化局體系，它直接負責各地的文化治理事務，本節將以上海市文化局在1949-1966年間的演進歷程為例，來展示文化局體系的科層結構與職能。

---

30 蘇尚堯主編：《中華人民共和國中央人民政府機構（1949-1990）》，北京：經濟科學出版社，1993年。

上海市文化局的前身可追溯到 1949 年 5 月份上海市軍管會的文藝處。[31]1950 年 2 月 23 日，由市政府批准成立上海市人民政府文化局，自此以後逐漸豐富和強化其各項功能，其機構包括藝術處、戲改處等。藝術處的工作主要是負責對各種文藝演出的管理（側重於話劇、音樂、美術和文學等）、舉辦文藝訓練班和培養群眾文藝幹部，下面還設有音樂室、文學室和戲劇室等。戲改處的職責是根據上級指示，擬定上海戲曲、曲藝之改進方針及具體計劃，負責對相關劇場、劇團、學習社團和票房等的行政管理，組織和獎勵創作，獎勵演出，照顧失業老藝人，指導與支持戲改協會之工作，組織戲曲評介，幫助與指導本市各有關戲曲之報刊雜誌，徵集各種戲曲曲藝材料加以整理、研究、改編與審定，籌辦戲曲學校和培養戲曲人才，並為外埠來滬及本埠去外埠的劇團進行登記批准與介紹。[32] 可以看到，戲改處的功能頗為繁重和多樣，[33] 也說明文化局在功能上的細密周全。

隨著文化局所接觸和管理的事務漸次增多，其在組織上也開始進一步擴張，文化局也開始更積極地介入到文化領導權的爭奪過程當中，比如說在 1951 年春節期間組織國有劇團到大世界等遊樂場演出，以擴大社會主義新文藝的影響力。在 1951 年，上海市的各公園的活動也被

31　上海市文化局黨史辦公室：《上海市文化局大事記：1949-1999》，上海：上海市文化局，內部出版，2001 年。

32　B172-4-29，〈市局關於戲改處與戲改協會工作分工問題的報告（1950 年 10 月）〉。

33　以 1950 年為例，戲改處在百分之六十的劇團當中建立了學習小組，調節糾紛 250 件，指導戲改協對 15 個劇種成立了改進協會。在 346 次新戲演出中，以減稅的方式鼓勵了 39 個戲，通過輿論表揚了 120 個戲，批評了 28 個戲；並宣傳及推銷公債，舉辦幹部學習班，學習時事，展開抗美援朝保家衛國運動的宣傳，並舉辦第二屆戲曲研究班。其工作中的重要一項就是逐步建立私營公助和公營的劇團劇場，以有效領導私營的劇團劇場，使之逐步成為公營，而達到全部國有。參見 B172-4-14，〈文化局各處室 50 年工作總結〉。

要求必須結合文化與教育的要求，需要文化局的介入，此外，全市公私立的博物館以及文物古蹟事業，都需要專職機構予以管理。在這種情況下，1951 年 10 月 20 日，文化局文獻委員會改制為社會文化事業管理處。[34] 到 1952 年 5 月份，為了使文化部門在基層能夠建立工作基點，文化部與教育部決定將各地文化館劃歸文化部門領導，上海市教育局決定將滬南、滬西文化館正式移交市文化局領導，於 12 月 1 日市文化局派員辦理接收手續，於 1953 年元旦起正式屬市文化局領導。到 1953 年 7 月份，上海圖書館也由原來隸屬於市文管會改由文化局領導。[35] 文化館和圖書館都屬於市文化局社會文化事業管理處管理。文化館被納入文化局管理的範圍，其名稱也由原來的民眾教育館改為文化館，說明其功能已由原來更為側重民眾教育而轉為更為寬泛的文化事業，而且由於文化館的草根性和廣泛散佈，文化局的觸角得以深入到基層。

1955 年 6 月份，公安局正式將劇場從該局特許經營科管理範圍內列出，改由市文化局直接掌管。儘管此前文化局已經實質性地管理劇場，但這一變動可以說是正式地終結了南京國民政府以來多局共管公共文化娛樂場所的傳統，而正式確立了文化局作為文娛場所的上級主管機構的地位。[36] 這使得文化局能夠直接全面地介入到這些文娛機構的日常運營當中，真正開始轉變它們的經營模式，它們的新任領導也是直接由文化局所委派。

---

34 B172-1-713，〈文化局關於成立社會文化事業管理處的報告、組織條例〉。

35 上海市文化局黨史辦公室：《上海市文化局大事記：1949-1999》。

36 S320-4-17，戲劇院商業同業公會〈本會籌備委員會及各種專題會議的記錄〉。

表 1.1　1953 年底上海市文化局組織機構圖 [37]

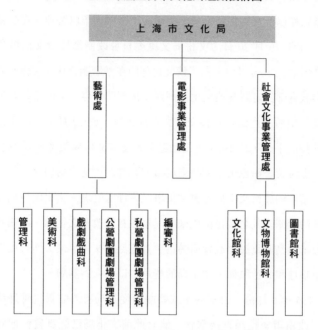

　　可以説，在新中國成立後四五年的時間裏，上海市政府就已經建立起了比較完備的文化局的科層體制架構，其主要職能也基本確立，並付諸實施。這也足以看出新中國對於文化治理的重視。在此後的時間裏，組織結構也幾經轉變，不同部門的職能也有相應的增刪，但其基本格局已然是確立了的。

　　隨著新中國在大眾文化領域中逐步確立起計劃經濟的模式，也就是説由上海市文化局統一調度和安排全市的各種文化表演事務，文化局的組織機構的規模也隨之達到了頂點。由於全市眾多的文娛場所和演藝

37　電影事業管理處下設公營影院管理科、私營影院管理科、電影隊管理科和直屬電影隊。本結構圖基於 B172-1-717，〈市政府市編委關於市文化局更名為市文化事業管理局及局機關機構設置調整的指示報告批覆〉。

團體都由市文化局管理，此外又有各種戲曲領域之外的文化事業需要推進，所以文化局頗有不堪重負之感，也影響工作的品質。在此情況下，文化局在 1957 年開始醞釀市區分工，也就是在區一級成立文化局（科），並將文娛場所和演藝團體劃分到各個區予以管理。[38] 這樣一個轉變，實際開啟了國家的力量向基層文化事業滲透的制度化和機構化。由於這一市區分工的推進和不同部門之間職能劃分上的規定，市文化局一方面可以減輕其原來過重的負擔，另一方面也可進一步實現對基層文化事業的滲透和管控，從而更有效地管理各區的文娛場所。

此後文化局組織結構上最主要的變化就是文化組織在橫向上的進一步分化，尤其是電影從文化局的管理範圍內劃出。1958 年 10 月成立了上海市電影局，而在此之前電影處也已被裁撤。電影局的設立，意味著有一更為整合的、系統的、更大規模的專職機構來管理電影事業。它的成立也同時意味著中央和地方之間文化管理上的進一步分權，因為此前的上海電影系統都直屬於文化部電影事業管理局，此後則歸上海市電影局管理了。[39] 除此之外，1958 年 2 月份，為了推動全市的群眾文藝的進一步發展，成立了市、區兩級的群眾文藝工作委員會。這個委員會是在市委文藝部的領導下，由多個部門共同構成的，有市文化局、市工聯、團市委、市婦聯等參加，區文化科則是在區委文教部領導下，建立有區文化科、區工聯辦事處、團區委、區婦聯等參加的群眾文化工作委員會或聯繫會議制度，以協調各方關係。[40] 這一機構的設立，也表明國家對群眾文化治理的進一步強調。

概而言之，相對於南京國民政府時期的三局共管模式，文化局模

---

38 上海市文化局黨史辦公室：《上海市文化局大事記：1949-1999》。

39 《上海電影誌》編纂委員會：《上海電影誌》，上海：上海社會科學院出版社，1999 年。

40 B9-2-69，〈關於文化局整編方案（草）〉。

式實現了文化治理的專職化與集權化。從上海這一個案可以看到，新中國在很短時間內就建立起相對完備的文化治理機構，文化局所涉及的治理範圍非常廣泛，不同的職能都有相應的科層機構設置。除了橫向的職能擴張以外，新中國也實現了文化治理的縱向拓展，即在市以下的區縣都設立了相應的文化治理機構，從而使國家能有效介入基層文化治理的過程中。

此外，這一時期的文化治理機構已初步奠定科層制度的基礎，這表現在科層機構職能的逐步正規化和細密化，逐漸發展出複雜細密的分工，並因應環境的變化而不斷有所調整。這一點從 1953-1957 年間所設立的種種制度的一個不完整的清單就可略見一斑：

（1）上海市文化局請示報告制度（1953 年 1 月）；

（2）關於上海市戲曲、曲藝劇團及單檔演出的介紹函件暫行處理辦法 [41]（1953.9.23）；

（3）市文化局加強劇場管理的各項暫行規則，包括：劇場影院租場收費暫行辦法；租場規則；兒童入場處理暫行辦法；觀眾退票問題暫行辦法；公務損壞賠償辦法；放映幻燈片管理暫行辦法（1953.11.11）；

（4）上海市人民政府文化事業管理局戲曲曲藝檢查觀摩演出暫行辦法（1954.5.20）；

（5）上海市文化局所屬事企業單位行文關係的暫行規定（1955.3.30）；

（6）文化局處理人民來信來訪工作的規定（？）；

---

41 根據該規定，凡外地來滬演出的劇團必須持有原演出地區縣市以上文化行政主管機關的正式介紹函件，事先來文化局辦理申請登記手續，取得同意後方可演出。上海市演出劇團需赴外地演出者應由劇團備文說明理由並具演出計劃，向文化局申請同意後開具介紹函件，其他機關團體均不應出具函件。可以看到，新中國對這種演藝團體的流動管理甚嚴。

（7）上海市民間職業演唱團體（檔）工作人員生活困難補助試行辦法（？）；

（8）上海市民間職業魔術、雜技、木偶團體或單檔管理辦法（？）；

（9）關於電影放映單位登記暫行辦法（除軍委系統之外的，經審查合格之後，發給登記證方可放映，要在文化局協商統一票價，工作地區和適當排片，1956.4.19）；

（10）上海市放映單位及放映人員登記工作須知（對放映人員的技術水準進行全面深入的瞭解，1956.4.19）；

（11）上海市劇場、書場、遊樂場職工的疾病醫療和生活困難補助暫行辦法（草）（1956.11.29）；[42]

（12）文化局關於劇場劇團分賬比例的幾項暫行規定（1957.5.1）；

（13）文化局關於調整本市書場與評彈藝人的分賬比例[43]（1957.5.29）；

（14）劇場劇團招待觀摩暫行規定（1957.9.3）。[44]

這樣一些細緻的規定，實際上都促使機構運作更為規範化，反映出新政權對正規化和現代化的嚮往，而這也是科層制的重要特徵，是保證科層制有效運行的重要特質。[45] 而這些制度也反映出文化局的管理早已超過民國時期單單對劇目的審查，而是涉及到文化產品的生產、流通和消費的每個領域，甚至對劇場和劇團之間的分賬等具體經營的問題也

---

42 B172-4-632，〈上海市文化局關於劇場職工勞保福利的制度、辦法〉。

43 根據該項規定，在專業書場中，藝人得 40%，場方得 60%，所售票價超過規定幅度，超過部分，由藝人得 70%，場方 30%；茶樓評彈書場與評彈藝人分賬比例不做統一規定，為保護健康和品質，日夜兩場最多各做 2 面場子，每面不超過 75 分鐘。從這些規定，我們可以看到文化局對文化領域的管理與介入的細緻全面。

44 B172-4-796，〈人委關於整理本市行政法規的通知及市文化局規章制度彙編〉。

45 當然，如後文將要展示的那樣，新政權的文化管理機構的制度儘管在規定上更為健全和細密，但在具體運作中仍然有很多問題。

作出了規定。此外，文化局也介入到書攤的管理[46]、茶樓書場的整頓[47]、資助困難的企業和員工[48]、冗員的安排[49]、工資標準的設定[50]、劇團之間相互挖角的處理[51]、票價的變動[52]等等不一而足，這些都說明文化局管理職能的擴張和細密化。正因此，文化局才能夠相比民國政府的文化管理機構更有力地管控大眾文化領域。這些細密的職能也為將各種文娛機構納入到文化局統一調度的計劃經濟模式下提供了基礎，而這種計劃經濟模式的發展又反過來推動相關職能的進一步擴展。

3. 文化館與農村俱樂部的科層結構與職能：以江西省 J 縣為例 [53]

前述上海個案有利於我們瞭解城市中的文化治理機構體系，下文

46　中共上海市文化局黨史辦公室：《上海市文化局大事記：1949-1999》。

47　在江南地區，這種茶樓往往也是半職業性的書場，觀眾可邊喝茶邊聽評書，茶館老闆往往會聘請好的評書藝人來招攬顧客。這種茶樓書場往往在郊區，而職業性的書場在中心城區（如黃浦區）較多。由於有區級的文化局（科）的建立，所以可以委託不同區根據茶樓書場性質的不同進行管理。如黃浦區文化局負責蘇州評彈茶樓書場，虹口區文化局負責蘇北維揚曲藝茶樓書場，南市區文化局負責南方曲藝茶樓書場的管理。這裏可以看出市區分工有利於強化新政權對大眾文化領域的介入，B172-5-715，〈上海市文教辦上海市文化局關於藝術表演團體公演票價問題的請示包乾、函〉。

48　B9-2-41，〈上海市文化局關於劇團劇場對私改造安排工作有關文件〉。

49　B172-1-203，〈上海市文化局關於民間職業劇團改造工作情況的報告〉。

50　B172-759-52，〈工資標準〉。

51　B172-1-253，〈文化部關於控制職業和業餘劇團盲目發展的指示及上海市文化局加強機關和特約人員管理的暫行規定〉。

52　B172-4-969，〈市局關於劇團巡迴演出及劇場演出票價、劇場與劇團演出調度、分成和市區分工的規定、通知〉。

53　本節的內容主要是基於江西省 J 縣文化館的館藏檔案材料，該館材料並未進行專業分類整理，因此無檔案號。

將以江西省 J 縣為個案來展示小城鎮與鄉村的文化治理機構體系。在基層的文化生活中，文化館實際扮演非常核心的角色，因此有必要對該機構進行論述。[54] 文化館的前身是民國時期的民眾教育館，但文化館與民眾教育館的功能仍有很大不同。民眾教育館的目的在於民眾的業餘教育，因而圖書閱覽是其主體功能，兼及戲劇表演，而且人員配置上是比較單薄的。從理念上說，民眾教育普遍傾向於要塑造現代化的公民，[55] 這一點是值得與群眾文化機構進行區別比較的。

　　大體來說，新中國的文化館設置要更為普遍和制度化，在財政保障上也更為充分。文化館也更為積極地介入到民眾的日常文化生活之中，而在新中國成立初期所推動的種種掃盲運動、《婚姻法》宣傳、反封建迷信等活動中，文化館都是主要的力量。文化館的性質被界定為「群眾文化的組織者與指導者」，而它的總任務是「結合與圍繞國家總路線、總任務及當地每一時期的中心任務，組織與運用各種文化工具及群眾喜聞樂見的藝術形式，向廣大勞動人民進行廣泛深入的社會主義教育和宣傳」，在具體的宣傳範圍上，包括「宣傳國內外及當地時事新聞，黨和政府的政策法令決議，宣傳祖國建設的各項成就，宣傳和介紹工農業生產的先進經驗、技術及模範事蹟，宣傳為群眾所需要並易於接受的科學知識，普及愛國衛生常識，宣傳識字教育及掃盲運動」。[56] 概括來說，文化館的工作涵蓋四項主要任務，即政治時事宣傳、識字教育、

<hr>

54　本書並非暗示文化館在較大城市中不重要，事實上，大城市中的基層文化生活也同樣是靠文化館去推動。但是，正如下文所述，由於新中國成立初期工作人員緊缺，文化館往往兼顧了不少文化行政的工作，而大城市的文化館就不太履行類似職能。這使得文化館在小城鎮與鄉村的文化治理過程中作用更顯突出。當然，J 縣文化館的其他職能與工作應與大城市的文化館無太大出入。

55　劉芇仙：《農村民眾教育》，上海：大華書局，1934 年。

56　B172-1-143，〈關於召開第一屆文化館工作會議的計劃情況彙報會議記錄及文化部對我局擬定的文化館組織條例、工作綱要的指示〉。

文娛活動的開展以及普及科學知識。1953 年 12 月 8 日文化部下達的〈關於整頓和加強文化館站工作的指示〉對此有明確的說明，並敦促各級政府要重視群眾文化工作。事實上，上述對文化館的界定和描述也基本上適用於工人文化宮和俱樂部。此外，上級特別要求文化館要加強群眾文藝創作（以戲劇為主）和農村業餘劇團的輔導工作。相應的，文化館劃分為宣教和文藝二組：宣教組負責時事政策宣傳，包括識字教育及科學衛生普及工作，如黑板報、壁報、街頭宣傳、圖片展覽和放幻燈片等；文藝組的工作主要是文娛活動，負責輔導農村業餘劇團的活動，以及開展音樂演奏、文藝晚會、美術展覽、劇本創作等活動。其中，宣教工作是首要任務，這一點在二十世紀五六十年代始終表現得很明顯，[57]而所謂宣教工作一方面在於宣傳國家與地方政策，另一方面也有濃厚的文化改造的意味。在具體實踐中，由於文化館擔負著文化輔導職責，因此他們與農村業餘劇團等交往密切，在鄉村也有較高的威望，加上新中國成立初期工作人員緊缺，因此文化館當時也行使著一些文化行政的職能，比如為藝人赴外地賣藝開介紹信的工作等。

表 1.2 是江西省 J 縣文化館 1955 年上半年的半年工作報表，該表一定程度上展示了基層文化館的具體運作。從該表可以看出，當時文化館的活動頻率還是比較高的，其活動形式包括放幻燈片、舉行展覽和講座等，其內容包括破除迷信、宣傳科學和新婚姻法等。這樣一些活動體現出一種對新文化的嚮往，並對廣大民眾起到了相當的影響。文化館通過對群眾業餘學習及文娛活動組織進行輔導，實際就建立起了國家文化治理機構與最基層的民眾之間的關聯，通過這些群眾文娛活動組織，國

---

[57] 1954 年 J 縣文化館編制共 5 人，根據工作繁簡，宣教組 3 人，文藝組 2 人，這也可以說明宣教任務更為重要。另外可以補充的是，由於基層文化機構未能完全建立，文化館也同時充當文物管理委員會的職能，負責當地文物狀況的調查、整理和保護。

家的新文化理念源源不斷地輸入基層社會，從而達致更好的治理效果。

表 1.2　J 縣文化館 1955 年半年工作報表（1-6 月）

事項	次數	人數
放幻燈片	64	10,611
展覽	5	11,060
文藝演出及晚會	44	3,660
講座和報告會	11	934
組織收聽	30	1,382

宣傳文娛工作的次數

學習組織			俱樂部			業餘劇團			圖書流通小組		
政治時事	文藝學習	生產技術	工礦	農村	街道	工礦	農村	街道	工礦	農村	街道
18	2		2	1	5		166	4		8	1

輔導的群眾業餘學習及文娛活動組織數量

　　在這些群眾業餘學習與文娛活動組織中，最為重要的是農村俱樂部或者農村業餘劇團。[58] 在近現代以前，中國傳統鄉村鮮有文化娛樂機構，人們的文化生活也是較為貧乏，每日只是日升而作、日落而息，僅有的文化生活往往與重大的宗族祭祀活動、民間信仰或節日有關，因而只是間歇性的，平時並無常設的文化機構。中共在很大程度上改變了這一鄉村文化圖景。事實上，中共早在蘇維埃時期就在農村推動農村俱樂部與業餘劇團的建設，這一歷史經驗應強烈地影響了新中國以後的歷史實踐。《毛澤東農村調查文集》中有數篇文章介紹蘇維埃治下的農村的一些文化現狀。[59] 在〈長岡鄉調查〉一文中，我們可以看到當時至少有文

58　城市中與農村俱樂部比較類似的機構是工人俱樂部。不過，從條塊劃分來說，工人俱樂部一般隸屬於工會系統而非文化局系統。當然，在業務上，文化館與工人俱樂部會有不少重疊與往來。

59　毛澤東：《毛澤東農村調查文集》，北京：人民出版社，1982 年。

化運動、衛生運動和合作社運動，並且也有種種宣傳隊、突擊隊和革命
競賽。在文化運動方面，主要是辦小學、夜學、識字班、俱樂部。據這
篇文章所說，當時全鄉俱樂部有四個，每村都有一個。每個俱樂部下，
有「體育」、「壁報」、「晚會」等很多的委員會，且每個俱樂部都有新
戲。每村都有一個壁報，放在列寧小學，其中的文章除了小學生寫的
以外，也有群眾的文章。另外全鄉還有一宣傳中隊，每村都有一宣傳小
隊，為擴大紅軍、經濟建設、紀念節等做宣傳。其宣傳的方式包括：個
別宣傳，此項最多；值日代表召集全村群眾討論工作時去宣傳；區縣開
紀念節大會時向群眾宣傳，也向別鄉別區的隊伍做宣傳。[60] 毛澤東還專
門說，每個鄉蘇維埃都要學習長岡鄉的文化教育工作。[61]〈才溪鄉調查〉
中也涉及文化教育方面，指出當時在俱樂部內辦日學、夜學、識字班、
讀報團，在通路處設置六塊識字牌，逢圩日（五日一圩）讀〈鬥爭〉、
〈紅中〉等文章，宣讀通知，宣傳階級分析等觀念。[62] 如我們下文所要看
到的，這裏所指出的農村俱樂部、業餘劇團和識字運動，在新中國後都
被大規模地推廣；這些文化工作旨在進行政治宣傳的特點，在新中國也
得到了延續。

　　新中國成立以後，國家大力倡導建立這種農村俱樂部或者農村業
餘劇團。農村俱樂部這種組織雖然並不是國家的正式組織，但是它仍然
有很強的官方色彩。它是在國家動員之下而普遍建立的，其運作也要接
受文化館的輔導與督促，鄉村政府也會擔當一定的領導職責。可以說，
它構成了新中國的文化治理體系的神經末梢，它是新中國在文化領域中
的國家建設中非常重要的一部分。

---

60 毛澤東：《毛澤東農村調查文集》，第 329 頁。

61 毛澤東：《毛澤東農村調查文集》，第 320 頁。

62 毛澤東：《毛澤東農村調查文集》，第 353-354 頁。

以 J 縣為例，在 1951 年，當地某些鄉鎮率先成立農村業餘劇團。短短幾年之內，各地紛紛建起了業餘劇團（參見表 1.3）。儘管有一些業餘劇團只是掛了牌子的空殼，但不可否認仍有不少出色的業餘劇團活躍在農村，這無疑是鄉村文化生活中史無前例的新格局。從表 1.3 可以看到，該縣大約有 547 個大隊，而正常狀況下的劇團數目大約在 150 個左右。從 1956 到 1957 年，劇團數目有一個大的飛躍，這與當時上級的倡導有關。1958 年的數據顯然有大躍進的痕跡，多數文化機構是徒有虛名。三年自然災害給業餘劇團的發展是一個沉重的打擊，但在 1962 年之後又漸次重新恢復，而文化大革命的到來以一種政治動員的方式再次推動劇團的大發展。

表 1.3　J 縣農村業餘劇團與俱樂部的發展簡況

年度	1953	1955	1956	1957	1958	1962	1963	1964	1965	1966
農村業餘劇團 （或俱樂部）數量	156	195	192	554	994	90	85	115	152	547

根據上級的說法，農村業餘劇團是農民群眾在業餘自願的原則下組織起來的自唱自樂、自我教育的群眾組織，它的工作目標是要配合中心工作，向廣大農民群眾進行愛國主義和社會主義教育；活躍農村文化生活，鼓舞群眾生產熱情；在繼承民間傳統藝術的基礎上進行業餘文學藝術創作。農村業餘劇團在發展過程中，也逐步把原來的民間藝人整合進來，後者成為業餘劇團發展的主力。在組織設計上，農村業餘劇團要接受所在大隊和鄉政府的領導，在業務上則接受文化館的領導。它的活動往往需要配合全縣的文化活動規劃，比如，1953 年一個重要的文化任務就是配合《婚姻法》上演一批戲劇，文化館人員提供資料和輔導，業餘劇團則要按要求上演指定劇目。一些出色的劇團還會到鄰近鄉村去表演。

1956 年，文化部倡導將農村業餘劇團轉變為綜合性的農村俱樂部，這對農村俱樂部的發展有很大的推動作用。根據文化部的設想，農村俱樂部將成為黨的領導下設立的一個群眾業餘文化活動的綜合性的群眾組織，它包括農村業餘劇團、業餘夜校、農村圖書室、幻燈放映組、讀報組和黑板報宣傳，從而將以上組織予以整合（其組織結構可參見表 1.4）。它的主要任務是：宣傳解釋政策法令，組織學習政治時事文化，傳播科學知識，開展群眾業餘文藝體育活動。可以看出，這幾乎是文化館工作的翻版，或者說，它變成了文化館在農村的延伸機構。

表 1.4　某俱樂部組織結構圖 [63]

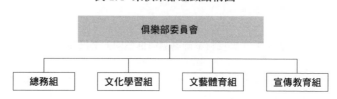

不過，能夠支撐起這種綜合性的文化活動組織的農村畢竟不多，真正能夠長期堅持活動的還是俱樂部中的劇團組織。按照 1957 年 8 月的〈關於改進農村業餘劇團工作的意見〉，劇團的經費是在農業社的公益金中支出，當然，金額是十分有限的。另外，劇團參加上級發動的政治活動時，也會獲得適當的補助。有的大隊則採取一些變通的方法，例如撥給劇團一口魚塘，以賣魚的收入作為劇團發展的經費。還有一些劇團則依靠劇團成員搞副業自力更生解決。為推動農村群眾文化的發展，縣裏定期會舉行業餘劇團觀摩會演，各個公社選派代表隊來參加。這一

63　俱樂部委員會設主任和副主任各一名，主任一般由農業社社長或副社長兼任，負責把握劇團的政治方向。總務組主要管理活動用具和籌劃經費開支。文化學習組包括圖書室、讀報組、民校和識字班，文藝體育組包括歌詠隊、劇團、山歌隊、舞蹈和球類等，宣傳教育組包括講座報告會、展覽、廣播收音、幻燈和黑板報等。

形式可以促進業餘劇團之間的交流，活躍群眾文化的氛圍；對於文化管理部門而言，可以通過會演瞭解基層的文化機構的狀況，同時也提供了一個政治動員的機會和舞臺。文化管理部門也通過獎勵，給公社和業餘劇團一定的激勵，部分業餘劇團演員也有可能通過會演實現「鯉魚跳龍門」，進入專業劇團。在 1953-1976 年間，該縣共舉辦全縣類似文藝會演 16 次，平均 1.5 年一次，這種密集的會演機制對群眾文化的發展有很大的推動作用。

概而言之，在小城鎮與鄉村的文化治理過程中，文化館扮演重要角色，也是許多基層文化工作的實際推動者。文化館的前身是民國時期的民眾教育館，在職能上也有部分重合，這反映出國家建設的歷史延續性。但是，相較於民眾教育館，文化館在職能上有所擴充，財政支持上要更為穩固。更重要的是，它能夠更有效地實現對基層文化的治理，將其觸角深入到鄉村社會。這與新中國的群眾路線自然有很大關係，但從國家建設的角度來看，這與半官方的農村俱樂部（農村業餘劇團）的廣泛建立不無關聯。文化館正是通過與農村俱樂部建立密切關係，才得以建立起對鄉村社會進行文化治理與文化介入的制度化管道。[64] 從長時段的歷史來看，農村俱樂部雖然在建制化的程度上並不穩固，但確實形成了前所未有的局面，改變了過往鄉村社會沒有建制化的文化娛樂機構的狀況。如果體認到國家建設所意味著的現代國家對基層社會的不斷滲透，我們就能充分意識到農村俱樂部所反映的深刻歷史突破意義與現代性意涵。

---

64 需要補充說明的是，文化館有時會將鄉村分成不同片區，在某些片區設立文化站，這是文化館在鄉村的官方延伸機構。但文化站往往並不穩固，會面對分分合合，乃至被撤銷的問題。

五、小結與討論

晚清以降的現代中國有一不斷延續的歷史主題，即現代國家建設。在本章的視野裏，所謂的國家建設，在微觀層次上就部分體現在中央和地方上的種種組織機構的建立和完備上，會落實到這些組織的職能擴充與層級分化上。只有對這些微觀層面上的事實有清楚把握，才能對「國家建設」這些抽象概念獲得更具體生動的理解。這一視角與近來一些學者所強調的「作為機構建設的國家建設」（state building as institution building）實際是一致的，[65] 二者都把宏大的國家敘事落實到具體的機構運作上，並特別注重科層制層面上的組織結構與職能運作。

本章對國家建設這一主題的關注聚焦於文化領域。借用孔飛力的話來說，塑造新文化實際構成晚清以降現代中國國家要面對的一項根本性議程。[66] 對這一根本性議程的落實，就表現在文化領域中的國家建設的推進，或者說文化治理體系的逐步創建，這是國家不斷將大眾文化納入國家治理範圍的過程，與之相伴的則是相關的國家機構設置、資源配置與科層制建設的過程。

我們可以看到，對這一根本性議程的落實從晚清到民國再到新中國不斷推進。晚清已經開始有意識地介入大眾文化，南京國民政府在文化機構的國家建設方面邁出了一大步，逐漸形成了社會局、教育局和警察局三局共管的局面，正式將大眾文化納入到國家機構的管理範圍之中，但在機構的專職化、合一化和系統化方面都不足夠，而表現出分散

---

65 Fritz, V. *State-building: A Comparative Study of Ukraine, Lithuania, Belarus, and Russia.* Budapest: Central European University Press, 2007.

66 孔飛力著、陳兼、陳之宏譯：《中國現代國家的起源》，北京：生活・讀書・新知三聯書店，2013 年。

化、零碎化的特徵。新中國在這方面接續了南京國民政府的國家建設步伐，而予以進一步的推進，建立起由中央到地方的文化治理機構。這套文化治理機構實現了機構設置的專職化、合一化以及功能的系統化，與此同時，通過市區分工以及文化館、鄉村的農村俱樂部（或農村劇團）等機構的建立，進一步實現對基層文化領域的滲透。概而言之，新中國首次設立的文化部、文化局、文化館等一整套的文化治理機構體系，實現了文化領域中的國家建設的進一步推進。可以說，塑造新文化這一根本性議程在新中國得到更有力的落實，其原因在於根本性議程的落實有賴於國家建設和國家能力的發展，而新中國相對於國民黨政府實現了國家建設的實質性推進和文化治理體系的確立與完善，而這也意味著文化領域當中更強大的國家能力。就此而言，在現代中國國家作為文化行動者以推動塑造新文化這一根本性議程方面，從晚清到民國再到新中國，既有歷史的延續性，更有歷史的變遷性與突破性。

第二章

國家能力與文化治理（1）：

科層制發展

筆者前面大體勾勒了新中國自上而下所建立起的一整套文化治理體系，其重點是放在呈現這一治理體系的基本結構與職能。可以看到，新政權在文化領域的國家建設方面取得了長足的發展，並奠定了科層制的基礎。但是，這並不意味著這種科層制組織就是十分完備的，事實上，它遭遇了不少發展瓶頸與困境，而這也會給文化治理帶來相應的負面影響。這實際觸及前述國家能力的不均衡性問題。因此，在進入具體討論前，有必要先討論國家能力這一概念。

一、國家能力

斯科克波等人所掀起的「回歸國家」熱潮，[1] 引發學界對國家能力（state capacity）的密切關注。國家能力概念結合一種歷史制度主義的視角，有利於理解一些宏大議題。譬如，西歐國家的國家建設進程端賴於其財政汲取能力的強化。[2] 同樣的，新中國在內憂外患之下能夠逐步穩固政權，也與其迅速發展起來的出色財政汲取能力有關。[3] 除了國家建設議題外，當前的其他重大議題也無不與國家能力密切相關。比如國家的經濟發展與轉型問題一直是學界的關注重點，而魏斯特別強調我們需要關注的是國家的轉型能力而非汲取能力。[4] 福山則在近年的研究中旗幟鮮明

1 Evans, P. B., Rueschemeyer, D. and T. Skocpol. *Bringing the State Back In.* Cambridge: Cambridge University Press, 1985.

2 Tilly, C. (ed.), *The Formation of National States in Western Europe.* Princeton, N.J.: Princeton University Press, 1975.

3 Wang, S. "The Construction of State Extracting Capacity: Wuhan,1949-1953." *Modern China*, Vol.27, No.2, 2001.

4 Weiss, L. *The Myth of the Powerless State: Governing the Economy in a Global Era.* Cambridge, UK: Polity Press, 1998.

地強調國家能力對於發展中國家治理的重要性。[5] 蒂利則指出，民主化的過程包含了廣泛的公民權的確立及對公民的有效保護等，這些都仰賴於強大的國家能力。[6]

可以看到，無論是宏大議題抑或微觀機制，都將我們引向國家能力的討論，但這些討論不能空泛地用「國家能力」來解釋，而必須實實在在地解釋「什麼樣的國家能力」。正如魏斯所言，沒有總體的國家能力，而只有在特定範圍的國家能力。因此，我們要關注的是更為細緻的國家能力，並在具體的歷史語境中予以勾勒和分析。同樣的，米格達爾所引發的「強國家」、「弱國家」的討論[7]，也要落實到具體的國家能力的測度與比較。否則，「強國家」、「弱國家」的說法只是空洞的標籤，而無法給我們更多的信息。

王紹光等說道，「二十年前，在一般人的印象中，中國政府是一個很強的政府、一個威力無邊的政府，或簡言之，一個集權的政府。本書的主旨是想指出，這個印象已不適合於描述當今的中國政府。」[8] 本章想指出，改革開放前的中國的國家能力也並非在所有領域都很強大。在現有的研究當中，無論是冷戰時代的「集權主義」的說法，[9] 抑或是鄒讜先生所用的「全能主義」（totalism），都在強化「一個很強的政府、一個威力無邊的政府」的印象。王紹光自己的經驗研究也同樣側重於新中國

---

5 Fukuyama, F. *State-building: Governance and World Order in the 21st Century*. Ithaca, N.Y.: Cornell University Press, 2004.

6 Tilly, C. "Processes and Mechanisms of Democratization." *Sociological Theory*, 18(1), 2000.

7 Migdal, J. S. *Strong Societies and Weak States*. Princeton, N.J.: Princeton University Press, 1988.

8 王紹光等：〈中國政府汲取能力的下降及其後果〉，《二十一世紀》1994 年 2 月號。

9 曼認為集權國家在他所區分的專斷權力（despotic power）和基礎權力（infrastructural power）兩方面都強，Mann, M. *States, War and Capitalism*. Oxford: Blackwell, 1988，但本書的研究將對此提出質疑。

國家能力較強的一面。[10] 現有的研究有部分已揭示新中國國家能力較弱的一面，[11] 但這些研究並非正面從國家能力的角度來論析。因此，對國家能力的分析仍需進一步具體化。

接下來兩章將分別從科層制、財政資源能力來透視新中國初期的國家能力狀況，並具體考察國家能力如何影響了社會主義文化改造的進程與結果。這一考察也有助於我們認識新中國初期的「國家性質的繁複性」問題。

二、人員配置上的窘境

新政權自始就受到人員不足及人員品質不夠的困擾，而這對科層制的發展無疑帶來一些不利的影響。

1949 年，中共建國時黨員為 450 萬，與全國人口的比例為 1：120，相比於國民黨完成北伐定都南京時只有 22 萬普通黨員，與全國人口比例為 1：1820 的情況來說，可以說人員已經是充裕很多，但面對管理整個國家的任務來說，仍然是顯得捉襟見肘。因此，同樣要藉助舊政權遺留下來的公務人員，同時要培訓和選調大批幹部南下管理新解放區。[12] 新中國成立初期上海的領導人曹漫之的回憶也能說明當時人員的缺乏，「我們確實沒有辦法 …… 還得準備一批幹部，而我帶進來的幹部

---

10 Wang, S. "The Construction of State Extracting Capacity: Wuhan,1949-1953." *Modern China*, Vol.27, No.2, 2001.

11 黃冬婭：〈財政供給與國家政權建設 —— 廣州市基層市場管理機構研究（1949-1978）〉，《公共行政評論》2008 年第 2 期；U, Eddy. *Disorganizing China: Counter-bureaucracy and the Decline of Socialism*. Stanford, Calif.: Stanford University Press, 2007.

12 楊奎松：〈建國初期中共幹部任用政策考察 —— 兼談 1950 年代反「地方主義」的由來〉，載於華東師範大學中國當代史研究中心編：《中國當代史研究》第一輯，北京：九州出版社，2009 年。

很有限。我接管市政府，接管法院，接管監獄，接管區公所，接管國民黨行政院在上海所有的辦事機構。一共接管 500 多個單位，給我的幹部只有 28 個人，我們怎麼能幹得了這麼多事呢？」[13]

在人員素質方面，相對來說，文化部門的上層機構的知識水準都較高。以文化部為例，部長茅盾，副部長夏衍，皆為文壇翹楚。作家和戲劇研究專家蔣星煜先生，曾任華東文化部的職員。他回憶當時華東文化部的職員構成如下：部長是《共產黨宣言》最早的中譯者，當時任復旦大學校長的陳望道先生兼任。副部長黃源原任軍管會文藝處副處長。由於陳望道實在無法兼顧，後來由彭柏山擔任部長。陳望道寫過《修辭學發凡》，黃源是魯迅讚賞且大力支持的《譯文》的主編，彭柏山是作家，擔任過某軍政治委員。戲改處由原軍管會文藝處劇藝室主任伊兵任副處長，下設研究室、輔導科和編審科。曾設想把《舊戲新談》的作者黃裳也調來，未成。編審科科長屠岸，為軍管會文藝處劇藝室老人馬，以研究莎士比亞著名，翻譯並出版《莎士比亞十四行詩》的集子。藝術處最早由李微冬任處長，著名木刻家陳煙橋和鄭野夫、國畫家陳秋草和陳大羽、音樂家章枚在這裏。文物處副處長是著名魯迅研究專家唐弢，處內有曾在《古史辨》寫文章的蔣大沂和研究甲骨文的郭若愚，還有一位呂貞白，對版本和詩詞都有研究。另有一位剛從浙江大學畢業不久的徐潤芝，寫得一手好書法。還有不具有行政職能的部門，叫做研究資料室或資料室，但人材濟濟。從法國巴黎大學回國不久的文學博士王道乾在這裏，此外，還有研究英國文學的復旦大學畢業的湯永寬和研究中國古典文學的浙江大學畢業的黃屏。[14] 從這個敘述可以看到，當時華東文

13 來源：http://www.mzyfz.com/news/times/q/20090413/154832.shtml，引於 2010 年 6 月 3 日。

14 蔣星煜：《文壇藝林備忘錄續集》，上海：上海遠東出版社，2007 年。

化部的職員相當一部分可以說是一時之俊彥。

　　但是，在市文化局層面，工作人員就存在文化知識不足的問題。夏衍在新中國成立初期為上海市文化局局長，他發現宣傳、文化系統的工作人員的知識面不廣，常識不足，他們對於政治性的名詞、術語比較熟悉，但一接觸到業務上的問題，有時候連最普通的名詞、人名、書名和地名，都從來沒有聽說過，知識面太窄。他發現這在當時是一個帶有普遍性的問題，於是組織了一次文化考試。考試題目有 50 題，每題 2 分，以初中程度為標準，希望六七十分的能佔多數，可是測驗的結果卻使他大吃一驚，得 80 分以上的只有兩人，60 分以下的竟佔百分之七十，絕大多數人只得三四十分，連五四運動發生於哪一年，答對的也寥寥無幾。[15]

　　不過人員短缺和人員品質不足的問題在基層單位更為嚴重。在 1954-1955 年間，文化館建立經年，但有三個文化館的館長仍未配齊，且人員品質很弱，如徐匯區文化館的工作人員共 13 人，其中 6 個文字寫不通，2 個報紙社論讀不通，業務水準也很差，識簡譜的只有 2 個，懂戲劇的 2 個，能畫的 1 個。至於江灣、洋涇文化館，比徐匯文化館還要差。[16] 以這種文化水準來承擔繁重多樣的文化工作，其不堪勝任就可想而知。根據 1957 年的統計，八所文化館共有幹部 149 人，其中 1952 年只經過三個月訓練的失業知識份子約有 41 人，佔 27%，連環畫作者訓練班轉來的 11 人，佔 7%，舊民教館留用的 13 人，佔 8.7%，其他單位不要的塞過來的，20 人，佔 13.4%，長期住院的 9 人。幹部業務水平很低，沒有一般性特長的達 80 人之多，佔了 54.4%。幹部普遍感到苦

15　丁景唐：〈我參加了夏衍主持的兩次文化考試〉，《上海文化史誌通訊》1995 年第 37 期。

16　B172-4-278，〈文化局各處室 1954 年工作計劃總結〉。

悶沒有前途，希望調動工作的竟佔 50%。[17] 而在工作調動的時候，文化館也很難調到水準較高的工作人員，甚至文化局不予解決人手，而要求區裏自行解決工作人員的問題。[18] 而當新政權要把文化機構滲透到區縣一級的時候，各區縣的文化科也同樣面臨人手不足的問題，上級批准的每個區編制為 5-7 人，而這個數目很難適應工作的需求，[19] 工作人員雖然在政治和文化水準上都尚可，但學過或搞過文化工作的連五分之一都不到，多半是從工商教育部門或辦事處調來的，這也影響到基層的文化工作的開展。[20] 到 1960 年，各區成立文化局的時候，也仍面臨人手問題，所以市委宣傳部要求各區自行解決人手問題。

文娛場所也同樣面臨人員不足的問題，到五十年代末期，由於建國後十年來院場的職工只出不進，原來中年的職工已經逐漸蒼老，不能勝任工作，如黃浦區當時院場職工 455 人，20-30 歲年齡段的只有 33 人，需要增添新職工 350 人。職工的文化程度也普遍不高 [21]。

此外，文娛場所尤其缺乏專業的劇場管理人員。文化局的演出科副科長蔣柯夫就曾抱怨，上海沒有理想的劇場，即便是曾經一流的劇場也因為缺乏懂行的管理人員而變得不甚理想，「現在觀眾進入蘭心很痛苦，冬天涼，夏天臭，還不算，沒有劇場氣氛，為了節約水費封住了三個洗臉盆，怕人偷水電很惡劣，觀眾座中可以聞到小便味，臭到前後

---

17 B172-4-854，〈上海市文化局關於市郊農村圖書室工作、群眾文藝工作等的專題工作報告〉。

18 B172-4-571，〈上海市文化館的基本情況〉。

19 以蓬萊區文化科為例，該科共工作人員 6 人，但要負責群眾文藝工作（該區人口有 50 萬）、圖書館工作、文物古跡工作等，共需 13 人，也就是說還需要 7 位工作人員，參見 B172-4-477，〈關於各區文化科幹部編制情況匯總表〉。

20 B9-2-69，〈關於文化局整編方案（草）〉。

21 B172-5-138，〈上海市委宣傳部市文化局關於培養與吸收文化藝術後備力量的請示報告批覆〉。

臺。管理人員不懂業務，只有考慮經濟節約，散場不開電燈，觀眾出門摔跤。幕與幕之間的大喇叭破壞了情緒，蘭心的電燈還是幾十年以前的。北京電影院自動對號很好，但往往變得無人管理，一團糟，好的沒有遺留下來，新的沒有建立起來。座上臭蟲咬，觀眾花錢挨咬。」他們抱怨上海劇場一百多個，像樣的一個也沒有，認為這是值得考慮，並提議戲劇學校應注意培養懂得藝術的劇場管理人員。[22] 這種情況與國營劇場的管理人員中，有一部分只有政治水準和鬥爭經驗，但缺乏劇場管理經驗，用行政的一套來管理劇場，自然是有關係的。[23]

在演藝團體方面，其人員的缺乏也同樣是一持續的議題。[24] 首先是編劇太少，到 1958 年底，大小 185 個新國營和民間職業劇團演出單位中有編劇 142 個，其中只能說幕表的、不能動手寫作的老戲師傅就 40 人，只能改編移植的編劇人員佔 80 人，真正能供上演有一定水準劇本的只有 20 人左右。劇團整風肅反以後，剩下能寫作的編劇人員就 13 人左右。[25] 劇團中男角少，女角多，滬劇、淮劇和揚劇缺好的主要小生，越劇缺老旦和小丑，京劇缺武生和武行。同時，各劇團也缺舞臺設計人員。[26]

因此，新政權的文化部門整體而言在人員的質和量上都有所欠缺，[27] 這無疑不利於它所致力的社會主義文化事業的發展。

---

22 B172-1-584，〈中國戲劇家協會上海分會對文化局的意見〉。

23 B172-4-368，〈關於國營劇場存在問題的報告〉。

24 精英文化領域也同樣存在人才缺乏的問題，如中央樂團的狀況便是一個例證，可參考周光蓁：《中央樂團史，1956-1996》，香港：三聯書店（香港）有限公司，2009 年。

25 B172-5-138，〈上海市委宣傳部市文化局關於培養與吸收文化藝術後備力量的請示報告批覆〉。

26 B172-5-219，藝術一處〈上海市委宣傳部、市文化局關於將區縣所屬民間職業劇團逐步改為全民所有制的請示、批覆〉；B172-4-373，上海市文化局〈關於我局向文化部統籌安排調查組上海市文化事業情況及與工會關係問題的彙報材料〉。

27 除這裏所討論的事實以外，新中國也缺乏好的劇場建設的設計和技術人員，二十世紀

三、分工不明和職能不清

　　檔案資料顯示，文化局自始就受制於其科層制不完備的問題。這首先表現在科層體制的分工不明和職能不清的問題。在軍管會時期，由於劇藝室的人員主要是地下黨員出身，相對缺乏行政領導工作經驗，所以長期限於勞資糾紛、流氓搗亂、家庭細故等方面，忙得不可開交。此外，劇藝室曾多次提出影劇院登記、辦理營業執照和送審制度等職能，但上級一直未能明確，因此，公安局往往會沿襲民國時期的傳統，插手影劇場的管理，這樣就和軍管會的劇藝室產生衝突，有時劇藝室和公安局都來管，有時誰都不管。在戲曲審查方面，也存在審查劇本的尺度不一的問題。[28]

　　文化局創立以後，仍然受困於職能不清、方針不明的問題，這使得工作方針搖擺不定，機構編制變動頻仍，下級部門在業務上往往找不到相應的負責部門，這就導致在工作上因忙亂而被動，因被動而更忙亂的局面。[29] 一直到 1954 年的時候，文化局對自身的職能定位仍然是不甚清晰的。有人問時任局長陳虞孫文化局管的東西有多少，他說他也不知道。在具體的業務方面，文化局不清楚文化館的方針是怎麼樣的，以至於上海市文化局的〈關於文化館暫行組織條例及工作綱要〉對文化館的

　　五十年代的大劇場建設在技術和觀念上基本沿襲二三十年代的劇場模式，參考盧向東：《中國現代劇場的演進：從大舞臺到大劇院》，北京：中國建築工業出版社，2009 年。

28　B172-1-5-13，〈上海市軍事管制委員會文化教育管理委員會文藝處沈之瑜關於解放以來上海美術運動半年工作總結報告〉。

29　B172-1-228，〈上海市文化局關於召開全市影院、劇場、書場、遊樂場合營工作委員會大會的程式、委員名單及戲劇院同業公會申請全行業公私合營的報告〉；B172-4-503，〈1956 年工作計劃總結及劇團兩年發展規劃〉。

工作性質任務的規定與中央指示頗有不相符合的地方。[30] 對於民營劇團和私營劇場的方針，也處於搖擺不定的狀態。[31]

　　市文化局與區文教科也同樣存在分工不明的問題，因為在區文化局成立之前，區文教科主要工作放在教育方面，在文化事業的管理上沒有固定人選，幹部對業務和政策又不熟悉，因此對有關劇團及其他文化事業問題區政府實際很少予以管理，而文化局處在面廣、幹部少的情況下，不能及時確切解決問題。也正因此，才帶來了隨後的市區分工問題。[32] 而當區級文化管理機構建立以後，又面臨區這一層級的分工問題。在名義上，有所謂的「工會負責組織、共青團負責宣傳教育、文化科擔任輔導」這樣的分工，但這些分工往往是形式化的，實際工作中很少配合。只有等文藝會演來了，主辦單位再召集各有關單位來開會共同協商，大家則習慣了這種分工上混淆不清的做法。[33]

　　由於這種分工不明和職能不清，也由於前面將要提到的人員上的不足，文化局的很多工作無法真正抓起來。[34] 例如，1956 年最大的一個轉變是新國營劇團的大量出現，但文化局對這些新國營劇團的工作沒有有力的處理。劇團反映，新國營劇團成立八九個月沒有開過一次大會，局

---

30 B172-1-143，〈關於召開第一屆文化館工作會議的計劃情況彙報會議記錄及文化部對我局擬定的文化館組織條例、工作綱要的指示〉。

31 B9-2-29，〈文化部民間職業劇團和私營劇團劇場調查報告〉。

32 B9-2-29，〈文化部民間職業劇團和私營劇團劇場調查報告〉。

33 B172-1-189-102，〈上海市文化局關於邑廟區群眾文化工作的調查報告〉。

34 檔案數據也顯示，不單文化局部門存在這樣的問題，在工會系統也存在類似的狀況。工會部門的檔案也批評，工會內部組織不健全，沒有經常的會議彙報制度，部與部之間工作不配合。工作上是忙於突擊工作，因而工作往往陷入被動，參見 C1-2-310，〈一年來文教部總結（一九五零年）〉。余偉康（Eddy U）在教育部門也同樣發現科層制不完備的現象，參見 U, Eddy. *Disorganizing China: Counter-bureaucracy and the Decline of Socialism.* Stanford, Calif.: Stanford University Press, 2007。所以，這在當時是一個較為普遍的問題。

領導也從未和群眾見面，局領導與劇團領導缺乏定期見面制度，文化局在制定重大方針政策方案時，未與他們商量，也少吸取他們的意見。例如，在1956年第三季度文化局訂出劇團三七拆賬的辦法，未全面瞭解情況和徵求藝人意見，施行後由於過多損害藝人利益，產生淮劇、揚劇全部不願訂四季度合同的嚴重情況。在社會主義改造時期派出的進駐劇團的工作隊，很長時間沒工作做，任務也不明確，工作隊撤銷後除行政組接見來訪群眾較忙外，其他各組也忙閒不均，派到劇團去的輔導員任務職責不明確，無人領導，回局後無人聽彙報，因此無法開展長期工作。[35]

四、機構間協調與整合上的困境

正如前面所言，新政權的機構組織實際是由數個系統構成。以文化領域而言，文化系統、工會系統、共青團系統、軍隊系統乃至婦聯系統都有其各自的文化機構。就上海而言，在大眾文化領域，牽涉較廣的仍然是文化系統和工會系統。但在致力於社會主義大眾文化建設的時候，兩系統之間不無齟齬，這影響了系統之間的資源整合和科層體制的理性運作。

具體來說，雙方都擁有各自的文藝力量，因而在運作時會出現衝突的狀況。例如，雙方都有直屬的電影放映隊（在1958年成立電影局以前，電影部門歸文化局管理）。1954年以前，文化局所屬的放映隊要收費，而工會放映隊則不收，於是就有群眾反映，工會不要錢，為什麼文化局反而要錢。本來雙方約定，工會放映隊在工廠活動，文化局放映隊在郊區活動，但工會放映隊發展很快，立刻擴展到郊區工廠以及工人家屬區，進入文化局放映隊的領地。在兒童場票價問題上，雙方會議議

---

35 B172-1-203，〈上海市文化局關於民間職業劇團改造工作情況的報告〉。

定，16 毫米影片為 5 分，35 毫米為 7 分，但工會先發通知說一律 5 分錢，且對象不限制兒童，這就導致文化局很被動。在一般的電影票價上，工會系統所屬的俱樂部票價為 1 角，而影院為 2 角半，如虹口俱樂部與群眾影院鄰近，但票價卻差一倍以上。這種情況在基層工人俱樂部更加嚴重，有些單位放映最新的影片，票價只要 5 分，這與新片影院最低票價相差七倍。此外，工會放映隊的活動對基層放映是有一定上座指標要求，當指標無法完成的時候，就把票賣給廠外的觀眾。這樣就影響了文化局所屬影院的營業。同樣的，市工商聯對待組織專業演出，要求好劇團好演員，但票價要低，說應比劇場低一半，乃至上海京劇院名演員言慧珠去演出，票價仍是 1 角到 3 角，遠低於劇場的演出價格，這就影響劇團收入和劇場上座率。[36]

由於存在兩套系統，資源配置上也往往無法優化，比如蓬萊區 1953 年籌備建立工人俱樂部，但此前該地已有電影院，故文化局認為可以不建俱樂部，但工會系統仍然決定要建立俱樂部，這就導致放映設備不能充分有效利用。[37] 在專業發展計劃上，國家計委與文化部指示工會系統和文化事業發展計劃必須納入國家計劃，由文化局匯總，但工聯會宣傳部不送計劃，文化局派人去向他們要，工聯會又不提供材料，很難匯總，這就造成文化事業計劃不全的後果。[38] 日常工作中雙方也缺乏有效的配合，例如工會希望能夠開講座講解電影，要求文化局幫助解決講師問題，但文化局則要求工會自己解決。國營專業劇團下廠演出，有

---

36 B172-4-786，〈文化局關於與市工聯宣傳工作部門關係及中央與地方的體制上存在問題的請示報告〉。

37 B172-4-373，上海市文化局〈關於我局向文化部統籌安排調查組彙報上海市文化事業情況及與工會關係問題的彙報材料〉。

38 B172-4-786，〈文化局關於與市工聯宣傳工作部門關係及中央與地方的體制上存在問題的請示報告〉。

時是突然下來，缺乏和工會的配合和溝通，工會部門對此頗有抱怨。[39]

在群眾文化工作方面，文化系統有文化館，而工會系統有工人文化宮和工人俱樂部，雙方之間如何配合協調，也往往產生問題。比如，蓬萊區文化館在下廠工作中就不太順利，如想主動舉辦工人文藝學習班，俱樂部就婉言相阻說自己剛舉辦過。在群眾文化的音樂教材方面，工會搞了一套，文化局音舞科也搞了一套，各有一套，都覺得自己的好，爭執不下，以致要由上海市委出面解決爭執。市委無奈之下，提出上半期用文化局的教材，下半期用工會教材。[40]

文化局系統和工會系統之間的這種摩擦，其根源在於新政權機構設置上的條塊劃分所引發的條塊之間的整合不充分。這自然影響科層體制的運作與資源的優化配置，而最終不利於新政權的文化建設工作的推進。

五、制度運作與管理的不完善

文化管理機構在制度運作方面也存在諸多不完善之處。比如，文化局撥款給各劇團，但對於撥款以後的使用缺乏監督管理。[41] 在文化事業的計劃方面，計劃工作往往是分散的，互不銜接，以至於矛盾重重。不同於在事業計劃確定的基礎上建立財政基建計劃，實際情況往往是財務計劃、基建計劃決定了事業計劃，事業計劃服從財務計劃和基建計劃，而且各項計劃執行與否，都沒有認真檢查，正因此各級領導往往對

---

39 B172-4-373，上海市文化局〈關於我局向文化部統籌安排調查組彙報上海市文化事業情況及與工會關係問題的彙報材料〉。

40 B172-4-786，〈文化局關於與市工聯宣傳工作部門關係及中央與地方的體制上存在問題的請示報告〉。

41 B172-4-125，〈我局 1952 年決算及事業成果的清理檢查報告〉。

計劃並不重視，如要使各項計劃統一起來，則必須由市領導出面加以解決。而計劃部門本身水準不高，對整個文化事業實際情況瞭解不夠，方針任務不明確，經驗又很缺乏。[42] 一個典型的例子是文化廣場的修建，當時在沒有施工詳圖的情況下就開始動工，所以是一邊設計一邊施工。而整個工程的預算，從開始的 32 萬，改為 65 萬，再改為 74 萬，後改為 92 萬，最後的數字仍超過此數額，可以看到缺乏基建人才以及計劃制度的不健全導致很多問題。[43]

甚至到六十年代，在經歷了十多年的機構整合和運作之後，文化機構仍然在制度上有諸多不健全。以文化館為例，其管理制度比較混亂，對財務和財產管理不嚴，票務工作沒有制度，管理者甚至對文化館有多少家底也心中無數。在館內的組織形式和彙報制度方面，也缺乏一整套管理辦法。更有甚者，作為宣傳機構，卻無人搞宣傳工作。對於文化館究竟有什麼任務，主要業務是什麼，仍然是不甚了了。[44] 由此可見，文化機構的制度建設是一持續存在的問題。

此外，在具體的管理上，可以看到行政管理與專業化發展之間的張力。以劇團運作為例，行政人員的水準不夠瞭解業務，出現外行管內行的狀況，而這也影響到劇團的運作。[45] 同時，新的劇團運作機制也影響到演員的藝術排練。每天都是按照一天三班的上下班制度，時間被割裂，而計劃又常變動，所以演藝人員常常感到陷於忙亂之中。京劇院的李桐森就說：「過去我和紀玉良搭檔，上午經常到他家裏去聊天，下午雖有演出，還能進澡堂去洗澡，大家碰在一起，既是談談藝術問題，又

---

42 B172-1-179-93，〈上海市文化局 1956 年計劃執行情況總結〉。

43 B1-2-704，上海市人民政府〈文化局請建築房屋〉。

44 B172-5-444，〈關於召開各區文化館工作會議的通知及對當前文化館工作的意見〉。

45 B172-1-605，〈市局關於社會文化工作的檢查彙報座談會記錄〉。

是休息。現在我和紀玉良同在京劇院，但每天連聊天的時間都沒有。」人藝演員喬奇也說：「對工作日程心中無數，不知道怎樣過日子，怎樣活動，習慣於按領導排的日程過日子。」所以，演藝團體內部的這種運作機制與專業化的發展也產生了一定的衝突。

六、科層制的形式主義

新政權試圖在基層和鄉村建立廣泛的文化機構，以實現文化革命，但這些基層的文化機構並不能有效和持久地運作。1951 年曾有工作人員到工人文化宮進行調查，他在 7 月 25 日下午四時調查發現，文化宮內有群眾 32 人，28 人在睡覺，2 人在休息扇扇子，另兩人在抄筆記。同日晚上九時有 34 人，14 人睡覺，另 20 人分三組在開會，史料館同日同時參觀群眾僅 38 人，整個三廳樓內的黑板都是《解放日報》第一版的時事新聞，沒有參觀者的意見，也沒有介紹文化宮內部活動情況與報導。[46]

工廠裏的基層文娛組織是如搞運動一般成批地興起，但往往是不穩固的。1952 年統計全市職工業餘藝術組織有 6230 個小組，11 萬多人參加，到 1954 年就下降到 2100 個小組，2 萬 8 千多人參加，而到 1955 年底就只有 1355 個小組，1 萬 7 千多人參加。[47] 從這一數據的劇烈變化，足見這些基層文娛組織的脆弱性。在鄉村，新政權建立了圖書室，但只有三分之一能夠比較正常運作，其原因在於群眾的文化水準不足，很多農業社文盲和半文盲在社員中佔到 70%，所以談不上閱讀的需要。圖書室的管理員流動性很大，工作也有不夠負責的問題，在圖書方面，

---

46 C1-2-579，〈俱樂部業務學習班報告提綱、工作總結以及學員分配等名單〉。

47 C1-2-579，〈俱樂部業務學習班報告提綱、工作總結以及學員分配等名單〉。

很多圖書是連環畫，而由於經費問題，也很少添購新書。[48]

1958 年的大躍進在文化領域也掀起了躍進風，在一定程度上也確實推動了群眾文藝的發展，有一種熱熱鬧鬧的氣象，但這種運動式的文化活動無法制度化和長期化。在當年，一下子建立起來兩千多個文化館或文化站，有的只是掛了一個牌子，而流於形式主義。[49] 而到 1959 年，當運動風過去的時候，人們明顯就感到文化活動冷寂下來了。在基層的文化館站，很多活動都無法持續，只有打乒乓球是較為經常的。[50] 文化館的場地也不常對外開放，甚至一度就沒有活動。這與文化館站缺乏經費支援，員工無法安心工作，是直接相關的。[51]

這樣一些事實都說明社會主義文化建設所依靠的文化機構，其中不少陷入一種科層制的形式主義，伴隨著種種運動而潮起潮落，而財政支持不夠則可能進一步惡化該情形，這也正是下一章的主題。這些事實都指出了承載科層制度的組織機構本身的脆弱性，這種脆弱性也直接帶來新政權所推動的新文化建設事業的脆弱性。

七、小結與討論

概言之，由於對職責界定、監督與分工的缺乏、制度設計的不嚴密、工作執行方面的形式主義、機構之間以及機構內部不同部門之間的

---

48 B172-4-854，〈上海市文化局關於市郊農村圖書室工作、群眾文藝工作等的專題工作報告〉。

49 B172-1-312，〈市文化局 1958 年工作總結和 1959 年工作打算〉。

50 B172-1-426，〈局關於召開區縣文化局科長會議傳達全國文化局長會議精神的通知報告會議記錄〉；C1-2-830，工會聯合會宣傳部〈本部俱樂部科文娛科工作總結上海工人文藝活動情況等〉。

51 B172-5-108，〈上海市各區縣關於群眾文藝組織領導問題的情況彙報〉。

協調配合不足等，新中國初期文化機構的科層化是遠為不充分的，而這在當時是一個較為普遍的現象，這反映的是毛時代中國的國家能力不足的一面（這一問題在下一章會有進一步的討論），而這也影響到文化治理工作的有效推進。

與此相關，余偉康通過研究新中國成立初期上海的教育系統的改造與發展，指出新政權在諸多方面都與科層制的標準相背離，其揭示的現象與本章的發現有相同之處。但是，余偉康用反科層制（counter-bureaucracy）這個概念來形容這一現象，[52] 則略顯誇大其辭。因為從中共的高層領導來說，毛澤東固然帶有對科層制的懷疑態度，但他更痛恨的或許是官僚主義。文革當中，毛澤東不得不仰賴科層制的典範，也就是軍隊來控制一發不可收拾的局面，也可以看出毛澤東作為國家的管理者最終不得不藉助於科層制來維繫國家的基本秩序和運作。[53] 其次，余偉康所發現的教育領域當中專才不夠的現象，與其說是當局的反科層制的態度造成，不如說是因為國家能力不足所致。正如本章對文化局的官員的分析所示，在可能的情況下，文化局的高層也都是文化領域的專才，但由於人力資本的不足，所以國家無力在基層配備專才來任職。因此，這種科層制的不完備應由國家能力來解釋，而不是用整個體制的「反科層制」特質來解釋。余偉康在論述中承認共產國家有科層制的外殼，但批評其沒有實質。本章一方面承認其科層制的不完備，但另一方面也注意到其試圖將其科層制予以完備的傾向，但受制於國家能力而無法達致

---

52 U, Eddy. *Disorganizing China: Counter-bureaucracy and the Decline of Socialism.* Stanford, Calif.: Stanford University Press, 2007.

53 武麗麗、趙鼎新：〈「克里斯瑪權威」的困境：寧夏文革的興起和發展〉，《二十一世紀》2007 年 6 月號。

更完備的科層制。在這個意義上，本章不同意使用反科層制的概念來理解這一時期的科層制度，而認為用「虛弱的科層制」（weak bureaucracy）會更為準確。

第三章

國家能力與文化治理（2）：

財政能力

儘管不同學者對國家能力的具體劃分各不一樣，[1]但財政資源能力無疑被認為是一重要的國家能力。接續上一章的討論，本章主要從新中國初期上海在文化領域的財政資源能力來透視文化治理的過程，進而在更一般的層面上探討新中國初期的國家能力問題。需要指出的是，本章所說的財政資源能力，指的是國家及其組成部分實質具有的財政能力，這與王紹光所用的財政汲取能力的概念雖有緊密關聯，但是有所不同的。

本章將要指出，新中國文化治理的目標包括要讓廣大人民群眾能夠普遍且較為平等地享受社會主義文化產品，而文化機構也必須始終堅持文化服務於政治的立場而不偏離，但受制於財政資源的不足，這兩方面並沒有完全實現。本章下面將具體呈現這一歷史過程。

一、財政約束與文娛場所[2]的區域分化

上海在民國時期即為大眾文化的中心，故其文娛場所眾多，行業競爭激烈。[3]但文娛場所主要集中在黃浦區等中心地帶，而高檔文娛場所更是如此。根據 1946 年上海市警察局的統計數據，各區劇場（含遊樂場）數目如下：[4]

老閘 12　新成 8　靜安寺 2　嵩山 11　黃浦 2　虹口 7　盧家灣 2
江灣 1　洋涇 4　北四川 1　邑廟 8　常熟 4　提籃橋 0　普陀 4　蓬萊 3

1　如王紹光等：《中國國家能力報告》，瀋陽：遼寧人民出版社，1993 年。

2　本書所說文娛場所主要指涉的是劇場、遊樂場和書場，電影院不是本書主要探討對象。

3　參見樓嘉軍：《上海城市娛樂研究，1930-1939》，上海：文匯出版社，2008 年。

4　Y3-1-58-157，〈上海市警察局統計年報：公共娛樂場所 1946〉。

徐家匯 2　長寧 3　榆林路 2　江寧 1　北站 3　楊樹浦 0　閘北 2

可以看到中心城區和偏遠城區的文娛場所的分佈懸殊很大。劇場最多的地區老閘（今屬黃浦區），有 12 個之多，而偏遠城區的楊樹浦則無一個。如果把中心城區和非中心城區的劇場匯總比較，[5] 結果如下：

中心城區 48 家　非中心城區 34 家

根據社會主義的意識形態和毛澤東的文藝路線，這種中心城區和非中心城區文娛場所分佈的懸殊並不是一件合理的事情，因為中心城區往往是資產階級家庭、幹部和知識份子聚集的地方，而非中心城區則是廣大的工農階級居住的區域。中心區域和非中心區域在文娛場所數量的懸殊，實際上就是不同階層之間不平等的體現，是「舊社會」之罪惡的結果。社會主義的意識形態所強調的平等，毛澤東文藝路線所強調的文藝應該是大眾的，「文化革命」所提出的口號「知識份子工農化，工農階級知識化」，都是希望通過國家的種種措施來縮小知識份子階層和工農階級之間在文化上的距離，這些都要求新政權必須改變這一狀況。具體來説，就是要縮小中心城區和非中心城區在文娛場所之佔有方面的懸

5　此處所言中心城區指的是今日黃浦區（2000 年將南市區併入）、盧灣區和靜安區，而所言非中心城區指的是今日的徐匯區、長寧區、普陀區、閘北區、虹口區、楊浦區（這一區分也同樣見於其他學者的著作，如羅蘇文：《近代上海：都市社會與生活》）。而今日的寶山區、閔行區、松江區、青浦區、奉賢區、浦東新區等在彼時皆為郊縣，不納入城區的計算範圍。1946 年的區域劃分與 1949 年後有很大差別，而 1949 年後的區域劃分也經歷了多次變動，筆者在計算中心城區和非中心城區的時候，都是以該區是否屬於今日的黃浦區、盧灣區和靜安區為標準（以下計算同此方法），譬如 1946 年的老閘、新成、嵩山等區，其地域都屬於今日的黃浦、盧灣和靜安三區。由於內容繁雜，此處不一一具述，可參考《上海地名誌》。

殊。文化局的報告也多次提及這一問題，並強調應該改變這一局面。

但是，根據表 3.2 可以看到，從 1950 年到 1965 年間，中心城區和非中心城區在文娛場所佔有方面的差距雖然有一定程度的緩解，但其落差仍然是明顯的。譬如，在每萬人所佔有的劇場座位方面，中心城區在 1965 年為 121，而非中心城區則為 36。為什麼在經歷十多年的社會主義改造和建設之後，中心城區和非中心城區在文娛場所佔有方面的不平等仍在持續？對此，筆者需對上海的文娛場所變遷做一定的解釋。

新政權對城市的理解是強調其生產功能和勞動價值，[6] 其倡導的艱苦樸素的作風使其對娛樂抱有警惕態度。娛樂場所作為政治教育機構和勞動生活有益的調節，是必需的，但應該適可而止，如黃浦區在 1950 年時擁有 45 家劇場，接近全市劇場數額的一半，被認為是不正常的、過多的。另一方面，新政權所持有的對現代化的嚮往，使其要求文娛場所必須是正規化的，而正規化的一個體現就是劇場規模（劇場座位的多寡）與劇場建築的類型（是否為鋼筋水泥建築）。在這方面，五十年代初期，有大量的劇場只有兩三百個座位，建築也是年久失修。加上在 1953 年，由於經濟和社會秩序的恢復，戲劇業趨於繁榮，而舞廳則在日益逼近的禁令下紛紛轉業為劇場和書場，使得劇場和書場數量日增，各種劇團也隨之增加，這些都使得戲劇領域出現混亂的情形。但 1954 年之後，戲劇業又出現了蕭條局面，這些陡然增加的劇場和劇團使出渾身招數之餘，也要依靠文化局的救濟，這不僅導致管理上的困難，也帶來財政上的壓力。正是在上述的觀念和時局背景之下，新政權對規模小的不正規的劇場進行了緊縮或轉業處理[7]，而 1956 年和 1958 年更是劇場

6　上海乃至全國的社會主義城市設計都是以「先生產、後生活」的原則，請參見羅崗等：〈作為「社會主義城市」的上海與空間的再生產〉，王曉明等主編：《熱風學術》，第四輯，上海：上海人民出版社，2010 年。

7　B172-4-970，〈文化局關於劇場調整、緊縮的方案、往來函〉。

緊縮的高峰[8]，所以，到了 1965 年的時候，中心城區的劇場從 1950 年的 72 家下降到 26 家，非中心城區從 41 家下降到 15 家（參見表 3.2）。類似的，1965 年，中心城區書場由 1950 年的 90 家下降到 33 家，非中心城區書場由 1950 年的 67 家下降到 25 家[9]。

在最初的規劃中，新政權希望縮減這些規模小的劇場，同時新建一批新的規模較大的劇場，並由此來調整整個市區的文娛場所的分佈。新建劇場遵循向非中心城區（如徐匯和閘北）傾斜的方針，同時，也注意不同劇種是否擁有該劇種的專有劇場來做適當的調整[10]。在其理想的圖景中，在城區要建立適量的現代化的劇院，如歌劇院、話劇院、音樂廳和馬戲院等，在新工業區、衛星城市、工人新村等地方也要建立起一套完整的文化設施，在城區之間的劇場分佈要既正規現代又要均衡[11]。

到 1965 年的時候，由於大量小規模劇場的緊縮，劇場的平均規模總體上確實有所增加，如中心城區劇場的平均座位數由 1950 年的 740 上升為 1186，非中心城區由 505 上升為 894（參見表 3.2）。但是，新政權並沒有很好地達到文娛場所的均衡分佈。這是由於新政權在有力地緊

---

8 1956 年緊縮了 21 家，1958 年緊縮了 16 家，參見童本一主編：《上海文化娛樂場所誌》，上海：《上海文化藝術誌》編纂委員會，2000 年。

9 參見童本一主編：《上海文化娛樂場所誌》。

10 在這方面，也同樣體現出社會主義意識形態的平等取向。京劇和越劇作為上海的大劇種，都有其專有或較為固定的大型劇場，以京劇為例，其擁有天蟾、共舞臺、大舞臺、中國四大京劇院場。與之相對，淮劇這種以江北人作為主要觀眾的劇種，在大眾文化場域中佔邊緣地位，其演出無固定劇場，且往往在小劇場裏演出，票價也較京劇和越劇低廉。1958 年，上海市將擁有 1612 個座位的金城大戲院作為淮劇的專屬劇場，並由周恩來總理親題場名，改為「黃浦劇場」。這無疑是對小劇種的一種提攜。此外，1960 年將仙樂書場改為木偶劇專屬劇場，1964 年新建上海雜技場以解決雜技沒有專屬劇場的問題，這些都是針對專屬劇場的問題所做的處理，參見童本一主編：《上海文化娛樂場所誌》。

11 B172-1-353，文化局辦公室〈關於十年來基建工作的總結、發言稿〉。

縮小規模劇場的同時，卻沒有足夠的資金興建新的劇場以補充減少的座位，並平衡城區之間的落差。下表是 1949-1965 年間上海城區興建的劇場：

表 3.1　1949-1965 年間上海城區興建的劇場

分區	劇場	建造年份	劇場座位數
靜安區	上海歌劇院小劇場	1958	1006
楊浦區	滬東工人文化宮劇場	1958	1299
虹口區	上海市郵電俱樂部影劇場	1959	1031
普陀區	曹楊影劇院	1959	1016
徐匯區	徐匯劇場	1959	1238
閘北區	中興影劇場	1960	995
盧灣區	上海戲曲學校實驗劇場	1962	650
黃浦區	上海雜技場	1964	1654

　　在這 8 家劇場當中，上海市郵電俱樂部影劇場和滬東工人文化宮劇場屬於上海市總工會出資興建的，而其餘 6 家則屬於文化局系統出資興建。可以看到，這些劇場主要是於非中心城區興建的，比如徐匯區和閘北區兩區在緊縮劇場後都面臨劇場空缺的問題，所以先後興建了徐匯劇場和中興影劇場以作補充，這可以體現出新政權向偏遠城區傾斜的政策。同時，這些劇場也基本上都是較大規模的劇場（900 座位以上），也反映新政權追求現代化的取向。但新建 8 家大規模的劇場遠不能彌補減少 80 家中小規模劇場所帶來的劇場座位的減少，也不能夠扭轉中心城區和非中心城區的失衡。從表 3.2 可以看到，到 1965 年，民眾所佔有的文娛設施是相對減少了的，中心城區總座位由 1950 年的 53281 下降到 1965 年的 30834，每萬人所擁有的座位數由 1950 年的 266 下降到 1965 年的 121，非中心城區總座位由 1950 年的 20705 下降到 1965 年的 13413，每萬人所擁有的座位數由 1950 年的 117 下降到 1965 年的 36。

表 3.2 1950 年和 1965 年上海市城區劇場分佈對比 [12]

區名	1950								1965							
	劇場數目合計	大型劇場數目	中等劇場數目	小型劇場數目	座位數目合計	平均每場座位	劇場數目/平方公里	座位/萬人	劇場數目合計	大型劇場數目	中等劇場數目	小型劇場數目	座位數目合計	平均每場座位	劇場數目/平方公里	座位/萬人
黃浦	45	14	15	16	35584	791	3.6	443	16	11	4	1	20659	1291	1.3	141
靜安	16	4	3	9	9488	593	2.1	141	5	4	0	1	5376	1075	0.66	97
盧灣	11	1	7	3	8209	746	1.4	156	5	2	3	0	4799	960	0.62	90
中心城區小計	72	19	25	28	53281	740	2.6	266	26	17	7	2	30834	1186	0.93	121
虹口	14	4	3	7	8831	631	0.6	505	6	4	2	0	5754	959	0.26	70
閘北	6	0	3	3	2722	454	0.2	64	1	1	0	0	995	995	0.03	15
徐匯	1	0	0	1	229	229	0.02	7.8	1	1	0	0	1238	1238	0.02	27
長寧	6	0	0	6	1674	279	0.16	65	0	0	0	0	0	0	0	0
普陀	4	0	2	2	2095	524	0.07	79	1	1	0	0	1016	1016	0.02	18
楊浦	10	0	6	4	5154	515	0.16	147	6	1	4	1	4410	735	0.1	53
非中心城區小計	41	4	14	23	20705	505	0.16	117	15	8	6	1	13413	894	0.06	36

　　如前所述，文化部門並非對中心城區和非中心城區的失衡熟視無睹，其歷年的規劃表明，文化局在有意識地扭轉這種局面，但現實的實踐與其計劃之間存有很大的落差，而這只能由在國家財政的約束下其基礎建設資金 [13] 不足來解釋。以長寧區為例，作為工人聚居的一個區域，新政權自然對該區域應有重視。在 1950 年，該區有 6 家小型劇場，但在 1960 年前被陸續緊縮。文化局在其 1960 年的規劃以及 1960-1963 年

12　來源：根據童本一主編《上海文化娛樂場所誌》資料整理自製。

13　所謂基礎建設資金也就是用於興建、擴建或修固文藝設施（包括場館及內部設置）的費用。

的規劃中，[14] 都列入興建長寧劇場的計劃（預算為 50 萬），但始終未能實施。

　　類似的，上海市在其第二個五年計劃中（1958-1962）提出，要新建大型劇院與話劇院各 1 座（2000-1200 座位），劇場 6 座（大型 1000 座位 4 個，中型 800 座位 2 個），投資額 10100000 元，新增座位 8800。但衡諸上面事實，大型劇院與話劇院均未能建起，而劇場則興建了 4 座。顯然，大型劇院與話劇院所要求的巨額資金 [15] 是當局難以承受的。

　　1959 年底，文化局又提出 1960-1963 年的基建計劃，其預算總投資額為 3732 萬，其中國家投資 3283 萬，區縣及請群眾團體自籌 449 萬，內容包括革命廠史紀念館、上海歌劇院、上海話劇院、上海雜技院、上海全景電影院等多項。[16] 但這些計劃有多項都未能實施。

　　事實上，看看在當時的國家財政的約束下文化局所掌握的資金，就可以知道這一龐大的計劃是斷然難以給予財政上的充分支持的。

---

14 B172-1-347，辦公室〈關於 1959 年工作總結的發言稿和 1960 年的工作計劃〉；B172-5-194，〈關於 1960 至 1962 年及 1960 至 1967 年文化藝術工作規劃的最後稿及歷次修改稿〉；B172-5-386，〈關於 61 年基本建設計劃會計決算報表及基建情況彙報〉。

15 根據檔案資料 B172-5-194，〈關於 1960 至 1962 年及 1960 至 1967 年文化藝術工作規劃的最後稿及歷次修改稿〉，興建大型劇院與話劇院保守估計各需 350 萬人民幣。

16 B172-5-194，〈關於 1960 至 1962 年及 1960 至 1967 年文化藝術工作規劃的最後稿及歷次修改稿〉。

表 3.3　上海市 1950-1965 年間歷年的文化支出 [17]

年度	文化事業費支出數（萬元）	佔地方財政支出百分比
1950	1	0.01
1951	217	1.45
1952	381	1.81
1953	282	1.51
1954	421	1.8
1955	339	1.8
1956	459	1.9
1957	520	1.38
1958	448	0.36
1959	731	0.44
1960	860	0.46
1961	746	0.82
1962	640	1.58
1963	723	1.41
1964	873	1.25
1965	851	1.09

從其文化支出可以看出，整個上海的文化支出平均每年為 500 萬，這一期間最高數額也只有 873 萬，而文化局所享有的只是其中一部分，雖然是絕大部分。在文化局的文化支出當中，其所覆蓋的事項又十分繁雜，能夠支撐基建建設的費用就十分有限（參看表 3.4），[18] 更不用

---

17 來源：《上海財政稅務誌》，1995 年。

18 從表 3.4 可以看到，1951-1953 年間的基礎建設的費用相對較高，而此後則有所滑落，特別是到 1962 年以後，基礎建設的費用都是低於 100 萬。這與這一時期的計劃是有關係，1950-1953 年這一時期是恢復時期，國家對公用事業予了以重點投資，以致在基礎建設領域非生產性投資的比重超過生產性投資的比重，而 1953 年開啟的「五年計劃」使國家的投資取向轉向生產性投資，並隨着「一五」、「二五」和「三五」計劃的推進，生產性投資的比重逐漸增高。因此，作為非生產性投資的文化領域的基礎建設所能獲取的資金相對減少。參考《上海計劃誌》，2001 年。

提支持劇場建設的基建費用。[19]

表 3.4 1951-1965 年上海市文化局基礎建設支出 [20]（單位：萬元）

年度	基建支出
1951	31
1952	188.5
1953	190.1
1954	131.13
1955	18.1
1956	180.16
1957	82.1
1958	?
1959	?
1960	?
1961	127.3
1962	54
1963 和 1964	83
1965	67.4

　　綜上所述，新政權在現代化的取向和對城市的「生產性」定位的推動下，大幅緊縮劇場和書場的數量，但其新建設計劃沒有得到足夠的

---

19 另外一個例子是新中國在五十年代和六十年代初曾經規劃要建設國家大劇院和解放軍大劇院，而這兩個計劃都因為當時的經濟困難而落馬，參考盧向東：《中國現代劇場的演進：從大舞臺到大劇院》。

20 來源：根據 B172-5-25，〈關於本市文化設施現狀、規劃情況調查表〉；B172-1-128，〈54 年基本建設年度總結報表及文字說明〉；B172-1-160，〈關於 1955 年基本建設計劃總結〉；B172-1-194，〈上海市文化局 1956 年基建工作總結〉；B172-1-247，〈上海市文化局 1957 年基本建設計劃執行情況〉；B172-5-386，〈關於 61 年基本建設計劃會計決算報表及基建情況彙報〉；B172-1-489，〈1965 年文化事業統計及勞動工資統計年報表〉；B172-5-655，〈1963 年基本建設計劃（草案）和設計任務書、基建投資等請示報告〉。

財政支持。[21] 儘管新政權的取向是向非中心城區傾斜，但因為缺乏財政支持，它並沒能有效地縮小中心城區和非中心城區在文化設施佔有方面的差距，[22] 反而導致文化設施的相對減少。

二、在政治任務與經濟任務之間

當新政權希望這些文娛場所都能擔當起教育民眾、培養社會主義革命意識的重擔的時候，有一個基本事實會妨礙這一目標的實現，這就是新政權對文化企業與文化事業的區分。[23] 在實現社會主義改造之前，私營文娛場所與演藝團體固然是要自負盈虧，但在實現社會主義改造之後，仍然有相當一部分文化單位是要自負盈虧的。一般而言，文娛場所都被定性為文化企業，也就是要自負盈虧的，所以，如大世界、人民大舞臺、新光劇場、解放劇場等，都屬於文化企業。演藝團體的情況較為複雜一些，在 1956-1958 年間，仍然有相當一部分演藝團體是民營公助

21　這種財政緊張的狀況在精英文化的建設方面也同樣可以看到，可參考周光蓁：《中央樂團史，1956-1996》。

22　這種中心城區和非中心城區在文娛設施方面的懸殊在蘭州、西安等其他城市也同樣是普遍存在的，可參考《人民日報》的兩篇報導：〈勤儉建國〉（1957.4.26）和〈工人們要求貫徹執行黨的文藝方針〉（1957.5.25）。

23　新政權的機關編制分為行政編制、企業編制和事業編制。行政編制，如國家機構、民主黨派和人民團體，但國家行政機關的附屬機構不能算作行政編制；企業編制，是要為國家創造財富，直接從事物質生產、交通運輸和商品流轉的國家組織，如工廠、供銷社、招待所、影院、劇場和某些劇團和出版機構。諸如影劇場這些文化企業，是擔負了為國家積累資本的職能，如果出現虧損，則一般由地方財政來補貼。事業編制是直接從事為國家創造或改善生產條件，促進社會福利以及滿足人民文化和醫療衛生的需要而設立的，如學校、圖書館、菜場管理所等，並不承擔為國家積累資本的職能。企業的財政模式，大體分為統收統支、差額管理、特種資金三種。參見 B172-4-867，人事處〈文化部、上海市編委、市文化局關於局機關及其所屬單位機構編制、人員配備的請示報告、批覆〉。

的單位，在原則上它們都是自負盈虧。到 1958 年整風運動的時候，民營劇團基本上改制為新國營劇團，屬於集體所有制單位，基本上仍然是自負盈虧的。但老國營的演藝單位，也就是在社會主義改造之前已經成為國營單位的，有相當一部分是屬於事業單位，如人民藝術劇院、上海藝術劇場、人民音樂工作團和人民京劇團等。[24] 至於文化館、文化宮和俱樂部以及博物館、展覽館等機構，也都屬於文化事業單位。文化事業單位就意味著不是以利潤為導向的。

由於文娛場所與相當一部分演藝團體屬於文化企業性質，所以努力去獲取利潤成為經營者必須要考慮的問題，[25] 正如一位經營者所說，「我們有時思想負擔也很重，下去後，不發生經濟問題是不可能的，就是工廠，也是天天在狠抓經濟指標的」。[26]

不過，關於文娛場所應該為文化企業還是文化事業，在起初是頗費了一番思量。蘭心戲院和解放劇場是最早被接管的一批文娛場所。解放劇場經理馬邨夫在其報告中指出，劇場如果實行企業化，其好處在於能有一定的利潤，但在國家財經情況未基本好轉之前，市民一般購買力比較低，劇場企業要保本就很困難，而劇場劇團成本過高，這種情況下必然會提高價格，從而影響文藝政策推廣和普及。與之相較，如果作為文化事業單位，則可方便推行文藝政策，發展戲劇運動，減輕演出團體之負擔，爭取大量演出，由於演出成本低、票價低，可以方便普及，但

---

24 B172-1-722，〈52 年幹部統計報表〉。

25 作為文化事業單位，此種經營上的壓力自然小很多，但若長期虧損，領導人也同樣會感到不安。作家王安憶在文革期間是徐州某文工團的團員，文工團屬文化事業編制，她對文工團生活的回憶可作一佐證，參見王安憶：《憂傷的年代》，臺北：麥田出版股份有限公司，1998 年。

26 B172-1-453，〈文化部領導在文化界工作會議上的講話稿和上海市文化局傳達有關文化革命問題的會議記錄、情況報告〉。

問題是會增加政府負擔。馬邨夫認為，在當時推廣戲劇及照顧劇團期間，似乎以事業化為宜。[27]

馬邨夫這份報告是 1951 年初寫的，當時演出市場的形勢雖已好轉但還不明朗，而他所提出的以事業化為宜，可以說也確實更有利於戲劇的普及，因為這可以讓劇場和劇團毫無牽掛地致力於上演新政權所欲求的戲曲節目。但對於掌握財政大權的財政局而言，其考量則有所不同，因為如果這些劇場都改為事業單位，無疑會增加巨大的財政負擔。財政局認為，劇場當時的虧損狀況與是否採取企業化模式無關，主要的問題是劇場沒有注意節約開支，而且缺乏優秀的劇本。言下之意並不贊成事業化。

市政府在 1951 年 5 月份的批示是，劇場仍以企業經營方式為主，如上演節目出現虧損，劇場方面可以通過財政適當予以補貼，而劇團的虧損則由文化局在事業費下予以彌補。到 1951 年 10 月份，解放和蘭心劇場又再度彙報，指出保本自給自足有很大困難，以至於影響到政府的宣傳政策，所以仍然要求能夠改為事業化經營。而上級部門仍然堅持要按企業化運營，如有劇團上演話劇，文化局每天補貼該演出劇團場租費，以作鼓勵。[28] 甚至到 1959 年，仍然有人建議把影院劇場從企業體制改為事業體制，認為必須加強事業性，並提出「反對資本主義經營思想，要政治思想掛帥」，言下之意是把企業體制等同於資本主義經營思想。但上級的回覆一方面認可影院劇場不同於一般的工商企業，因為首要任務是政治宣傳，但也強調它們不同於一般事業機構，因為有一定的

27　B172-1-453，〈文化部領導在文化界工作會議上的講話稿和上海市文化局傳達有關文化革命問題的會議記錄、情況報告〉。

28　B172-4-174，藝術處〈上海市府、市文化局、市財政局關於蘭心戲院、解放劇場改變經營方式等的請示、批覆〉。

營業性，因此不宜改為事業化。[29]

在這個過程中，一方面，國營劇場既要自負盈虧同時又要擔負起政治教育、宣傳政府政策的政治任務，經濟任務和政治任務同時擔當常有顧此失彼之感，[30] 所以他們傾向於事業化來減輕經濟任務的壓力；在另一側，即便新政權相比於南京國民政府有更強烈的改造文化的決心和意志，而且當時的局勢也給新政權提供了更佳的條件，但受制於國家財政的負擔，也無法讓這些劇場實現事業化，而力主以企業化為主。

即便在劇團這一側，文化局也在推動企業化經營。1955 年底，文化部和財政部發文要求大力推行藝術事業企業化的方針。新政權承認，對劇團還不能不補助，但補助會逐年減少，並要求劇團以各種方式來增加收入。新政權援引蘇聯的經驗説，有的劇團收入不好，國家並不補助，而且經驗證明，用盧布比口頭教育更有效果。言下之意，就是認可以經營收入作為刺激手段，並認為甚至比政治教育還要好，這無疑是把物質刺激放在更加重要的位置。當然，這樣的表述與 1956 年的大環境是有關聯的。

在新政權的話語中，社會主義企業與資本主義企業不同，雖然也取得一定的利潤，但是屬於發展國民經濟所必須的資金積累。新政權反覆強調實行企業化，不僅是為國家節約資金，更重要的是通過企業化來加強藝術實踐和提高演出品質。儘管這裏強調社會主義企業的與眾不同，但這不能改變它需要追求利潤這一事實。上海市文化局在傳達這一

---

29 B172-5-20,〈關於影院劇場財務管理的規定意見〉。

30 這種經濟與政治之間的衝突是一恒久議題，國民黨政府在武漢經營的「血花世界」就是一例，參見傅才武：《近代化進程中的漢口文化娛樂業（1861-1949）——以漢口為主體的中國娛樂業近代化道路的歷史考察》。而二十世紀三四十年代的左翼劇運也同樣面臨這一困境，參考葛飛：《戲劇、革命與都市漩渦：1930 年代左翼劇運、劇人在上海》，北京：北京大學出版社，2008 年。

指示的時候，也提醒說，明年（1956 年）中央的經費撥款可能會很低，必須開源節流，注意節約。[31]

在 1957 年整風運動的時候，時任文化局局長徐平羽再一次強調要推進藝術團體的體制變革。徐平羽自我批評說，文化局沒有按照文藝團體的特殊性質來領導，而主要是採用行政辦法。因此，不少單位年年要國家補貼，如老國營劇團，從 1952 年到 1956 年，一共補貼了 6117133 元，單 1956 年一年，就貼補 138.7 萬，造成很大的財政負擔。徐平羽認為這不符合少花錢多辦事的勤儉建國的方針，而且造成了藝術上的衰退，削弱了對藝術生產的刺激。他指出，老國營劇團應考慮改變現狀，從全民所有制改為集體所有制，這樣之後，各單位就可以自行調整人員，不致受到人員凍結的限制，該進的進，該出的出。周恩來在 1957 年 6 月份舉行的第一屆人大第四次會議上也強調，國家只能舉辦少量的示範性的文藝和體育事業，要引導文藝團體自給自足，大量的文藝事業應該自力經營，過去完全由國家包下來的想法和辦法是不妥當的。同時，上海的一些老的國營劇團也開始改變其工資制度，如上海京劇院決定取消固定工資，到當年 7 月份開始實行包底拆賬的工資制。上海人民評彈團取消固定工資，實行按基金分紅的辦法。1959 年，時任文化局副局長李太成在全市院場工作會議上指出，在劇院和遊樂場的任務中，第一是政治任務，第二是經濟任務，並強調「我們究竟是企業，要貫徹社會主義經濟核算制度，勤儉辦企業的方針，在貫徹政治任務的前提

---

31 B172-4-485，藝術一處〈文化部、上海市文化局關於劇團實行企業化管理的指示、通知、報告〉。

下，爭取為國家積累資金，節約費用，多交利潤」。[32]

這種種導向，都是趨向於以物質激勵的手段來刺激文娛場所與演藝團體的發展，這樣的趨向固然是與政治環境的變化有關聯，但也同樣與採取事業化的方式運營帶來巨大的財政壓力有關。

由於這種盈利的壓力，所以劇場難免會為了經濟任務而偏離了政治標準。劇場接洽劇團是以是否叫座、票價高低、拆賬大小、演出場次為條件。如上座較差，就要劇團調換劇目，甚至要劇團演出「帶有毒素」的劇目以吸引部分「落後」觀眾，這一點在合營前的私營劇場中更為普遍存在。[33] 在 1957 年和 1961 年，這兩年上演了大量所謂「阿飛戲」「僵屍戲曲」等，除了文化政策的寬鬆之外，與這種文化企業的定性自然是有實質的關聯。這些文化企業猶如被踩住的彈簧，一旦外界的壓力減小，就迅即會彈起來。由於有這樣的上繳利潤的壓力，還有爭取超額獎金的誘惑，所以才會上演這些能吸引眼球的戲曲，在廣告上也會用「驚險曲折」、「為期不多，欲購從速」等字眼來招攬群眾。以至於有人不得不問：是否政治掛帥掛得很牢？資產階級思想是否得到了完全的改變？[34]

就劇團而言，儘管有一部分是實行事業體制，但即便在文革前

---

32 陳毅在 1962 年在〈在全國話劇、歌劇、兒童劇創作座談會上的講話〉中說道，「今天我要發表這個『謬論』。我們搞劇團、電影，在事業管理上就不如資產階級！要蝕本，要國家的血本來貼你們，拿人民的血汗來貼你們。你們學學資產階級的成本核算，賺點錢給我們，把我們的負擔減輕，我給你磕三個響頭，我喊你『萬歲』！」參見陳毅：〈在全國話劇、歌劇、兒童劇創作座談會上的講話〉，載《黨和國家領導人論文藝》，北京：文化藝術出版社，1982 年。陳毅的這個講話一方面表達了對新政權領導下文化機構的經營的不滿，另一方面也說明他對「資產階級的成本核算」的認可，也就是說他認為文化機構應適當追求利潤，同時也說明當時文化機構在經營上虧損較大。參見 B172-5-124，〈上海市文化局關於召開上海市院場工作會議的同志和會議交流材料〉。

33 B9-2-29，〈文化部民間職業劇團和私營劇團劇場調查報告〉。

34 B172-5-124，〈上海市文化局關於召開上海市院場工作會議的同志和會議交流材料〉。

夕，劇場和劇團之間仍然是實行拆賬體制，所以劇團仍然有追求高上座率來獲取更高的收入的動機。[35] 又有報告說，曾出現過某滬劇團在打著「群眾路線」的旗號下鄉下俱樂部演出的時候，試圖從農村私運黃豆花生到上海販賣，結果被當地政府察覺。[36] 這樣的事件也同樣暴露出劇團追求經濟利益的一面。而一旦面臨上演現代劇的問題，就常常要在政治任務和經濟任務之間搖擺，因為上演現代劇往往是入不敷出。[37]

甚至像文化館這類群眾文藝單位，其作為宣傳教育機構的色彩是非常濃厚的，而且在性質上也屬於文化事業單位，但也難免受財政緊張之約束而不得不為稻粱謀。[38] 不少區對文化館下達了較大的差額指標，也就是說規定了收入要超過支出多少數額，這迫使文化館必須去追求收入。有群眾抱怨說，「跑進文化館的大門不要錢，裏邊處處要錢，比大世界還貴。」

文化館當時的經費來源，一般都是由政府少量撥款，而其餘大部分都是通過館內舉辦活動，向群眾收費，來實現自給自足。以虹口區文化館為例，其 1960 年全年支出 17 萬，國家撥款 4 萬，其餘 13 萬都是

---

35 B172-5-1113，〈上海市文化局一九六六年 1-10 月演出安排的打算、情況彙報〉。

36 B172-4-398，〈市局關於上海市戲改協會 1955 年工作總結及有關京劇評彈藝術改革的座談會記錄〉。

37 B172-5-719，〈上海市文化局關於院場業務工作和召開劇團、劇場的各種專業會議記錄〉。

38 周揚 1963 年底的一段講話也同樣可以說明，群眾文化雖然是新政權極為重視的領域，同時也可以說是更為政治正確的領域，但仍然是受到新政權財政資源不足的約束。周揚這裏特別提到的是曾經普遍存在的文工團制度，「現在有很多同志懷念文工團，取消文工團也是我們的一個錯誤，我是主張取消文工團的，那時中央也是這樣的意見。文工團雖然很好，是革命的，都是好的，但是那麼大的編制，即使到現在也不能解決它的經濟負擔問題。它不能自給，完全靠國家供給。它又不像戲曲團體，戲曲可以靠賣票來獲得收入。」參見周揚：《周揚文集》(第四卷)，北京：人民文學出版社，1991 年，第 347-348 頁。

向群眾收費解決的。楊浦區控江新村文化館甚至實行企業經營，全部經費，包括幹部工資完全自給，並有盈餘上繳。盧灣區文化館每年要向國家上繳 8 千，館長説：為了完成上繳任務，東奔西走，一天到晚忙著組織業餘售票演出，其他工作有些照顧不全了。而所謂的其他工作，也就是政府賦予文化館的政治宣傳工作，有的文化館基本上就無人做宣傳。[39]

正如前面所言，如果新政權要使文娛場所和演藝團體能夠真正不計得失、心無旁騖地去充當政治宣傳員的角色，最好的辦法仍然是全面地推行事業化，也就是説，不下達利潤指標，而由國家來補貼經營上的支出。但以當時的文娛場所和演藝團體的規模，這顯然是難以承受之重。而真正比較全面地推行文化單位事業化是在文革後期，但之所以能夠維持，是因為演出場次和文化單位都大幅減少的緣故。否則，即便有強有力的國家意志，財政上也斷難支持。因此，受制於財政資源的不足，文化機構不得不主要實行企業體制，而在政治任務和經濟任務之間搖擺掙扎。

三、票價的相對高昂

由於上述這種文化企業的性質和國家財政資源的約束，票價自然無法做到相對低廉，當時民眾也普遍反映票價仍然過高。1953 年，梅蘭芳在人民大舞臺演出，票價最高為 2.6 元，1957 年 6 月，馬連良、張君秋等名角同台演出於天蟾舞臺，票價最高為 2.8 元。1958 年 3 月市文化局發佈〈關於在本市劇場演出票價問題的幾項規定〉，演出價格略有調低。但直到六十年代初期，劇場票價高者仍達 2 元（如上海市京劇院

---

39 B172-5-444，〈關於召開各區文化館工作會議的通知及對當前文化館工作的意見〉。

周信芳表演），其次是 1 元，一般在 0.5-0.9 元之間，評彈的價格略低，在 0.3-0.5 元之間，而大世界則是最低的為 0.25 元。[40] 對於月工資平均在五六十元的工人和老百姓而言，要去正規劇場看一場戲曲演出仍然是奢侈的事情。如果考慮到大型劇場多半在中心區（大世界等遊樂場就是位於中心區），而工人很多生活在偏遠城區或郊區的工人新村，他們去看演出尚要考慮到交通費和路途時間的問題。[41]

因此，戲曲劇目的單一，[42] 票價的相對高昂，以及劇場分佈集中中心城區，都使得普通群眾難以很大程度地改善文娛生活。[43] 所以，民眾多有抱怨生活無聊枯燥，並形容為：「前面黃浦江，後面墳山上，業餘沒活動，吃飯睡大覺」，「一大世界，兩條馬路[44]，三角戀愛，四大公司」。[45]

在 1960 年初的時候，上海市文化局做了一個文化領域的遠景規劃。在此規劃中，上海設想在 1967 年以前建成一個比較完整的文化藝術體系。從市區縣到基層，要建立一整套業餘藝術團、創作組、美術組

40 A22-2-950，〈市文化局關於「大世界」演出場次問題、調整票價、特色劇目集中演出等問題的請示報告及本部的批覆〉。

41 這種文藝演出票價過高的抱怨在其他城市也普遍存在，可參考《人民日報》的報導〈工人們要求貫徹執行黨的文藝方針〉（1957.5.25）。

42 民眾形象地描述為：越劇都是反封建，滬劇都是合作社，越劇男的都是梁山伯，女的都是祝英台，參見 B9-2-29，〈文化部民間職業劇團和私營劇團劇場調查報告〉。而到大演現代戲以後，這種戲曲單一的情況更為惡化。

43 蓬萊區在 1957 年曾做過一個調查，發現能常看電影和看戲的總體上是少數。某小販有 21 年未上過影院劇場，另有六十多歲的一對夫婦，來上海四十多年，還不能區分影院和戲院的大門。由於生活枯燥，故賭博活動較為氾濫，參見 B172-1-274，〈關於召開市區群眾文藝工作會議的計劃同志工作報告和文化站若干問題的意見及市人委同意籌備長寧文化館的批覆〉。

44 筆者註：淮海路和南京路。

45 B172-1-344，〈關於群眾文藝工作的報告、總結會議記錄〉。

等群眾業餘文藝組織，一整套的業餘藝術學校訓練班等輔導機構，一整套的文化館、圖書館、俱樂部等群眾文化事業，群眾文藝創作的數量要有很大發展，品質顯著提高，要建成一支又紅又專的工人階級的專業文藝隊伍，並已產生相當數量具有世界影響的作家、藝術家與作品。[46] 這是一個美好的設想，而且新政權也確實為推動基層文化機構的建設和改善民眾的文娛生活做了很多努力，但是，受制於財政資源的不足，這一美好設想似乎並沒有完全實現。

四、小結

本章重點分析了新政權在財政資源這一國家能力方面的不足[47]。新政權懷抱一種平等的理想和對現代化的渴望，試圖一方面實現文娛場所的現代化，另一方面實現各個階層在文化娛樂享受方面的平等化，並一定程度上向廣大群眾傾斜。但由於財政資源的限制，在拆掉舊有的簡陋不正規的文娛場所之後，卻無法新建起充足的新的文化娛樂場所。這就使得舊有的中心城區和非中心城區的區隔和落差無法被根本扭轉，[48] 且文娛設施相對以前反而有所減少。類似的，新政權要求文化機構必須恪守文藝服務於政治的標準。但在財政約束之下，很多文化機構不得不成

46　B172-5-194，〈關於 1960 至 1962 年及 1960 至 1967 年文化藝術工作規劃的最後稿及歷次修改稿〉。

47　事實上，本章所揭示的財政資源不足等現象並非孤例。黃冬婭在其所研究的建國初期廣州的基層工商管理所中也發現類似的現象，參見黃冬婭：〈財政供給國家政權建設 —— 廣州市基層市場管理機構研究（1949-1978）〉，《公共行政評論》2008 年第 2 期。

48　其他一些研究者也同樣發現上海的原中心城區作為文化和經濟中心的空間地位在新政權成立後仍然延續，但他們似乎並未提供充分的解釋，參見羅崗等：〈作為「社會主義城市」的上海與空間的再生產〉，王曉明等主編：《熱風學術》，第四輯，上海：上海人民出版社，2010 年。

為文化企業，而在「政治」與「經濟」兩個任務之間掙扎。因此，文化機構的具體實踐並非始終堅持上述標準而不偏離。在這一背景下，文藝演出的票價也無法做到相對低廉，這也就影響到社會主義文化向廣大人民群眾的普及化。概而言之，財政資源這一國家能力的不足影響到了新政權文化治理的國家目標的完全實現。

不過，結合上一章的論述，本書並非想説新中國是一個「弱國家」。而且，筆者始終認為，空泛地談論「強國家」、「弱國家」並不能提供更多的信息。正如前面所述，筆者充分認識到新中國國家能力較強的一面。本書的論述旨在對以前相對忽略的一面提供補充論述，這有利於更完整準確地認識新中國的國家能力和國家性（stateness）。一方面，筆者希望能擺脱集權主義模式、全能主義模式所留給我們的一些印象式的圖景，即認識到國家並非鐵板一塊，也並非無所不能。但與此同時，筆者也不同意晚近一些學者所提出的「笨拙的共產政權」的看法，[49]因為這種看法是以偏概全。一個更為妥當的進路，應是充分分析新中國各個方面的國家能力，並在具體的歷史情境中探究國家能力的流變。在這一基礎上，我們方可對新中國初期的國家能力與國家性質有一整體瞭解。對這一問題的整體瞭解也將有助於我們去更好地理解新中國成立初期的文化治理的發展歷程與特質，因為既然國家是現代社會中最重要的文化行動者，那麼國家能力的狀況就會對文化之發展變遷產生重要影響。

另外，考慮到國家要讓民眾有平等的機會去享受這種社會主義大眾文化，在這方面，我們也再次看到國家性質的繁複性的問題。一方面，強大的國家能力使得新政權能夠迅速有效地壓縮劇場的數目（尤其

---

49 轉引自傑里米·布朗：〈從反抗共產黨人到反抗美國 —— 中國西南地區的內戰與朝鮮戰爭：1950-1951〉，《中國當代史研究》第一輯，北京：九州出版社，2009 年，第 199 頁。

是縮減了中小型劇場），但另一方面，財政資源的約束使得國家無法相應地興建新的劇場以作補充和平衡，這使得人均座位數下降，而中心城區和非中心城區在文化機構方面的不平衡的狀況並未得到實質緩解。另外，由於這種財政約束的限制，國家的文化機構有相當一部分仍然是作為文化企業的形式出現，而為了保證利潤的獲取，演出的票價也就必須維持在相應的水準，而這也往往超過了普通百姓的支付水準，從而客觀上延續了享受文化生活方面的不平等的局面。[50] 這種縮減中小型劇場的舉動，仍然是源自新政權對正規化的嚮往，但這樣一種嚮往在缺乏足夠的財政資源的支持之下，卻形成與國家所追求的平等化目標的衝突。這種衝突雖然並非新政權主觀上追求的，但客觀的結果確然是如此。在這個意義上，這也同樣是一種國家能力的悖謬，因為國家強大的組織能力和自主性所不期然間帶來的是國家所並不欲求的結果。

---

[50] 當然，新政權所推動的群眾路線的實施以及工會所屬部門（如工人文化宮）所組織的文化活動一定程度上緩解了這種局面。但這些也同樣受制於財政資源的約束，也受到科層機構當中的形式主義的影響。

第四章

組織化社會的建設

一、組織化的嚮往

自晚清以降，中國的不少有識之士就指出，中國社會缺乏組織化，而這一點也成為中國積貧積弱、無法抵禦外侮的重要原因。這其中，最有名的或許就是孫中山「中國人是一盤散沙」的評價。儘管意識形態立場不同，梁漱溟也同樣指出，中國人之短處在於缺乏「團體生活」；[1] 梁漱溟也曾經指出當時的問題是「國家政權之不得建立」。[2] 正因此，如何去終結「一盤散沙」的狀態、如何去建設「團體生活」就是近現代中國需要直面的問題，而近代中國的革命歷程，無論是由國民黨抑或共產黨領導的革命，都需要去回應這一歷史課題。蔣介石的國民黨政權，一度效仿當時頗受歡迎的墨索里尼，倡導所謂的「一個國家、一種主義」等，[3] 這都是致力於中國社會的「組織化」，但囿於其國家能力的脆弱性及當時的歷史態勢，國民黨政權在這方面的推進有限。可以說，新中國成立以後，展現出更為強烈的對社會進行整體改造和組織化的雄心，而其出色的國家能力為這種組織化提供了堅實的基礎。這一社會的組織化的過程，同時也恰恰是新中國的國家建設的過程。[4]

---

1 梁漱溟：《中國文化要義》，上海：上海人民出版社，2005 年。

2 吳飛：〈梁漱溟的「新禮俗」——讀梁漱溟的《鄉村建設理論》〉，《社會學研究》2005 年第 5 期。

3 費約翰著，李恭忠、李雪風等譯：《喚醒中國：國民革命中的政治文化與階級》，北京：生活·讀書·新知三聯書店，2004 年。

4 另外一方面，這種組織化社會的想像，尤其是在城市中的種種努力，與促進生產力建設是關聯在一起的。中共對城市的定位是要將消費型城市轉化為生產型城市。這種讓社會有序化和組織化的努力表現在對流動人口進行嚴格管控的努力。例如，在上海，政府鼓勵流動人口返回自己的老家進行生產，這既可以減輕上海的負擔，也能增加內地的生產力，參見魏斐德著，梁禾譯：《紅星照耀上海城：共產黨對市政警察的改造》。

這一過程是建立在舊的中間團體瓦解的過程之上。新中國一方面完成了對舊的中間團體的瓦解，另外一方面，則重建了某種新的中間團體，這些中間團體當然與國家有某種緊密的關聯，它甚至就是國家的一部分，隨之則實現了一種管理權力的集中化。另外，為推進這種組織化的建設，新政權對諸如遊民、妓女、攤販[5]、街頭藝人等流動人口或者處於非組織化狀態的人群採取了種種組織化努力，針對不同的群體和個體，或者吸納到相應的單位組織，或者遣返回故鄉。下文將重點從文藝領域來呈現這一組織化的進程，並仍以上海作為個案研究對象。

二、新中國文藝領域的組織化建設

在文藝領域，新中國所推動的組織化建設，在宏觀層面，一方面落實在文化局系統的建設，另一方面則是推動文化領域中的其他具管理功能的機構（如下文所述同業公會和文藝工會）的裁併。這使得文化權力能夠高度集中於文化局系統，而國家介入文化領域的能力則愈加強化。在微觀層面，則是對文藝機構中的附屬人員以及街頭藝人等進行分類安置，以力求社會生活的有序化。新中國所採取的這種組織化路徑，也有學者稱之為「國家體制化」。[6]

1. 同業公會的式微

同業公會的歷史淵源是中國傳統的會館公所，但到民國時期轉化

5　馮筱才：〈「社會主義」的邊緣人：1956 年前後的小商小販改造問題〉，《中國當代史研究》第三輯，北京：九州出版社，2011 年。

6　張煉紅：《歷煉精魂：新中國戲曲改造考論》，上海：上海書店出版社，2019 年。

為科層化的正規化的同業公會時，顯然受到了西方的影響。[7]同業公會在北京政府時期更為活躍，其政治參與功能也更強。南京國民政府建立之後，通過登記、立法和監督等手段將同業公會置於政府的監管之下，同業公會相比於北京政府時期的政治功能有所弱化，總體上是配合政府的工作，這一點由於國民黨政府推行的新生活運動及其後的抗戰而得以強化。儘管如此，作為政府與企業之間的中介，同業公會仍然為保護同業之利益扮演積極的角色，而且這種角色在 1947-1949 年間更顯突出。整體而言，同業公會在民國時期扮演很重要的角色，[8]它不僅是同業之間

7 宋鑽友：〈從會館、公所到同業公會的制度變遷 —— 兼論政府與同業組織現代化的關係〉，《檔案與史學》2001 年第 3 期。

8 同業公會是中國內地歷史學界近年來研究的一個熱點領域，其早期的關注主要是民國時期，而近來也逐漸研究共和國初期的同業公會的改造（相關研究可參考魏文亨：〈制約、授權與規範 —— 試論南京國民政府時期對同業公會的管理〉，《華中師範大學學報（人文社會科學版）》第 43 卷第 4 期，2004 年；魏文亨：〈專業與統戰：建國初期中共對工商同業公會的改造策略〉，《安徽史學》2008 年第 2 期；崔躍峰：〈1949-1958 年北京市同業公會組織的演變〉，《北京社會科學》2005 年第 1 期；張忠民：〈從同業公會「業規」看近代上海同業公會的功能、作用與地位 —— 以 20 世紀 30 年代為中心〉，《江漢論壇》2007 年第 3 期；樊衛國：〈民國上海同業公會處罰制度及其施行機制〉，《社會科學》2008 年第 8 期；李勇軍、劉俊峰：〈漢口錢業公會與地方政府的互動關係（1928-1938）探析〉，《中南民族大學學報（人文社會科學版）》第 29 卷第 4 期，2009 年；王笛：〈國家控制與社會主義娛樂的形成 —— 1950 年代前期對成都茶館中的曲藝和曲藝藝人的改造和處理〉，《中國當代史研究》第一輯，北京：九州出版社，2009 年）。對於同業公會在這個時期所扮演的角色的定位，筆者傾向於法團主義模式（corporatism）而非公民社會模式（類似立場可參看徐小群：《民國時期的國家與社會：自由職業團體在上海的興起，1912-1937》，北京：新星出版社，2007 年）。當然這首先需要辨析這些模式本身的精確含義（公民社會這一概念在中文學界使用過為氾濫，對這個概念的內在歧義性，也缺乏清楚認識，對此概念的梳理可參看 Seligman, A. *The Idea of Civil Society*. New York: Free Press, 1992），也需要對這個時段不同階段有更為細緻的探討，但這已不屬本書所討論的範圍。

溝通協商的平臺，同時也代表同業之利益而與政府部門協商乃至抗爭。[9]
但同業公會在新政權下的角色逐漸式微，而到 1958 年更在全中國範圍
之內基本消亡。

在社會主義改造之前，同業公會（籌備委員會）仍然扮演一定的
角色。以上海影劇業同業公會來說，有文娛場所用支票繳付娛樂稅，但
財政局拒絕，後由同業公會前往討論，才得到批准。又，大世界因某年
元月銀行休整，以致娛樂捐稅滯納受罰，也是由影劇業同業公會向財政
局交涉才免於處罰。此時，同業公會仍然扮演政府與企業之間的中介的
角色。以 1950-1953 年這期間來說，同業公會就先後推動工商稅報繳、
討論勞軍事宜、民主評議、工商登記、勸募寒衣、重估財產、傳達人代
會報告與決議、推動愛國捐獻飛機大炮工作、推動時事學習、五反運動
動員、愛國防疫衛生運動、慶祝中蘇友好月動員大會、動員戲曲界演出
進步戲劇和說唱新評彈、愛國衛生運動動員工作、傳達宣傳交通規則、
研究討論茶堂部問題、推動同業投保火險工作等事項，還有肩負勞資協
商職能等。[10] 從這裏可以看到，同業公會此時的職能還是非常多樣的，
但除了其內部的經濟事務之外，其作為協助政府工作的助手角色也是很
明顯的，這一點與民國時期是有一定延續性的。

1953 年以後，由於同業公會的社團法人資格被停止，所以同業公
會惟有依附於工商聯方能獲得合法性，同業公會遂成為工商聯的下屬單
位，其組織權和管理權也受到工商聯的直接控制。工商聯則逐漸可以繞
開同業公會而直接與企業發生聯繫，同業公會作為政府與企業之間的中

---

9 不過，我們也不能忽略民國時期商家對同業公會的不同態度，當時也有不少商家對同
業公會是冷漠的，認為同業公會對行業的操縱多過保護，參見盧漢超著，段煉等譯：
《霓虹燈外：20 世紀初日常生活中的上海》，第 258-259 頁。

10 S320-4-13，戲劇院商業同業公會〈本會舊理監事會籌備委員會及各種專題會議記錄〉；
S320-4-15，戲劇院商業同業公會〈本會籌備委員會及各種專題會議的記錄〉。

介的角色減弱，而逐漸建立起政府或專業公司（如戲劇演出公司）的部門式管理。[11]

由於這一發展趨勢，影劇業同業公會在同業內部的威信也大不如前，這表現在高額的會費拖欠，並有影院、劇場拒絕加入公會。[12] 國營劇場名義上參加同業公會，但實際上幾乎不參加同業公會的活動。[13] 而同業公會所召開的同業大會，也有很多人不參加。如 1957 年召開的影劇業同業公會的第五次大會，列席的有 81 人，缺席的則有 77 人。[14] 而同業公會的會談記錄也反映出當時公會成員對同業公會職能下降的感知和不滿：

沈：行業委員會是區的基層，而同業公會是有全行業性的。過去同業公會是協助專業公司的，現在專業公司已直接領導各企業，並有區

---

11 魏文亨：〈專業與統戰：建國初期中共對工商同業公會的改造策略〉，《安徽史學》2008 年第 2 期。

12 在這個過程中，原來的同業公會（籌委會）負責人被逐漸更換。影劇業同業公會（籌委會）委員原有 21 人，經鎮反和五反運動之後，只剩下 9 人仍留在籌委會中（S320-4-15，戲劇院商業同業公會〈本會籌備委員會及各種專題會議的記錄〉）。影劇業同業公會的歷任公會主席中，周劍星逃到香港，張春帆（其霸佔越劇藝人筱丹桂，並致後者自殺身亡）被整肅，汪其俊也被批判。最後一任主席是胡治藩，他對共產主義學說頗有修養，屬於新政權眼中的進步人士，參看胡思華：《大人家》，上海：上海人民出版社，2007 年。另一位副主委姜衍，也是對新政權的話語十分熟悉的人士，他在後期帶領同業進行政治學習，從檔案記錄的發言來看，也屬於最接近新政權政治立場的人士。此外，新政權也安插了文化局的幹部和中共黨員進入影劇業同業公會，如馬邨夫是影劇業同業公會的第二副主委（S318-4-3，影劇院商業同業公會〈本會籌委人物資料各委各區基層企業董事會名單和電影戲劇業公會調整合併情況暨本會財務報表生活互助金申請書工作人員名單〉；S320-4-14，戲劇院商業同業公會〈本會籌備委員會及各種專題會議記錄〉）。

13 B9-2-29，〈文化部民間職業劇團和私營劇團劇場調查報告〉。

14 S320-4-15，戲劇院商業同業公會〈本會籌備委員會及各種專題會議的記錄〉。

工商聯來領導，公會脫空了。並且企業很忙，無暇跑到公會裏來。

……

沈：目前公會是沒有什麼工作，有專業公司，有區同業委員會，公會可以取消。[15]

……

馮：現在公會象一個盲腸一樣，是備而無用。公會很少有工作來做，並也很少與會員發生聯繫，骨幹份子無法發生作用，希工商聯應規定公會與會員如何聯繫。對上對下關係及聯繫方式，應有明確規定。如現在一切工作，均由專業公司去做了，希上面即時解決這個問題。在新的形勢下，應有新的辦法。（註：劃線為筆者所加）

袁：合營前公會工作很多，合營後，公會門可羅雀，我看正副主委也有責任，主委應定期召開會議，可談談業務生活等問題。主委應負責任，主動找工作，我建議今後每月應定期分區召開座談會談談問題……[16]

將公會比作盲腸，這很形象地形容了公會的處境，但這種轉變並非這些正副主委所能改變。到社會主義合營之後，同業公會的職能就主要變成了同業進行政治學習的場所。影劇業同業公會的討論主題就有，諸如「如何看待一面倒問題」、「定息問題」、「如何看待個人利益問題」等。[17] 到 1958 年的時候，這種同業公會就基本消失了。崔躍峰曾經用一

15 S318-4-4，〈上海市影劇院商業同業公會籌委會各種會議記錄暨全聯會議學習及討論情況彙報〉。

16 S318-4-4，〈上海市影劇院商業同業公會籌委會各種會議記錄暨全聯會議學習及討論情況彙報〉。

17 從當時的檔案記錄來看，同業公會內部的政治學習的討論還是非常開放多元的，既有與新政權的意識形態一致的話語和修辭，但也有與新意識形態相衝突的表述。又如對

表格非常簡練地概括了這一過程，[18] 儘管他的研究是基於北京同業公會的改造狀況而總結的，但放在上海乃至全中國都是基本適用的。隨著同業公會功能的削弱，乃至最後的取消，其結果一方面是文娛機構自身的經營管理自主權的弱化，另一面則是文化局等官方文化管理機構權力的集中。

表 4.1　新中國時期同業公會的變遷 [19]

時間	社會定位	組織結構及功能	人事權	經費收入
1949-1952	社會團體、工商聯團體會員	經濟、政治、教育、學習等	獨立	獨立向會員徵收
1953-1956	工商聯下屬單位	主要在經濟方面	歸市工商聯	市工商聯劃撥
1956-1958	工商聯下屬單位	調研、學習、教育	國家行政調配	市工商聯劃撥轉為國家行政劃撥

2. 文藝工會的取消

文藝工會於 1950 年成立，[20] 在其工會章程中提出，其宗旨是「團結文化藝術工作者，保護工人階級利益，提高階級覺悟，加強學習，改進業務，保證新民主主義文化藝術方針與計劃的實現」，接受上海市總工

社會主義改造的解讀，討論者強調這是經濟形勢不好所致，而非主流表述中所說的嚮往社會主義制度的優越性。到整風運動的時候，同業公會也成為批評新政權的一個平臺。透過這些同業公會內部政治學習的記錄，我們可以看到一個比較真實的商人之思想世界，而所呈現的也是一個比較駁雜的景觀，既不是全然的接受，也不是全然的否定。見 S318-4-4，〈上海市影劇院商業同業公會籌委會各種會議記錄暨全聯會議學習及討論情況彙報〉。

18　崔躍峰：〈1949-1958 年北京市同業公會組織的演變〉，《北京社會科學》2005 年第 1 期。

19　來源：崔躍峰：〈1949-1958 年北京市同業公會組織的演變〉，《北京社會科學》2005 年第 1 期，略有調整。

20　其全稱為文化藝術工作者工會籌備處，雖然稱之為籌備處，但實際扮演工會的角色。

會的領導。[21]

　　文藝工會的會員主要是劇場工作人員和劇團成員，因為他們被認為同屬無產階級，而茶堂老闆與私營劇場的資方負責人則不被接納，因為他們被認定屬於資產階級。工會會員的身份可以帶來種種優惠，比如說去文化宮遊玩，或者是理髮沐浴都有優惠。[22] 文藝工會對生活困難的會員會提供一定的救濟補助，所以一般劇場和劇團工作人員都願意加入文藝工會。另外，很多工人之所以渴望有工會會員的身份，就是因為這種身份給他們一種安全感，在種種運動中可以有一護身符作抵擋。[23] 由於這些原因，工會的發展很快。[24]

　　如其工會章程所言，文藝工會要保護工人階級利益，所以在五十年代初期為劇場和劇團工作人員爭取工資的過程中扮演重要角色，在勞資協商的過程中則充當勞方的代表。[25] 除此之外，文藝工會在動員抗美援朝、鎮壓反革命、公債推銷、三反五反運動以及每年二次的大遊行當中都扮演重要角色。[26] 以大世界為例，在三反運動中，文藝工會大世界委員會在組織「打虎運動」方面就起到了很大的作用。它一方面是開展學習三反政策，另一方面則是搜集資料，發動檢舉。在隨後劇場和劇團的工資改革、評選先進工作者以及職工思想政治教育方面，文藝工會也

---

21 C8-1-135，〈市文藝工會成立籌備會的工作總結報告、章程、會議記錄、大會特刊名單〉。

22 A22-2-127，〈中共上海市委員會文藝工會工作報告及文化局關於文藝工會工作情況報告〉。

23 B1-2-1351，〈關於處理劇院遊藝場茶堂工人女招待職業等問題與有關機關的來往文書〉。

24 到 1953 年，文藝工會就已有 106 個基層組織，會員 14859 人，A22-2-127，〈中共上海市委員會文藝工會工作報告及文化局關於文藝工會工作情況報告〉。

25 S320-4-13，戲劇院商業同業公會〈本會舊理監事會籌備委員會及各種專題會議記錄〉。

26 C1-2-5679，〈解放初劉長勝發言摘錄、市總工作大綱、情況彙報、意見等〉。

起到相應的功能。[27]

不過，文藝工會所代表的劇場和劇團人員，同時也是文化局所屬人員，文藝工會所處理的事務也往往與文化局的事務交織在一起，在分工和職責方面並沒有明晰的情況下，文藝工會和文化局之間往往會發生矛盾和衝突。這也正是筆者之前討論的科層制的困境。例如新國營劇團的救濟補助工作，文化局沒有與工會聯繫商量，所定標準較高，這影響其他產業工會的救濟補助工作，於是引起文藝工會方面的不滿。文化局對工會也有一種不信任的態度，有時工會召開的一般性的幹部會，文化局也一定要參加，以探聽文藝工會的虛實。[28]

另一方面，文藝工會所常常扮演的劇場和劇團人員之利益代表的角色，也與文化局所欲推動的舉措產生衝突。在 1956 年社會主義改造的時候，有不少劇場處於虧損的境地，甚至是資不抵債。一方面國家免除了部分劇場對國家的欠款，另一方面文化局也動員減免部分劇場（或書場）對職工的工資欠款。在這一點上雙方出現了分歧，文藝工會對文化局的舉動也表示了不滿。[29] 又如 1957 年 5 月 29 日，文化局下屬的演出公司改變拆賬方法，將票價的幅度限定在 3 角以內，如超出 3 角票價的部分要以 70% 的比例與藝人分拆，餘下的再與書場職工按原來比例拆賬。這一舉動的目的是為了提高藝人收入，刺激藝人藝術上的提高，但書場職工則感到不滿，因為限定票價幅度，將超出部分先拆給藝人，影響到書場職工的拆賬比例，而有的書場職工不肯按新辦法進行拆賬，弄得書場的公方代表只好仍按老的拆賬方式進行。對此，文藝工會代表書場職工

---

27 B172-1-225，〈上海市人委上海市文化局關於上海市影院劇場書場遊樂場對資改造工作的批覆計劃總結〉；C1-2-2410，〈關於影院劇場遊樂場在工資制度上存在問題的反映〉。

28 B172-1-612-34，〈市局黨組討論「關於改進文化局領導的檢查報告」情況報告〉。

29 C8-1-99，〈上海市文藝、新聞出版印刷工會關於「工會在全市影院劇場社會主義改造財務處理工作中的經驗教訓」的總結報告〉。

向文化局表達不滿，表示應該與工會以及書場職工商量。[30] 由此，文藝工會認為它與文化局看待問題的角度是不一樣的，文化局是從上而下看問題，而工會則是自下而上看問題。文藝工會認為它的獨立性是有益的，因為這樣可以密切聯繫群眾，同時幫助文化局克服某些主觀主義和命令主義。文藝工會認定，他們有代表群眾監督文化局的行政的職責。[31]

　　無論誰是誰非，由於這種分工上的不明確以及利益上的衝突，確實使得新政權的文化施政面臨更多的問題。這種文藝界組織的複雜性和領導上的分散性，對新政權而言，並不是有利的。因此，新政權在1958 年 3 月決定撤銷文藝工會。儘管面臨一些職工的不滿，但新政權相信「既有利於黨對文藝界統一集中的領導，又有利於加強劇團內部的團結，……改變了多頭分散互相抵消之現狀」。[32]

　　對文化領域來說，同業公會的式微是伴隨著社會主義改造而完成的，它意味著原初的管理階層（也就是私方）總體上退出了管理領域，或者說已不再如從前那樣實質性地影響到文娛場所的運營。[33] 在另一方

30　C1-2-2410，〈關於影院劇場遊樂場在工資制度上存在問題的反映〉。

31　C8-1-99，〈上海市文藝、新聞出版印刷工會關於「工會在全市影院劇場社會主義改造財務處理工作中的經驗教訓」的總結報告〉。

32　C1-2-5679，〈解放初劉長勝發言摘錄、市總工作大綱、情況彙報、意見等〉。

33　當然，仍然有一部分私方繼續為文娛場所和文化局的管理人，比如同業公會中的兩位副主委姜衍和馮士璋都曾擔任戲劇演出公司的副經理，參考章本一主編：《上海文化娛樂場所誌》。根據馬邨夫的記錄，當時的私方人員共有 233 人，安排為中心院場的經理、副經理的 24 人，一般院場經理、副經理的 46 人（其中提拔為經理、副經理的 4 人，原擔任經理、副經理改調為一般工作人員的 23 人，由其他行業安排的 7 人），原為一般工作人員仍安排一般工作人員的 133 人，在合營院場職工之中提拔擔任經理、副經理的 16 人，定為負責人的 6 人；另外還調整了一批院場財務人員，馬邨夫：〈回憶對劇場、書場、遊樂場的接管和改革改造〉，《上海文化史誌通訊》1995 年第 39 期。儘管如此，這仍然不影響上述判斷，即文化場域的權力由原來的私方轉移到公方，即新政權的文化局系統。

面，文藝工會在 1958 年被取消，也説明文化行政權進一步集中於文化局及其所屬部門。這二者都促使文化局及其所屬部門能夠更直接也更有力地介入到大眾文化領域當中。[34]

3. 文娛機構內部的歸口和單位化

社會主義社會的理想圖景是一個井然有序的景觀，所有人都應被納入一個個與國家政權建立起合法和明確關係的組織當中，通過這些組織所有人都建立起了與國家的明確關係，這種聯繫也被追隨人一生的檔案所見證和監控。而游離於這些組織之外的人員，則可能被視為是可疑的，是社會的威脅。通過社會主義改造以及隨之而來的單位化與所謂的「歸口」過程，社會中的不同人員被逐漸納入到不同的單位或者返回鄉里，獲得新的合法身份，從而建立起與國家的更為明確的關係。這種單位化與歸口的機制，是實現社會組織化的重要機制。

就文娛機構而言，當大世界等這些文娛場所被逐漸接管而公有化，民營劇團也在民改和隨後的社會主義改造的浪潮中國有化或轉為民

---

34 與此並行的是，中共對文化局的控制也更為有力，這表現在文化局工作人員當中黨員比例的上升。1953 年，上海市文化局共 203 人，其中中共黨員 43 人，佔 21%（B172-1-728，〈1953 年幹部統計表計機關工作人員名冊〉）。1955 年，上海市文化局共 198 人，其中中共黨員 84 人，佔 42%（B172-1-740，〈1955 年幹部統計報表〉）。1960 年，上海市文化局有 94 人（因為市區分工，所以人員數額大幅減少），其中中共黨員 58 人，佔 62%（B172-1-788，〈1960 年幹部統計表〉）。1965 年，市文化局有 87 人，其中中共黨員有 60 人，佔 69%（B172-1-808，〈65 年幹部統計報表〉）。可以看到，黨員佔工作人員的比例逐漸上升。不過，在基層的文娛機構當中的中共黨員比例就要低很多。根據 1961 年的統計，在 56 個劇場當中的 1052 名工作人員當中，共產黨員 75 人，比例僅為 7%（A22-2-993，〈中共上海市委宣傳部文藝處整理關於文藝工作隊伍的情況材料〉）。

辦公助，而原來活躍於劇場、劇團的輔助人員，諸如茶堂、技置[35]、攤販、理髮人員、廁所清潔人員等則面臨何去何從的問題。在文娛場所的社會主義改造過程中，原有的劇場和劇團工作人員之隸屬是很明晰的，只不過從私營轉為公營而已，但茶堂、技置等人的隸屬就不是那麼明晰，所以新政權要針對茶堂、技置等的工作性質，選擇相應的機關作為他們的新單位，這一舉措被稱為歸口。

茶堂在公私合營的過程當中被歸口到上海市飲食公司，而文化局在這個過程當中只是扮演輔助角色。[36] 相比之下，技置的歸屬問題要更有爭議性。早在 1951 年 9 月份，文化局就開始與文藝工會和劇場方面的同業公會討論技置的歸屬問題。代表劇團利益的文藝工會堅稱技置應該隸屬於前臺，而劇院之負責人則認為隸屬於前臺是不切實際的，因為前臺本身已有很多職工，技置歸前臺則是多了一個包袱。[37] 而且，很多小戲院會改唱大鼓書等曲藝，根本就不需要技置，如將技置隸屬於前臺，就容易導致糾紛。[38] 經過漫長的商議和討論，技置最終還是歸屬於劇團，這也是技置比較樂意的結果，因為他們認為劇團是比較有前

---

35 技置主要是負責電工和修理等工作的人員。在解放前，有時劇團和劇場同時都配置了技置，這就會往往引發矛盾，有時劇場的技置會強制劇團使用他們。這些狀況都構成解放後要解決技置問題的原因。

36 這個過程不是在 1956 年社會主義改造當中全部完成的，雖然 1956 年對茶堂的歸口起了很大的推動作用。1958 年整風運動對茶堂進行了進一步的單位化或者清理，參見 B172-4-971，〈上海市文化局關於遊樂場的改進工作方案〉以及 B172-1-227-57，〈上海市人民委員會對資改造十人小組辦公室關於各劇院、遊樂場附設的茶堂安排的批覆〉。

37 戲曲院業，一般區分前臺和後臺，所謂前臺指的是文化娛樂場所的經營者（如劇場經理）和服務人員（如茶房），而後臺指的是劇團工作人員。

38 比如當時龍門戲院的技置工，後臺不需要，他們拿錢不做工，還有一部分技置強佔地盤，要新來的劇團雇傭。因此，有些劇團不願去有這種情況的劇場，這也就影響劇場的營業（S320-4-13，戲劇院商業同業公會〈本會舊理監事會籌備委員會及各種專題會議記錄〉）。

途的。[39]

　　在這方面，上海大世界遊樂場的情況要更為複雜。因為除了茶房和技置之外，它還面臨另一類輔助人員，也就是攤販。由於大世界是可以從中午進場一直玩到晚上 11 點的，很多人難得來一次，都希望能夠最大化利用遊玩的時間，遊玩到閉場才回家，這就需要解決場內的飲食問題。相應的，大世界的各層樓裏面都佈滿了各式各樣的飲食攤，如面館、點心攤、水果攤、香煙攤，它們或流動或固定，構成大世界裏面嘈雜景觀的一部分。這些雜亂的飲食攤不僅影響觀瞻，而且也形成很大的衛生問題。不時還有報告稱，即便是民主改革之後（詳見後文），這些飲食攤仍然有出售劣質或過期物品，比如饅頭攤生意好的時候，會將未煮熟的生饅頭出售。在價格上面，陽春麵在外面頂多 0.12 元，普通的只有 0.1 元，而在場內要賣 0.15 元。這些攤販本身的個體私營性質，也與大世界作為國有遊樂場的身份有衝突。為此，新政權先後對這些攤販進行整頓。另外，還有不少人托著托盤在各個場之間穿梭兜售，大世界也相繼予以限制和禁止。[40]

　　在 1954 年 7 月份接管大世界的時候，當時的攤販還有 66 戶。經過有關部門動員，有 27 戶攤販離開（究竟是返鄉還是另謀他就不得而知），還留下 39 戶，其中大的飲食店有二戶，即三三和林福齋，其餘的都是小的飲食店、糖果點心攤、香煙攤和水果炒貨攤。在 1956 年社會主義大改造的時候，三三和林福齋被改為公私合營三林飲食商店，其餘八戶小的飲食店則改為西藏合作食堂。到 1960 年的時候，西藏合作食堂被併入三林飲食商店而變為公私合營商戶（全部設在三樓），而其餘的糖果點心

39　S320-4-14，戲劇院商業同業公會〈本會籌備委員會及各種專題會議記錄〉。

40　B172-4-409，〈上海市文化局關於大世界遊樂場的發展方向、1955 年業務計劃及該場改
　　名為「上海人民遊樂場」請示、批覆〉。

攤和水果炒貨攤也相繼合併成三聯糖果合作商店（分佈在大世界各樓共 6 處）和水果合作商店（分佈在各樓共有 5 處）。這樣，到文革爆發之前，大世界最後只剩下這三家商店。這三家商店都隸屬於黃浦區煙糖公司，它們與大世界的關係只是租賃關係。[41] 因此，通過這樣的清除、歸併和歸口，原來這些凌亂的貨攤得到了整頓，這些攤販也獲得了單位或準單位身份。可以說，新政權達到了它所力求的整齊有序的目標。但是，這樣一個過程也在很大程度上對構成大世界一特色的飲食文化形成衝擊。

除商販以外，大世界遊樂場另有理髮室和廁所管理人員需要處理。[42] 理髮室是 1952 年 3 月由工會設立的。理髮室共有 4 人，三個理髮員一個藝徒，在 1959 年劇團整頓時，福安京劇團支援外地，一個理髮員隨該劇團到外地去，一個藝徒 1960 年參軍，後復員在電影局工作，所以最後留下二人。另外，乒乓房、遊戲拉力機攤這些原本也都是由私人掌管的，現在也被動員出去，而他們擁有的器具在雙方協商之下留在大世界。[43] 在廁所管理方面，接管之前全部廁所都是由外部人員管理的，這些人有部分是職工家屬，經過場方動員後自動離開，最後留下 8 個人來管理 5 個廁所，這些人多半都是年過五十歲的人員。很有意思的是，這些人至少在文革之前都不隸屬於任何單位，大世界也不收取他們房租，只要求他們把廁所衛生搞好。[44] 這個事實也反映，儘管國家的策略是要把所有人都納入到大大小小各種性質的單位當中，但仍然有一些

41　黃浦區檔案館，3017-1-211，上海市黃浦區人民委員會文化局〈本局為改進大世界遊樂場工作進行調查研究工作的打算及大世界提出改進的意見及請示報告〉。

42　由於大世界裏面人員眾多，涉及公共治安，所以場內還設有公安局的派出所。派出所共有六名人員，但並不隸屬於大世界。

43　B172-4-357，〈上海市文化局關於大世界遊樂場發展方向的報告〉。

44　黃浦區檔案館，3017-1-211，上海市黃浦區人民委員會文化局〈本局為改進大世界遊樂場工作進行調查研究工作的打算及大世界提出改進的意見及請示報告〉。

人是游離於單位之外的。

綜上所述，經過歸口和單位化的過程，文娛機構中的各種人員基本都各就各位，隸屬於不同的單位而獲得新的身份。這種身份的獲取不僅是新政權自上而下所推動的事情，事實上，在當時特定的情況下，接受歸口和單位化也是對多數人有益的事情。當然，更為直接也更為根本的原因是，在一個處處需要國家認可的身份的社會裏面，沒有身份將處處不便。[45] 在此背景下，歸口和單位化過程就相對順利地完成了。

需要補充的是，新政權除了在各種文娛機構內部進行歸口處理以外，也試圖對游離於文娛機構之外的街頭藝人進行整頓。新政權對街頭藝人先是以登記的方式加以掌握，隨後在 1958 年結合劇團整頓的時候對街頭藝人加以整頓分流，部分選入正式的劇團或者轉業，部分回鄉。在這種情況下，正式登記的（也就是合法的）街頭藝人已逐漸減少，[46]而街頭的大篷劇場也逐漸消失。[47] 正因此，新政權通過登記、清理和整頓的方式，逐步消除這些街頭演出的空間。不過，街頭演出仍屢禁不止（具體請見下章的討論）。

三、組織化社會的反思

借用道格拉斯的話，[48] 實際上社會主義社會存在著一種純潔／污染（purity/pollution）的區分。那些被劃入國家認可的組織中的人群是純

45　S320-4-14，戲劇院商業同業公會〈本會籌備委員會及各種專題會議記錄〉。

46　根據檔案，到 1965 年的時候，擁有登記證的個體藝人僅 69 人，參見 B172-1-492，〈市文化局關於清理個體藝人取締非法藝人活動的情況報告處理意見〉。

47　B172-1-205，〈上海市街頭藝人登記整頓安排工作全面總結（初稿）〉。

48　Douglas, M. *Purity and Danger: An Analysis of Concepts of Pollution and Taboo.* Harmondworth: Penguin, 1970.

潔的，而在組織之外的則是污染的。這樣一種劃分與國家權力的結合（前者暗示了後者，並合法化了後者），就意味著污染的命運要麼是被清除，要麼是被純潔化。新中國成立之後，針對娼妓[49]、遊民[50]、女招待（詳見下篇的討論）、街頭藝人的種種改造，都可以視為是這樣一種純潔化的運動，而這一過程，也恰恰是組織化社會建立的過程。這一過程訴諸一系列機制。大體來說，在既有體制內部，是訴諸單位化和歸口機制；在既有體制外部，則是訴諸登記、清理和整頓機制，其中，有能力和符合資質的人員，則予以單位化和歸口處理，或者加以改造，使其具備一定的能力或資質，而外地的沒有能力的或者沒有資質的，則勸返回鄉。經過這樣一系列的舉措，藉助其強有力的國家能力，新中國在相當程度上實現了社會的組織化，社會生活顯得更井然有序。

但是，這種組織化社會的建設也有其限度，筆者上文就談到，上海大世界內部的人員還有街頭藝人，也並不是所有人都被單位化了。這恰恰展現了國家觸角的限度，也促使我們要以更為複雜的眼光來看待新中國初期的歷史與社會生活。

---

49 Hershatter, G. *Dangerous Pleasures: Prostitution and Modernity in Twentieth-century Shanghai*. Berkeley, Calif.: University of California Press, 1997.

50 阮清華：《上海遊民改造研究（1949-1958）》，上海：上海辭書出版社，2009 年。

第五章

國家觸角的限度

一、導言

筆者在上一章結尾談到國家觸角的限度問題，這將是本章的主題。本章一方面試圖對國家觸角的限度問題提供一種理論解釋，另一方面也藉此揭示出文化改造過程中的複雜性。筆者仍將通過對新中國成立初期上海的文化改造這一個案的分析，一方面補充和豐富對這一歷程的認識，揭示出文化改造過程中的複雜性；另一方面也可由此探析國家觸角的限度問題，並試圖提供一種理論解釋。

國家觸角的限度問題，放置在毛時代中國的歷史社會背景來看，這實際觸及毛時代中國的「國家與社會關係」問題。這可以說是中國研究領域裏聚訟不休的一個老問題，尤以許慧文（Vivienne Shue）與蕭鳳霞（Helen Siu）之間的爭議為人關注。我們有必要先簡單回顧一下這一爭議的核心內容，這也構成本章討論的一個學術背景與對話對象。

許慧文在二十多年前的名著《國家的觸角》一書中探討了毛時代國家對農村的控制與滲透，並由此質疑頗為盛行的集權主義模式。[1] 許慧文認為，由於土改和自給自足政策的推進，村莊是高度自足和相互孤立的，中國的鄉村於是呈現為一種蜂窩結構。在此背景下，鄉村幹部與地方社會的緊密關聯，使得他們或多或少地都在施政過程中保護地方利益，而使得國家政策的推進遭到一定程度的抵制或扭曲。在這方面，鄉村幹部扮演著類似傳統社會鄉紳的角色，他們是國家與農民之間的中介，是鄉村社群的保護人。正因此，毛時代國家對鄉村社會的滲透與控制就遠沒有我們想像的那樣強大，而集權主義模式所宣稱的國家對個體和社會生活全方面的滲透，自然也就不成立了。相應的，我

---

[1] Shue, V. *The Reach of the State: Sketches of the Chinese Body Politic*. Stanford: Stanford University Press, 1988.

們就有必要對集權主義模式予以反思。蕭鳳霞則旗幟鮮明地表達了她的不同看法。[2] 她強調，毛時代的國家通過用整套行政機器取代層層疊疊的「民間」社會，進而成功地把繁複的鄉村共同體轉變成單一的官僚細胞。鄉村幹部的處境與性質也決不同於傳統的鄉紳，他們受制於對國家的全面依賴，根本無力扮演保護人的角色，而成為國家的代理人（state agent），進而幫助國家成功實現對鄉村社會的滲透與改造。顯然，許慧文強調的是國家觸角的限度及對鄉村社會滲透的不均衡性，而蕭鳳霞更強調的是國家觸角的近乎無孔不入及對鄉村社會的徹底改造。

　　蕭鳳霞對毛時代的國家與社會關係的看法更接近集權主義模式（雖其並未使用集權主義一詞），而許慧文則對此提出質疑。蕭與許之間的爭議迄今仍無定論，而許慧文所著力批評的集權主義模式也仍然是影響甚廣的概念框架。不少民眾仍然是透過集權主義的眼鏡來審視和想像毛時代的中國，而在學術文章中也不乏用集權主義來指稱毛時代的中國社會。[3] 恰如張濟順所指出的，「關於共和國早期的看法依然是集權主義論的一統天下」。[4] 因此，集權主義的爭論並未終結，而有待於進一步深入的討論。[5]

2　Siu, H. *Agents and Victims in South China: Accomplices in Rural Revolution*. New Haven and London: Yale University Press, 1989; 劉平、劉穎、張玄芝：〈歷史學與人類學的對話〉，《文史哲》2007 年第 5 期。

3　如高名潞：〈論毛澤東的大眾藝術模式〉，《二十一世紀》1993 年 12 月號；王耀寧：〈中共執政六十年 —— 從集體主義到個體主義〉，《二十一世紀》2009 年 10 月號。

4　張濟順：〈社會文化史的檢視：1950 年代上海研究的再思考〉，《華東師範大學學報（哲學社會科學版）》2012 年第 2 期。

5　社會學理論家亦有一些對集權主義的反思。布爾迪厄批評集權主義概念低估了蘇聯社會內部的張力，Bourdieu, P. and Wacquant, L. *An Invitation to Reflexive Sociology*. Oxford: Polity Press, 1992。吉登斯則有保留地接受這一概念，但強調集權主義這一概念不可指稱一種社會類型，而只能指稱一個歷史片段，吉登斯著，胡宗澤等譯：《民族 —— 國家與暴力》，北京：生活·讀書·新知三聯書店，1998 年。

許慧文和蕭鳳霞主要關注的是華南的農村地區，農村地區原本就「天高皇帝遠」，加上新中國成立初期交通及電訊都不發達，國家滲透和控制的力度也會更容易被削弱。相應的問題是，城市的狀況又如何呢？城市相對而言更接近權力中心，更便利於國家權力的滲透，因此，城市（尤其是大城市）是否更符合集權主義模式，也就是說國家權力能夠對個體與社會生活進行全方面的滲透呢？就此而言，作為中國最大的城市，上海在這方面就提供了一個很好的個案研究對象。

基於這一認識，筆者將分別從文化生產者（文藝工作者）、文化中介（文藝演出場所）和文化受眾這三個環節來具體分析討論。基於這一論述框架，本章既希望呈現出文化改造中被相對忽略的一面，也旨在深化讀者對新中國成立初期的國家與社會關係的認識。筆者將在本章小結部分對「國家觸角的限度」進行較理論性的論述，並簡要評論許蕭爭論及相關的國家理論問題和集權主義模式的適用性問題。

二、文化生產者：慣習變遷的滯後性和群眾的繁複性

1. 慣習變遷的滯後性

社會主義文化的塑造、生產和傳播必須藉助文藝機構中的藝人，他們在一定意義上可以理解為國家在文化改造領域中的國家代理人。因此，他們是否能夠成為真正意義上的社會主義文藝工作者，是否認同或至少不違背社會主義的意識形態與文藝政策，是否能夠形塑出相應的慣

習（habitus），⁶ 將成為影響社會主義大眾文化改造與實踐的重要因素。這也正是「改人、改制、改戲」政策的推行要面對和解決的問題。伴隨著「三改」的推進，國家逐漸接管了舊有的文藝演出團體和演出機構，將其轉化為國營、地方國營或者帶官方色彩的民辦公助文藝演出團體和演出機構，過去的藝人和工作人員也就成為社會主義文藝工作者，成為新政權下的「單位人」。國家隨後對他們進行相應的政治思想教育。但在此過程中，一部分人規避被納入國家體制，另一部分人雖已成為單位人，但在思想行為方面仍與新政權的要求有距離。

從檔案來看，文藝工作者中對經濟利益的追求仍然是一較為常見的現象。在這方面，曲藝藝人的單幹傾向尤為明顯，因為他們的表演本來就不像劇團那樣需多人配合，所以往往遊走江湖般四處尋找表演場所。當新政權要把這些單幹藝人組織成演出團體的時候，他們很多是思索再三的。即便是那些願意加入國營團體的人，其理由也至少不全是對社會主義改造的衷心首肯，而毋寧是一種基於利益考量的理性選擇。⁷ 有一部分曲藝藝人從利益考量的角度來看，認為加入代表更政治正確的國營團體其實是得不償失的。因為就收入而言，曲藝藝人如選擇單幹，最高的每月達一千元，次等者收入六七百元，一般在二三百元，這比國營劇團的收入要高，且生活上更是無拘無束。⁸

6 本書所謂慣習系布爾迪厄意義上的慣習，它凸顯了行動者是實踐性的策略家的觀念。慣習根植於行動者自身的生活經歷及所處的社會結構，是一套深刻地內在化的、導致行為產生的主導傾向。慣習的傾向將貫穿於人類行為的認知、規範與身體的各個方面，並促使行動者去選擇依據他們的資源與過去經驗最可能成功的行為方式，參見戴維・斯沃茨著，陶東風譯：《文化與權力——布爾迪厄的社會學》，上海：上海譯文出版社，2006 年，第 116-126 頁。

7 唐耿良：《別夢依稀：我的評彈生涯》，臺北：臺灣商務印書館股份有限公司，2007 年，第 64-74 頁。

8 B172-1-206，〈上海市文化局關於對曲藝、街藝團體進行登記、改造方案、調查報告〉。

即便是那些已經加入國營劇團的曲藝藝人，他們也同樣難免由過去職業生涯所塑造的慣習傾向所支配。民國時期的曲藝藝人要跑碼頭、找場子，甚至有專門的經紀人。他們要有精明的頭腦與敏銳的嗅覺，才能尋求收益最大化。這種慣習傾向在新中國成立以後依然持續影響著他們的認知與行為。在選擇書場的時候，他們往往並不會以「為政治服務」為標準，而是選擇上座率較高的書場，因為這樣收益會高一些。在工資分配上，則更喜歡拆賬制，而不喜歡固定工資，因為拆賬制尚可有收益的浮動空間，而在固定工資制下則沒有。文化局曾經規定評彈藝人每天限做四個場子，日夜各兩場，但很多藝人一天會接五六家場子以增加收入。另外一個事實也能說明曲藝藝人在文藝市場上精明的行為模式。如前所述，在 1953、1954 年這段時間有不少舞廳由於全國的禁止營業舞廳的法令而轉業為書場，轉業後大多屬於大型書場，座位在 600 個以上，所以保本上座率必須在 70% 以上甚至 85% 以上。在這種情況下，它們必須聘請能叫座的名藝人來演出，而書場之間競爭激烈，因而衍生出藝人向書場索取貼賬和貼車資（這些實際屬於額外報酬）的現象。[9] 於是我們可以理解，當文化局通過演出公司來統一安排調度評彈藝人的演出時，他們表現得不滿，而更願意自由接場，因為這樣更有利於收入的提高。[10] 也正因為這樣一種舊有慣習傾向的難以改變，所以有部分藝人反覆地在加入國營劇團後又退出。[11]

　　當然，相當一部分劇團或演藝團體仍採用拆賬制而不是固定工

9　S320-4-27，上海市戲劇院商業同業公會〈書場擊彈溜冰組業務規則價格及有關管理計劃等即會員大世界業務改進計劃〉。

10　B172-4-857，〈上海市文化局關於調整書場與評彈藝人分賬比例的報告〉。

11　B172-1-358-59，〈上海市評彈工作者協會關於上海曲藝工作者協會章程（草案）〉。

資制，或者是設立了分紅制度，[12] 這在制度上支持和允許物質激勵的手段，而演藝人員也往往在此制度之下尋求其物質收益的最大化。事實上，新中國成立初期國家與地方的文化政策不斷處於變動之中。具體來說，新政權對於前述物質激勵的手段就並無始終如一的看法。文化部 1956 年底開始逐漸推行劇本上演報酬制度，這自然是因應當時的劇本荒而推出的政策，但劇本創作者也確實因此獲利甚豐。如上海人民滬劇團專業編劇李智雁，薪水為 150 元，上演其改編的《嬌懶夫人》每月可得上演稅 650，合計有 800 之多，而該團主要演員最高只有 340 元。[13] 該制度從 1957 年 1 月開始執行，但 1957 年 10 月又不再執行。而其間對個人收入的整頓，也傾向於將工作之外的報酬歸公。[14] 但 1962 年出臺的〈上海市文化局關於上海市國家藝術院（團）工作條例（草案）及補充意見〉又指出，「藝術院團必須堅持政治掛帥和物質鼓勵相結合的原則，注意給予藝術工作人員以適當的物質鼓勵，自定合理的獎勵制度，正確處理藝術工作人員創作、錄音、灌唱片、拍電影等活動的報酬問題，反對平均主義，反對個人名利思想」[15]，所以是再度肯定了物質激勵的原則。1963 年度的〈上海市戲劇曲藝劇本上演各類報酬和獎勵制度〉對劇本上演的報酬標準（包括創作、移植、改編或口授等）、導演、造型和舞臺設計等都予以了規定。[16] 但是，到 1964 年度之後，又發佈了

12　B172-5-794，〈上海市委勞資委、市文化局關於區縣劇團工資調整、評獎、分紅及學員考試提升的請示報告和處理意見〉。

13　B172-1-285，〈文化部、市文化局關於國營劇團試行付給劇作者劇本上演報酬的通知草案修改意見〉。

14　B172-5-19，〈文化局關於院團開支標準及演出外其他收入處理情況的報告〉。

15　B172-5-536，〈上海市文化局關於上海市國家藝術院（團）工作條例（草案）及補充意見〉。

16　B172-1-429，〈文化部、局關於執行劇本上演報酬、建立演出安全制度和控制戲曲藝人收徒弟的通知〉。

〈文化局關於取消劇本上演報酬和修訂公演外收入處理的通知報告和暫行辦法〉[17]，對物質激勵手段進行再度的限制，這無疑與當時的政治環境的逐漸左傾有關。概而言之，這種對物質激勵手段看法之反覆，在不同的時段也給了文藝工作者以制度上的合法性，使得他們可以去追求物質收益。文藝政策在如此短的時間內的不斷變動，反映的是國家的不同質性（即並非鐵板一塊的單一整體），而後者也就為文化生產者慣習變遷的滯後性提供了空間。

如果說前述曲藝藝人是為了追求高額報酬而不顧新文藝政策，那麼另外一些劇團藝人則是由於工資低下而尋求各種不合規的收入。據檔案記載，在 1954 年，甬劇某名演員每月收入 15.73 元，生活困難，不得已向朋友「借」了一件衣服，與友「吵」之不休。[18] 即便在公私合營之後，仍然有相當一部分演藝人員工資較低，如 1963-1964 年間，南市區紅霞歌舞團全團 25 人，最高工資只有 54 元，而每月工資在 35 元以下的則多達 17 人。[19] 在這種情況下，求生的本能自然會壓倒政治上的要求。他們通過在體制外演出或者私下招學生來獲取額外收入，而對於劇團上繳大量盈利往往表示不滿，希望能夠有分紅。[20] 布爾迪厄曾指出，當面對重要的利益考量時，即便行動者的慣習已發生變遷，行動者仍可能會放棄其慣習。[21] 我們這裏所論述的這些文藝工作者，也正是在短缺經濟的背景下，放棄更政治正確的慣習傾向以確保重要的利益。

---

17 B172-1-456，〈文化局、市局關於取消劇本上演報酬和修訂公演外收入處理的通知報告和暫行辦法〉。

18 B172-1-203，〈上海市文化局關於民間職業劇團改造工作情況的報告〉。

19 B172-5-794，〈上海市委勞資委、市文化局關於區縣劇團工資調整、評獎、分紅及學員考試提升的請示報告和處理意見〉。

20 B3-2-147，〈市委有關部和中央教育部等對文教系統精簡工作的有關材料和簡報〉。

21 戴維‧斯沃茨著，陶東風譯：《文化與權力 —— 布爾迪厄的社會學》。

正如布爾迪厄在《區隔》中所揭示的，慣習會落實在衣著、飲食等日常行為舉止中。[22] 在這方面，很多藝人並沒有成為自覺的革命藝人，按照新政權的意識形態來塑造自身的行為舉止，而仍然是保留了很多過往的慣習。[23] 新政權強調艱苦樸素，但藝人所穿衣服往往很華麗，尤其女藝人所穿衣服甚至被認為有些奇裝異服。在冬天，不少男藝人是身穿大衣，頭戴一磕頭帽子，別人一看就是評彈藝人，而之所以有這樣的派頭，正是藝人工資收入很高，而這種派頭也能帶來與大眾的區隔。[24]1962-1963 年間的報告說，「有滬劇女演員陳某演出時連換五套服裝，演出後引起社會不良青年注意，經常對此演員盯梢」，又有「演唱人員利用文化活動追求『資產階級生活方式』，演出時講究意大利髮型、香港式眉毛，有的甚至畫了六次眉毛，還不稱心。有的穿了『火箭式皮鞋』上演《紅岩》話劇，有的為顯示自己闊綽穿高跟鞋，掛金鏈條，自己還特地買了精緻的玫瑰花籃上臺演戲，甚至京劇演出中曾出現送花籃捧角兒的庸俗風氣。有些演唱人員在館內偷偷摸摸跳交誼舞，有的以培養感情為名，相互拉拉扯扯，甚至鬧多角戀愛爭風吃醋。」[25] 又有報告說，部分女青年演員沒錢做衣服，以交男朋友來得到一些衣服，

22　戴維‧斯沃茨著，陶東風譯：《文化與權力 —— 布爾迪厄的社會學》，第 126 頁。

23　一個有意思的歷史細節是，夏衍以前只穿西裝，但解放後無論公私場合，都穿公家發給的軍裝。但是，「只有他戴著當時只有上海才有的玳瑁邊眼鏡，頭髮梳理得整整齊齊，皮鞋乾乾淨淨，腳上遽然還穿著一雙黑絲襪」，這在當時簡直令人驚訝，陳堅、陳抗：《夏衍傳》，北京：北京十月文藝出版社，1998 年，第 485 頁。這說明，即便思想觀念非常接近新政權的人，其慣習之改變也仍然不能一蹴而就，其過往生活及其階層位置所塑造的慣習便在不經意的日常生活中表現出來。

24　B172-5-928，〈上海市文化局關於本市外地評彈團創作演出的彙報及市曲協〈培養評彈接班人〉的報告〉。

25　B172-1-447-1，〈上海市文化局黨組關於黃浦區文化館一些混亂情況的報告〉。

如某位女演員同一時間有三個男朋友找她。[26] 這些報告都說明，這種「資產階級生活作風」仍然對很多演藝人員有很大吸引力，並予以效仿。

同樣的，新政權要求文藝工作者能夠走「群眾路線」，到民間去。1965 年的時候全國範圍內宣傳的內蒙古的「烏蘭牧騎」，就是被視為走「群眾路線」的文藝界典範。但這樣良好的政治想法，常常要訴諸於上級的動員，而不完全依靠文藝工作者的政治覺悟。[27] 如檔案中所言，在大躍進時期，上海的專業藝術表演團體都組織了小型演出隊上街頭、下工廠，到農村，配合中心任務，但是後來沒有堅持下去，特別是1961、1962 年大多數文藝工作者都沒有「到民間去」，而這無疑與整體政治環境的變化，減少政治性的動員有關。1963 年以後，新政權根據毛澤東的指示，又組織大批文藝工作者深入生活，除參加四清運動之外，還以農村文化工作隊和小分隊的形式，深入工廠和農村。但在這個過程中，有的演員聽說要組織小分隊演出，就想轉業，市區劇團則認為下鄉是縣劇團的事情，不願下去。當新政權提出「知識份子勞動化，勞動人民知識化」這樣一個文化革命的口號時，演藝人員要真正勞動化卻並不是這麼容易的。某越劇團一部分人去甘肅南部深入生活，兩位主要演員去之前打了營養補針，又帶了魚肝油和維他命。有的人不參加四清，嫌農民落後，沒有文化不衛生和生活太苦。某滬劇團著名演員王某和女兒一起去參加農村四清，經常到女兒住的農民家去看女兒吃的有沒

---

26 B172-1-203，〈上海市文化局關於民間職業劇團改造工作情況的報告〉。

27 又例如，對於支持前線和邊疆這種動員，固然有一些人是出於對革命事業的理想和熱情，但很多人也是出於被動的上級命令。上海某越劇團被指定支援福建，某主要演員就表示不願再在該越劇團工作，後經說服教育才同意。到 1961 年，該越劇團又要求調回上海，主要演員都鬧著要離開，甚至多次上書毛澤東，參見 B172-1-337，〈市局關於調配民間職業劇團的原則、名單及芳華等劇團支援外地的報告、批覆〉。

有營養，回到上海忙著給女兒煎西洋參補身體。[28] 這些現象都説明特定階層固有的慣習是刻骨銘心的，擁有優越生活條件和高工資的藝人在形式上雖到民間去了，但她們的行為卻處處反映出她們與民間的距離。以今日之眼光來看，此乃人之常情，但對新中國來説毋寧是「塑造新人」的一種挫折。它反映的是新文藝工作者的慣習並未隨著文化場域的變遷而變遷，而是出現滯後性。如前所述，這無疑會影響文化改造的實施。而且，恰恰是這種慣習變遷的滯後性與「一萬年太久，只爭朝夕」的訴求之間的張力，引發隨後的種種思想改造運動。

布爾迪厄曾用慣習變遷的滯後性（hysteresis）這一概念來解釋，阿爾及利亞的農民在進入資本主義社會的時候，並沒有迅速使自己的時間觀與勞動觀去適應新的經濟理性價值。[29] 布爾迪厄認為，「慣習是非常抵制變化的，因為原初的社會化比之於後來的社會化經驗更具有型構內在傾向的力量。在慣習遭遇新的境遇時，固然有一個持續的適應過程，但是這個過程通常是非常緩慢的、傾向於完善而不是改變初始的傾向。」[30] 而且，不同階層在慣習的變遷方面表現也是不同的，如法國工人階級的慣習比中產階級在變遷上更容易滯後。本章也揭示出，曲藝藝人的慣習就更難被改變，這是因為曲藝藝人一般是單幹的，這與新中國成立以後文藝團體體制落差很大。另一些文藝工作者則是由於收入低下，他們面臨攸關生存的利益考量，而難以形塑出或者容易放棄政治正確的慣習。布爾迪厄指出了慣習變遷的滯後性問題，但在理論解釋方面似乎仍有待

28 B172-1-493，〈關於召開區縣和直屬單位文化工作幹部會議觀摩學習「烏蘭牧騎」的通知計劃簡報總結〉。

29 戴維·斯沃茨著，陶東風譯：《文化與權力 —— 布爾迪厄的社會學》，第 130 頁；參見應星：〈社會支配關係與科場場域的變遷〉，載於楊念群主編：《空間·記憶·社會轉型 ——「新社會史」研究論文精選集》，上海：上海人民出版社，2001 年。

30 戴維·斯沃茨著，陶東風譯：《文化與權力 —— 布爾迪厄的社會學》，第 125 頁。

完善。筆者認為，慣習變遷的滯後性需考慮權力場域變遷的不同步性、權力場域遊戲規則的博弈與不確定性，換言之，慣習變遷的滯後性需考慮國家的不同質性。此外，不同階層慣習變遷的差異性，也需要進行進一步的理論解釋。對此問題的解釋，需要考慮行動者在具體場域當中的權力結構的位置，該場域的遊戲規則與具體的資本配置，以及該場域與權力場域之間的關係。這涉及非常複雜的理論問題，此處不擬深入討論。與本章密切相關的是不同群體在慣習變遷方面的差異性、實際觸及文藝工作者群體內部的繁複性問題，正是這種繁複性使得他們對政策的理解和回應都會有所不同，其慣習的變遷也相應就有所不同。

2. 文藝工作者的繁複性

新政權所使用的階級話語把「改造後的」新文藝工作者視為同一的、擁有基本相同的階級觀念的群體，但現實生活中，這個群體並不是鐵板一塊，而呈現出繁複的分化。[31] 一方面，新中國在改造舊藝人方面確實取得不少成功，著名者如梅蘭芳、袁雪芬等，而不少底層的藝人在解放後成為國有單位的文藝工作者，享有有保障的生活和比較體面的身

31　類似的，工人階級也往往被塑造成一個同一群體的形象，而且整體上他們都是新政權下的受益者，但工人群體內部全民所有制、集體所有制和學徒制的區分，就帶來了非常尖銳的利益衝突，參見袁進、丁雲亮、王有富：《身份建構與物質生活：20 世紀 50 年代上海工人的社會文化生活》，上海：上海書店出版社，2008 年，第 12 頁。裴宜理的《上海罷工》（裴宜理著，劉平譯：《上海罷工 —— 中國工人政治研究》，南京：江蘇人民出版社，2012 年）與魏昂德（又譯華爾德）的《共產黨社會的新傳統主義》（華爾德著，龔小夏譯：《共產黨社會的新傳統主義 —— 中國工業中的工作環境和權力結構》，香港：牛津大學出版社，1996 年）也都揭示了工人階級內部的多元性問題。

份，這都讓他們有翻身之感，因而服膺於新政權的文藝政策，[32] 自覺地成為一名社會主義的文藝工作者。另外，也有不少藝人則是在新舊之間掙扎，在藝術標準與政治標準之間徘徊。[33] 當然，還有不少藝人與新政權心目中理想的社會主義文藝工作者存在不少距離，這在檔案所記載的基層文藝工作者並不少見，而本章前述內容也能說明這一點。

文藝工作者內部的分化也部分是因為其工資待遇的分化所致。由表 5.1 可以看出，不同文藝工作者的工資待遇差別較大。戲曲劇團的演員工資是所有群體中最高的，但這與當時有相當一部分知名演員能夠拿較高工資不無關係，使得平均工資拉高。例如，梅蘭芳、馬連良和俞振飛等名藝術家月工資在一千元以上，[34] 而在 1956、1957 年間，粵劇名演員薛覺先的月工資是一千五百元，另一名名演員羅家寶的月工資是一千六百五十元。[35] 這種高工資的存在往往使得劇團內部的工資差距達 20：1 以上，而級別較低的演員收入常常是微薄的。這種工資待遇的分化，不僅表現在同一單位內部的分化，也表現在單位之間和劇種之間的差別。比如，甬劇在上海屬於小劇種，所以即使是名演員工資仍很低。一些較小或者不著名的演藝團體，其工資也相對要低很多，因此單位之間的分化是非常明顯的。例如，在 1963-1964 年間，南市區文化局區屬劇團之間的平均工資就很不平衡：浦江 110 元，大公 104 元，新華 99 元，出新 65 元，群藝 60 元，紅色 53 元，紅霞 39 元。[36] 新政權在五十

32 參見岳永逸：《空間、自我與社會：天橋街頭藝人的生成與系譜》，北京：中央編譯出版社，2007 年。

33 參見洪長泰對韓啟祥的個案研究，Hung, C. T. "Reeducating a Blind Story-teller: Han Qixiang and the Chinese Communist Storytelling Campaign." *Modern China*, Vol.19, No.4, 1993。

34 章詒和：《伶人往事：寫給不看戲的人看》，香港：明報出版社有限公司，2006 年。

35 參見程美寶：《平民老倌羅家寶》，香港：三聯書店（香港）有限公司，2011 年。

36 B172-5-794，〈上海市委勞資委、市文化局關於區縣劇團工資調整、評獎、分紅及學員考試提升的請示報告和處理意見〉。

年代末期和六十年代通過一系列措施（尤其是削減知名藝術家的工資）逐漸縮小工資差距，這一點到六十年代獲得一定程度的實現。如黃浦區江南雜技團，六十年代初的平均工資是 61.7，最高為 200，最低為 35；徐匯區星火魔術團平均為 64.35，最高為 160，最低為 40。[37] 可以看到，此時劇團內部的工資差距已縮小，而其平均工資與其它部門的平均工資基本相當。不過，即便工資差距到五十年代末和六十年代已有縮小，但仍然有不小的差距，在某些劇團，甚至可能會超過 10：1 的比例。這種工資的懸殊既引發文藝工作者內部的種種爭議，也促使部分藝人尋求更高的工資。概而言之，這種工資待遇的分化所反映出的單位之間、單位內部的分化，意味著不同的文藝工作者作為文化行動者，其在文化場域的權力結構與利益追逐中處於不同的位置，這些會影響到其認知與實踐，進而影響到其慣習的塑造。

表 5.1　五十年代上海文化機構的平均工資狀況 [38]（單位：元）

年度	電影放映隊	地方國營電影院	公私合營電影院	戲曲雜技團	地方國營劇場	地方公私合營劇場	文化館	圖書館	博物館
1953	61	98.3	89	119.6	73.7	116.7	61.2	60.2	56.8
1954	64.6	95.4	120	133	74.6	117.5	61.1	60.9	60.6

此外，新政權要求文藝工作者之間能夠建立起相互之間的友誼，建立起團結友愛的關係。這不僅表現在努力去縮小演員之間的工資差距，也體現在反覆對過往文藝團體內部的矛盾（尤其是主要演員之間）

---

37 B172-5-534，〈上海市人委、市文化局關於區縣劇團工資和四金（公積金、公蓄金、福利金和獎勵金）分配年終評獎問題請示批覆〉。

38 B172-4-380，〈文化部市計委關於編制 1955 年國民經濟計劃的通知及市文化局上報計劃和執行情況的報告總結〉。

進行批評。但新政權治理下的文藝工作者之間的矛盾，仍是屢禁不絕的現象。這種內部的不團結，不僅是主要演員之間的衝突，也由於國營劇團是由舊有的各種民營劇團整合而成，但在國營劇團成立之後這些民營劇團之間舊有的邊界並沒有因為這種社會主義改造而完全消失，而仍然以某種形式延續下來。[39] 另一種主要的矛盾是舊藝人和新文藝工作者之間的矛盾。從解放區來的老文藝工作者往往有一種看不起舊藝人的心態，而舊藝人在老文藝工作者面前也往往不免有複雜的心緒。例如，某公立的評劇團內，為演職員設立兩個廁所，明確規定老文藝工作者用一個，舊藝人們用另一個。對老文藝工作者來說，他們文化相對高一些，對衛生要求也高一些，而他們也不能肯定舊藝人們是否帶有傳染病。而舊藝人們心裏自然明白為他們設立一個「專用廁所」意味著什麼，他們自覺地只在屬於自己的那個門出入而不去觸動另一個。於是，有一次一位老藝人無意間走錯了門，進入一看環境不對，急轉身跑回屬於自己的那一門時，已經憋不住尿了褲子。[40] 這一事件非常明顯地反映出了兩個群體各自的心態和距離，[41] 但這種距離本是新政權要去消除的。[42] 這些現象表明過去的社會網絡、群體屬性仍然持續影響新文藝工作者其當下的認知與社會行動。因此，無論是寬泛的「群眾」範疇，還是涇渭分明的

---

39 B172-5-606，〈上海市文化局關於黃浦區及奉賢、松江縣劇團建制和撤銷的請示、批覆及國家劇院整編情況瞭解彙報〉。

40 岳永逸：《空間、自我與社會：天橋街頭藝人的生成與系譜》，第 253 頁。

41 周揚在 1956 年〈關於當前文藝創作上的幾個問題〉中也指出文藝工作隊伍中存在著嚴重的宗派主義，老文藝工作者對舊藝人、新作家對老作家，各成一派，參見周揚：《周揚文集》（第二卷），第 430 頁。

42 一位老樂師也回憶說，他 1956 年加入上海管弦樂隊，在管弦樂隊內部，解放區來的看不起舞廳出身的樂師，相互之間各有看法，參見薛文俊、馬軍：〈一個老樂師的回憶〉，《史林》2004 年第 6 期。類似的觀察還可參考洪長泰對韓啟祥這一個案的討論，Hung, C. T. "Reeducating a Blind Story-teller: Han Qixiang and the Chinese Communist Storytelling Campaign." *Modern China*, Vol.19, No.4, 1993。

階級概念，都不能準確反映新文藝工作者的狀況。新政權所仰賴的國家代理人，毋寧是繁複的文藝工作者，其工資收入、過去的社會網絡與群體屬性可能比階級屬性更影響其認知與實踐，而這相應帶來不同群體慣習變遷的差異性，進而也影響到國家所推動的文化改造計劃。

三、文化中介：國家的不同質性

正如雷蒙·威廉斯所言，沒有哪種文化生產能夠窮盡所有的文化生產實踐。[43] 新政權試圖將所有文化生產納入到體制當中，採取了單位化和藝人登記制度等措施。但事實上，無論是體制內還是體制外，都頻繁出現不合乎新政權意識形態的演出，直至文革時期都是如此。

1. 體制內的不合規演出

據檔案披露，一些群眾文藝部門（如文化館和工人俱樂部）通過為一些不合規的演出提供機會來增加收入。如前文中指出的那樣，這背後的一個推動因素在於，當時的群眾文藝部門雖被劃定為事業部門，但國家撥給的財政收入往往入不敷出，有些群眾文藝部門甚至要承擔一定的盈利任務。

在此情況下，群眾文藝部門不得不想方設法來創造收入，為一些不合規的演出（即不符合當時文藝政策的演出）提供演出場所便是其中的一種方法，因為恰恰是這些不合規的演出能招攬不少觀眾。因此，儘管新政權要求任何文化活動的演出都必須經過文化部門的同意，但仍然有不少人，甚至就是文藝工作者本身，隱蔽或公開地進行未經允許的文

---

43 Williams, R. *Marxism and Literature*. Oxford and New York: Oxford University Press, 1977.

化活動，不少群眾文藝部門則為他們提供演出場所。這種報告，在日益突出意識形態的文革爆發前夜不斷出現。

據 1965 年的一份報告，藝人殷某、陳某兩人，在曹楊文化館和滬西工人俱樂部內，每逢週五、六、日三天，日夜兩場進行說唱演出，連續二月之久，而文化館和俱樂部還為這些演出人員大做宣傳廣告。殷某原先是普陀區的小學教師，1962 年自動離職，隻身帶了一把三弦，在江浙兩省城鎮上的一些書場，進行不合規演出活動。又據高橋文化館反映，1965 年 6 月份，盧灣區文化館的業餘故事隊成員在高橋一茶樓書場演出。經調查發現，他們未經文化部門同意，以上海市業餘評彈團、上海市業餘評彈工作者等名義，通過私人關係輾轉介紹到上海市區文化館、工人俱樂部、公園以及郊區專業茶樓書場到處進行演出活動。其中淩某與場、館、公園工作人員和評彈藝人極為熟悉密切，都是他藉助私人關係安排接洽演出場所和陣容。據報告稱，這些人自 1962 年開始先後演出過數百場，演出時還要求對外掛牌，寫明演出人員姓名及演出書目，以向群眾進行宣傳擴大影響，在南匯周浦文化館演出時掛牌自稱是上海市區業餘評彈團，可見他們是公開地演出而毫不畏懼。演出時以報車費的方式向演出單位索取報酬，自三角到一元八角，標準不一。[44]

在上述個案中，這些業餘表演者的表演場地很多是官方的文化機構，如文化館和工人俱樂部，這些文化機構不應該不知道他們是未經批准的演出團體，但仍然提供場地。正如一份報告所說：「這與演出單位單純業務觀點，政治不掛帥有關係。好多演出單位只從業務和經濟上考慮，單純為了滿足陣地活動的需要和增加經濟收入，這些場館公園除了少數專業書場能經常有劇團演出外，一般專業劇團很少去演出和演出品質不高。這些人去演出支出少、票價低、聽眾多、收入高，可以解決陣

---

44 B172-1-508，〈關於場、館、公園亂拉所謂業餘評彈進行非法演出情況的報告〉。

地上的活動，又可增加經濟收入，因此根本不考慮這些人的政治面貌如何和是否合法。這些單位不通過組織就直接邀請他們演出，或僅向他們工作單位發封信掛個號不經單位答覆就請他們演出去了，如靜安區工人俱樂部、周浦文化館。嚴重的情況是有些評彈團的專業藝人和這些業餘評彈勾結在一起，幫助他們聯繫安排。這些人到高橋茶樓書場演出就是星火評彈團的演員陳某介紹去的，後來被我們發現制止了。陳某還介紹他們去寶山演出。場館公園有些同志還錯誤認為我們是社會主義宣傳陣地，他們來演出是件好事情。周浦文化館館長和玉茗樓書場的負責人都說『他們來演出，很受群眾歡迎，希望今後再來演出，要求文化科協助支持』。有的單位對演出內容根本不加過問，當我們問及時，京江茶室的負責人竟說『我們沒有去聽過，出了毛病要他們自己負責』。」[45]

這裏反映出來的正是前述受財政不足等制約，文化館等事業單位也往往擔負起了獲取利潤的任務，在這種情況下，單位的利益迫使群藝部門的領導和工作人員在一定程度上規避國家文藝政策。為完成任務，他們不得不允許這些既廉價又受歡迎的不合規演出活動。這一現象與許慧文所討論的農村社會的蜂窩結構有本質上的相同之處，可以說單位這種利益組織化機構的存在，[46] 使得城市社會同樣出現了這種類似的蜂窩結構，[47] 這促成了「部門本位主義」（departmentalism），其結果是國家政策在地方上被扭曲與規避。部門本位主義在其他研究中也有論述，但本章強調其背後的影響因素之一是國家財政資源能力的不足。

這一現象背後的另一推動因素是，由於這些文化館或工人俱樂部

45 B172-1-508，〈關於場、館、公園亂拉所謂業餘評彈進行非法演出情況的報告〉。

46 參見張靜：〈階級政治與單位政治 —— 城市社會的利益組織化結構和社會參與〉，《開放時代》2003 年第 2 期。

47 Shue, V. "State Power and Social Organization in China." in Migdal, J., Kohli, A and Vivienne Shue (Ed.), *State Power and Social Forces*. Cambridge: Cambridge University Press, 1994.

的演出場地較差，難以吸引國營劇團下來演出。正如前述，新政權固然通過種種方式推動「群眾路線」，但這畢竟不是常規化的，也難以普及。這一現象既涉及前述慣習變遷的滯後性問題，也根源於國營劇團同樣存在部門本位主義的現象，即下來演出雖符合群眾路線，但不如在大型演出場所演出更有收益。此外，這些業餘演員能夠大受歡迎，自然與他們的票價較低有關，但他們演出中的「不健康」噱頭也無疑是一賣點，這也說明革命教育下的群眾仍然保留著一些並不革命的欣賞趣味。這一點筆者稍後還會談到。

另外，這些不合規演出能夠長期存在，說明國家政權的文化控制並非如此嚴密，尤其是在郊區地帶，這種控制就更顯得疏漏，而這與文化管理機構的人員不足也不無關係，這一點前文也有提及。概而言之，人員不足這一國家能力的缺失影響了國家在文化控制方面的力度，也為不合規演出提供了空間。

最後，在這些個案中，不合規演出很多都是基於關係網絡而得以發展，通過熟人的穿針引線，「非法藝人」才能找到演出場所與演出機會。無論是關係網絡還是單位制下的部門本位主義，都說明國家並未完全吞噬社會，相反國家要處處面對各種社會力量的制約，並因此改變了國家觸角的效度與後果。

2. 體制外的不合規演出

街頭藝人是一持續存在的群體，[48] 在五十年代初期一度增長很快。

---

48 關於街頭藝人在民國時期的狀況，可參考盧漢超著，段煉等譯：《霓虹燈外：20世紀初日常生活中的上海》，第85-86頁。北京天橋也是另一著名的街頭藝人聚集的所在，相關研究可參考岳永逸：《空間、自我與社會：天橋街頭藝人的生成與系譜》。

根據檔案報告，新中國成立初期上海的街頭藝人的人數只有 200 多人，1956 年發展為 1500 餘人。當街頭藝人發展成劇團規模時，則往往會以大篷的方式以半固定劇場的形式演出。[49] 據 1957 年的統計，上海有 27 個大篷劇場。這些大篷劇場主要是分佈在偏遠城區和郊區（如楊浦區、長寧區、東昌區等），但在中心城區也同樣存在（如盧灣區）。這些大篷劇場都是非常簡易的，但其演出頗受民眾的歡迎，據說每天觀眾可達三萬多人次，接近全市劇場每天觀眾人數的一半以上。[50]

街頭演出受歡迎有這麼幾個原因。一方面，他們的表演場所往往是在偏遠城區或郊區，那裏的民眾本身收入不高，而且日常生活當中文娛生活也很貧乏，不像中心城區有很多文娛場所。街頭演出的表演票價很便宜，一般為五分、一角到一角五分，而小型劇團的票價平均為二角半到四角之間，國營演出機構如上海大世界的票價已屬最低之列，也要二角五分，更不要提國營大劇團的高票價（最高可達二元以上），所以低票價對這裏的民眾很有吸引力。而且街頭演出的場地就在棚戶區和里弄附近，鄰近居民進出便利，觀眾可隨便入場，特別是夏季，衣衫不整或赤膊入場也無人干涉，家庭婦女可以帶小孩進場，開場散場時間也比較適合當地居民。另外，這些街頭藝人的演出節目，因為「天高皇帝遠」，往往會迎合民眾的需要，上演一些在正規劇場被禁的劇目，如滬劇的《十八摸》等，這也是他們的賣點之一。[51]

新政權對這種非組織化的街頭演出多少是不信任的，一方面街頭藝人的人員構成比較複雜，另一方面他們聚散無常，容易流於混亂，演出上也不能像國營劇團那樣嚴格遵守相關規定。街頭藝人的表演時間不

---

49 B172-1-205，〈上海市街頭藝人登記整頓安排工作全面總結（初稿）〉。

50 陸群：〈遺忘的一角〉，《上海文化史誌通訊》1995 年第 37 期。

51 B172-1-206，〈上海市文化局關於對曲藝、街藝團體進行登記、改造方案、調查報告〉。

像正規劇團一般在晚上十點或十一點就結束，夏夜生意好的時候甚至表演到凌晨二三點。這無疑構成管理上的難點。新政權對這種街頭藝人先是以登記的方式加以掌握，隨後在 1958 年結合劇團整頓對街頭藝人加以整頓分流，部分選入正式的劇團或者轉業，部分回鄉。在這種情況下，正式登記的（也就是合法的）街頭藝人已逐漸減少，[52] 街頭的大篷劇場也隨之減少。[53]

不過，儘管新政權採取這些嚴密的措施，但仍不時有街頭藝人演出的報告。據檔案介紹，曾有公安騎自行車四處兜趕，但毫無效果，街頭藝人通過「打遊擊戰」的方式獲得生存空間。在管理上，各區的管理力度不一，所以也導致有的區大篷密佈，而有的區則較少。另有一份 1963 年的報告稱，某毛紡織廠工人戴某在自家門口搭了三張方桌，拉出電燈，以納涼晚會名義，邀請二三十個男女青年搞淮劇清唱，演唱的都是一些傳統節目，當時居委會文教幹部與之交涉予以阻止，他們拒不退出。報告認為，「這是資產階級出風頭思想樹苗頭，不是偶然的，是 1962 年街頭藝人走資本主義道路到處唱露天戲而反映到群眾業餘文藝活動方面來的」，[54] 這一表述說明在 1962 年之後出現了不少街頭藝人演出的現象。[55]

1965 年，文化部門在長寧區發現至少八處街頭藝人的演出，凡是演出的地方都有一二百觀眾，有的地方達五六百人，演出都是傳統幕表戲。在某些地方，還出現個體藝人與公安之間的衝突。[56] 隨後，在閘

52 根據檔案，到 1965 年的時候，全上海擁有登記證的個體藝人僅 69 人，參見 B172-1-492，〈市文化局關於清理個體藝人取締非法藝人活動的情況報告處理意見〉。

53 B172-1-205，〈上海市街頭藝人登記整頓安排工作全面總結（初稿）〉。

54 B172-1-492，〈市文化局關於清理個體藝人取締非法藝人活動的情況報告處理意見〉。

55 B172-1-492，〈市文化局關於清理個體藝人取締非法藝人活動的情況報告處理意見〉。

56 B172-1-492，〈市文化局關於清理個體藝人取締非法藝人活動的情況報告處理意見〉。

北區也發現一批無證藝人，浦東地區也有街頭藝人演出傳統劇《玉蜻蜓》。徐匯區在 1965 年 8 月底發現上海縣和徐匯區接壤的地區經常有街頭藝人演出，圍看居民很多，派出所有介入，但三天後上述地區繼續有街頭藝人演出。南市的豫園、小北門一帶，街頭演出也很多，每晚一個地區少的三四攤，多的八九攤。甚至在中心城區的黃浦區也發現不少街頭藝人活動。黃浦區的飲食行業中賣唱活動情況也很普遍，在黃浦區飲食公司所屬的 37 家食堂中就有 26 家經常有賣唱活動，而劇目多是《大鬧忠義堂》、《追韓信》、《長板坡》等傳統片段。[57]

由於這些無證藝人的大量出現，甚至出現了為這些藝人介紹場地的中介。黃浦區人民法院曾審判于某，其於 1961-1963 年內一手包辦了十四個無證劇團的場子接洽和組織工作，範圍包括京劇、滬劇、雜技滑稽等。這說明這一時期無證演出是非常普遍和活躍的現象。1965 年，又有周某自稱是周信芳侄兒，到處拉人組織不合規演出，他們每年的收入甚至可超過數千元。上海的淮海公園以及郊區的茶樓書場往往成為他們接頭的場所。[58]

因此，可以說無證街頭演出的現象是非常普遍的，他們不單出現在偏遠城區和郊區，更出現在靠近權力中心的中心城區，這些現象恰恰發生在意識形態控制越來越嚴厲的文革前夜，其演出的劇目也是極不符合當時大唱現代戲曲的政治環境。[59] 這說明，1958 年的街頭演出整頓，雖使街頭演出大幅減少，但並未消除，自此之後的街頭演出仍是普遍的現象。這些廣泛存在的無證街頭藝人，其主要原因無非是謀生（農村饑

---

57 B172-1-492，〈市文化局關於清理個體藝人取締非法藝人活動的情況報告處理意見〉。

58 B172-1-492-49，〈市局對於培基妨礙社會管理秩序議案的處理意見〉。

59 即便在文革時期，尤其是在文革後期，仍有街頭藝人表演不符政治規定的劇目，相關內容可參看肖文明：《「政治掛帥」時代的群眾文化 —— 1949-1976 間的 J 縣群眾文化機構和文化霸權》，北京大學社會學系碩士論文，2006 年。

荒則起到了推動作用）。演唱不符合當局規定的劇目，也是為了能夠招攬更多的顧客。這種現象的存在，一方面說明了街頭藝人仍頑強地保持著其理性選擇的行為模式的一面，另一方面也說明，即便是被稱為全能國家的毛時代的中國，其對社會的控制仍然不可能是無孔不入的，不僅在農村如此，在城區（無論偏遠城區抑或中心城區）也是如此。這是國家觸角的限度，也正是這種限度為街頭演出的持續存在提供了空間。

國家觸角的限度是與國家的不同質性相關的。正如前述，這一時期文藝政策幾起幾伏，國家的高層領導在一定時期對街頭演出也存在不同看法。劉少奇在 1956 年的〈對於文藝工作的幾點意見〉中，似乎贊同暫時保留民間劇團和街頭演出團體。他說，「民間職業劇團是否改為國營，需要研究。未定之前，暫時不改。…… 首要要用物質利益去促進他們的勞動，通過內部力量去改造。…… 幾千個劇團都國營，會搞掉積極性。這不是促進，而是促退。該搞合作社，而搞了國營，這就是『左』。任何事情都一樣，沒有明顯的優越性，不要去改，至少慢一點改。要讓民間職業劇團再搞它一個時期。比如在兩三個五年計劃內，讓它與國營劇團競賽，看誰的觀眾多，看誰最得到人民的喜愛。」[60] 周揚在 1961 年的講話中也提到，「有的地方出現『黑劇團』，怎麼對待？我想，這裏是不是有這樣一個問題，我們對群眾的傳統習慣的尊重做得怎樣？很多地方的農民有一種傳統習慣，他們有自樂班，幾個有興趣的人合在一起，農閒的時候搞點活動，這也能滿足群眾的文化需要。我們有時尊重不夠，不搞這一套，而都按文工團的一套辦法集中起來搞。」[61] 周揚的講話表明他並不贊同取締街頭演出。這些發言都說明，對於是否

---

60 劉少奇：〈對於文藝工作的幾點意見〉，載於中共中央書記處研究室文化組編：《黨和國家領導人論文藝》，北京：文化藝術出版社，1982 年，第 85-86 頁。

61 周揚：《周揚文集》（第三卷），北京：人民文學出版社，1990 年，第 338 頁。

應該允許街頭演出，國家並無一致看法，文藝政策也相應地時緊時鬆，各地對政策的落實也是鬆緊不一。這些都為街頭演出的持續存在提供了一定空間。另外，國家的不同質性也表現在國家能力的不均衡性，這就關聯到前述國家財政資源能力的不足與工作人員的不足。工作人員的不足直接導致國家無法對基層文化實行嚴格的控制。群眾路線與群眾動員一定程度可以彌補這種國家科層體制的不足，但正是在這裏，我們發現另一問題，即一般群眾仍然維繫著傳統的欣賞趣味，這也為街頭演出提供了基礎。這便觸及下一節的主題：文化的相對自主性。

四、文化受眾：文化的相對自主性

當國家要塑造一種全新的社會主義文化的時候，它也要塑造一種全新的社會主義文化的受眾與相應的欣賞趣味。但現實的狀況是，人們未必不喜愛新的文化作品（比如高度政治化的樣板戲，時至今日仍有不少人覺得是朗朗上口的），但仍然有相當一部分人維繫著舊的欣賞趣味。

毛澤東在 1963 年的一個批示中說，文藝界問題不少，社會主義改造收效甚微，舞臺上活躍的仍然是王侯將相死人戲。[62] 受此影響，戲曲領域逐漸奉行「以現代劇為綱」，而傳統劇目多數被視為毒草而逐漸在舞臺上消失。但正如前述，街頭演出劇目往往就是這些被禁的傳統劇目，這無疑構成對國家權力的規避，而他們不顧當時的文藝政策來上演被禁劇目，是由於這些劇目才是更受歡迎的，這也恰恰說明傳統的欣賞趣味並未根本改變。檔案中也提到，一些街藝團體不符合政府規定，公

62　中共中央黨史研究室：《中華人民共和國大事記（1949-2009）》，北京：人民出版社，2009 年。

安局要求停止演出，居委會和居民上百人聯合要求分局准予演出，這也說明街頭演出很受民眾的歡迎。[63] 與之相對，作為上海最為重要的地方國營文娛場所，上海大世界在 1962 年之後就根據官方新的文藝政策，全面上演革命現代戲，其結果是上座率大幅下降，出現連續數年的虧損，直至文化大革命爆發之後關閉（詳見下文）。

這種舊的文化趣味的持續，在不同的文藝領域中都有體現。在音樂領域，六十年代初上海的音樂書店、源祥唱片行先後出現多次排隊搶購「輕音樂」唱片的現象，有不少青年購買時都不用試聽，凡是輕音樂唱片照單全收，有時唱片賣完了，他們就在店門口長久徘徊，不願離去。有一張名叫《阿摩爾．阿摩爾》的唱片，當中碎掉一大塊，店裏早已列為廢品處理，有一個青年偶然看到，立即拿出五塊錢人民幣，堅持要買下來。據說後來他買回家後，費盡心力用臘塊七拼八拼，將破處修補起來，播放出來的聲音其實已是支離破碎，但這個青年聽著仍引以為滿足。[64] 一位上海管弦樂團的老樂師回憶說，當時他們在文化廣場表演亞非拉輕音樂，場場爆滿。這引起文化局領導擔心，懷疑管弦樂隊方向出問題，下令由其他頂替，結果上座率馬上下降。[65] 由此可見，輕音樂這種新政權眼裏的「靡靡之音」對普通民眾是多麼有吸引力了。在評書領域，傳統書目也顯然更有吸引力，以致於福州書場在演出現代書《林海雪原》的時候，因為怕得罪老聽眾而影響以後的生意，於是就用話筒向觀眾廣播說：《林海雪原》只演出今天一天了，以後仍演老書，請聽眾注意。[66] 這樣的廣而告之透露的資訊是再明顯不過了。由街頭藝人組

63 B172-1-206，〈上海市文化局關於對曲藝、街藝團體進行登記、改造方案、調查報告〉。

64 B172-1-470，〈上海市委宣傳部、上海市文化局關於處理舊唱片的報告、批覆、目錄〉。

65 薛文俊、馬軍：〈一個老樂師的回憶〉，《史林》2004 年第 6 期。

66 B172-5-841，〈上海市文化局關於召開院場工作會議通知及李太成的講話討論情況彙報〉。

織的「南方曲藝小組」和業餘評彈人員演出的滬書、甬書絕大多數也是未經修改的老書，如《唐明皇遊月宮》、《七捉採花大盜》等，因為恰恰是這些老書更受歡迎。[67] 在群眾文藝領域，也同樣出現類似的現象。有的工廠的廣播臺經常播放「靡靡之音」；圖書館的政治書籍和革命文藝讀物乏人問津，而中外古典文學作品的出借率則很高。基層工廠的文藝表演中傳統劇目也佔大多數。[68]

在電影領域，由於歐美影片已幾乎禁止，國內可看到的影片基本上是蘇聯影片、國產影片和其他社會主義國家的影片，但在一定時期香港影片仍然可以上映。於是，在六十年代初期，香港影片曾經一度非常受歡迎，而電影院為了迎合觀眾的需要，大量上映香港電影，曾經達到過年度放映場次的 11.2%。張濟順在一篇文章中非常形象地形容了當時香港電影在上海的風靡一時，「據市影片發行公司統計，從 1950 年代中期到 1962 年 10 月，上海共放映香港影片 25 部，上座率幾乎每場是百分之百。香港影片的購票場景更是匪夷所思。每當港片上映的消息傳出，電影院就被包圍得水泄不通，購票隊伍有數千之眾，且秩序混亂，衝破大門的有之，踩壞座位的有之，倒手販賣黑市票的更有之。派出所常常要出動相當警力去維持秩序，打擊非違，還需要街道派人增援。有一部名為《美人計》的港片售票時，一家影院門口排隊達 6 天 6 夜。當時上海街頭有句流行語『千方百計為一計（指《美人計》），三日三夜為一夜（指港片《新婚第一夜》）』，足見上海市民對香港影片已到如癡如狂的境地。」[69]

67　B172-1-447-1，〈上海市文化局黨組關於黃浦區文化館一些混亂情況的報告〉。

68　C1-2-4247，〈本部基層俱樂部工作的情況調查以及整頓改進基層俱樂部工作的幾點意見〉。

69　張濟順：〈轉型與延續：文化消費與上海基層社會對西方的反應〉，《史林》2006 年第3 期。

除了傳統文化趣味的延續之外，新政權批判的一些低級趣味也以各種方式延續。例如，不少曲藝演出人員在文化館等官方演出機構演出時，在形式上會大體恪守當時的文化政策，演出諸如《鐵道遊擊隊》、《蘆蕩火種》和《林海雪原》等現代書目，但他們會在其中穿插一些「不健康」的噱頭，也就是那種偏離國家意識形態的純娛樂性或低俗的笑話。在非官方的文化機構（如茶樓），演出內容就可能更「反動」。另一報告就反映了這樣的情況，指某些群眾文藝工作人員「藉口豐富陣地活動內容，招攬了一些政治面目不清的人到陣地進行演出，上演拉黃包車等黃色節目，迎合某些群眾低級趣味，大肆宣揚資產階級生活方式，醜化勞動人民」。[70] 無論是隱晦的「不健康」噱頭，還是「黃色節目」，這些都是如檔案所言，是在「迎合某些群眾低級趣味」。這些現象說明，民眾固有的趣味仍然能規避國家權力而留存下來，並未因政治環境的變化而完全改變。即便在文革時期，地下文學的發展這一類現象也再次說明，國家權力並不能普遍有效地改變人們的文化趣味。[71] 從民國到新中國，政治經濟秩序可謂大變，而民眾固有的各種文化趣味依然持續，這正說明文化的相對自主性，後者無疑構成國家觸角的限度。

雷蒙·威廉斯對於文化自主性曾有深入的論述。威廉斯曾經將文化區別為主導文化、殘餘文化和新生文化三種形態。[72] 殘餘文化是源自於過往的文化，但同時也是當下文化的構成文化。從來沒有哪種特定的文化生產模式在現實中窮盡了文化生產的實踐，[73] 因此主導文化也不能窮盡所有的文化生活與實踐。而且主導文化如要有效實施，必須以不同

---

70 B172-1-447-1，〈上海市文化局黨組關於黃浦區文化館一些混亂情況的報告〉。

71 可參見北島、李陀主編：《七十年代》，香港：牛津大學出版社，2008 年。

72 Williams, R. *Marxism and Literature*. Oxford and New York: Oxford University Press, 1977, pp.121-127.

73 另參見 Abercrombie, N., Hill, S., and Turner, B. S. *The Dominant Ideology Thesis*. London: Allen & Unwin, 1980。

的方式來吸納殘餘文化。另一方面，新生文化也在不斷出現，這種新生文化既可能是主導文化的一個新階段，也可能是不同於主導文化的異質文化乃至敵對文化。這意味著殘餘文化和新生文化都可在主導文化之外繼續發展，本書前述事實或許正能說明威廉斯的這一洞見。

五、小結與討論

1. 國家觸角的限度之成因

綜上所述，本章分別從文化生產者（文藝工作者）、文化中介（文藝演出場所）和文化受眾（作為受眾的廣大群眾）三個層面論述上海文化改造過程中社會對於國家滲透之回應的駁雜。本章試圖說明，許慧文所說的「國家觸角的限度」在毛時代並不僅是一農村現象，同時也是一城市現象。許慧文將「國家觸角的限度」歸因為農村的「蜂窩」社會結構以及鄉村幹部這一類似傳統士紳的特殊群體的存在。對此，本章將提供與許慧文不同的理論解釋。本章認為，關於「國家觸角的限度」之成因，從國家 — 社會關係的視角來看，既要考慮國家的一面，也要考慮社會的一面，具體而言需考慮以下一些因素：

（1）國家的不同質性：斯科克波等人的國家中心論常被詬病的地方在於，國家被視為鐵板一塊的整體，而忽視了國家內部的不同質性。相應的，米格達爾（Joel Migdal）等人提出「社會中的國家」（state in society）理論，[74] 強調國家在縱向和橫向上是由不同組織和力量所構成

---

74 Migdal, J. S. *State in Society: Studying How States and Societies Transform and Constitute One Another.* Cambridge: Cambridge University Press, 2001.

的，要對國家進行分解分析。因此國家內部存在組織衝突與張力，且國家是嵌入於社會之中，國家介入的有效性取決於它與社會之間的關聯。國家與社會的邊界並非固定不變，且社會是由多元社會力量所構成的，它們能夠影響乃至重塑國家。這些因素都會影響到國家政策的執行與效度。

放在本章的語境中來看，國家領導者對文化政策看法不一，如周揚就對「黑劇團」持寬容態度。新中國自 1949 至 1966 年間文化政策反覆變動，這本身反映的是國家內部的不一致性。一方面，這種政策的變動交錯為灰色地帶提供了空間，另一方面這種國家政策的執行在各地是有差異的，也就是說我們需要考慮時空層面上的差異性。[75]

這種國家的不同質性不單表現在橫向的不同部門與群體基於利益或者觀念所致的差異，也表現在縱向的不同層級的部門與群體的差異，如關係網與部門本位主義的廣泛存在，後者使得國家代理人並非總是遵循國家政策而可能出現不同程度的扭曲與規避。這說明國家與社會之間的邊界並非涇渭分明，國家在不同程度上為社會所滲透，國家無法擺脫生活世界的約束。

最後，國家的不同質性也表現在國家能力的不均衡性。正如魏斯所言，[76] 我們不能簡單談論「強國家」、「弱國家」，而要問什麼樣的國

---

75 以文化大革命來說，邁斯納就曾指出，文革主要是一場城市運動，而對農村之影響相對較小，參見莫里斯・邁斯納著，杜蒲、李玉玲譯：《毛澤東的中國及後毛澤東的中國》，成都：四川人民出版社，1989 年。武麗麗等對寧夏文革的分析也指出，即便有中央的指令，但寧夏的文革發動要比北京晚上數月，參見武麗麗、趙鼎新：〈「克里斯瑪權威」的困境：寧夏文革的興起和發展〉，《二十一世紀》2007 年 6 月號。《七十年代》一書中的多篇文章都能證明在偏遠地帶國家的管控較鬆，參見北島、李陀主編：《七十年代》。這些例證也都可說明國家政策的執行在時空層面上是有差異的。

76 Weiss, L. *The Myth of the Powerless State: Governing the Economy in a Global Era.* Cambridge, UK: Polity Press, 1998.

家能力。毛時代的中國常被視為是「強國家」，但落實到具體的國家能力，則會注意到更為複雜的情形。前文特別論述了當時財政資源與人力資源配置方面的國家能力不足，恰恰是這種國家能力的不均衡性促成了國家觸角的限度。

（2）群眾的繁複性：本章説明，無論是文藝工作者還是普通群眾，都無法以簡單的階級劃分進行範疇化。文藝工作者有新舊之分，有等級之分，有文藝類別和工作性質之分。因此文藝工作者中有些人服膺於新政權的意識形態，有些人是在新舊掙扎之中，更有不少是儀式性地跟隨。在普通群眾裏，不乏對社會主義新文化的欣賞者，但仍有不少鍾情於舊有文化。因此，新政權所面對的是群眾的繁複性，而非整齊劃一的階級。所謂的同一階級，或者籠統所謂的「群眾」，其內部其實混雜著各種不同的觀念，有不同的利益考量，諸如地域、性別、種族等不同因素都會影響到階級意識的同一性。因此，我們有必要反思階級本質論（class essentialism）。

事實上，裴宜理對上海工人罷工的分析[77]以及阿瑞基對馬克思的階級觀的反思[78]都呈現了這一點，而晚近的馬克思主義階級分析也是試圖將階級概念變得更為周全和複雜。[79]與此相關，邁斯納對此也有非常精闢的反思。邁斯納指出，一方面新政權按照客觀的社會階級標準來對社會進行不斷的階級分類，毛澤東是這方面的推動者；但另一方面，毛澤東也會按照道德和思想意識的標準來確立人們的階級地位。[80]這種客觀

---

[77] 裴宜理著，劉平譯：《上海罷工 —— 中國工人政治研究》，南京：江蘇人民出版社，2012 年。

[78] Arrighi, G. "The Winding Paths of Capital: Interview by David Harvey." *New Left Review*, 56, 2009.

[79] Wright, E. O. "Marxism after Communism." in Stephen P. Turner (ed.), *Social Theory and Sociology: The Classics and Beyond*. Cambridge: Blackwell Publishers, 1996.

[80] 莫里斯·邁斯納著，杜蒲、李玉玲譯：《毛澤東的中國及後毛澤東的中國》，第 64 頁。

的社會階級劃分與思想意識標準下的階級劃分並不對等，毛澤東對這種落差並不會不瞭解，所以才會有種種思想改造運動，但這種思想改造運動也同樣會面對無法真正落實的問題。國家觸角的限度在這裏會遭遇到最大的挑戰，即它可以通過權力運作對人群範疇化，但它所掀起的社會革命的波瀾，並無法真正帶來所有人「靈魂深處的革命」。外顯的利益很容易去觸動，但人心的改造，亦即葛蘭西意義上的文化領導權的爭奪過程，則並非一朝一夕所能成就。概而言之，這種群眾的繁複性構成國家觸角的限度。

（3）慣習變遷的滯後性：本章說明，作為國家代理人的廣大文藝工作者存在不同形態的慣習變遷的滯後性。借用布爾迪厄的場域理論來說，[81] 在新舊政權交替之際，權力場域（元場域）已發生轉變，受此影響，文化場域當中的權力關係也發生變化，但文化場域當中的行動者的慣習之變化需要時間生成，因而出現某種滯後性。舊上海的大眾文化場域其邏輯主要是經濟利益，而新政權治下的群眾文化場域被要求以政治標準為主要導向。但從本章的論述可以看到，新文藝工作者中不少人或者仍精明地追逐經濟利益，言談舉止方面也沿襲了不少舊藝人的慣習。與群眾的繁複性相呼應的是，這種慣習變遷的滯後性在不同群體身上表現都有不同。另外，如前所述，對慣習變遷的滯後性的理解還需結合國家的不同質性來分析。

（4）文化的相對自主性：在新政權的修辭中，伴隨著生產力與生產關係的變革，人們的文化與思想觀念都會發生相應變化，但實際並非如此。雷蒙‧威廉斯就曾指出，文化實踐與文化生產並非是由社會秩序所派生而成，其本身就是有自主形塑力的。在對基礎與上層建築關係的

---

81 參見 Bourdieu, P. *The Field of Cultural Production: Essays on Art and Literature.* Cambridge: Polity Press, 1993。

討論與反思中，威廉斯強調文化是社會的「中介」（mediation）而非「反映」（reflection），文化是一種積極的過程因而具有其一定的自主性。[82] 威廉斯區分的主導文化、殘餘文化和新生文化，也有利於我們更為細緻地分析文化，而免於一種簡單化的整體圖景。晚近幾年亞歷山大所大力推動的文化社會學（Cultural Sociology），[83] 也著力強調文化自有其體系與邏輯，具有其不可化約的相對自主性。本章的論證一定程度上可以支持他們的論點。此外，本書特別論述了文化受眾表現出的文化自主性，事實上文化生產者亦有相當程度的文化自主性。[84]

上面四個因素相互關聯又相互影響，共同促成了國家觸角的限度。國家試圖改變社會，但國家面臨本身的非同質性、社會的多元性以及生活世界的韌性與複雜性，故國家無法完全改變社會。相反，在社會和國家的互動中，社會可能在悄無聲息中改變了國家，並迫使國家不斷改變其回應的方式。在國家觸角的限度中，我們可以看到國家性質的繁複性，也可看到生活世界的韌性。

2. 對許蕭爭議的簡要評論與反思

基於對「國家觸角的限度」的認識，本章基本同意許慧文所言，

---

82 Williams, R. *Marxism and Literature*. Oxford and New York: Oxford University Press, 1977.

83 Alexander, J. *The Meanings of Social Life: A Cultural Sociology*. Oxford: Oxford University Press, 2003.

84 錢鍾書的《宋詩選注》於 1958 年初版，他這樣評論這本書的寫作與誕生，「假如文獻算得時代風貌和作者思想的鏡子，那末這本書比不上現在的清澈明亮的玻璃鏡，只仿佛古代模糊黯淡的銅鏡，就像聖保羅的名言所謂：『鏡子裏看到的影像是昏暗的。』它既沒有鮮明地反映當時學術界的『正確』指導思想，也不爽朗地顯露我個人在詩歌裏的衷心嗜好。」參見錢鍾書：《宋詩選注》，北京：生活 · 讀書 · 新知三聯書店，2002年，第 477 頁。這段話非常清楚地佐證了威廉斯前述的理論觀點。

即需反思集權主義模式的適用性問題。[85] 集權主義模式高估了國家的同質性和能力，而低估了社會之繁複性、文化的相對自主性以及生活世界的韌性，且與官方史學一樣強化了一種歷史的斷裂性與結構轉化的同步性。在這個意義上，本章對「國家觸角的限度」之考察也就形成對集權主義模式進行反思的基點。事實上，晚近的不少研究都否證了集權主義模式所勾勒的國家吞噬社會的一體化圖景，如1957年上海罷工的研究[86]，新中國成立初期的神水現象研究[87]，灰色記憶的研究[88]等，這些現象恰恰反映的是當時社會內部的裂隙與非整合性。這種對所謂集權主義模式的反思，在對其他國家的研究中也有所體現，如對二十世紀三十年代的意大利的文化政治的研究[89]，對二十世紀七十年代巴西軍政府的研究[90]等，這些都提供了比較歷史研究的可能。與之相對，蕭鳳霞的解釋更符合集權主義模式，而本章也並非要完全否認蕭鳳霞的論點。事實上，蕭鳳霞的觀察是非常顯目的歷史變遷，只不過她強調的是轉變的一面，而許慧文強調的則是未改變的一面。蕭鳳霞或許忽略了變遷當中本

---

85 基於以上分析，本章也想指出許慧文分析中的幾點不足。許慧文對群眾的繁複性沒有充分體認，其筆下的農民和幹部似乎是同質性的。她對國家的討論主要關注的是縱向的不同質性，而對橫向的不同質性沒有充分呈現。此外，她的分析更多訴諸於社會結構要素，而本章的論證更強調行動者自身的能動性。

86 Perry, E. J. "Shanghai's Strike Wave of 1957." *The China Quarterly*, No.137, 1994.

87 Smith, S. "Local Cadres Confront the Supernatural: The Politics of Holy Water in the PRC, 1949-1966." *The China Quarterly*, No.188, 2006.

88 張濟順：〈社會文化史的檢視：1950年代上海研究的再思考〉，《華東師範大學學報（哲學社會科學版）》2012年第2期。

89 Berezin, M. "The Organization of Political Ideology: Culture, State, and Theatre in Fascist Italy." *American Sociological Review*, 56, 1991.

90 Hagopian, F. "Traditional Politics against State Transformation in Brazil." in Migdal, J., Kohli, A and Vivienne Shue (ed.), *State Power and Social Forces*. Cambridge: Cambridge University Press, 1994.

身就有可能存在歷史的延續性，[91] 而延續性中也當然存在著變遷。從結構與能動性的角度而言，蕭鳳霞未能充分重視能動性的作用，這將使得我們在解釋社會變遷如何可能（如改革開放）上變得更為困難。

蕭鳳霞和許慧文的討論實際上牽扯出「國家中心觀」和「社會中的國家」的理論交鋒。蕭鳳霞的論點更接近集權主義論，而集權主義模式實際是一種極端的國家中心觀，相信國家可以改造一切，而忽略了國家的不同質性、社會力量的繁複性與文化領域的自主性。與之相對，許慧文的分析更接近「社會中的國家」理論（事實上她隨後就與米格達爾合編了一部基於「社會中的國家」理論範式的經驗研究文集[92]）。「社會中的國家」強調了國家的非同質性與限度，但又沒有充分體認到國家一定程度上的自主性和國家能力強大的一面。

本章的論述儘管更支持「社會中的國家觀」，但並不代表筆者否定「國家中心觀」的合理性。事實上，它們都洞察到了國家與社會關係中的不同面向。毛澤東時代大眾文化領域中的巨大變遷與當時國家所設定的文化改造目標之間有極高的關聯，這一文化改造的目標並不受某特定階級利益的主宰，而體現出的是國家一定程度的自主性。只有充分認識到這兩種視角的分析合理性和局限性，互相補充和融合，同時關注國家與社會之間的持續互動，我們才能獲得一種更為切實的對新中國成立初期的國家與社會關係的認識，才能更好理解新中國社會主義文化改造歷程的複雜性，這也正是「國家性質的繁複性」所試圖傳遞的信息。

91　Cohen, P. "Reflections on a Watershed Date." in Jeffrey N. Wasserstrom (ed.), *Twentieth-Century China: New Approaches*. London & New York: Routledge, 2003.

92　參見 Migdal, J. S., Kohli, A and Vivienne Shue (ed.), *State Power and Social Forces: Domination and Transformation in the Third World*. Cambridge: Cambridge University Press, 1994。

國家性質的繁複性

本篇是基於國家的視角來審視新中國成立初期的社會主義文化改造過程，具體而言，筆者使用的理論框架是「國家性質的繁複性」，相關概念包括國家建設、國家能力、國家觸角的限度等，藉助這一理論框架，筆者展示了國家如何介入和推動了社會主義的文化改造，以及其面臨的挑戰。由於這種理論視角的選擇，筆者更多側重的是組織維度，而不是文化本身的意義維度。本篇突出了這一歷史進程的複雜性，而這種複雜性也要求我們要更為全面地理解新中國初期的歷史。讀者或許會注意到，本篇章節之間存在著某種對照關係。具體而言，第一章與第二、第三章構成一種對照；第四章和第五章構成一種對照關係。第一章是在一個歷史變遷的視角之下，追溯了現代中國在文化領域中的國家建設歷程，這具體表現在一整套的文化治理機構的確立。可以看到，這一國家建設歷程，自晚清以降至新中國，不斷推進，至新中國建立起了自中央到基層農村的一整套文化治理機構，極大推進了這一國家建設歷程。如果說這一章強調的是新中國在文化領域中的國家建設的推進，那麼第二章和第三章則討論的是這一國家建設進程所面對的國家能力不足方面的挑戰，這兩章分別從科層制與財政能力這兩個國家能力向度來討論新中國國家能力的不足如何影響到其在文化領域中的國家治理。這三章的內容觸及新中國初期的國家性質問題，顯然這不是可以用「強國家」、「弱國家」這樣的標籤能加以涵蓋的，而必須落實到對具體的不同國家能力的細緻討論之上。第四章的內容與第一章的內容有相似性，它討論的是在文藝領域新中國如何推進組織化社會的建設，也就是試圖將所有相關人員納入到統一的文化管理機構體系之中，與此同時逐漸消解了過去的一些文化管理中間團體。顯然，這一舉措強化了新中國對於文化領域中的管控力度。與之相對，第五章則揭示了這一強有力的國家所面臨的國家觸角的限度問題，也就是國家並不能有效地滲透和改變社會領域的方方面面。對照來看，第四章討論的是國家對於社會的轉化，而第五章討

論的則是國家之無法轉化社會，社會有其固有的韌性。因此，這兩章實際觸及新中國初期的國家與社會關係問題，這裏所揭示的圖景顯然有別於仍具強烈影響力的「集權主義模式」所勾勒的畫面，而意味著國家與社會相互塑造相互轉化的可能性。

如果借用哈貝馬斯系統與生活世界的概念來說，本書的討論主要是對於系統的討論，也就是對於國家作為一種科層制組織的討論。但第五章引入了更多生活世界的視角，特別是指出了文化的相對自主性，這構成了生活世界對於系統之殖民化的抵制之源泉；與此同時，國家機構作為系統也同樣需要面對生活世界的滲透，換言之，國家機構作為科層制組織並非是按照純粹的科層制邏輯來運作的，它始終是嵌入在更廣袤的生活世界之中。

總而言之，上篇從大眾文化領域呈現了「國家性質的繁複性」，特別是揭示了國家能力的複雜性、國家的非同質性以及國家與社會互動關係中的複雜性，這種複雜性能夠幫助我們更好地去理解新中國的社會主義文化改造之成就與局限。

下篇

上海大世界遊樂場的

社會主義改造

（1949-1966）

第六章

民國時期的上海大世界

一、遊樂場的興起

遊樂場在上海的出現，是受日本百貨公司的屋頂花園的啟發。上海的第一個遊樂場是樓外樓，其創辦時間是 1912 年，設在五層樓紅磚建築的最高層五樓，其營業時間從下午一點一直到晚上十二點，持續不斷地輪流演出髦毛戲（女子京戲）、新劇（俗稱文明戲）、蘇灘評彈和文武戲法等。[1]京劇自始主要都是由男子出演，由女子出演京戲自晚清開始出現，因此全部由女子出演京戲的髦毛戲並非首創，但仍然是有幾分獨特之處的。而文明戲則是當時方興未艾的舶來品，而一般普羅大眾對此也很陌生，以髦毛戲和新劇作為演出內容，意圖自然是以其新奇來招攬顧客。這種「百戲雜陳」、「連番不斷」的格局也奠定了後來遊樂場演出的基本模式。這些方面也很能體現所謂的海派風格。由於當時上海戲曲形式非常貧乏，所以樓外樓演出形式已經可以稱得上是豐富多彩，加上招攬的都是當時著名藝人，所以生意頗為可觀，外地來客慕名前往的也不少。樓外樓的創始人和商人黃楚九見有利可圖，遂聯手創辦新世界。

新世界於 1915 年開幕，演出方面比樓外樓更添花樣，有北方曲藝、文明宣卷、大京班、滑稽雙簧等，分佈在各劇場同時演出。環境佈置方面也特別用心，備有哈哈鏡，室內佈置花園格局為茶室餐廳，並且收羅原在城隍廟所有的遊戲品，如拉力機、拳擊機、氣槍等，以增添娛樂的品種。場內同時劃出一部分出租為小商場，專售兒童玩具和婦女裝飾品，此出租收入也是整個遊樂場收入的重要組成部分。小商販的生意很不錯，由於新世界鄰近賽馬場，每逢賽馬日期，新世界裏的遊客就更

---

1 B172-4-971，〈上海市文化局關於遊樂場的改進工作方案〉。

是人山人海。[2] 可以看到，新世界遊樂場也是訴諸於多樣化的節目和新穎刺激的體驗以招攬觀眾。同時，遊樂場內設置商店，這暗示遊樂場的空間即是商業空間，而這種商業元素在隨後更是不斷增加。

此時，大型百貨公司也開始在上海逐漸繁榮，著名的四大百貨公司先後成立。[3] 這些百貨公司也大多集中在今天的南京路及其附近，形成相互競爭的格局。為吸引顧客，於百貨公司的屋頂設置遊樂場，成為有效的商業策略。1917 年，先施公司於屋頂設立遊樂場（一般稱之為屋頂花園），由數個大小劇場和電影場組成，凡是在先施公司購物滿二百元者，就贈送遊樂場門票，因此觀眾很多。此後，永安、新新、大新和福安等大小百貨公司先後成立，經營方式與先施公司相同，這種於商場之屋頂設立遊樂場的策略也紛紛被效仿採納。除先施樂園等商場創辦的遊樂場之外，還有不少其他商人創辦的遊樂場，此外還有繡雲天、小世界（原名勸業場，在城內老城隍廟，屬南市比較完備的一個遊樂場）、神仙時節和大千世界等，滬上一時間就出現了眾多大大小小的遊樂場。[4]

2　B172-4-971，〈上海市文化局關於遊樂場的改進工作方案〉。

3　上海四大百貨公司分別是先施百貨、永安百貨、新新百貨和大新百貨，其成立的時間分別為 1917、1918、1926 和 1936 年。

4　B172-4-971，〈上海市文化局關於遊樂場的改進工作方案〉。

表 6.1　上海綜合性遊樂場一覽表 [5]

區	名稱	起訖
黃浦	樓外樓	1912-1915
黃浦	新世界	1915-1951
黃浦	天外天	1916- ?
黃浦	雲外樓	1916- ?
黃浦	繡雲天	1917-1928
黃浦	大世界	1917-
黃浦	小世界	1917-1950
黃浦	先施樂園	1917-1958
黃浦	永安天韻樓	1918-1947
黃浦	花花世界	1920- ?
黃浦	小廣寒	1924-1948
黃浦	江北大世界	1924- ?
虹口	新市遊樂場	1925- ?
黃浦	新新世界	1926-1956
黃浦	南市國貨商場遊樂場	1926- ?
虹口	新樂遊樂場	1930- ?
盧灣	大千世界	1932- ?
黃浦	福安遊樂場	1933-1957
黃浦	大新遊樂場	1936-1960
黃浦	天仙（輔記）樂園	1936- ?
靜安	好萊塢樂園	1938- ?

　　這些大大小小的遊樂場共同競逐正在發育的大眾娛樂市場，爭奇
鬥妍，各用新穎刺激的節目和手段來吸引觀眾，而對此種大眾娛樂的氛
圍也起推波助瀾的作用。

5　來源：童本一主編：《上海文化娛樂場所誌》，第 263-264 頁。

二、上海大世界的創辦與發展變遷

　　新世界遊樂場自有先施樂園等大小遊樂場出現以來，業務稍受影響，創辦人金仲山和黃楚九為爭權起矛盾引發訴訟，金仲山依靠其自身葡萄牙籍的關係打贏官司。黃楚九此後退出新世界，於 1917 年在法租界創辦大世界遊樂場，勵精圖治，精心設計，以與新世界一爭高下，一雪心中憤懣之氣。黃楚九在環境佈置上頗費匠心，[6] 並招羅了一幫文人雅士為場中之景致取了一些典雅別致又炫人耳目的名字，這些在曹聚仁的回憶中均有記載[7]：「場中有共和廳、大觀樓、小蓬山、小廬山、雀屏、鶴嶺、風廊、花畦、壽石山房、四望臺、旋螺閣、登雲亭等處。開開居士，替它定了十景：飛閣流丹；層樓遠眺；亭臺秋爽；廣廈延春；風廊消夏；花畦坐月；霜天鶴唳；瀛海探奇；鶴亭聽曲；雀屏耀彩。」除將環境裝扮得清雅宜人之外，更重要的還是在節目上做到精彩而多元化。[8]據曹聚仁回憶，「在戲曲、雜技、曲藝本身說，大世界所收羅的水準並不很低，即如揚淮戲曲，可以說是第一流的地方戲」。京劇方面，則羅致了著名藝人如李春來（武生）、孟小冬（老生）、小楊月樓和韓金奎等演員，陣容強大，常上演應時好劇，中間則插映電影以作調劑，而大世界也專有乾坤大劇場以作演出之用。遊藝場羅致的很多曲藝後來發展成地方戲曲，如申曲演唱並重，再改進為後來的滬劇，而著名的滬劇藝人如王筱新、施春軒、丁是娥、王雅琴等都是在遊樂場演唱成名的；雙

6　關於大世界當時概貌的一個文學化的描述可參考沈寂：《大世界傳奇》，上海：同濟大學出版社，1993 年。

7　曹聚仁：《上海春秋》，上海：上海人民出版社，1996 年，第 315 頁。

8　姚克的〈天橋風景線〉寫於 1934 年，其中提到，他在北京天橋看到耍河叉的，「南方有時也有；不過我記得只在上海新世界大世界見過，城隍廟就沒有這個」，姜德明編：《夢回北京：現代作家筆下的北京，1919-1949》。這也可以看出大世界節目收容之全面。

簧表演則改為獨腳戲滑稽説唱，發展到後來的滑話戲，而滑話戲所有著名的藝人從易方朔、王無能、劉春山到後來的周柏春、姚慕雙等都在遊樂場演唱而成名。甚至可以説，大世界是藝人步入藝壇的一塊試金石，能夠在大世界站穩腳跟，那麼也就具備能力在其他中大型劇場立足。在器械方面，大世界也建立了電動的大轉盤、空中飛船和電轉木馬等新奇玩意。[9] 總之，大世界在節目的品類、品質、藝人的質素和娛樂器械的安排方面都頗為可觀。

大世界的建立，自然對新世界構成強勁的挑戰，二者之間為競爭則奇招頻出，爭奇鬥妍。新世界設立自由廳、跑驢場，大世界則設立動物園展覽蟒蛇、猩猩等。此外，大世界應時節舉行菊花會，正月則羅致各省著名燈彩藝人來上海，製作各種精巧奇異燈彩，舉辦元宵燈會，七月初七則佈置牛郎織女鵲橋相會，中秋就佈置嫦娥等神話，有時燃放民族形式煙火，有時則大搞迎神賽會。與之相應，新世界則以戲曲大會號召，有時不擇手段利用洋場買辦、闊少捧妓爭風機會，舉辦所謂花國大總統、群芳大會唱等活動。[10] 在這樣一種激烈競爭的市場格局之下，兩家可以説都是絞盡腦汁來爭奪顧客。

在飲食方面，大世界也頗費了一番功夫，可以説是在遊樂場裏面辦得最好的。從中西菜到一般點心和便宜小吃，應有盡有，而南北口味也幾乎齊全。大世界裏著名的小吃有南翔小饅頭、湖州粽子、酒釀圓子、糟田螺、綠豆湯、藕粉、北方炸元宵、杏仁豆腐、酸梅湯、山楂糕等，除種類繁多以外還價廉物美，所以很受觀眾歡迎。[11]

此外，大世界還要不斷採取各種促銷手段來吸引顧客。如大世界曾

9　B172-4-971，〈上海市文化局關於遊樂場的改進工作方案〉。

10　B172-4-971，〈上海市文化局關於遊樂場的改進工作方案〉。

11　B172-4-971，〈上海市文化局關於遊樂場的改進工作方案〉。

經推行打字謎的活動，風行一時，實際是帶有賭博性質的活動；另外又利用民間信仰，製作飛來峰以供養濟公，在此求香拜佛的也不乏其人。在業務清淡時，大世界又推行買門票一張贈送香煙一包的活動以吸引顧客。[12] 為什麼贈送香煙？這是因為黃楚九當時在推進他的產業多元化的策略，他當時除經營大世界以外，也擁有自己的醫藥生產企業且盈利不菲，隨後也開始生產自有品牌的香煙。因此，買門票贈送香煙實際上是一種一舉兩得的策略，既可以鼓勵光顧大世界，又能消除囤貨且趁機大作廣告。

由此可見，大世界不僅提供多樣化的戲曲節目和娛樂設施，也準備了諸多其他形式的娛樂活動以滿足和刺激各種感官需要。可以說，大世界將此種文娛產品多樣化的策略演繹至極致，而這些都是因應顧客的潛在需要而設計，其目的亦無非是雙方皆大歡喜，而大世界也抱得金錢歸。在消費者那端，其內心的動機無非是都市人藉由娛樂而實現放鬆和消遣，而在大世界這端，則是商業盈利的邏輯貫穿始終。

就商業邏輯而言，大世界內部自然也是商機無限，黃楚九作為精明的商人，很善於將此娛樂空間轉化為商業空間。大世界除門票業務收入外，另有二筆比較大的收入：一是出租場內攤基的收入，大世界過去的字謎攤的租金收入相當可觀；二是廣告收入，大世界的廣告除招商承包外，也為黃楚九經營的企業服務，如大昌煙公司、中法藥房和九福制藥公司，像後者出品的百齡機藥品，其廣告力度尤其大，一進大世界到處皆是據稱有意想不到效果的百靈機廣告。[13] 由此可見，遊樂場的商業

12　B172-4-971，〈上海市文化局關於遊樂場的改進工作方案〉。

13　當時文化娛樂業的商業化傾向也表現在文化娛樂業對不同媒體的利用，比如上海滑稽因其幽默有趣且貼近普通百姓，在上海頗有市場。滑稽演員不僅在各大遊樂場和劇場演出，也往往在電臺上演出，而電臺則利用滑稽之流行，在滑稽節目前後插播廣告以牟利。除電臺之外，滑稽戲也往往被錄為唱片，或者將滑稽劇本出版成書出售，參見B172-4-971，〈上海市文化局關於遊樂場的改進工作方案〉。

化趨勢是比較明顯的，而其商業化運作也相對較為成熟。

　　如上所言，因應大眾娛樂市場的日益發育所湧現出來的形形色色的大小遊樂場，它們之間形成了激烈的市場競爭，小遊樂場往往難以立足，因為它們空間小，難以像大世界那樣分設不同的場地以上演不同種類的戲劇曲藝和遊藝，同時，小遊樂場囿於資金的匱乏及場地的限制，也難以招攬有名的藝人或者大型的劇團來上演。在票價上，大世界和新世界之票價已屬低廉，在此基礎上如再要降低票價，對小遊樂場而言也屬不堪重負的行為。所以，小遊樂場不得不劍走偏鋒，以爭取有一立足之地。一些小遊樂場率先起用女子招待[14]以色情吸引，此後絕大多數遊樂場則群起效尤，演出方面也推出模特兒表演、草裙舞等色情表演。另外，當時的遊樂場普遍通過唱春調給表演增加一些色情因素，甚至整個劇種都是具有濃厚的色情成分。[15]大世界自然不可能自外於此風氣，而且由於大世界之易手更有變本加厲之勢。[16]

　　在上世紀二十年代末期，黃楚九先後投資醫藥、香煙等產品，又利用大世界之便於其旁開設日夜銀行，以種種手段吸引存戶。隨著產業日大，黃楚九之野心也開始膨脹，於是進軍房地產領域，不料卻遭逢經濟大蕭條，資金不足而要挪用日夜銀行之現金流，而此時市面謠言四起，引發日夜銀行的存戶之恐慌，後者紛紛擠兌，日夜銀行應聲破產，黃楚九之家業也隨之節節敗落。[17]滬上青幫大亨黃金榮對大世界覬覦已

14　所謂女子招待，表面上是招待顧客，給顧客泡茶，但暗地裏也可能提供各種形式的色情服務（後文有更詳盡的介紹）。

15　沈亮：《大世界：綜合性文化娛樂場館的經營之道》，上海：上海書店出版社，2011 年，第 172 頁。

16　B172-4-971，〈上海市文化局關於遊樂場的改進工作方案〉。

17　有關黃楚九的個人生平以及這個時期的具體過程，可參見秦綠枝：《海派商人黃楚九》，上海：上海書店出版社，1999 年；也可參考傅湘源：《大世界史話》，上海：上海大學出版社，1999 年。只是此書有更多戲說成分，參考時不可不小心。

久，此時便不失時機地納入名下。此後，黃楚九的大世界就改名為「榮記大世界」，而開始一個新的階段。

黃金榮接掌大世界之後，馬上任用麾下之青幫徒弟為大世界的經理和各級主管，下面的不少工作人員也多為青幫份子。由於這層關係，大世界遂成為青幫盤踞之地，在日據時期大世界一度成為國民黨與日偽之間的諜戰之地，而暗殺鬥毆一類的轟動事件也時有所聞，這在坊間小說以及不夠嚴謹的小說體敘述中更被大肆渲染，檔案裏也不乏記載，如「大世界發現手榴彈」[18]，以及「人犯脫逃跌死」的事件等。[19]

大世界與黑幫有千絲萬縷關係的這種狀況並非孤例，可以說是當時的普遍狀況。在滬上四大京劇舞臺當中，如共舞臺屬黃金榮、天蟾劇場屬江北大亨顧竹軒，都與黑幫有千絲萬縷的關係，而在四大遊樂場裏面，除大世界之外，諸如先施樂園裏的許多職工也是黑幫成員，這在檔案中也有記載。[20]

許多著名的演員要在上海立足，也不得不拜「白相人」（即黑幫流氓）為老頭子。後來為中共政權重用的著名京劇演員周信芳，當時也無法免俗。而許多女演員則成為黑幫頭目的妻妾，著名者如筱丹桂之於張春帆。這些在後來中共發動民主改革的訴苦運動中被靈活運用和放大，

---

18 Q131-5-7334，〈市警察局關於泰山分局調查大世界遊藝場內發現手榴彈情況報告〉。

19 大世界裏的這種亂象，在曹聚仁的回憶中也有印證，「但當年的大世界，那些寄附的黑勢力所帶來的藏污納垢，那真是地獄的一面。上面所說的流鶯，大部分都在大世界拉客，從底層到三樓，都是流鶯的世界。底層和二樓，有一時期，幾十家詩謎攤，便是變相的賭攤。在舊曆新正，那三日，便公開設了賭攤。一方面，中國最早的 X 光室，就在二樓展出，一個美女真正脫衣，脫到成為骷髏為止，可以說是最早的脫衣。而早期的跳舞場正是那兒開設，頗有香港舞院之風。」參見曹聚仁：《上海春秋》，第 315 頁；另見 Q131-5-576，〈上海市警察局處理大場分局二股在大世界人犯李金生脫逃跌死案〉。

20 B172-1-141-1，〈上海市文化局關於先施遊樂場的情況報告〉。

但不能說是空穴來風。

由於這種黑幫勢力的介入，加之白熱化的市場競爭，大世界文娛節目之多樣性雖不減當年，但卻摻雜了不少低俗淫穢的節目，諸如高價雇傭舞女跳「裸體舞蹈」，且在這一時期娼妓氾濫，[21] 也影響及大世界之聲譽。故此，大世界在商業邏輯的推動下，情欲邏輯也隨之展開，大世界遂為正派人士或高雅人士所不齒，而內部的混亂，也使得一般市井百姓不願讓其年少的子女踏足。[22]

三、小結

至此，我們大體瞭解了大世界的誕生和發展過程。粗略來說，解放前的大世界基本可分為兩個時期，即黃楚九時期和黃金榮時期。除抗戰時期一度作為難民收容所之外，大世界一直對外營業。黃楚九為招攬顧客，在大世界的設計以及節目的豐富多彩上費盡心思，奠定了大世界基本的經營模式，雖在後期受其他遊樂場風氣之影響，起用了女招待，並容納字謎算命術士，但總體而言，遊樂場裏的秩序仍然是井井有條，上演的節目也可說是雅俗共賞。有的研究者甚至稱之為「平民的高尚狂歡之所」。[23] 黃金榮接掌以後，情況有江河日下的局勢，各種色情演出成

---

21 沈亮：《大世界：綜合性文化娛樂場館的經營之道》，第 183-186 頁。

22 大世界在當時公眾心目中的不良形象，在小說中也有顯現。張愛玲在〈封鎖〉一文中，描述了一位學校英文助教吳翠遠，她在封鎖時間於電車上改試卷，「翻開了第一篇，是一個男生做的，大聲疾呼抨擊都市的罪惡，充滿了正義感的憤怒，用不很合文法的，吃吃艾艾的句子，罵著『紅嘴唇的賣淫婦……大世界……下等舞場與酒吧間』」，把大世界與這些現象勾連在一起，就很能體現民眾對大世界的認知，這種認知特別凸顯的正是大世界的情欲邏輯，參見張愛玲著，倪文尖編選：《留情：張愛玲小說》，上海：上海古籍出版社，1999 年，第 4 頁。

23 沈亮：《大世界：綜合性文化娛樂場館的經營之道》。

分有增無減，黑幫勢力的滲透也可說侵入骨髓。當然，如果說遊樂場逐漸變成「流氓阿飛娼妓摸竊活動的大本營」略有誇張，那麼，一般正派的觀眾將大世界視為卑污場所而裹足不去，則是一個基本屬實的轉變。

不過，不管是黃楚九時期還是黃金榮時期，大世界的商業性和娛樂性都是極為顯著的。遊樂場脫胎於與百貨公司密切關聯的屋頂花園，最初就是作為一種促銷手段而被發展出來的，因此在設計上自然是要凸顯娛樂休閒特色，才能吸引顧客。隨後，附屬於百貨公司的屋頂花園自身便成為了盈利的管道，因此脫離百貨公司自成一體，而其所銷售的商品便是它所能提供的娛樂。這實際上強化了遊樂場的商業性質，因為作為附屬機構的屋頂花園僅是促銷手段而並不指望能帶來利潤，一旦其自身成為利潤榨取的對象，則其裹入市場競爭的程度勢必加強。這種遊樂場的獨特之處在於提供一種娛樂的多樣選擇，其本質便是娛樂超市。這是一個徹底的包羅萬象的聲色犬馬之所，戲劇、曲藝、雜技、魔術、電影、景觀、飲食、體育、占卜、跳舞和色情，你所能想像到的主要娛樂種類這裏幾乎都有。消費者進入這個空間可以自由轉換娛樂空間，自由選擇節目菜單，猶如電視機之遙控器可隨時操弄於手，簡便自如。不同的娛樂空間帶來的是不同的聲色感受與刺激，這也正是消費者在此間所要尋找的。而且，這種娛樂所帶來的效用必須被最大化，觀賞時間是最大化的，自中午到晚上長達近 14 個小時裏面，隨時都有節目；觀賞節目的種類也同樣需要最大化，所以除了一些大戲之外，在大戲之間會穿插一些單檔的小節目，比如小魔術或是小曲藝，這樣，觀眾就不至於因等候大戲的上臺而白白耗去觀賞的時間。因此，這種商業邏輯決定了遊樂場的娛樂本質，也催生出了「百戲雜陳」、「連番不斷」的運作模式，正是這種運作模式吸引眾多遊客駐足其間，支撐著大世界的聲名不墜。

在這樣一個邏輯下面，遊樂場的功能主要是一個提供種種娛樂產品來獲取利潤的場所，娛樂產品的重點關注在於它所提供的聲色刺激

是否能夠吸引觀眾，這並不意味著它一定不具備藝術性，但這只是一個次要的考慮。作為娛樂產品的消費者來說，他們自然存在個體之間的差異，但整體而言其目的是享受這種娛樂帶來的放鬆、輕鬆和歡愉或者是聲色上的刺激，是上海人所謂的「白相」。這種娛樂產品消費的體驗，借用科亨關於旅遊經驗的區分，[24] 主要屬於娛樂和逃避的體驗（recreational and diversion mode），[25] 而無關乎價值與人生教育。可以看到，在娛樂產品的供給者和消費者之間形成了目的上的吻合與一致，這支撐了這些遊樂場的持續運作，一直到新中國的建立。

大世界的運作模式和運作邏輯可以說代表了文藝的商業化運作以及文藝的娛樂化的典範，在新中國成立以後，這種運作模式和運作邏輯經歷了怎樣的衝擊和轉變，新政權究竟採取了什麼樣的方式來改造這既聞名遐邇又臭名昭著的大世界，將是接下來的章節要予以關注的。

---

24 Cohen, E. "A Phenomenology of Tourist Experiences." *Sociology,* Vol.13, No.2, 1979.

25 除這裏講的兩種旅遊經驗以外，另外三種旅遊經驗分別為經驗模式（experiential mode）、試驗模式（experimental mode）和存在模式（existential mode）。經驗模式指的是在尋求意義，但未尋求到，「生活在別處」的狀態；試驗模式是尋找到意義之所，但未完全委身，而是在不停地轉換；存在模式則是已尋覓意義之所，且完全委身，類乎宗教體驗。可以看到，這幾個層次，依據其尋覓意義之穩固程度而依次遞升。

第七章

塑造文化領導權：上海大世界的接管

一、微觀權力格局的轉變

如前文所敘，文化領導權的塑造需要組織和制度基礎，文化運作及其具體的文化活動的轉變有賴於具體的文化機構內部的權力格局的轉變。本節主要論述 1949-1956 期間大世界內部的權力格局是如何通過一系列運動而被逐步轉變的。

1. 鎮反運動的開展

1949 年 5 月 27 日，上海解放，上海由此進入一個新的時代，而大世界的命運也開始發生轉變。「大世界」一直到 1954 年 7 月份才被正式接管，此前仍是高掛著「榮記大世界」的招牌。這個時期是新舊交替的階段，大世界的管理人員雖保留了部分舊班人馬，但在經營方式上已不可能無所顧忌。[1]

此時當局並未正式接管大世界，但這並不意味著對大世界的領導權袖手不顧。「榮記大世界」的幕後主子，橫行一時的青幫大亨黃金榮，不得不以八十多歲高齡到大街掃地以接受改造，並寫下著名的懺悔書以向新政權表達改造的決心和示好，這一事件足可見權力格局的變化。[2] 黃金榮於 1953 年逝世，這更是大世界的舊有權力格局崩潰的象徵。事實上，此前的鎮反運動已經以摧枯拉朽之勢極大地動搖了大世界原有的組織機構。

1950 年，當局在大世界裏鎮反、逮捕了一批「流氓反革命」，包括丁永昌（原經理）、郭政之、舒錦金等，然後取締了丁永昌組織的

---

[1] 〈三十年來第一次 大世界今大掃除〉，《新民晚報》1949 年 11 月 25 日。

[2] 〈黃金榮自白書〉，《文匯報》1951 年 5 月 20 日。

「聯誼會」，並成立了工會。通過發動藝人的控訴，又逮捕了大京班「戲霸」吳金奎，接著又鬥爭了其他劇團的戲霸，將其清理出去。[3]

這樣的鎮反運動在其他文化機構裏也是同樣如火如荼地進行著。以中國大戲院為例，其職員總計 267 人，而有「政治歷史」問題的人數佔總人口百分之五十九。閱讀這些報告我們不難發現，新政權對於這些遊樂場、劇場和劇團在總體上都是持不信任態度，認為這些機構的人員普遍不純，魚龍混雜，必須以適當的方式予以甄別，然後再加以教育。因此，鎮反、接管和民主改革等一系列措施和運動都是為達到此目標而進行的，每一次運動都是要針對前一次運動不徹底之處予以徹底化，而每一次新的運動都對既定的權力格局產生新的衝擊。

事實上，新政權為這些鎮反運動在事前已做了大量準備工作。在中共真正接管上海之前，上海的地下黨已經搜集了大量資訊，而鎮反運動一旦推進，中共就已經有目標了，因為許多劇場、遊樂場的負責人或老闆早已列入地下黨的黑名單上：

> 大世界：經理丁榮昌，黃金榮徒弟，管理大世界十多年，出入汽車，交際很廣，手下徒弟很多，專替人家講案，賭錢，做生意，為人陰險，也是黑吃黑的人，標準的流氓，可能有特務任務；遊藝班主任室黃某，也是黃金榮的徒弟，一樣的流氓；雇傭人數 300 人，分演員、茶房、稽查、售票和收票等，日夜售票 2 萬張，現在停售，每天有 9000 個軍人光臨；稽查員都是小流氓，演戲一般都是人馬不齊落魄的，混日子；大京班是講月薪的，但也是苦的很……[4]

---

3 B172-4-153,〈上海市文化局關於上海市戲曲職業社團（大世界、福安遊藝場所屬劇團）情況調查表〉。

4 C1-2-5218,〈地下黨組織對肉食衛生、產物保險公司、戲院、商業等行業的情況調查〉。

209

這些榜上有名者，一部分在解放初或未等解放便逃離上海到香港，一部分在鎮反的時候就被拉下馬，一部分在最初雖未被鎮壓但在其後很快被排斥在文化領導層之外。因此，上海的這些主要的文化娛樂場所的管理階層隨著鎮反運動的開展而逐漸易手，而國際大戲院由於屬於敵產被直接接管，更是直接置於新政權的領導之下。因此，鎮反運動實際上初步瓦解了文化娛樂場所的管理層。

2. 勞資關係的轉換與勞資矛盾

在文化機構的資本家相繼被打倒或逃離的同時，新政權在文化機構裏普遍設立起工會，「大世界」也不例外。這些基層工會在新政權的支持下，也感到勞工階層要翻身了，要奪回屬於他們的利益。這突出地表現為要提高工資和福利，甚至有勞工要求佔有行政權。但是，新中國成立初年遊樂場和劇場的經營狀況並不穩定，如 1950 年的「二六轟炸」，對整個上海的經濟衝擊很大，遊樂場和劇場的營收也隨之大幅滑落。[5] 因此，一方面是在工會有組織的推動下工人階層所提出的日益高漲的工資和福利要求，另一方面則是遊樂場和劇場老闆經營波蕩起伏下的保本求存的需要，這二者之間的矛盾遂不斷發生，且有愈演愈烈之勢。在這個過程中，工人階層主要依託的是工會的力量，而資方則是求助於新被改組的影劇院同業公會。

在影劇院同業公會的會議記錄上就可以發現這一時期勞資糾紛是彙報討論的焦點議題，以至於不得不設立專門的勞資關係委員會來處

5　B172-5-777,〈上海市文化局關於大世界虧損問題調查報告及其歷年經濟財務統計表〉。

理。[6] 但是，被改組的影劇院同業公會並不具有實質的權力，它並不能作出實質的決斷，而只是將問題匯總然後由同行共同討論處理之道，並尋求相關政府機構的最終處理。在勞資糾紛方面，大世界等文化機構的勞資糾紛問題不斷彙報到公會，公會則派員去瞭解並試圖協調。這種協調往往需求助於勞動局、文化局和同業公會的上級機構上海工商業聯合會，它們與上海總工會協同起來促成勞資協商會議的建立，[7] 以做出有影響力的處理。如前所述，不同於民國時期，戲劇院商業同業公會實際是一個組織鬆散且連會費繳交都難以強制執行的同行論壇，同業公會裏的會員很難從公會那裏獲得實質的支持，當時的意識形態顯然也並不利於資方，因此不難想像，勞方在這個過程中往往顯得比較強勢而資方則多少要做出妥協讓步。比如大世界裏的勞資糾紛，同業公會數次協商，而勞方均不肯接受。[8] 資方甚至不敢輕易解雇其雇員。比如，河北大戲院職工項某不願擔任雜務工作並破口罵人，侮辱資方，資方擬予以開除，但資方不敢擅自作此決定，所以上報給同業公會，同業公會商議等勞資雙方再行協商後，視情況再做決定。[9] 這個事情足見資方與同業公會之謹慎，而這種謹慎姿態所折射出來的權力變化也是很明顯的。

大世界裏所發生的改變也同樣可以說明勞資雙方權力的轉變。這

6　S320-4-14，戲劇院商業同業公會〈本會籌備委員會及各種專題會議記錄〉。據檔案記載，勞資關係委員會從 1951 年 3 月 16 日到 7 月 31 日，一共開過 19 次會議，討論了 77 件案件。

7　B172-4-14，戲劇院商業同業公會〈本會籌備委員會及各種專題會議記錄〉；A22-2-127，〈中共上海市委員會文藝工會工作報告及文化局關於文藝工會工作情況報告〉。1950 年，上海市文化局戲改處調節糾紛 250 件，文藝工會 1953 年報告也談到大部分時間都捲入解決糾紛的問題當中。這說明這幾個機構都有參與到勞資糾紛的解決過程當中。

8　S320-4-13，戲劇院商業同業公會〈本會舊理監事會籌備委員會及各種專題會議記錄〉。

9　S320-4-15，戲劇院商業同業公會〈本會籌備委員會及各種專題會議記錄〉。

表現在大世界裏前臺職工的工資水準的大幅增加。[10] 在解放前，大世界的演員待遇大約為兩個前臺職工的待遇，但現在反過來了。大世界職工的福利也顯著提高，甚至可以說比較優裕。[11]

當然，此時畢竟未完成公私合營，在所有權上很多文化機構仍然屬資方所有，因此也不乏資方會採取比較強硬的立場，甚至可能予以報復。但是，這些勞資糾紛不斷湧現仍然反映一個確鑿的事實，即文化娛樂場所的經營者或私方所有人之權力已大大削弱了，而相應的則是以工會為依託的勞方權力的迅速增長，但歸根結底，它反映的是新政權的權力在基層的逐漸滲透與建立。

3. 管理人員的改造

在 1952 年的時候，大世界對其管理組織進行了調整，其中最值得注意的是，在選拔人員的條件上明顯地向新意識形態靠近。比如，大世界規定各部門的領導必須為群眾之全體或大多數所擁護，而且能領導和團結群眾者；更特別的是，在遊藝處工作者，必須對新文藝政策和戲曲

---

10 B172-1-5，〈上海市軍事管制委員會文化教育管理委員會文藝處劇藝室關於上海市半年來戲曲改選工作的總結〉。

11 B172-4-357，〈上海市文化局關於大世界遊樂場發展方向的報告〉。與此相關，袁進等人也指出，1953 年修訂的《勞動保險條例》或許是中國歷史上最照顧工人利益的勞動保險條例，對工人供養的直系親屬，只要是沒有工作的都可以享受該工人的勞動保險待遇，這一待遇事實上是遠遠超過了當時國家公務員和事業單位職工享受的公費醫療待遇。但是，隨著工廠企業的公私合營，私營企業基本上不復存在，原來由私營企業承擔的勞動保險轉為國家承擔，加上就業人口的增加，工人數量的急劇增長，國家包袱太重，後來頒佈的《勞動保險條例》逐漸修改成一名工廠職工只能享受一個直系親屬和一個子女的勞動保險，參見袁進、丁雲亮、王有富：《身份建構與物質生活：20 世紀50 年代上海工人的社會文化生活》，第 29-35 頁。

改進有很好的認識。[12] 大世界在當時大環境變化的背景下採用這樣一種任用規則，就使得遊樂場相比以往能夠更好地體現新中國的意識形態，而這也是文化領導權得以確立的微觀環節。[13]

此外，新政權也有步驟地採取自上而下的宣傳教育措施。事實上，在進行組織制度的調整之前，新政權已經著手對這些私營文化場所的經營者進行思想教育，讓他們明瞭新政權的意識形態和政策取向。在中共的文藝改造所説的「三改」（即改戲、改人和改制）裏面，改人不僅包括戲曲藝人在思想和藝術上的改造，如要參加種種藝人講習班，也涉及到娛樂場所經營者的改造。在 1951 年 4 月份至 6 月份間，文化局舉辦上海市戲曲院業前臺負責人學習班，學員共 151 人，應包括了上海相當一部分戲曲院業的經營者。[14] 學習班的學習內容主要包括上海市第二屆二次各界人民代表大會的決議，革命的人生觀、鎮壓反革命運動、勞資政策以及劇場管理與前後臺關係等，其內容牽涉到新的意識形態、時政與當下政策。通過這種學習班，政府也希望扭轉前臺人員對政府的猜測懷疑，進而密切政府與院場之關係。這個學習班所傳遞的資訊是明確的，即遊樂場所此後已不再是單純的商業，同時也是對廣大人民群眾進行宣傳教育的陣地。[15]

12　S320-4-27，〈上海市戲劇院商業同業公會書場擊彈溜冰組業務規則價格及有關管理計劃等即會員大世界業務改進計劃〉。

13　除了這種基層文娛機構在組織結構上「自覺地」調整與學習之外，基層文娛機構也通過種種方式向新政權表忠心，比如積極參加國家公債的購買，大世界甚至向大新、福安等遊樂場發出「挑戰」，看誰在購買公債的過程中更有積極性。參看：〈街頭藝人表演買公債 影劇界一片購債聲〉，《新民晚報》1950 年 1 月 13 日。

14　B172-5-117，〈上海市文化局關於劇場、遊樂場工作的資料〉。學員原本有 174 人，但其中 18 人因反革命罪行中途逮捕（其中最有名的如張春帆），又有 5 人中途退學。這裏也反映出了當時鎮壓反革命的力度，而有人敢於中途退學，也一定程度上説明當時新政權的權力之威懾力並非如此絕對。

15　B172-5-117，〈上海市文化局關於劇場、遊樂場工作的資料〉。

至此，透過鎮反運動、勞工抗議以及大世界自身對其組織機構的調整，在接管前夜，大世界內部的微觀權力格局已經出現了重大轉變，只不過這種轉變仍有待進一步的舉措予以夯實和制度化。

4. 劇團的改造

在 1952 年的時候，文化部進行了一次對全國的文化機構的調查，可以從中看到當時大世界內部的一些劇團情況的介紹，例如，這裏介紹的群聯京劇團的狀況大致如下：

負責人王永祥，私營，京劇，主要演員工資為 935000-2090000（舊幣，以下同），普通演員工資約為 400000-913000 元，共有 94 人，參加過藝人講習班

經常演出的節目：梁山英雄（新本，剷除官僚及反壞反封建），[16] 四進士（舊本，反貪官汙吏），群英會（舊本，三國歷史），長板橋（舊本，三國歷史），楚漢相爭（舊本，楚霸王為英雄主義，最後敗於韓信而自刎烏江），打漁殺家（舊本，貪官苛捐雜稅，漁民反封建），三打祝家莊（新本，反朝廷），武大郎之死（舊本，反惡霸），頭本走麥城（舊本，個人英雄主義），十三妹（舊本），百花亭（舊本，優秀的古典舞）

最受歡迎的是哪些節目：四進士，群英會，長阪坡，失空斬，打

---

16 括弧中的內容，前面一項是指該劇本是新劇本還是舊劇本，後面一項是說明該節目的主題。

漁殺家，三打祝家莊，走麥城。[17]

　　從這裏可以看出，像京劇這樣的傳統劇種，此時經常演出的節目當中現代劇極少，而多半是沿襲或者改編傳統題材。這種情況在其他劇種裏也同樣出現，例如友誼揚劇團。不過，雖然這些傳統劇種的劇團仍然主要上演傳統劇本，但也知道大勢所趨，所以在繼續上演舊劇的同時，也必須為舊劇賦予新的政治意涵，向新的意識形態靠近，比如「梁山英雄」這樣的劇本就被賦予了「剷除官僚及反壞反封建」的標籤。這種政治修辭在魔術表演的取名和口技表演的詮釋上表現得最為淋漓盡致。如下所示，大世界裏的魔術和口技表演團體為他們的節目刻意地賦予了種種政治意涵：

南洋科學幻術團：

主要負責人蕭鵬飛，主要演員工資 50 萬，次要演員工資 25-15 萬

魔術的名稱：保衛世界和平，抗美援朝，解放了的人民，打開了枷鎖，增加生產

總共 12 人，參加藝人講習班者 12 人

沈易書三弦拉戲：

負責人沈易書，主要演員工資 70 萬，次要演員工資 30-15 萬，總共 5 人，參加藝人講習班者 3 人

弦奏技藝（仿口技）：改編，牲畜聲，農業工具的運用聲，形容農村工作的情調

拉戲（打漁殺家等）：改編，仿京劇唱詞，輔以語詞，說明舊社會

17　B172-4-153，〈上海市文化局關於戲曲劇團班社（大世界遊藝場所屬劇團）的概況調查表〉。

中漁民的遭遇壓迫

口技：新本，嬰哭，槍彈，飛機等。[18]

不過，也有一些劇種情況稍有不同，比如，滑稽和滑稽京劇這類劇種，上演的節目中現代戲劇的比例要稍多：

精神曲藝（滑稽）：

主要負責人張稚兒，主要演員 1 人，次要演員 1 人，工資分別為 492000 和 360000，音樂員工資為 144000

節目：兒童曲（改編，教育兒童），抗美援朝（新本，增產節約，支援前線），青年進行曲，人民真用心（改編，解放後人民快樂現狀），反對十一種自由主義（改編，反自由主義）

共 3 人，參加藝人講習班者 2 人。[19]

從這些劇團上演的劇目可以看出，很多現代戲劇都是服務於當時的中心任務，比如抗美援朝、宣傳婚姻法和三反五反等運動，或者是歌頌新社會的美好。這樣的戲劇安排計劃，與新政權所宣傳的新的文藝方針是吻合的。由上述事實可見，在政權交替的格局下，大世界裏的劇團都能審時度勢，在不同程度上去吸納新的意識形態。它們或者直接上演反映中心任務的現代劇，或者為上演的舊節目賦予新的含義。

除此以外，在表演方面，當局也力圖清除演出中的色情成分。其

---

18 B172-4-153，〈上海市文化局關於戲曲劇團班社（大世界遊藝場所屬劇團）的概況調查表〉。

19 B172-4-153，〈上海市文化局關於戲曲劇團班社（大世界遊藝場所屬劇團）的概況調查表〉。

中，楊菊俠劇團演出事件就是一個契機。楊菊俠劇團是大世界場內的一個滑稽劇團，原來的演出比較隨意，經常在表演中使用大量黃色庸俗的噱頭以及很多色情的暗示，在解放後就馬上受到觀眾批評，各大報紙都刊登此事，這一戲劇批評儼然變成一樁公共事件，而劇團也隨即表示接受批評。[20]

文化主管部門對於劇團的發展和改造的關注，自然不僅限於戲劇方面，也涉及到劇團的組織安排和日常活動方面。在這方面，1952 年冬季，上海市文化局對上海市的戲曲職業劇團進行的調查為我們提供了相關資料。這次調查的內容包括：

> 劇種，劇團名稱，姓名，團員人數，劇團成立年月，現在演出場所，曾演出和經常演出場所，曾在外埠哪些城市城鎮演出過，<u>在外埠演唱情況，團內組織機構</u>，團內福利金之來源，三年來學習情況，<u>在本市或外埠集體或個別曾參加過哪些學習運動（包括文化局、文藝工會、戲改協會所主辦的各種學習班），三年來已進行或正在進行哪些制度改革</u>（包括劇團改造，修改團章公約，團員薪金調整及組織制度建議等）[21]
>（註：劃線為筆者所加）

這次調查的事項非常廣泛，可看出新政權試圖全面掌握基層文化機構的各方面資訊的意圖，這裏所列事項也說明了政府所在意的是哪些方面，而劇團被期待在這些方面要有好的表現。可看到，新政權比較留意劇團是否有參加各種政治學習，而它們的流動狀況此時也必須及時向文化局彙報。還有，劇團必須在組織上予以改革以符合新的意識形態，

20　沈亮：《大世界：綜合性文化娛樂場館的經營之道》，第 197 頁。

21　B172-4-153，〈上海市文化局關於上海市戲曲職業社團大世界遊藝場劇團情況調查表〉。

217

比如説，過去劇團所採取的班主制被新政權視為是錯誤的，是剝削壓迫性質的組織形態，而必須改以更強調平等性的共和班制。那麼，劇團究竟是如何回應的，從下面的大世界群聯京劇團的彙報中可略窺一二：

群聯京劇團，劇種為京劇，成立於 1952 年 1 月 1 日。本團組織上設團委會，下設演出股、總務股、檢查股，另有學習委員會。

本團福利基金是清算吳匪金奎時的賬目結餘與建團後團內雜費項下結餘累計而來，現已有百多萬元，團員經濟上有特殊困難的均可貸款，分期還。

曾參加過戲改文藝工會辦的「藝人幹部學習班」（五人參加）。文化局主辦的上海市第一界戲曲研究班，約有 30 人參加學習，文藝工會主辦鎮壓反革命學習，參加者 50 人，全體參加文化局主辦的遊藝場藝人學習班，另團內今年一月起開辦文化學習班，近展開文化學習班「速成識字法」。在鬥爭封建把頭吳匪金奎以後，經過擬訂團章，改選團委會、民主評薪等階段，在 1952 年 1 月 1 日正式建團。

經過對吳匪的鬥爭，階級覺悟和政治覺醒都有了提高，內部也比較單純，團委會在群眾當中的威信也相當高，這些是我們的優點，而為大世界及其他團體所不及，缺點在於我們沒有經常的政治學習，演出上積極改革和大膽創造的精神不夠，因此無論是政治和業務都停滯在原來的水準上沒有提高，政治方面落後的仍舊相當落後，沒有新的積極份子出現，業務上的停滯不前更為嚴重，進步是比較少的。

困難：我們是日夜演出，為了照顧同志們的健康，而時間上事實上也有困難，因此原來計劃的全體成員參加政治學習始終無法展開，我們主觀上的努力不夠也是有責任的，其次是由於編導方面的缺點，在業

務上缺乏領導重心，劇本荒尤為嚴重。[22]

　　可見，劇團至少在形式上建立起了共和班這種新的組織形態，設立團委會來討論劇團的各種事務，而不是以前那樣由班主一人說了算，在薪金上也同樣不能一人說了算，而必須採納民主評薪的方式。當然，形式上如此，現實執行如何則仍不得而知。另外值得注意的是，群聯京劇團在政治學習方面是比較積極的，參加了各式各樣的學習班。不過，資料也反映，當大多數劇團都積極參加藝人講習班時，有的劇團總共38人裏面僅2人參加藝人講習班，儘管是少數的個例，但這些劇團敢於如此消極，也再次說明當時的文藝政策的實施並沒有到讓人膽戰心驚的地步。此外，這裏披露的資訊也說明，新政權所要求的團內政治學習無法得到保證，很多時候是走過場或者根本就懸置了，這也是中國政治中常見的「形式主義」的現象。[23]當然，在權力場域出現如此重大變化的情況下，劇團無論是在戲劇上演還是日常活動上仍然是努力在向新政權靠近，這個報告字裏行間吸收了不少新政權的話語，就能反映這個事實。不過，不同劇團以及劇團內部不同人員的回應仍然是參差有別的，新政權眼裏似乎沒有差別的群眾，實際上因為群眾各自的考量和對時局的不同感知而做出了不同的反應。因此，接管前的大世界雖能夠明顯感受到且經歷了新政權的種種改造舉措，但這種壓力尚不足以實質地改變全部劇團的上演計劃和日常活動安排，也就是說劇團之戲劇上演和日常安排仍具有一定的伸縮性和自主性。

22　B172-4-153，〈上海市文化局關於上海市戲曲職業社團大世界遊藝場劇團情況調查表〉。

23　關於新中國成立初期政治文化中的形式主義和實用主義傾向的討論，可參考馮筱才對1956年後資本家的思想改造的相關討論。參見馮筱才：〈身份、儀式與政治：1956年後中共對資本家的思想改造〉，《華東師範大學學報（哲學社會科學版）》2012年第1期。

5. 接管與登記

　　所謂接管，其實際的意思就是指機構的產權由私人（無論中國人或外國人所有）或者國民黨所有而轉為新政權所有，因此接管大世界實際上就是將大世界國有化。實際上，自上海解放以後，新政權就陸續接管了一些文化娛樂場所。[24] 當大世界於 1954 年 7 月 2 日被接管時，上海的遊樂場還剩先施樂園、大新和福安遊樂場，而此三家都未被接管，所以作為上海最大規模的遊樂場，接管後的大世界也是要為其他遊樂場樹立一個典範。

　　在陸續接管的同時，新政權也於 1954 年 2 月頒佈了〈上海市私營劇場遊樂場及書場管理暫行辦法〉。[25] 值得注意的是，這裏特別聲明的是對私營文娛場所的管理。因為隨著接管的持續進行，對既定文化秩序構成威脅的主要是這些私營文化娛樂場所。這個〈管理暫行辦法〉，也是因應 1953-1954 年劇場激增所出現的種種問題而出臺的。在 1953-1954 年間，一方面是社會和經濟秩序已逐漸趨於穩定正常，國家開始推動第一個五年計劃，另一方面則是文化政策的相對寬鬆，所以文娛場所空前繁榮，這在戲曲領域尤其如此。有很多電影院（20 家）轉業為劇場，不少跳舞廳（3 家）和茶樓（10 家）也改建為劇場，這就使得劇場激

24　B172-5-117，〈上海市文化局關於劇場、遊樂場工作的資料〉。

25　B172-5-117，〈上海市文化局關於劇場、遊樂場工作的資料〉。〈上海市私營劇場遊樂場及書場管理暫行辦法〉的大致內容如下：1. 本市之私營劇場、遊樂場及書場必須向文化局辦理申請登記；2. 文化局接到申請登記後，經過審查，根據建築設備等情況，分別發給登記證或臨時登記證；3. 未經登記之私營劇場、遊樂場及書場一律不准擅自開業；4. 應有計劃組織優良劇團演出，合同期間，不得干涉劇團行政及強迫劇團上演不良戲劇；5. 改進經營管理制度及作風，注意建築設備的保養；6. 與劇團訂立之合同劇本，於五日前送文化局核備；7. 票價的確定與更動，須報請批准，並須遵守政府有關票價的辦法；8. 如因故改建、轉業、歇業，須報請批准。

增，進而刺激劇團增加。於是很多劇團就一分為二，很多此前難以登臺演出的演員，也可以獨立成團掛頭牌，更有不少外地劇團跑到上海來淘金。在這樣一個魚龍混雜、泥沙俱下的情況下，自然有不少品質不高的演出出現。當局希望通過這樣一個管理辦法來限制它們的盲目發展和經營的趨勢，改變劇場控制劇團的狀況，並督促他們健全人事組織等管理制度。

這個規定強調劇場不得干涉劇團演出，其原因在於：劇場可能會為謀利而要求劇團上演一些觀眾喜愛但並不符合新政權意識形態的劇本，又規定將劇本交予文化局審查，這些舉措都旨在使文化局可以控制和監督戲曲演出的內容。而在這些管理辦法裏面，最重要的一環就是登記備案。通過登記備案，新政權可以掌握各文娛場所的詳細資訊，對於文娛場所是否能夠開業有生殺予奪之權，同時，根據其各自的條件劃分等級，來確定票價幅度和演出劇種，由此對於票價的制定和演出劇目均有審核決定的權力。這實際上是以更具計劃模式色彩的方式來管理，使得影劇場的日常經營被納入國家的監督和管理，也意味著國家權力的介入更深化了。同年 4 月份，各劇場開始申請登記，文化局在審核之後於5 月份開始發證。[26] 經過審核評定後，最後結果是，全市有 70% 以上劇場、書場領到了登記證，其餘為臨時登記證。[27] 從登記的標準來看，新政權比較重視文娛場所是否正規化，比如規模、建築設備等，並依此將文娛場所劃分等級，這種正規化導向相當程度上影響了這些文娛場所的

---

26 根據當時的標準，一般而言，凡是 800 個座位以上，書場 400 個座位以上，設備良好，並有較健全經營管理制度的都列為甲等；劇場座位 500 個以上，書場 250 個座位以上，建築設備和經營管理較好的都列為乙等；座位 300 以上，建築設備經營管理尚好的都列為丙等。如不符合條件，不發給登記證，而只能發臨時登記證（在這方面，市中心區從嚴掌握，市郊區較寬些）。

27 B172-5-117，〈上海市文化局關於劇場、遊樂場工作的資料〉。

未來走向。更重要的是，通過這一登記發證制度，國家實際以一種制度化的方式掌握了文娛場所的生死大權，而文娛場所則必須接納和接近新政權所設定的標準。

6. 民主改革

民主改革是在社會主義改造之前對各個生產和文化機構進行的改造運動，可以說是鎮反運動和三反五反運動的繼續。[28] 正如《人民日報》1951 年 9 月 14 日劉子久的文章〈論廠礦企業中民主改革的補課問題〉中所言，「經過今年四、五月間大張旗鼓鎮壓反革命之後，那些浮在上面突出的罪大惡極的反革命份子，多半已被逮捕或殺掉；但是那些在過去直到現在仍然騎到工人群眾的頭上，作威作福，仗勢欺人，敲詐勒索的封建把頭，多半還依然未動」，鎮反運動和三反五反運動更多地是針對各個機構中的主要領導和上層，這些運動尚沒有觸及到廣大的基層組織，而這正是民主改革運動所要訴諸的目標。工礦企業的民主改革運動早在 1951 年底就開始了，但文化機構的民主改革運動則普遍要遲一些，在上海大概是在 1953 年後才進行，而它們也基本上是採納工礦企業的民主改革運動的模式和經驗。

事實上，除鎮反運動以外，上海解放三年以來所進行的歷次政治

---

[28] 在工礦企業裏面，民主改革運動在時間上可能與鎮反運動和三反五反運動存在時間上的重合之處。鎮反運動的時間大致是在 1950 年 12 月到 1951 年 10 月之間，三反五反運動大致是 1951 年 12 月到 1952 年 10 月，而民主改革運動在工礦企業裏面自 1951 年底就開始了。民主改革運動是一次基層的重大的運動，但在現有文獻中，對鎮反運動和三反五反運動有太多關注，而民主改革運動的研究則較少。可參考林超超：〈新國家與舊工人：1952 年上海私營工廠的民主改革運動〉，《社會學研究》2010 年第 2 期，如與本章參照對讀，會發現工礦企業與文化機構的民主改革的基本模式是一致的。

運動對其文化機構的影響不大。比如全國性的三反五反運動，除極少數地方國營的院場進行過三反以外，絕大多數單位並未進行，而黨團力量在這些場所也很薄弱，甚至不少地方是空白點。[29] 新政權認為這些地方基層組織不純、政治空氣不濃厚，仍然潛伏一些在鎮反運動中並未被打倒的反革命份子，在經營作風和管理制度上也沒有確立起社會主義新風，這些都是進行民主改革運動變得必要的原因。概而言之，民主改革運動將通過調動群眾，來更為徹底地清除殘餘反革命勢力，重構基層的組織，並建立起新的規章制度。[30]

　　大世界的民主改革運動（以下簡稱民改）是在接管後的 1954 年 10 月份進行的。在此之前，已經按照先公營後私營，先影院後劇場後劇團的順序對文娛場所進行了部分的民主改革運動。1953 年 1 月份，首先在人民大舞臺試點，運動進行一個多月後結束。然後，在 1953 年 4 月份開始第一批的民改，共有 14 個單位參加，其中有上藝、解放、新光、滬西、大眾五個國營劇場。到 1953 年底，國營劇場和影院的民改已經基本完成，但私營劇場、影院尚未開始。[31]

29　這一事實多少會令今日之讀者感到驚訝，因為我們過往所獲得的印象往往是認為這些運動是橫掃一切、疾風驟雨般進行的。這裏的事實再一次提醒我們注意到美國政治學家米格達爾所提出的「社會中的國家」這一理論所強調的國家內部的多樣性，可參考：Migdal, J. S. *State in Society: Studying How States and Societies Transform and Constitute One Another.* Cambridge: Cambridge University Press, 2001。當然，至於為何上海的文化機構未受到太多這些政治運動的影響，則是仍有待探討的歷史問題。

30　B172-5-117，〈上海市文化局關於劇場、遊樂場工作的資料〉。

31　B172-5-117，〈上海市文化局關於劇場、遊樂場工作的資料〉；A20-2-41，〈上海市里弄工作委員會關於居委會、家居委員會、清潔工人、影院、劇場、書場遊樂場等組織整頓民改工作的意見報告〉。此時，全市仍有私營劇場 89 家，私營遊樂場 4 家和私營影院 12 家。此外，民改工作是由不同部門共同領導進行的。根據規模大小，大世界、福安、先施和大新這四個大型遊樂場的民改工作，是由文化局黨組負責，而其他私營劇場、書場的民改工作則是交給市委政法工作委員會里弄整頓工作委員會統一領導。

民改大體上分為三個階段，即訴苦、交代和民主建設，大世界的民改方式也不例外。大世界的民改是從 1954 年 10 月 14 日到 11 月 18日，由於其場內人員眾多，所以民改的規模也比較大。參加者共 842 人（資方代理人不參加），編成了 77 個小組，分屬前臺管理、攤販和劇團三個民改隊，而為此調動的民改幹部就有 73 人之多。[32]

民改的第一個階段主要是進行路線教育，進行「回憶」、「對比」、「訴苦」、「挖根」。回憶就是要憶苦思甜，回憶舊社會的苦難，然後對比新社會的狀況，就能夠認識到新舊社會的差異，然後再幫助群眾來挖掘這種新舊差異的根源。這一訴苦的過程之目的，就在於劃清新舊社會之界限，進而痛恨舊社會制度，而更為認同社會主義社會。這裏面當然也涉及到階級意識的培育。這一階段的主要內容包括民主改革動員報告和過渡時期總路線報告，以及「兩個社會，兩種地位，兩種前途」的報告，培養苦主（即那些在大會上進行訴苦報告的人員），並結合電影和討論進行。[33] 訴苦是其中最核心的環節，通過對這種苦難的渲染，人們被期望可以激發起對舊社會的仇恨。

第二階段就是要以坦白、檢討、交代問題等方式，報告自己過往歷史中的「污點」（比如被迫加入反動黨團等），從而達到「卸掉工人、職員在思想上的各種包袱」的目的。這種交代也被認為是可以消除工人與工人之間、職員與工人之間、幹部與群眾之間的隔閡，促進內部的團結。[34] 當然有一部分是屬於情節比較嚴重的，並不可能就這樣卸掉包袱了事，等待的可能是更嚴厲的處置。透過這種方式，實際上達到了較為普遍地瞭解基層人員的歷史和政治面貌的目的。

---

[32] B172-1-487，〈市局關於上海文化工作的講話稿及對外宣傳文化革命報告提綱〉。

[33] B172-4-365，〈關於民改第一階段工作的要求和做法〉。

[34] 參見〈論廠礦企業中民主改革的補課問題〉，《人民日報》1951 年 9 月 14 日。

第三階段是民主建設階段。如果說前面的階段主要還是思想方面的整頓，這個階段的重點則是組織建設，也被認為是更為高級和細緻的階段。這一階段大致可以分為三個單元，即「加強團結」、「前後臺分別調整行政機構」、「改選工會、建立治安保衛委員會和建立合理的工作制度」三個單元。

在新政權的敘事中，接管前的劇場和劇團都存在著普遍的內部不團結和勾心鬥角，比如前臺和後臺之間，大演員和小演員之間，都有各種各樣的矛盾。對於這種確實存在的現象，新政權名之為資產階級個人主義的思想作風，這顯然是與新社會所要樹立的一種「工人階級團結友愛的集體主義思想」的理想圖景是有衝突的。[35] 所以，必須以「加強團結」的方式來處理這個問題。為此，群眾必須找出影響人們之間團結的「疙瘩」（也就是障礙），對不同的疙瘩進行排隊，分析不團結的原因，然後根據問題嚴重程度之大小，進行小組解疙瘩或大會檢討。但是，這種以加強團結為目的的運動仍然是以區分為基礎而進行的，它必須區分一般性的群眾和小把頭，而後者則要按情節輕重進行檢討，而無論是群眾還是小把頭，都要對可能的「資產階級個人主義」作風進行批判。這種區分和批判，可以設想，仍然會對群體內部的關係產生不利影響。

在加強團結之後就是前後臺分別調整機構。這首先涉及前後臺在行政組織上的區分。此前大世界裏的每一個場子都有固定的劇團或演藝團，比如雜技基本上長期是由潘家班來表演，這實際上形成了演藝場所對演藝團體的長期雇傭關係。在很多其他的劇場當中也同樣如此，比如天蟾大舞臺，有它固定的京劇團。如前所述，在新政權看來，這種劇場

---

35 至於這種理想圖景在多大程度上能夠實現，則是另外一個問題，也是眾多社會主義工廠研究所要探討的主題。這方面的相關內容也可參考：Walder, A. *Communist Neo-traditionalism: Work and Authority in Chinese Industry.* Berkeley: University of California Press, 1986。

和劇團一體的模式容易形成劇場操縱劇團的關係，劇場為了獲得更高的利潤而會常常迫使劇團演出低俗節目。所以，場團分家成為戲曲領域改造的一個普遍模式。伴隨著場團分家，前後臺各自建立起自身的行政組織和工會組織。一些過往的制度在民改或接管後是要被革除的。例如，先施樂園遊樂場規定，如出售門票在 6500 張以上，超過部分的收入按照四六比率給演職員工派發。[36] 這種激勵制度就使得演員職工都想多售票，而不顧消防安全所設定的遊樂場觀眾的上限，演出中也不乏低俗節目的出現。這些林林總總的制度安排都是民改當中試圖去改變的。

隨後的環節，就是改選工會和建立治安保衛委員會。從前面的論述讀者已可看到工會在這個時期實際扮演很重要的角色，在諸如勞資糾紛和福利分配當中都起到重要作用，而新中國成立初期很多文娛場所的管理者在逃離上海或者被鎮反之後，這些文娛場所都建立起職工維持委員會，此時的工會就是文娛場所實際的管理者。但是，新政權認為這些文娛場所的工會在新中國成立初期新建之後，沒有嚴格地審核工會人員的資格，因而有大量政治背景不純的人員混入其中，甚至成為工會的領導。這對於新政權自然是不可接受的局面。新政權要求選出「好人」來領導工會工作，並宣傳當選工會幹部是光榮的。這種改選的最後結果，是相當一部分黨員或者共青團員成為文娛機構的領導者。比如先施樂園在改選之後，由中共黨員姚曉安任工會主席，團員劉忠禮擔任副主席。因此，改選可以說是新政權將其控制力滲透進入基層的做法。

經過這樣一番民改運動，大世界參加民改運動的 842 人就有 458 人報名交代，比例過半。新政權自然對大世界內部的政治歷史情況有了一個清晰的瞭解。在這些報名交代的人當中，有的情節比較嚴重的被迅

---

36 這個例子同時也說明，在 1954 年以前，這些「資產階級」的激勵制度仍然可能是廣泛存在的，而這無疑對不符合官方意識形態的文化節目的出現提供了刺激。

速解雇，而問題一般的群眾則在交代後予以寬慰放下包袱。民改工作組最後留下了 14 個幹部，他們成為了大世界新的領導者，而原來負責人中真正留下來擔任領導的已不多了。

大世界以及其他已被接管的機構的民改運動，進一步夯實了接管的成果。接管工作隊的工作人員轉變成文娛場所的新的領導人，同時也用更可靠的人手來掌控工會，這樣就在基層建立起新政權的有效控制。以大世界為例，它接管後的第一任副總經理（為實際的總負責人）梁某，就是來自民改工作隊。這樣一個權力和組織結構的變化，是民改運動帶來的最為顯著的變化。

當然，民改運動帶來的一個很大的問題是，整個運動是一場政治運動，而且民改工作隊的工作人員也主要是一些從事政治工作的人員，其著眼點主要是思想工作和政治鬥爭，而對於大世界的營業則關注甚少，沒能組織起多元豐富的節目。在工作方面，他們缺乏一個整體的導向和策略，而更多地是著眼於日常事務的處理。這對大世界的經營和走向也帶來很多問題和後續影響。[37]

二、大世界的空間再造

1. 大掃除

前面的討論更注重的是此新舊交替過程中的微觀權力格局的轉變，但我們不能忽略，大世界作為一個觀賞性的文娛場所，是一整體性

---

[37] B172-4-373，〈上海市文化局關於我局向文化部統籌安排調查組彙報上海市文化事業情況及與工會關係問題的彙報材料〉。

的文化空間，其意義的傳達不僅僅來自於其中上演的種種戲曲，也源自於空間的整體展示。新中國成立之後的種種敘事，最基本的一個模式便是新舊對比，這種新舊對比的特點是新與舊之間的斷然決裂。在此敘事模式中，新中國建立後的大世界，它不再是污濁、淫亂、陰暗、邪惡、下流的空間，而是乾淨、健康、明亮、正直和高雅的人民的樂園。這種對比鮮明、天壤之別的轉變，既是敘事的模式，也是努力的目標。

這種徹底的新舊轉換不僅要求大世界在節目上的變化，也要求文化空間整體性的改變。在這方面，大世界於接管後進行的一次大掃除，便是這樣一次頗具儀式性的活動。[38] 仿佛辭舊迎新，洗心革面，掃去舊有的塵埃，迎來的將是一個嶄新的大世界。不過，對於「大掃除」的理解，狹義地看是掃除灰塵這樣的不潔之物，但廣義來看，還有一種清除不符合某種規範或理念的「不潔之物」的大掃除，這種不潔之物既可能包括一種風俗或事物，也可能包括一類人群。

曹聚仁先生在《上海春秋》中的〈大世界傳奇〉一文對此就有記載，而此文也頗有為大世界在新中國之新氣象而歡欣鼓舞的意思：「我們要看新的上海，就看新的大世界好了」。[39] 他說道：

---

38 這裏的大掃除的一個歷史背景是新中國成立以後所發動的愛國衛生運動及除四害運動。1950 年 8 月，第一屆全國衛生工作會議召開，把「積極防治各種主要疾病，不斷提高人民健康水準」視為社會主義建設的必要條件，愛國衛生運動由此展開。1952 年春，美軍在朝鮮戰爭中發動細菌戰，毛澤東發出號召，「動員起來，講究衛生，減少疾病，提高健康水準，粉碎敵人的細菌戰爭」，將這一運動推向新的高潮，並正式稱之為「愛國衛生運動」，並明確衛生工作與群眾性衛生運動相結合，作為衛生工作的一項原則。除四害運動是伴隨著 1952 年初的愛國衛生運動而展開的，所謂四害指的是「老鼠、蒼蠅、蚊子、麻雀」，這些運動都是採取廣泛的群眾動員推進的。參考澤慧，〈愛國衛生運動〉，《檔案春秋》2019 年第 5 期；羅芙芸：《衛生的現代性：中國通商口岸衛生與疾病的含義》，南京：江蘇人民出版社，2007 年。

39 曹聚仁：《上海春秋》，上海：上海人民出版社，1996 年，第 317 頁。

有一位大世界的售票員馬嘉鴻，他今年六十二歲了；他在大世界收了四十多年的門票。他說：從前的大世界，它的四周有很多妓院、賭場、燕子窠……，大門口是扒手們的世界。走進大世界的門廊，就是一片烏煙瘴氣。上面是許多鴿籠似的神龕，除常見的文武財神之類應有盡有以外，更有什麼「十大仙」「五大家」……（創辦大世界的黃楚九是流氓頭子，接辦大世界的黃金榮，也是流氓頭子。）他們敲骨吸髓地剝削了藝人、職工之後，又用這些泥塑木雕的東西，來統制藝人、職工的思想。通往各個演劇場去的天橋上，是妓女們聚集之所；她們在那兒公然拉客。走上樓去，更是亂七八糟：淫畫攤、西洋景、跳舞廳、字謎攤和相命攤，一應俱全。

近十多年來，「大世界」搞過三次大掃除：第一回，把「五大家」，流氓惡霸清除出去了；第二回，職工們又把精神上奴役著的神仙狐鬼清除了出去，神龕、匾額、香案、神帳，一股兒用火燒掉；第三回，才是大世界的清潔運動，單是蟑螂一項，就掃掉了一萬二千多隻。這才配合著新的上海，成為人民遊樂場。[40]

曹聚仁説的這三次大掃除，前兩回都是廣義上的大掃除，它分別指的是一類人群的清除（這裏尤其指的是通過鎮反運動而對舊有管理階層的清掃），其二則是對不符合新政權的觀念的風俗或文化事物的清除，而後一回才是狹義上的大掃除運動。在狹義的大掃除運動上，這裏強調「光蟑螂就掃掉一萬二千多隻」，這樣的敘事不僅説明了舊大世界是如何的污濁，也説明了新中國洗舊迎新之徹底。這樣的大掃除在此後

40　曹聚仁：《上海春秋》，第 317 頁。

進行了很多次，[41] 而且很多時候都是以運動的方式進行，當局則會委派領導專門到各地檢查衛生狀況，並在全市範圍內評比，大世界則甚至能夠在此種運動中表現積極而獲得殊榮，這也是向新政權積極靠近的一種表現。

在清除不符合新政權觀念的風俗或文化事物方面，新政權採取了不少舉措。黃金榮當年揣摩到普通老百姓信佛的需要，在大世界裏面設立了濟公堂，供人燒香拜佛，藉此可以獲取香火錢。而在信奉無神論的新中國，濟公堂、神龕等在建國初年就被拆掉或燒毀，這似乎是必然的結局，而原來的空間被改造成了圖書閱覽室。[42] 此外，如前所述，大世界內部此前牆壁上往往貼滿了各種各樣的廣告，此時也被全部揭下，貼上革命標語或者各種宣傳畫。[43] 甚至年節時期所掛的燈籠，上面書寫的文字也與以往不同，比如以前往往會寫「娛樂勝地」、「溫暖如春」等字眼，而現在則改寫「抗美援朝」、「保家衛國」等更具政治意涵的文字。[44] 此外，在接管前，測字攤和相命攤也被停止

---

41 大掃除是共和國的一項例行儀式，在中小學教育中更是重視，並一直持續到現在，這與共和國強調勞動和衛生的價值有密切關係。勞動的價值既是儒家傳統的體現（《曾國藩家書》便是一例），又有一種馬克思主義的意涵，這不僅表現在馬克思主義進化論當中勞動的關鍵作用，也體現在對工人階級熱愛勞動之德性的頌揚。這種對勞動的重視在延安時期就表現得很明顯，當時獎勵勞動模範，而對於遊手好閒的所謂「二流子」進行改造，其中頑固不化者甚至採取強制勞動的辦法。參見朱鴻召：《延安日常生活中的歷史（1937-1947）》，桂林：廣西師範大學出版社，2007 年，第 61-64 頁。至於對衛生的強調，展示出一種對現代性的嚮往，晚清上海租界已密切關注公共衛生的維護，這種關注在民國時期依然延續，共和國對這一價值的重視乃至以全民動員及評比的方式推進，可以說是延續了同一種對現代化的追求，可參考羅芙芸：《衛生的現代性：中國通商口岸衛生與疾病的含義》）。

42 沈亮：《大世界：綜合性文化娛樂場館的經營之道》，第 197 頁。

43 婚姻登記宣傳畫，見 S320-4-17，〈戲劇院商業同業公會 本會籌備委員及各種專題會議的記錄〉。

44 〈大世界八盞燈〉，《新民晚報》1950 年 12 月 4 日。

了六家。[45]1949 年以前，大世界外牆更是一塊惹人注目的廣告空間，其外牆密密麻麻遍佈各種各樣琳琅滿目的廣告。而新中國的大世界，其外觀形象則與之前有一鮮明對照，其外部原來遍佈的廣告已一掃而空，遠遠望去鮮豔奪目的只有頂部高高矗立的紅旗，其外觀唯一的「廣告」就是在不同時期的各種標語，如「貫徹總路線向革命進軍」。在解放前的大世界，其大門兩側的商店，原本生意興隆，吸引各方來客，即便在解放前夜，也是一副熙熙攘攘的景觀，但接管以後的大世界，隨著這些商店相繼被撤除，這樣的景觀也隨之散去，而透顯出來的則是一種蕭穆的外觀。[46]

此外，大世界的空間改造也表現在它會靈活地與新政權的節日政治相吻合。比如在「六一」兒童節，大世界就化身為少年兒童宮，「底層設團結廳、科學院、大家庭，二樓為民主館、互助院，三樓為康樂園、幸福宮，四樓為快樂宮、勞動院、支援園」。[47]這樣的空間佈局和名稱實際都傳遞著新政權的意識形態的訊息，而這也正是節日政治所要達到的目的之一。與此相似，在「三八」婦女節、「五一」勞動節和「十一」國慶等節日裏面，大世界也往往會在空間上作出調整適應。除此之外，大世界也往往成為各種慶祝宣傳活動的場所。[48]這就使得這塊空間愈加成為進行政治教育的場所。換言之，空間政治與節日政治在大世界被很好地融合在一起了。[49]

45　B172-4-357，〈上海市文化局關於大世界遊樂場發展方向的報告〉。

46　有興趣的讀者可以在網絡上檢索上海大世界在新中國成立前後的老照片予以參照比較，就可清晰地看到這一外觀的巨大變化。另可參見此文及其中的老照片：http://original.hubpd.com/c/2017-03-30/570609.shtml。

47　〈大世界明日改設 可容一萬小朋友〉，《新民晚報》1950 年 5 月 31 日。

48　〈南京工專等學校 在大世界廣播宣傳〉，《新民晚報》1950 年 5 月 20 日。

49　關於新中國的空間政治和節日政治的問題，可參考洪長泰的研究。洪長泰：《新文化史與中國政治》，臺北：一方出版有限公司，2003 年。

2. 女招待的清理

我們要談的大掃除的最後一層含義就是對「不潔」人群的清掃。前面所談的鎮反運動中對文藝界的「惡霸」、「不良」資方勢力的整頓就屬於這種舉措。除此之外,當局在接管以後也著眼於清掃場內的女招待。大世界場內的女招待可以說是場內長期存在的一道景觀,這在其他遊樂場也是普遍存在的現象。[50] 女招待在上海的出現,其歷史至少可以追溯到 1870 年代上海的煙館聘用女堂倌,其後這種現象擴展到茶館、咖啡館。女招待雖並不必然從事情色服務,但與情色的關聯仍可說是極為密切的。[51] 如前所述,為應對激烈的競爭,小遊樂場在二十世紀二三十年代開始聘用女招待以作為招攬顧客的手段,而這種手法為各大遊樂場所效法,並一直延續到新政權接管這些文娛機構。

女招待年齡一般為 23-33 之間,多數都是文盲。[52] 她們每天下午二點在固定場子營業,有的也可能四處流動尋客。茶客泡茶之後,她們可能會伴座聊天,或陪客進餐,有的則陪同茶客在場內遊逛密談,她們會利用各種手段來索取較高的茶資,有的茶資甚至高達一萬到三萬不

---

50 武漢的民眾樂園是另一著名的遊樂場,其規模在全國或僅次於上海大世界,其開辦時間也與上海大世界相仿佛。其場內也同樣有不少暗娼,在新中國成立後被逐漸清除。參考李敬之:〈舊社會漢口的娼妓〉,《武漢文史資料》1994 年第 2 期。

51 陳尹嬿:〈清末民初上海「女招待」的產生及書寫〉,《中正歷史學刊》2008 年第 11 期。

52 B1-2-1351,〈關於處理劇院遊藝場茶堂工人女招待職業等問題與有關機關的來往文書〉。女招待的生存是與遊樂場裏的茶堂部聯繫在一起的。遊樂場裏的不同場子都有茶堂老闆承包,他們在承包的場子裏面把前面幾排位子另外隔開,要坐這幾排位子就要買茶。據新中國成立初期的數據,茶堂的人數,書場有 210 人,各劇場有 597 人,大新、先施、福安三大遊樂場有 231 人。茶堂老闆雇傭的下手又分幾種:一種稱為三攬子,他們將茶資與資方拆賬,同時,與劇院內的茶堂一樣,他們要負責場內的清潔工作;第二種是從業員,他們主要負責挑水記賬等勤雜工作,每月資方付給固定的工資;

等。[53] 有的女招待則會同茶客在晚上外出看戲跳舞，乃至在旅館賣淫。一般來説，單靠賣茶的茶資分成是難以糊口的，這是有的女招待必須要出賣色相的原因。

女招待的這種性質使得她們不可能長期見容於新政權，但女招待與妓女畢竟有所區別，所以新政權對她們所採取的政策與改造妓女的方式是有區別的。上海於 1951 年底正式取締妓院，開始陸續收容妓女，醫治她們的性病，並予以改造，然後陸續讓她們就業或歸鄉。這個工作差不多到 1958 年底結束。[54] 新政權對女招待的政策，首先是由公安局限制各遊樂場的女招待的人數，比如大新為 260 人，先施為 210 人。在這個過程中，女招待和茶堂下手的關係也發生了改變，在勞動局的干預下，女招待不再支付茶堂下手小賬，而直接與茶堂老闆發生勞資關係。[55] 到 1953 年，政府陸續將妓女收容之後，遊樂場的女招待就變成比較突出的對社會秩序有害的現象，甚至有民眾專門寫信給時任市長陳毅，闡明女招待不符合新中國的形象，上海市公安局也曾考慮採取「逐步限制，分批處理」和「勞動就業為主，救濟收容為輔」的原則來處理

第三種就是茶堂下手，被新政權認為是茶堂中「最惡劣，具有嚴重剝削行為的」人。在新政權看來，這些茶堂下手在政治上是不值得信任的，比如大新茶堂下手 81 人中參加過反動黨團幫派的就有 61 人。每一茶堂下手都控制 7-10 個女招待，以大新遊樂場來説，解放前高峰期曾有近千名女招待。女招待要吸引茶客到茶堂部泡茶，而每杯茶的茶資則與茶堂下手拆賬提成。例如，一杯茶賣 5 千，則女招待得 2 千，剩下的由下手同茶堂老闆再四六拆賬。除此之外，茶堂下手也可能向女招待索取小費。由於茶堂和茶堂下手內部的這種複雜性質，新政權也勢必要對其加以整頓處理。這方面的內容隨後會有簡要敘述。

53 此處幣值是人民幣舊幣，1955 年中國人民銀行推行第二套人民幣，以一萬人民幣兌換一元人民幣新幣，此後人民幣舊幣停止流通。

54 關於收容妓女的問題，可參考賀蕭著，韓敏中、盛寧譯：《危險的愉悦：20 世紀上海的娼妓問題與現代性》，南京：江蘇人民出版社，2003 年。

55 B1-2-1351，〈關於處理劇院遊藝場茶堂工人女招待職業等問題與有關機關的來往文書〉。

女招待的問題。不過,上海市政府考慮到收容娼妓已使政府不堪負擔,而當時失業人員眾多,也無法安排勞動就業,所以無法採納公安局的建議來處理女招待的問題。[56] 在 1953 年,各文化娛樂場所開始陸續進行民主改革的時候,因為擔心將女招待納入民主改革的範圍會搞亂消除殘餘反革命份子這樣的目標,所以女招待也沒有被納入進來。到 1955 年,市政府仍然受困於劇場過多,而且對遊樂場和劇場的狀況未有充分掌握,所以準備以逐步解決的方式進行。[57] 女招待問題的大致解決是到社會主義改造之後,公安局協同各劇場、遊樂場勸諭女招待離開(而不是採取收容的方式),女招待自此以後大致消失。[58]

從女招待的處理可以看到,新政權採取的是一種穩步推進的方式,針對不同人群予以不同的處理,視情況之輕重緩急而相機行事。這樣一種行事作風,加上新政權強大的滲透能力、組織能力和動員能力,使得新政權可以相對順利地完成對「女招待」的整頓問題,而避免了民國時期所出現的「舞潮案」這樣的失控事件。[59] 不過,從另外一面來看,我們也會發現,即便是一個可欲的國家目標也並不是一蹴而就的,甚至必須予以延遲推進,這既是因為國家能力的種種不足,也是出於不同目標之間的輕重權衡。就女招待的處理而言,新中國肇建,百廢待興,

56 B1-2-1351,〈關於處理劇院遊藝場茶堂工人女招待職業等問題與有關機關的來往文書〉。

57 B172-1-590-42,〈上海市文化局關於上海市私營劇場、書場、遊樂場情況及今後工作意見〉。

58 B172-4-971,〈上海市文化局關於遊樂場的改進工作方案〉。

59 上海「舞潮案」是發生在 1948 年的一起震動全國的事件。該事件的起因是由於 1947 年 9 月國民政府頒佈了在全國禁止營業性舞廳的法令,在上海方面,1948 年 1 月底,「市社會局提前抽籤並單方面完成禁舞部署」,所以舞業從業人員前往社會局請願,但社會局局長吳開先拒不接見。在群情憤怒之下,舞業從業人員搗毀了社會局辦公大樓。事發後,約 400 名舞女被警局拘留,半年後又有數名舞女被叛徒刑,政府則被迫收回成命,轟動一時的舞潮案至此才宣告結束。參考馬軍:《1948 年:上海舞潮案 —— 對一起民國女性集體暴力抗議事件的研究》,上海:上海古籍出版社,2005 年。

國家剛剛遏制住通貨膨脹，逐步把經濟從戰爭的廢墟中發展起來，人員與財力各方面都處於緊張狀態。就財力來說，沒有充足的資源將女招待連同妓女一起收容改造，在就業方面，也無法同時解決這些人的就業問題。而女招待與妓女問題兩相比較，顯然後者的「不正確性」要更大，因此採取了先解決妓女改造問題，再圖女招待問題的解決。

至此，火燒濟公堂、清除內外廣告、取締內部測字攤和相命攤、開展大掃除運動、逐步消除女招待，這些前後相繼的種種措施，逐漸把大世界這個聲色犬馬的場所「淨化」了。它從一個佈滿廣告、充滿商機的空間變成了無廣告的空間，從一個浸染著情色誘惑的空間變成了相對純潔的空間。由此，民國時期大世界運作中的商業邏輯和情欲邏輯也就喪失了其維續的基礎而消退了。

三、文化領導權的挑戰：群眾慣習的持續

從前面的敘述可以看到，新政權藉助其強有力的組織、動員和滲透能力，通過一系列的運動有條不紊地逐步實現了對大世界的接管，完成了大世界內部的微觀權力格局的轉換和制度化，在相當程度上重塑了大世界內部的空間。但是，對於新中國而言，文化領導權的塑造並非一帆風順、毫無挑戰。事實上，一個重大挑戰就在於文化領導權所依賴的文化工作人員並不是一個鐵板一塊的群體（這在前述內容中就有所體現），他們在社會主義文化領導權塑造過程中的利益和考量也各有不同。比如，檔案材料披露，在民主改革過程中，很多人仍然是斤斤計較於自身利益的變化，而對於政治學習還是持消極冷漠的態度。可以理解，在短短一個月的時間裏面要完成思想改造和組織建設，這本身就是極為倉促的事情。另外，在民改過程當中，劇場處於營業清淡狀態，而工作人員生活水準普遍不高，所以他們關心的與其說是政治地位的改

良，不如說更關心吃飯問題。對於民改的認識，更多的是著眼於能否解決個人問題。他們對劇場營業問題得不到解決而感到失望，表面上雖完全擁護政府政策但背後卻為自己的前途而擔憂，於是在民改過程中「積極份子少得可憐」。[60] 這種缺乏真正意義上的積極份子的境地，是新政權塑造其文化領導權始終要面臨的問題。

本節想要重點討論的是文化領導權塑造所面對的另外一個重大挑戰，即普通群眾固有的慣習的延續性（這在之前的討論中也有涉及），[61] 換言之，即便新中國擁有強大的組織、動員和滲透能力，但群眾固有的一些趣味、觀念和日常生活中的實踐方式都很難在短時間內改變，而這種狀況在以後的日子裏也一直存在著。

1. 群眾的捧角風氣

在接管大世界之前，國家一方面通過鎮反運動將文化界的「惡霸」予以鎮壓，另一方面則是用社會主義的文化力量逐漸滲透到大世界中去爭奪文化領導權。在後一方面，很重要的一種形式就是在各種節日的時候，特別是在春節期間組織國有劇團到三大遊樂場進行演出。春節是中國人最重要的節日，也是遊樂場生意最興旺的時期，以大世界為例，春節期間每日的觀眾數目往往近 2 萬，比平日之觀眾量逾倍以上。藉助這樣一個時期來宣傳新政權的政策和觀念，自然是效果最佳的。在 1951 年的正月初一到初四，上海國有劇團組織了話劇、歌舞劇、音樂演奏等

---

60 A20-2-47，上海市里弄工作委員會〈長寧、嵩山、東昌等區關於影院、劇場、浴室等民政工作總結〉。

61 事實上，晚近的不少新中國史研究都凸顯了新中國成立初期群眾慣習的延續性問題，相關的討論可參見張濟順：〈轉型與延續：文化消費與上海基層社會對西方的反應〉，《史林》2006 年第 3 期。

四十一個節目，到大世界、大新、先施三大遊樂場進行演出，而它們帶去的節目在內容上都是關於抗美援朝、新愛國主義教育和慰勞解放軍的，其中還特別為配合上海二月份的冬防防特這一中心工作而上演一個講述防止匪特造謠破壞的節目。除安排這樣一些宣傳新政策和新思想的節目之外，隨同還印了八千條標語、幾百張年畫和十多首朗誦詩，張貼在會場裏。因此，此時的遊樂場無論在空間佈置還是節目內容上都是展示了新的意識形態。這次活動據說是大獲成功，大世界的負責人聲稱，大世界三十多年以來從未有這麼多人，也從未發生過一日之內掛三次客滿的狀況，而這次春節演出是讓大世界真正翻了身。文化局的報告也提到，甚至觀眾的口味也被改造了，他們都喜歡看現代戲，比如正月初三那天下著雨，戲院和場子裏卻擠滿了人，而且沒有聽到尖聲怪叫吹口哨的。文化局相信這是由於新文藝演出的內容是嚴肅認真的，這種取向也感染了遊樂場的觀眾，使他們也嚴肅起來了。**62**

這次演出引來眾多觀眾固然是事實，但要說這是由於觀眾喜愛現代戲則或許是過於倉促的結論。因為衡諸上述大世界裏「最受歡迎的戲劇」，我們會發現上海民眾戲曲方面的欣賞口味在很長一段時間裏面仍然是更偏愛傳統戲劇，因此在五十年代初通過這樣一個活動就說改變了民眾的口味，多少缺乏信服力。這樣，文化局安排的這次活動吸引眾多觀眾又是什麼原因？除春節這樣一個客觀有利因素以外，對新文藝的好奇心也是一個原因，但更主要的原因是，為了保證這次活動的品質，文化局安排了周信芳和袁雪芬等名角來參加演出。對名角的喜愛是一種普遍的心理，晚清民國時期，無論京津還是上海，捧角在有錢的富豪士紳

62　B172-1-16-15，〈上海市文化局關於上海文藝界春節三大遊樂場演出總結〉。這裏也說明一個事實，即新政權對娛樂節目的觀賞儀態也是有講究的，比如在傳統戲園裏，觀賞京劇到精彩處，人們往往會吆喝叫好，這種熱鬧的氣氛四處彌漫，但新政權所偏愛的觀賞儀態則是莊嚴肅穆的。

階層裏面可以説是普遍的風氣，而沒錢的普羅大眾只能通過市井小報或者茶餘飯後的閒聊來獲得滿足。[63] 而現在，這些往日難得一見的名角竟然來不入流的大世界演出，對普通百姓無疑是喜出望外的消息，因為大世界門票只有 0.25 元，這是普通家庭都能夠承受的，以如此低廉的價格看到這麼多名角的演出，且不説這在民國時期是難以想像的，即便在五十年代的上海也是難得的，因為這些名角多半在大型劇場，如天蟾劇場演出，而那裏的門票往往在 1 元以上。很多群眾很高興地説，他們花錢很少就看到了很多名角。所以，如果説文化局的目的是為了通過這樣的活動來讓普通民眾感受新文藝並進而接受思想教育的話，普通群眾則更多的是因襲舊的風氣衝著名角來，而這種風氣正是新政權並不鼓勵的。[64] 這恰恰説明了群眾固有慣習的延續性。

2. 群眾固有的欣賞趣味之延續

大世界在接管之後，從 1954 年的 7 月份到 11 月底共虧損 48373 元，平均每天虧損 318 元，而每天門票的銷售也下降近四千張。[65] 為

---

63 么書儀：《晚清戲曲的變革》，北京：人民文學出版社，2006 年。

64 這一斷言並非言出無據。在新中國建立以前，劇場的廣告往往會以大寫等方式來凸顯名角以吸引觀眾，如翁偶虹的《翁偶虹編劇生涯》談到，「當時的戲曲節目單上演員名字的排列，還有個傳統的慣例。主演者的名字，用粗體字橫排，術語叫『躺著』；次要演員的名字，排成品字形的三堆，術語叫『坐著』；再次要的演員的名字，則直立排列一行，術語叫『站著』。從『躺』、『坐』、『站』三個字的區別上看，顯然是有封建式的等級之分。對於主演，無話可説；有些地位相同的演員而『坐』『站』各殊，自然會流露出不滿的情緒，甚至往往憤而辭班。」參見翁偶虹：《翁偶虹編劇生涯》，北京：中國戲劇出版社，1986 年。這種做法常常被文化局批評是資產階級作風，而要求演員的名字應平行書寫。新政權也推動了數次工資改革，以縮小名演員與普通演員之間的工資差距。這些都説明，平等的意識形態與這種名角制度是頗有抵觸的。

65 B172-4-409，〈上海市文化局關於大世界遊樂場的發展方向、1955 年業務計劃及該場改名為「上海人民遊樂場」請示、批覆〉。

此，大世界專門對觀眾進行了一次調查。據觀眾的反饋，他們認為接管以後的大世界更整齊、清潔、嚴肅，但有呆板感覺，不夠活潑、朝氣蓬勃，活動的東西也不是很多樣化。節目不多，地方戲曲都是老一套，也看不到外地的地方戲曲，所以很多觀眾都希望能夠增加節目品種。不少觀眾也指出，該年（1954）的戲劇不如去年（1953）的吸引人，找不到滿意的戲，舞臺上的燈光太暗，佈景也不精彩，所以對遊樂場感到缺乏興趣。觀眾要求多種多樣的戲曲形式，不希望過分的單調和嚴肅，抱怨戲劇中教育成分太多。[66] 從這些觀眾反饋中可以看到，作為普通群眾的觀眾其欣賞趣味並沒有伴隨著社會主義建設的推進而發生顯著變化，他們固然意識到大世界的改造帶來了更整潔和清潔的空間，但仍然戀慕著過往的「百戲雜陳，連番不斷」的大世界特色，渴望多樣化的地方戲曲，而不希望戲曲中有太多的嚴肅的教育內容。

在這種巨額虧損的情況下，文化局先後調動上海人民滬劇團、人民淮劇團和人民雜技團等到大世界演出。因為這些大型國營劇團是上海各個劇種中最高水準的劇團，如在專門劇場觀看這些劇團的演出，門票是比較昂貴的，而大世界的門票則相對低廉，所以它們的到來扭轉了大世界的頹勢。但是，當這些大型國有劇團走了之後，營業情況又一直很差。在 1955 年 6 月份，營業下降之快，已達到此前 20 多年未有之狀況，其觀眾最少一天只有三千多。因此，到 7 月份的時候，又再次邀請到國營的上海京劇院和紅旗舞蹈團來大世界演出，才暫時改變營業下滑的趨勢。由此可見，接管後面臨的經營困境，很大程度要通過大型正規的國營劇團的援助才得以緩解。但是，大世界也明瞭這些國營劇團的援

---

66 B172-4-357，〈上海市文化局關於大世界遊樂場發展方向的報告〉。

助僅僅是應時之計，非提升大世界業務的根本解決辦法。[67] 在接管大世界後，如何重塑大世界又保持它對群眾的巨大吸引力就變成一個持續而嚴峻的問題，而前述群眾的固有欣賞趣味所表明的慣習的持續性，也是解決這一問題所不得不面對的一個重要約束。

3. 改名風波

除了要改變微觀權力格局，改變演出內容和改造空間之外，新生的大世界也要變更它的名字。首先，是從榮記大世界改為大世界，因為「榮記」二字自然是把大世界與臭名昭著的青幫大亨黃金榮聯繫在一起，這對力圖成為人民的樂園的大世界來說自然是不可接受的。但為了與舊的大世界徹底劃清界限，與這樣一個「藏汙納垢的傳播資產階級文化的場所」區別開來，經上海市委批准於 1955 年 5 月 1 日大世界正式改名為人民遊樂場。[68]「人民」二字所具有的政治正確性，從中華人民共和國的稱號到人民大會堂、人民英雄紀念碑、人民出版社再到上海乃至全國各地的種種人民公園、人民廣場，都處處可見。「人民遊樂場」宣揚的是遊樂場的人民性，說明它是為廣大人民服務的，而不是為一小撮有特權的人服務的，更不是為資產階級和反動份子服務的。人民遊樂場這樣的名字也與大世界所試圖成為的「人民的樂園」，有一直接的呼應。但是，「大世界」這一名字與它聯繫的形象在民眾的記憶中駐留了三十多年，另一方面，正如「不到大世界，枉來大上海」這樣的俗語所揭示的，大世界也幾乎成為上海的一個重要符號，而在全國乃至世界廣

---

67 B172-4-409，〈上海市文化局關於大世界遊樂場的發展方向、1955 年業務計劃及該場改名為「上海人民遊樂場」請示、批覆〉。

68 B172-5-117，〈上海市文化局關於劇場、遊樂場工作的資料〉。

為人知。正因此，儘管大世界被改名為人民遊樂場，但幾年裏面群眾仍然稱之為「大世界」。[69] 有民眾在報紙上刊文指出，「這個上海人民遊樂場就改得不好，名稱又長，念起來又太彆扭。我幼年在鄉下的時候，對上海的印象就只知道上海有個大世界，這個大世界能啟發一個人的多少豐富的聯想啊！它使我好奇，又使我羨慕，並且立下宏願一定要去玩大世界，才算見到了大世面。而現在，把一個有血有肉，有藝術性，有特性的名稱改成了公式化，又充滿了八股氣的名字了」。[70] 很多外賓來上海也要求參觀大世界，在這樣的情況下，市長陳毅指示把人民遊樂場的名字仍改為大世界，市文化局在 1957 年將大世界由市文化局直接管理轉為歸黃浦區文化局管理的時候，正式批准了這個改變。[71]

改名舉措體現的是一種新舊勢不兩立的思維。這種勢不兩立要求一種徹底的對舊事物的清除。同時期各個街道的名稱也經歷了同樣的改造，主要是去除了一些帶殖民色彩和國民黨色彩的名稱，而其後續者便是文革時期又一波大範圍的改名浪潮，諸如大世界改名為「東方紅」劇場。改名風波表明民眾的既有慣習的韌性，這種韌性並非全盤的不接受，也不是有意的抵抗和反對，而僅僅是一種慣習或者說傳統的延續，這種延續意味著文化領導權無法輕易達致，更無法被任意塑造。

---

69 無獨有偶，武漢著名的遊樂場民眾樂園，在文革初期也被勒令改為更政治正確的「人民文化園」，但民眾仍然固守慣例稱之為民眾樂園，到 1979 年，又恢復原名為民眾樂園。參見彭翔華：〈「文革」時期的民眾樂園〉，《武漢文史資料》2010 年第 3 期。

70 轉引自沈亮：《大世界：綜合性文化娛樂場館的經營之道》，第 210 頁。

71 B172-1-282，〈上海市委、上海市文化局關於將遊樂場、幻燈鏡箱攤販交區管理和人民遊樂場恢復「大世界」名稱的請示、批覆及美琪、仙樂影劇場由上海市文化局管理的通知〉。

四、小結

本章基於上海大世界這一個案，呈現了新中國成立初期是如何推進其文化領導權的塑造過程。正是藉助鎮反運動、勞資矛盾、接管和民主改革等一連串的舉措，新政權實現了大世界的微觀權力格局的轉變及制度化的過程。這種文化機構內部的微觀權力格局的轉變是塑造社會主義文化領導權的保障與前提，從中也可看到其微觀的具體過程和社會機制。

本章的關注點雖然是大世界，但其變遷過程實際是與國家的行動息息相關的。大世界內部的微觀權力格局的成功轉變和制度化，折射出來的是新政權國家能力的強大，特別是新政權所具有的較高的自主性以及強大的組織能力、動員能力、執行能力和滲透力，正是這種強大的國家能力使得這一過程能夠在如此短的時間裏面順利完成。藉助這種強大的國家能力，新政權在相當程度上重塑了大世界的空間，在某種程度上實現了大世界的「純潔化」，而其具體機制則是大掃除運動與人員的清理。大世界的空間再造很能反映新政權的價值取向及其美好社會的願景，這一願景至少包含以下一些要素：清潔、衛生、純潔、科學、規範、有序、肅穆。在某種意義上，文化領導權的塑造過程也正是服務於這一願景的實現。

但是，在我們注意到新中國國家能力的強大以及文化領導權塑造過程的順利推進的同時，也注意到這一過程並非一切都如此合拍。不少群眾仍然保持著捧角追星這樣的「腐朽習氣」，保持著對舊劇和大世界過往的經營模式的欣賞姿態，留戀著「大世界」這樣的「封建名頭」，這種種現象都説明，群眾雖然擁有一政治正確的標籤，但他們並未能在新政權下自動獲取了革命意識而與「舊我」一刀兩斷，群眾固有的慣習有相當強勁的韌性和延續性。這也意味著國家的行動需要直面生活世界

的韌性。惟有對上述兩個方面都有所體認，才能更全面地認識這段歷史的複雜性與多面性。基於這一認識，我們也會體認到，文化領導權的塑造註定是一漫長之旅，而無法一蹴而就。對於公認的腐朽文化之清除需要「運動戰」的快速推進和斬釘截鐵，但要建設一種真正為民眾所喜聞樂見的社會主義文化則需要「陣地戰」的持續努力。[72]

72 此處運動戰和陣地戰的說法是借用葛蘭西的區分，本書總結與餘論部分有更具體的解釋與討論，另請參閱葛蘭西著，曹雷雨等譯：《獄中札記》，第 305-306 頁。

第八章

文化領導權的困境：上海大世界的重塑

一、前言

上一章的論述基本是截止到大世界接管為止（當然，也討論了社會主義改造的一些事件）。本章的討論將呈現大世界接管以後到五十年代末期這一期間的發展變化。這一時期大世界發展的整體走向是其「百戲雜陳」、「連番不斷」這一原有特色的逐漸消逝，而出現初步的文化同形（cultural isomorphism），[1] 也就是演變得愈發類似新政權所建立的工人文化宮等群眾文化機構。這一現象的出現，一方面是回應政治正當性的要求，另一方面很大程度上是與新政權所推動的正規化、計劃化等舉措所帶來的劇團數量和節目品種的減少有關的。隨著接管後這種初步的「文化同形」的形成，大世界的觀眾量在接管後也呈現整體下降的態勢，在這個意義上可以說新政權在大世界所推動的文化領導權計劃遭遇了一定程度的挫折。大世界的這一變化，無疑與國家的作為密切相關，其間也牽涉到「國家性質的繁複性」所關注的不同面向，國家性質的繁複性如何影響了這一複雜過程的發展變化，將是本章要予以具體呈現的。

---

1 本章所提出的文化同形這個概念，是借用了狄馬喬和鮑威爾在著名的〈鐵籠之再探討〉一文中所提出的「制度化同形」（institutional isomorphism）。所謂「同形」，指的是這樣一個具有約束效應的過程，這一過程迫使總體（population）中的單元（unit），在面對同樣的環境條件時，趨同於總體中的其他單元。本章借用這個詞語，來描述在當時的環境下，文化娛樂機構在形態上的趨同化，本章後文有進一步的討論。參見 Dimaggio, P. and W. W. Powell, "The Iron Cage Revisited: Institutional Isomorphism and Collective Rationality in Organizational Fields", *American Sociological Review*, 48:2, 1983。

二、大世界與群眾文化機構

1. 政治正當性與文化機構的變遷

　　大世界被接管以後，新政權也在籌畫究竟如何定位和發展大世界這樣的遊樂場。在這方面，可以看到文化行政部門實際上並沒有清晰連貫的想法。如前所述，大世界的直接領導者們也缺乏在業務方面清晰的遠景，因為大世界接管後的負責人都是直接從民改工作隊轉過來的，他們擁有的更多的是政治工作的經驗，而不是管理文娛場所的經驗。他們更清楚瞭解的是當局的意識形態和政策，但是，如何在這樣一種政治理念指引下去發展一個以娛樂而著稱的遊樂場，就不似政治原則那般清楚明瞭了。

　　上海市文化局 1952 年對上海戲曲界概況的報告中，有專節是討論遊樂場，大意是要對遊樂場內部進行整頓，飯館攤販不應作為營業場所，而應改為觀眾食堂，要取締女招待和算命攤等。另外，「應由政府接辦一個有規模的遊樂場，進行改革，特別要改革買一張門票亂串各個劇場的習氣。澄清其空氣，作為文化宮。」[2] 可以看到，後來的實踐確實是將飯館攤販改造成了觀眾食堂，而女招待和算命攤販等也相繼被取締轉業。在 1954 年 7 月份，政府也按計劃接管了大世界這一規模最大的遊樂場。不過，接管以後的大世界並沒有改革這種買一張門票亂串各個劇場的習氣。在新政權看來，這樣一種密密匝匝、人來人往的公共空間並不是一個理想的狀態，這不符合社會主義政權的井然有序的空間想像。但是，使用一張門票進入不同劇場觀看演出，這是遊樂場之本質，

2　B172-1-71，〈中央調查團、上海市文化局關於上海市戲曲界、上海劇場與劇團管理情況的調查報告〉。

是它最吸引人的地方和不同於劇場的特色，如果將這一點取消，則遊樂場就無法運作了。新政權最終保留了這樣的做法，也可以看做是對遊樂場原有形態的妥協。而這裏指出的要把遊樂場澄清空氣作為文化宮，在後面也沒有完全實現，而且當局也無意完全取締遊樂場這種娛樂組織形態，但這一指向確實很大程度地影響了大世界隨後的發展走向。

要將大世界改造成具有文化宮色彩的文娛場所，這一定程度上也反映了新政權對遊樂場這種文娛場所的戒備心態。毛時代的中國對單純的娛樂是持懷疑態度的，這一點或許也與中國傳統的「文以載道」的觀念相關，這種觀念在毛時代的中國與社會主義政權結合而以更有力的形式出現。此外，新政權對於城市的理解更多是從生產的角度出發，[3] 任何與這種生產無關的環節與部門都被認為是奢侈、無關緊要的，甚至

3　這種觀念在當時的文章中表現得很明顯，《文匯報》1949 年 7 月 12 日的一篇文章說，「新民主主義文化是戰鬥的革命的文化，是被剝削者被壓迫者的文化；是一個生產的建設的文化，她不是一個以消費（研究如何以最精緻的最舒適的方式去享受）為中心的士大夫有閒階級式的文化，它是以努力地緊張地有效率地提高生產，增加生產為目標的文化。是一個創造的自發的文化。是一個獨立的自由的文化。是一個平衡的完整的文化，完整，是因為它有中心目標——生產；有基礎——人民。是一個合理的科學的文化，以節制資本而不消滅資本原則之下，建立人與人之間的逐漸趨向合理的關係。是一個前進的積極的文化，反頹廢傾向的文化，沒有無聊、乏味和消極這幾個字。」這種對新民主主義文化的理解有強烈的生產取向，而視非生產和消費文化為頹廢不進取，這對當時的都市文化發展走向顯然會有重大影響。這種對城市的生產定位某種程度上也與歐洲近世思想家對城市的觀念有所關聯。伏爾泰和亞當·史密夫等人非常關注城市文明的發展，認為這是高層次品味生活的推廣，但恩格斯對城市則持有一種城市邪惡論，這種觀念也為托爾斯泰等人所分享，所以他們比較主張城市與農村的協調發展，參見 Carl E. Schorske：〈歐洲思想中的城市觀念：從伏爾泰到施賓格勒〉，載於孫遜主編：《都市文化史：回顧與展望》（《都市文化研究》第一輯），上海：上海三聯書店，2005 年。可以看到，毛時代的中國實際上一定程度上繼承了恩格斯的這種都市邪惡論，所以比較注重控制城市的規模。由於新政權受這種都市邪惡論的觀念的影響，以及對都市的生產功能的定位，上海在新政權的治理下也就發生了改變。上海逐漸從過去的以商業貿易為中心的消費型城市漸漸演變為以重工業和輕紡工業為主體、以商業貿易為補充的綜合性生產型城市。參見陳伯海主編：《上海文化通史》，第 19-20 頁。

是有害的。這與當時的經濟發展模式也是密切相關，就是要迅速地積累資本來發展重工業，而要積累資本則必須以民眾的低消費作配合。[4] 單位制的推行和食物供給上的配額制使得這種低消費成為可能。與這種邏輯一致，娛樂場所作為一種完全的非生產性的場所，像四大遊樂場，就並不在鼓勵之列。不單如此，「這些場所人事臃腫，內部情況混亂，演出品質很低，經常散播封建黃色迷信的不良影響，更嚴重的是這些遊樂場經常是流氓阿飛反革命份子活動的場所，是資產階級腐化墮落思想的市場。」[5] 文化局的報告中非常直接地指出，「劇場、書場、遊樂場過剩，而遊樂場按現在的性質，在社會上是害多利少，不利於社會治安。」新政權甚至算了一筆賬，按上海當時人口 600 萬來算，以每二十萬人需要一個劇場，只需要 30 個劇場，而當時劇場則超過此數目二十多個。書場如按每十萬人需要一個（300 座位為標準）來算，只需要 60 個，而當時多餘六十多個。另外，在大量接管私營文娛場所之後的 1955 年，已經出現了較為廣泛的虧損現象。[6] 可以想見，在這種種因素之影響下，政府必然要對這些文化娛樂場所予以整頓，基本的策略無非就是裁撤、合併及新建。

因此，可以理解，儘管新中國成立之後的遊樂場通共只有四家，但新政權仍然認為遊樂場數量太多。因為諸如工人文化宮、工人俱樂部和文化館這些群眾性的文娛場所已經有相當的數量，而且被認為能夠滿

4 郭益耀：〈不可忘記毛澤東：談談毛在改革開放和中國和平崛起的歷史作用〉，《信報財經月刊》2008 年 12 月號。

5 B172-1-133-26，〈上海市文化局關於市戲曲界的工會、協會組織及小型遊藝場的改建、藝人學習等情況的報告〉。

6 B172-4-473，〈上海市文化局關於上海市劇場、書場、遊樂場十年、十五年遠景規劃〉。

足需要，所以在規劃中，除大世界之外的其他遊樂場都要縮減。[7] 事實也正是如此。福安遊樂場是四大遊樂場裏面規模最小而經營最差的，[8] 其房屋狀況也並不理想，演出劇種、品質和遊樂空間也不及其他三個遊樂場，於是它率先被撤銷，時間是 1957 年 8 月 26 日，[9] 它隨後被改作邑廟區文化館，同時也是邑廟區工人俱樂部（因為二者是合一的）。[10]

1958 年末，先施樂園與黃浦區的工人俱樂部、文化館合併改為黃浦區文化館，由黃浦區委宣傳部和市文化局直接領導。[11] 先施樂園成為第二家被撤銷的機構，似乎與它經營不善也有關係。在這幾家遊樂場中，先施樂園在經營上僅好於福安遊樂場。[12] 所以，這些遊樂場所被撤銷的順序實際與它們的收益與規模是相關聯在一起的。1960 年，大新遊樂場被撤銷[13]。在論證撤銷大新遊樂場的可行性的時候，上海市文化局強調大新遊樂場和大世界距離很近，這構成上座率方面的相互抵消，

7　B172-1-133-26，〈上海市文化局關於市戲曲界的工會、協會組織及小型遊藝場的改建、藝人學習等情況的報告〉。

8　以 1954 年為例，大世界的觀眾人數是 5037845 人，而福安遊樂場的觀眾人數是 908388 人，前者是後者的 5.5 倍，參見 S320-4-1，上海市戲劇院商業同業公會〈本會的歷史沿革，情況報告 五四年年報及向人代大會的提案〉。另外，由於收入偏低，而劇團包銀和各種支出都較高，特別是工資改革使得這些小劇場的工資相比以往有所提高，而且也增加了新的工作人員，所以福安每年虧損達 105000 元，參見 B172-1-271-11，〈上海市文化局關於結束福安遊樂場業務場址改為區群眾文化館的函〉。當這些報告以非常詳細的數據來彙報福安遊樂場的成本收益的時候，這提示我們新政權並非不考慮經濟利益，這種經濟的理性算計也是決策的一部分。

9　中共上海市文化局黨史辦公室：《上海市文化局大事記：1949-1999》。

10　B172-5-194，〈關於 1960 至 1962 年及 1960 至 1967 年文化藝術工作規劃的最後稿及歷次修改稿〉。

11　B172-5-108，〈上海市各區縣關於群眾文藝組織領導問題的情況彙報〉。

12　B172-1-225，〈上海市人委上海市文化局關於上海市影院劇場書場遊樂場對資改造工作的批覆計劃總結〉。

13　參考周太彤、胡煒主編：《黃浦區誌》，上海社會科學院出版社，1996 年。

而且在劇團調度上面也是困難重重。在經營方面，大新遊樂場 1959 年虧損達 5 萬元，如 1960 年進一步運營則虧損可能要達到 10 萬元。如將大新遊樂場撤銷，則大世界可以得到充分利用，並可集聚力量，來提高大世界的演出品質。撤銷之後的大新遊樂場的房屋也是供群眾文藝機構使用的。[14] 可以看到，在這樣的撤銷過程和論證邏輯中，仍然是有一種經濟理性算計的成分在裏面的。

這些遊樂場被轉變成或試圖轉變成群眾文化機構，[15] 而大世界在隨後的發展中也越來越帶有文化宮的色彩，這反映出當局對文化娛樂場所的一種看法。首先，工人文化宮、工人俱樂部和文化館這些群眾文化機構是完全依照新政權的設計而建立的，它們具有天然的正當性。它們都屬於社會主義新中國才有的新事物，也都是仿照蘇聯的樣本建立起來的。它們不像遊樂場那樣久經十里洋場的歐風美雨的侵蝕，而是根正苗紅的社會主義新生兒。它們的名稱前冠以「工人」二字，也進一步宣示它們是屬於並且服務於社會主義新政權的主人——廣大的工人階級。這些機構的功能和提供的服務，也是側重於教育而非娛樂。雖然文化館有一部分是改造自民國時期的民眾教育館，而且新中國的文化館的服務內容、儀器乃至具體的宣傳技術，在很大程度上與民國時期的民眾教育館是相同的，但這樣的文化機構留下的只是一套硬體。如果說民國時期所要宣傳的是三民主義和國民黨黨義，在新中國時期則可以很快轉向共產主義的宣傳教育。在這種情況下，文化館並沒有太多的歷史負擔，也

---

14 B172-1-784，〈上海市委宣傳部上海市文化局關於撤銷大新遊樂場及調配房屋的請示批覆〉。

15 還可另舉一例。1956 年新成區提出，雖然該區有不少市級劇場，但沒有工人俱樂部，所以要將該區的麗都花園這一劇場改為工人俱樂部。這一提議反映的事實是，擁有群眾文化機構是被認為理所應當的、更具正當性的事情，參見 B172-4-571，〈上海市文化館的基本情況〉。

充分地發揮著思想教育的功能，這是它同樣具有政治正當性的原因。在新政權不斷壓縮、裁撤這些舊時代留下的文娛場所的同時，新政權也在不斷建造和強化新的群眾文化機構。[16] 1954 年 1 月 24 日，《人民日報》刊登了文化部發佈的〈關於整頓和加強文化館、站工作的指示〉，同年 6 月 8 日，《人民日報》再次刊登了文化部和全國總工會聯合發出的〈關於加強廠礦、工地、企業中文化藝術工作的指示〉。這些都是文化部要各地強化群眾文化工作、健全群眾文化機構的指示。在上海，1958 年 2 月 12 日，為加強群眾文藝，在市委層面成立了群眾文藝工作委員會，以統領全市的群眾文藝的規劃與發展。這些政策和機構設置都說明了政府對強化群眾文化機構的用心。但在另一方面，如同我們從下面表 8.1 和表 8.2 所可以看到的，上海市區的劇場和書場的數目整體是呈下降趨勢的，而遊樂場的數目也是由最初的 4 家下降到 1 家，相對的，群眾文化機構則從最初的一無所有逐漸增長到每一個區都擁有至少一所[17]（參見表 8.3）。這樣一個數目的變化進一步證明了群眾文化機構所擁有的正當性，也正是這種正當性帶來了它自身的增長。在這樣的背景下，

---

16 當然，這個過程也是有反覆的，中間存在一些波動。但從整個發展趨勢來說，群眾文化機構是從無到有，逐漸增多的。新政權的主觀意圖是希望這種群眾文化機構從大城市一直到每個鄉村都能夠建立起來，這在大躍進時期更是成為國家設定的目標。在這種近乎烏托邦的構建中，伴隨著群眾文化機構的設立，所有的工人、農民也都能成為知識份子，所以才有大躍進時期種種「農民詩歌」的大衛星。在這種構想的推動下，大躍進時期基層的種種農村俱樂部、居民俱樂部有大幅增長。但如前所述，這個時期的基層的種種群眾文藝機構多半是流於形式，是為應付上級而設，在大躍進結束以後，甚至這種形式也沒有保留下來。

17 在 1954 到 1958 之間，文化館的數量有一定的波動，1954 和 1955 年文化館數目有所減少（但 1956 年又增設文化館，參見 B172-4-571，〈上海市文化館的基本情況〉），這使得整體的群眾文化機構的數目也有所減少，參見 B172-4-854，〈上海市文化局關於市郊農村圖書室工作、群眾文藝工作等的專題工作報告〉。

大世界模仿群眾文化機構，而逐漸帶有文化宮的色彩，[18] 就變得更容易理解了。

表 8.1　1950 年後上海市區專業劇場數目變化圖 [19]

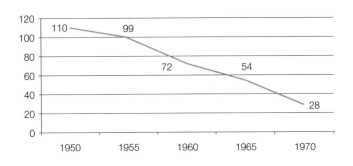

表 8.2　1950 年後上海市區書場數目變化 [20]

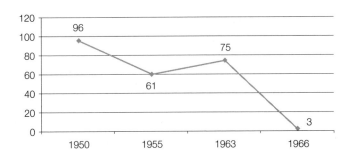

---

18 武漢的民眾樂園在解放以後也同樣強調文化教育的色彩，而多增添了幾分文化宮的色彩，在其內容設置上，也同樣是添置了象棋比賽、書畫展覽等文化活動，參見葉經元：〈漫話民眾樂園〉，《武漢文史資料》2003 年第 4 期。

19 根據童本一主編：《上海文化娛樂場所誌》，第 191-192 頁製作。

20 根據童本一主編：《上海文化娛樂場所誌》，第 248-249 頁製作。

表 8.3 1949 年後上海市區群眾文化機構數目變化 [21]

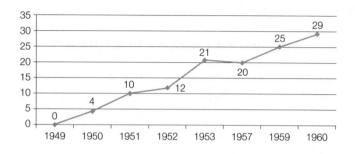

2. 群眾文化機構

　　為了對群眾文化機構有進一步的瞭解，筆者下面簡要介紹一些群眾文化機構的職能和內部設置。總體來說，工人文化宮、工人俱樂部與文化館的基本職能是相似的，只不過工人文化宮、工人俱樂部是隸屬於以全國總工會為領導的工會系統，而文化館則隸屬於以文化部為主管的文化系統。[22] 它們雖然在職能和形式上基本相似，但因為這樣的隸屬關係之不同，在活動和經費上都是獨立的。也因為這一隸屬關係的不同，工人文化宮、工人俱樂部原則上是服務於工會成員及其家屬，進出這些機構是需要出示工會證的，而文化館則是向廣大居民開放的。

　　我們可以從下面的滬西工人俱樂部等文化機構的設備一覽來獲得

---

21 綜合 B172-4-854〈上海市文化局關於市郊農村圖書室工作、群眾文藝工作等的專題工作報告〉、B172-5-190〈上海市文化局 1960 年劇場、遊樂場、劇團、圖書館、博物館及慰問演出等情況〉、B172-5-25〈關於本市文化設施現狀、規劃情況調查表〉、B9-2-70〈上海市文化局 1953 年上海市文化藝術事業基本情況彙編〉以及 B172-1-182〈上海市文化藝術事業基本情況彙編 1949-1956〉自編而成。

22 事實上，還有隸屬於共青團系統的青年宮，也可以算作群眾文化機構。根據不同系統的劃分，群眾文化就由不同系統裏的專門機構來推動。

對這些群眾文化機構的一般印象 [23]：

滬西工人俱樂部

底層：國樂室，乒乓室，圖片展覽走廊，小商店

二樓：俱樂部辦公室，美術室，音樂室，歌詠室，廣播室，舞蹈室，圖書室，閱覽室，會議室，勞動出版社，弈棋室

三樓：大禮堂，放映室，化妝室

上海工人文化宮

底層：休息室，大劇場

二層：交誼廳，音樂室，舞蹈室，歌詠室，乒乓室，室內健身房，弈棋室，音樂廳

三層：美術室，出版室，學習班小組討論室，文化宮辦公室，診療所，上海工人圖書館，上海工運史料陳列館

　　從這裏的描述可以看出來，這些群眾文化機構都是綜合性文化場所，試圖提供給民眾多樣的文化活動，諸如講座、體育鍛煉、圍棋、展覽、壁報、書籍閱讀、電影、演出和各種學習班。作為上海最好的工人文化娛樂場所，上海工人文化宮也是規模最大設施最為齊全的，它還擁有一個全市性的工人業餘藝術團，該團共有團員 354 人，分歌劇團（包括歌劇隊和合唱隊）、舞蹈團、劇團（話劇和滬劇）、曲藝團（相聲和評彈）和樂團（國樂和管弦樂）。不過，儘管這些群眾文化機構擁有它自身的演出場地，不時會有專業或業餘劇團在此售票演出，或者放映電

---

23 B172-1-143，〈關於召開第一屆文化館工作會議的計劃情況彙報會議記錄及文化部對我局擬定的文化館組織條例、工作綱要的指示〉。

影，但其政治宣傳與教育色彩總是多過娛樂色彩，它的取向強調一種有益身心的休閒方式（比如體育活動、棋藝活動、閱讀活動和展覽活動等相對知識性的活動形式）。讀者後面會看到，大世界在它的逐漸發展過程中，一方面是逐漸增加了這些強調有益身心的休閒類別和場所，另一方面則是削弱了娛樂色彩，其最初的「百戲雜陳」、「連番不斷」的特色逐漸消退，而逐步轉變為介於文化宮和聯合劇場之間的一種混合體，最後則發展至近乎是「文化宮」的境地。下面就來看看這一過程是如何出現的。

三、將大世界正規化：國家能力的悖謬

1. 虧損與初步調整

如前所述，大世界在接管以後面臨巨額虧損，為改變這種局面，大世界專門對觀眾進行了調查，並進行了反思。大世界確實注意到，其內部的活動不夠多樣化，文娛活動除了文娛室氣槍、乒乓球和康樂球之外就沒有其他的活動，很單調。此外，大世界認為其內部的劇團在演出的劇本上比較貧乏，演出品質也不高，而劇團的編導這一環又很弱甚至沒有，編劇只能拿別人的演出本演出，看到出版一個較好的劇本，往往會有三四個劇團輪流演出，這無疑也會影響到場內節目的豐富性。劇團人員也存在人事臃腫、主要演員太少的問題。[24] 概言之，一方面是文娛活動缺乏，另一方面則是劇團實力有限。

針對這種局面，大世界在其擬定的 1955 年的業務計劃中試圖採取

---

24 B172-4-409，〈上海市文化局關於大世界遊樂場的發展方向、1955 年業務計劃及該場改名為「上海人民遊樂場」請示、批覆〉。

措施重塑大世界。這個計劃提出,大世界的定位應該既不是單純的劇場,也不能像文化宮。它必須與其他劇場、影院、文化宮、俱樂部有一個明確的分工。[25] 從這個計劃可以看出,新政權並不打算完全廢棄遊樂場這種文娛場所形態。但是,這個計劃所塑造出的大世界的形象,仍然是吸納了很多文化宮的元素。這個計劃提出,大世界的電影場要放映科學、時事新聞等短片,以提高廣大人民的科學知識和政治常識,必要時甚至要舉行科學講座。舉辦科學講座可以說極大不同於大世界固有的形象,因為此前大世界都是被視為是污濁之地,上海話裏所謂「白相大世界」,往往令人聯想到「尋花問柳」、「低俗不雅」等形象,所以它與科學教育幾乎是風馬牛不相及的兩端,而舉辦科學講座又恰恰是文化宮等群眾文化機構所經常採取的方式。該計劃又提出,「應多設增進智慧、鍛煉身體、加強各種科學知識的玩具,並組織各種棋賽、乒乓賽以及各場舞蹈等,使豐富內容」,「增加新華書店及閱覽室等,在環境佈置上也應做到既美觀又有教育意義,可以佈置大型畫廊『哈哈鏡』,對哈哈鏡加以說明,人們都知道大世界有個哈哈鏡,但並不瞭解哈哈鏡的原理,為增加大家科學知識,請科普專家協助,對每塊鏡子加以簡單的解釋」。此外,還要求「改裝拉力機,增設打氣槍活動;添置走馬燈,因為走馬燈是中國民族形式的燈彩,掛在門口和其他地方;舉行畫展,向各方面接洽材料,如年畫展覽;增添小轉輪,其形狀如人民公園兒童玩的式樣,加以擴大」,[26] 並且明確指出要參考文化宮和工人俱樂部來增加文娛活動。[27] 事實上,如與前述文化宮相比較,我們也可很清楚地看出

---

25 B172-1-230,〈上海市文化局關於檢查人民遊樂場工作的計劃、報告〉。

26 B172-4-409,〈上海市文化局關於大世界遊樂場的發展方向、1955 年業務計劃及該場改名為「上海人民遊樂場」請示、批覆〉。

27 B172-4-357,〈上海市文化局關於大世界遊樂場發展方向的報告〉。

二者的相似性，也就是都強調一種有益身心的知識性的文娛形式。

表 8.4 1955 年規劃設計中的大世界 [28]

演出部分	中型京劇場，南方戲曲場，北方戲曲場，木偶劇曲藝場，雜技歌舞場以及電影場六個中小型劇場
遊樂部分	棋類場，乒乓、彈子、康樂球場，群眾文娛舞蹈場，氣槍、拉力機場，大型西洋鏡，轉盤場等
環境佈置	圓型畫廊，圖書、書報閱覽室，哈哈鏡，各種科學知識講座場，五樓綠化及噴水池

另外，由於在規劃中指出以後要以小型短劇為主要演出形式，因此場內除留少數劇團之外，其餘的節目則考慮邀請江蘇的劇團或者較好的民間職業劇團來上演。[29] 這樣一種思路也與以往有很大不同，因為過往大世界的劇團都是常駐大世界，雙方形成了一種穩定的雇傭關係。這種僅留下少數劇團的設想在其後得到了實施，也就是把一些被認為不必要的劇團在合約到期後解約，而隨後劇場調度的計劃化也為這種設想的實施提供了條件，但也為隨後大世界特色的消失埋下了伏筆。

2. 大世界和劇團的正規化

如前所述，接管後的大世界很明確地試圖將遊樂場現代化、正規化，[30] 其中最重要的一點則是要提升劇團的水準，使劇團正規化

28　來源：B172-4-357，〈上海市文化局關於大世界遊樂場發展方向的報告〉。

29　B172-1-230，〈上海市文化局關於檢查人民遊樂場工作的計劃、報告〉。

30　我們必須意識到，這種追求「正規化」、「專業化」的努力是新中國時期文化領域當中的一個非常強勁的取向，它也是新中國對現代化追求的一個部分，而且也體現了與民國時期國民政府的延續性，可參考姜進：〈斷裂與延續：1950 年代上海的文化改造〉，《社會科學》2005 年第 6 期。在國家層面，1951 年 6 月 19 日，中央人民政府文化部召

（professionalized），而實現這一目標的一個重要途徑就是進行場團分離。[31] 如前所述，在過去，劇團與大世界是一種長期固定的雇傭與被雇傭關係。在接管之前，文藝工會力圖增加劇團成員的利益，並使過去這樣一種固定的雇傭與被雇傭關係制度化為所謂的「勞資關係」，在這種關係之下，劇團團員不僅享受包銀，而且還有年終獎金和各種福利。接管以後，大世界就要把這種勞資關係轉變成一種短期的合約關係。劇團在遊樂場裏短期演出，在合約期之後，視情況或續約或離開遊樂場。在接管的時候，大世界場內共有演出單位二十三個，其中八個訂立合同關係，另有十五個建立嘉賓關係。大世界也聲稱過去所謂劇團和遊樂場之間的勞資關係是以一種不正當的方式建立起來的，「多系依賴幫會

開的全國文工團工作會議上就確立了「專業化」、「正規化」的方針。時任文化部長沈雁冰提出，文藝團體要貫徹普及與提高相結合的方針，中央、各大行政區、大城市的專業戲劇演出團體以劇場演出為主，逐步建立劇場藝術。在建設劇場過程中，文化部提出要學習蘇聯的經驗，逐步實行劇目的輪換上演制。這些舉措都是以正規劇場的建設為核心來推動劇場藝術的正規化和專業化，參見王宗義、唐靜愷、童志強執行編輯：《上海百年文化史》，上海：上海科學技術文獻出版社，2002 年，第 121 頁。與此正規化相對的則是群眾文化運動，這種運動更多的是業餘化取向，並警惕其中的專業化傾向。這二者並重的政策在周揚的講話中表述得很清楚，「文化工作要抓住兩頭：一頭抓群眾文化⋯⋯ 文化部要規劃，試點，給資料，第一抓農村，第二抓工廠；另一頭要把自己的直屬單位管好，提高，這是尖端」，參見周揚：《周揚文集》（第四卷），第276 頁。毛時代的中國的文藝政策是強調在「普及的基礎上提高」，這聽起來二者是相輔相成的，但在實際運作上，究竟是「普及」還是「提高」，究竟是「正規化」還是「群眾化」，內中仍然是有不少衝突。

31 如前所述，這種場團分離的另一個動機是避免劇場為盈利的目的而迫使劇團上演不合時宜的戲劇。因為民國時期上海的劇場實行的是「班園合一制」，老闆與藝人屬於雇傭與被雇傭關係，老闆說話天經地義。劇場的前臺銷售大多由老闆選派人員並親自監督，設專職推銷和顧客接待人員，實行全套商業化管理；而後臺經理則大多聘請名角或行家擔任，具體負責演出劇目安排和演員角色的分配。為確保票房收入，戲院老闆往往干預演出劇目和角色配置，參見胡曉軍、蘇毅謹：《戲出海上：海派戲劇的前世今生》，第 51 頁。實行場團分離，就是要減少這種劇場對劇團的干預。不過，五十年代後期，當局為了推動正規劇院的發展，又再一次實施一定範圍內的場團合一。

流氓勢力進來的，成分複雜，表演技術低劣」。[32] 通過場團分離，大世界就是要擺脫過去這種勞資關係，同時也準備把一些被認為是低水準的劇團調離出去，而可引入更多更高水準的劇團。對遊樂場而言，場團分離一方面可通過終止這種勞資關係來調整福利，[33] 從而降低經營成本；另一方面，這也給予大世界更大的彈性，它有合理的手段來提升遊樂場的水準，將遊樂場正規化。這一過程也同時與劇團的改造聯繫在一起，大部分劇團在 1956 年改造成公有劇團或者是民辦公助劇團。在上海，於 1956 年 1 月，有 69 個劇團改造為國營劇團，另有 26 個劇團改造為民辦公助劇團。這種改造實際上是以制度的形式確立了遊樂場與劇團之間的分離，因為劇團此後也獲得了一個「名分」，轉變成為單位。後者與遊樂場處於一種平等的地位，甚至有更高的政治地位。[34]

在大世界推進這種場團分離時，它希望來到大世界演出的劇團都是高水準的劇團，從而擺脫大世界過去給人的那種不入流的印象。事實上，大世界裏的劇團也確實存在很多不正規的地方，而其發展方向就是向大的劇團（諸如上海京劇院、上海越劇院一類的國家劇院團）靠近。

---

32 B172-1-230-4，〈上海市文化局關於人民遊樂場有關材料摘要〉。

33 據文化局的檔案記錄，接管後，文化局取消了劇團原來要求劇場或遊樂場負擔的各項福利，如女員工的生產費、退職職工死亡疾病撫恤及借款等。同時，取消發放年獎。相應的，在劇場方面，用勞保合同代替原來規定的各項福利制度。自接管以後，演員或職工申請補助及要求預借工資的情況已極為少數，參見 B172-4-357，〈上海市文化局關於大世界遊樂場發展方向的報告〉。檔案也顯示，1954 年下半年，大世界的醫務室工資減少了 1803 元，工會費減少 95 元，失救金減少了 50 元，職工撫恤金徹底消除了，醫務室費用減少了 333 元，唯獨增加的是廣告費和宣傳費，如宣傳費增加了 138 元（此處使用的是人民幣新幣），參見 B172-4-357，〈上海市文化局關於大世界遊樂場發展方向的報告〉。這個數據可以說明相關福利和經營成本的減少。

34 比如大新遊樂場和先施樂園在 1956 年初先後轉變成公私合營機構，但其場內劇團很多變成了國營劇團，大新和先施就不時認為劇團是國營，而劇場是公私合營，相比要低一等，B172-1-229-18，〈上海人民遊樂場關於遊樂場劇團、劇場明確關係問題的報告〉。

首先，總體而言，這些劇團成員的教育程度不高。當時，大世界共有劇團 10 個，魔術雜技團 11 個，劇種有京劇、越劇、滬劇、甬劇、淮揚劇、常錫劇、滑話、通俗話劇、滑稽京劇和歌舞劇等。而一般的團員的教育程度都比較低，在總共 568 人中，文盲 48 人，半文盲 101 人，初小 185 人，高小 167 人，初中 61 人，高中 6 人。這樣的教育程度自然會影響到他們的水準提高。[35] 其次，其排演制度上也並不正規，他們採用的一般是幕表制，[36] 排演比較隨便，往往排演幾個上午就可以上演了，而且上演時間較長。接管以後則確立了排演制度，原則上排演時間是半個月到一個月。同時，又規定演員每週一、三、六上午進行文化學習，但同時演員每天要演出兩場，所以這對演員的身體是一挑戰。為解決這種緊張關係，一個相應的措施就是逐漸建立保留劇目制度，這也可以解決劇本接應不上的問題。[37]

在組織機構上，很多劇團連演員小組都沒有，開了會議也不執行；在制度上較為混亂，缺乏會議制度和請假制度等。此外，「大世界編劇文學基礎都很差，編劇都不能創作劇本，大多數編劇連改編都很困難，所以普遍產生劇本缺少，無戲可演的狀況。導演普遍水準很差，有的導演根本不懂演戲，有的是演員出身，有的不懂地方戲曲曲調，不懂排戲的基本知識，演員對導演普遍不滿。音樂組一般都是道士等半路出家，根本沒有音樂的修養，只能奏曲，連簡譜也不識。大世界現有音樂 78 人，其中認識簡譜共 40 人。」[38] 財務管理方面也是較為混亂的，沒有固

---

35 B172-4-357，〈上海市文化局關於大世界遊樂場發展方向的報告〉。

36 幕表制的演出形式沒有劇本，也沒有每一個角色的臺詞，它是由有經驗的演員口傳劇情，或者是有一些劇情的綱要性的介紹，然後演員根據這個基本劇情臨場發揮表演。

37 B172-4-357，〈上海市文化局關於大世界遊樂場發展方向的報告〉。

38 B172-4-357，〈上海市文化局關於大世界遊樂場發展方向的報告〉。

定的工作制度與明確分工，職工的勞動紀律鬆弛。[39]

　　針對上述的情況，大世界提出要與各國營劇團取得聯繫，與後者建立輔導關係，請國營劇團對大世界內部的劇團進行協助輔導：揚劇找人民淮劇團，滬劇找人民滬劇團，歌舞找紅旗歌舞團，雜技找人民雜技團，京劇找上海京劇院，越劇找上海越劇院，重點戲則要請職業導演輔導排練。又指出，業務科幹部必須要認真學習，從外行變內行。這樣一個要求，也多少反映出當時大世界很多幹部並非文藝科班出身這一事實。在編劇上，為幫助提升編劇水準，要組織編劇從改大綱到寫作完成的研究小組；導演上要求由國營劇團輔導人民遊樂場的劇團，派專人來幫助；在音樂方面，則要組織起來學習識譜；演員方面則要組織建立練功練音制度。除此之外，還要建立起劇團行政管理方面的各種制度，幫助劇團建立一些必要的制度，如排演制度、演出制度、會議制度和請假制度。[40] 這些方方面面的措施，其實無非都是要使得劇團更為正規化，制度更為完善，演出方面也更接近現代化的劇團。這些在後來的實踐中都不同程度地得到了推進。

　　在演出劇本上，大世界強調要增加現代劇，使「反映社會主義改造和共產主義道德品質的戲劇」佔相當比例，其次才是優秀的傳統戲劇。[41] 大世界肅清了建新歌舞團的「大腿舞」一類的低俗節目，並通知各劇團，凡上演的劇本必須經過業務科審閱，同時在劇本演出上，他們也大力推薦了華東會演以及文藝刊物上的優秀劇本給劇團加以改編。在劇本的選擇上，也同樣反映出一種正規化的訴求。比如，大世界指出，

---

39 B172-4-473，〈上海市文化局關於上海市劇場、書場、遊樂場十年、十五年遠景規劃〉。

40 B172-4-409，〈上海市文化局關於大世界遊樂場的發展方向、1955 年業務計劃及該場改名為「上海人民遊樂場」請示、批覆〉。

41 不過，從後來的實踐來看，大世界裏的劇團的演出在 1963 年之前仍是以傳統戲劇為主。

揚劇演現代劇的條件不夠成熟，可演出人民淮劇團演出過的劇目或者是改編會演的優秀劇目；木偶劇則應改進學習蘇聯木偶劇，演出童話劇；越劇要選擇會演的優秀劇目改編和上海越劇院的演出本演出……。[42] 可以看到，其所設定的標準都是以相對較為正規化的國營大型劇團作為參照的。

與這樣的正規化（現代化）訴求相應，大世界在 1955 年也對其整體環境進行了整頓。首先是大門修理以及招牌的修建。此前，招牌還是用慶祝之紅布包住，拉掉紅布就能看到「榮記大世界」的影子，而因為沒有大門，天氣寒冷的時候，售票員從中午到晚上都暴露在刺骨冷風當中。為修理大門，大世界先後把兩旁商店，如五味齋、榮昌糖果店等收回，而為擴充門面，並修理和擴建衛生設備及擴大化妝間，則要把成昌吃食店、新民糖果店、史元隆粥店、味芳齋菜館、稅務局第七稅務所及徐重道國藥號等六家商號收回。大世界的中央場地也高低不平，水管年久失修，一下大雨，低窪地區就積水如溝，所以計劃裝置噴水池和轉盤以調劑中央場氛圍。文化局在 1955 年分配給大世界的預算控制數為 24億（此處為舊幣），就供以上用途。[43] 此外，也計劃對主要場子進行隔牆，有些舞臺已有破損，必須補修和改裝，另外要裝置通風設備，以使場內空氣流通；後臺都較小，演員化妝上廁所皆不方便，所以要擴充後臺；為加強安全，在五樓的屋頂四周及走廊裝置鐵欄；同時還要強化消防設備。[44]

此外，為了扭轉大世界的虧損狀況，提出的一個建議就是把緊鄰

---

42 B172-4-409，〈上海市文化局關於大世界遊樂場的發展方向、1955 年業務計劃及該場改名為「上海人民遊樂場」請示、批覆〉。

43 B172-4-357，〈上海市文化局關於大世界遊樂場發展方向的報告〉。

44 B172-4-409，〈上海市文化局關於大世界遊樂場的發展方向、1955 年業務計劃及該場改名為「上海人民遊樂場」請示、批覆〉。

大世界的著名的四大京劇場之一的共舞臺併入大世界。由於共舞臺是一個較大的劇場,因此它可以擴大大世界的演出場地,相應地減少小場。而且,由於共舞臺劇場較大,它可以適合大劇團前來演出,這也符合大世界試圖提升其內部劇團水準的目標。其計劃是採取另行售票的方式,樓下三角,樓上二角五分。[45] 這樣的價位相比於共舞臺單獨售票的價格顯然是低廉很多。文化局在 1956 年 1 月 1 日正式把共舞臺併入大世界。[46]

概言之,在這種計劃中,大世界的劇團應該以上演現代劇、反映新社會和新思想為主要導向。同時,在制度建設、組織建設、技術層面和硬件方面都要做到正規化和現代化。由此可見,對新政權而言,意識形態和正規化(現代化)是兩個都重要的訴求。[47]

為了使這種現代化和正規化的舉措有的放矢,大世界也同時將場

---

45 B172-4-409,〈上海市文化局關於大世界遊樂場的發展方向、1955 年業務計劃及該場改名為「上海人民遊樂場」請示、批覆〉。

46 由於 1957 年的時候,劇場少而劇團多的問題比較突出,所以文化局再次把共舞臺單獨劃出。參見童本一主編:《上海文化娛樂場所誌》。

47 這種正規化導向到 1958 年整風運動中對劇團的整頓達到一個新的高度。文化局藝術一處明確規定了劇團工作的九個原則制度。這包括在劇團組織方面要建立團委會;政治工作方面,要組織講解時事,學習共產黨的政策文件;人事管理方面,嚴禁挖角,而補充人員必須經文化主管部門批准,各劇團的編劇、導演、作曲、舞臺美術工作人員,一律不得跨團兼職;財務管理方面,各種費用和工資之和,不得超過十成,在存餘之款中,必須提取 40% 為公積金,30% 為福利金,25% 為公蓄金,5% 為獎勵金;藝術工作上面,劇目標準應該確立政治標準第一,藝術標準第二,同時兩者必須統一起來,做到不演壞戲多演好戲,幕表戲要走向定詞定句,積累保留劇目;工資方面,確立社會主義按勞取酬的原則,最高工資和最低工資之間差額不得超過十倍,在特殊情況下最高工資也不得超過正式演員最低工資的十五倍,且要獲得主管部門批准;另外還對福利制度、獎懲制度、請假制度給予了說明。至於是否這些原則都得到了有效的執行,這當然是有待考證的問題。但對劇團事務的方方面面的規定,除了強調一些政治立場以及確保相對公正的報酬體系之外,主要是促使劇團向更為正規化的制度健全的組織靠近,參見 B172-4-925,藝術一處〈關於劇團工作的九個原則制度〉。

內劇團分類為重點劇團、一般劇團和次要劇團:重點劇團包括友誼揚劇團、紅星木偶劇團、鷹球童子團、群藝滬劇團、建新歌舞團、永樂越劇團;一般劇團包括群聯京劇團、民藝常錫劇團、鄞風甬劇團;次要劇團包括三聯滑稽京劇團、群聲通俗話劇團、八聯滑稽京戲團、魔術。[48]由於有這樣的等級劃分,被列為次要劇團的自然成為首當其衝的剝離對象。大世界認為,群聲通俗話劇團、三聯滑稽京劇團和八聯滑稽京戲團的水準非常低,發展前途困難。所以,必須首先把這三個劇團請出大世界。另外,當時大世界有魔術和雜技團 11 個,它們分散在場內各處同時演出,又被大世界認為在演出上硬拖時間,所以要將這些魔術、雜技與歌舞合在一臺演出。這樣,場地上增加了一個共舞臺,小場子則減少了一個三聯滑稽京劇團場,改為了文娛室,劇團方面則減少三聯滑稽京劇團、八聯滑稽京戲團、群聲通俗話劇團和常錫劇團,相應的則增加木偶演出和象棋比賽這一類的文娛活動。但粗粗一算就可看出,整體的劇種減少了三四種,而增加的則是文化宮也在舉辦的乒乓、象棋這類並無特色的文娛活動。[49]為了這樣一種正規化的目標,大世界隨後正式祭出殺手鐧,要將上述次要劇團剝離出去。

---

48 B172-4-409,〈上海市文化局關於大世界遊樂場的發展方向、1955 年業務計劃及該場改名為「上海人民遊樂場」請示、批覆〉。

49 大世界曾仔細算過,經過這樣的變化,減少四個劇團每月可減少八千元的開支,而新增加的木偶戲和象棋賽等,每月成本不過 1500 元。因此,可以很大程度上緩解大世界的經濟壓力。可以看出,在大世界整個調整的背後,這種經濟成本的算計也是其中一個因素,而當時經營不佳尤其促使領導者注意這種經濟成本的算計,參見 B172-4-409,〈上海市文化局關於大世界遊樂場的發展方向、1955 年業務計劃及該場改名為「上海人民遊樂場」請示、批覆〉。

3. 場團矛盾

對大世界裏的劇團來說，在接管之後，一方面是各種福利被取消或削減，另一方面是面臨著可能被相繼調出大世界的命運，這自然引起劇團與大世界之間的矛盾和衝突。

1955 年 4 月到 5 月，正值文化部派調查組到上海調查文藝發展狀況，[50] 遂有大世界演藝人員向中央調查組控訴大世界。紅色雜技團是一長期在大世界裏面演出的雜技團，其負責人潘玉善控訴大世界的領導「嚴重的資產階級作風，只顧利潤，不顧演員的生活以及藝術上的提高，想盡一切來刻薄和剝削演員。不是採取有效措施，幫助提高，而是採取簡單粗暴的形式，將這些劇種清洗出去。」[51] 他說，紅色雜技團以往每年在中央場演出一場，包銀為 32.5 元／天，後來離開大世界到雅藝園。但後者營業清淡，儘管如此，最低仍能得到 17 元／天。1955 年過年後要求重返大世界，包銀則被減低到每天 7 元。[52]

合作魔術團趙中山也向中央調查工作組反映大世界領導梁某等人採取「資本主義經營方式」。趙中山 1942 年就進入大世界遊樂場，而在民改後與場方訂立合約。據他說，訂立合約的時候，場方說「訂了合約並不是要準備停生意，而是為了使業務上能起競爭作用」，但結果在合約滿十幾天後，大世界就說「因為場地關係，你團合約期滿，不再繼續，請另設法」等。由於該團演出人員有 7 人，而魔術只能擔任一小時的節目，因此無法在戲院單獨演出，「過著半饑不飽的生活」。趙中山抱怨說，大世界的領導「在官僚主義作風的操縱下，採取資本主義的經

---

50 上海市文化局黨史辦公室：《上海市文化局大事記：1949-1999》。

51 B172-1-230，〈上海市文化局關於檢查人民遊樂場工作的計劃、報告〉。

52 B172-1-230，〈上海市文化局關於檢查人民遊樂場工作的計劃、報告〉。

營作風，只挑選國營的大團體演出，著重生意，而對小團體採取排擠和輕視」。他又指出，在他們出去後，其原來的演出場子卻空著。可見大世界寧願讓場地空缺，也不願讓這些被認為是水準較低的演藝團體演出。[53]

群聯京劇團的陳某也反映大世界對群聯京劇團的處理不合理。[54] 群聯京劇團在解放前後一直在大世界演出，而在 1955 年 12 月被安排到寧波演出。遊樂場送出劇團的時候稱「要劇團實行企業化，不要存依賴心理」。這在群聯京劇團看來，實際上就是甩包袱。群聯京劇團在外地演出三個月，結果營業慘澹，收入最少的一個月只有十餘元錢，「整個劇團思想混亂，罵黨、罵政府和罵遊樂場等情況都產生了」。1956 年四月，經過文化局改造辦公室力爭，群聯京劇團才得以重回游樂場，但包銀有變化，結果以每月 4200 元簽合同，工資只能拿到原來的 75%，最少的一個月只能拿 16 元，同時又取消了進場後進醫務室的資格。由於演員的收入減少，影響了家庭生活，結果造成「有團員急得要自殺，另有人以賣血收入來貼補家庭」。陳某在這封信中抱怨說，文化局對藝人的生活也是不太關心，「去找局長，局長不在，找處長，處長不在」。[55]

又有說接到「某觀眾」來信，但從該信的內容來看，應為劇團人員的化名。這封信裏說道，在當時那種環境下，很多演職人員有失業恐懼，他們認為，現在訂合同，等合同結束，就意味著要離開大世界，但他們出去後又沒有獨立的能力。他們抱怨說，「今天政府一方面說要大量培養技術人才，另一方面卻又在製造藝術人才的失業」，所以提出的問題是，「政府對文藝工作的政策，是不是有改變？既要大力培養文藝

---

53 B172-1-230，〈上海市文化局關於檢查人民遊樂場工作的計劃、報告〉。

54 B172-1-230-4，〈上海市文化局關於人民遊樂場有關材料摘要〉。

55 B172-1-230-4，〈上海市文化局關於人民遊樂場有關材料摘要〉。

人才，為什麼又要使文藝者失業，二者是否矛盾？倘若政府認為這類藝術對人民起不了什麼作用，那麼可以叫他們學習別的藝術，培養他們總比培養一般人來得容易，因為他們基本上還是有一定的藝術才能。」可以看到，這些批評意見的用語與修辭都處處吸納新政權的話語，這不一定意味他們內心已完全接納新意識形態，但通過種種運動，這些藝人已熟練運用新話語，更重要的是，對新話語的借用使其批評更具正當性，也更能引起文化局的關注。例如，這封信就得到文化局的批註，文化局認為這個問題是值得注意的，而大世界的做法是與政策不符合的。

當越來越多的控訴、報告直指大世界的負責人的時候，文化局專門派了檢查組到大世界瞭解情況。在這個過程中，大世界的第一副經理（實際負責人）梁某始終是一個有爭議的人物。除了場團矛盾的問題之外，梁某本人的工作作風也有很多人不滿。[56] 梁某在對自己的辯護中指出，與劇團解除合約實際是比較慎重的，至於劇團外出後出現生活艱難，這是當時上海普遍的狀況，但大世界乃是一企業，而不是救濟機關，其財政狀況也不允許它為照顧劇團的生存狀況而收留劇團。他也再次強調，與通俗、三聯等劇團解約，也是吸取了觀眾的意見，這幾個劇團藝術水準低，觀眾不喜愛。另外，關於取消淮劇、南北曲藝劇種，他聲稱這些在接管的時候根本就沒有。劇種減少的根本原因，還是在於新的劇種沒有按計劃調過來，同時他們試圖去尋找，但文化局又不允許，而且還下令讓新節目（如飛車）遷出。文化局對相關的新節目的支持不夠，如大世界當時為了發展飛車，需要新木材和機器，商業部門都予以支持，但文化局演出公司連一封介紹信都不出，使其無法推進。

梁某同時也抱怨，在場團關係方面，由於場團同屬國營，根本無法管理劇團，大世界擬定了幾次場團關係管理的方案，但文化局一直未

---

56 B172-1-230，〈上海市文化局關於檢查人民遊樂場工作的計劃、報告〉。

有回覆。同時，他也指出，文化局的工作往往是虎頭蛇尾，而且下級長期找不到領導。諸如「反胡風學習」和肅反這些比較大的運動，到最後都沒有結果，甚至由誰來領導都不清楚。文化局說屬公安局管理，公安局又不管。總之，大世界和文化局之間存在溝通上的不通暢，下面的彙報沒有回音，而上級的指示又有朝令夕改的問題。此外，在1956年的時候，大世界被抽調幹部出去從事社會主義改造，後來又被抽調幹部進行肅反工作，整個大世界只留下一個科長維持業務，所以工作人員也陷入長期殘缺的境地。

梁某也有檢討自身的問題。他承認，對劇團的工作沒有積極幫助督促，而主要是依靠上級佈置。而且，在抓劇目問題方面，更關心的是在國營文娛場所裏面不能演出不健康的東西，而其本人及大世界的工作人員都缺乏對藝術的瞭解，也很少研究，這就使得本應上演的劇目沒有上演，也就造成劇團很難辦事。[57]

當然，透過這些各方的論述，筆者很難說能夠公正地陳述這個過程，但是即便透過這樣一種或許有偏差的敘述，也同樣可以看到幾點有趣的現象。首先，文化局的角色存在雙重性，一方面它力圖要提升文藝事業的整體品質，所以著手進行一系列的整頓和改造措施，以促使大世界等文藝場所成為正規化和現代化的機構。但另一方面，文化局也是各種文藝人員的主管單位，在當時要盡力使各方人士都納入到既定的組織中而不處於遊移狀態的情況下，某種程度上又充當著這些文藝人員的「父母官」的角色，因此也要顧慮這些劇團的生存狀況，也正是在文化局的力爭之下這些劇團才有暫時重返大世界的可能，只不過重返之後的待遇已大不如以前。這些劇團也正是清楚瞭解了這種權力格局和各方狀況，才會寫信給文化局以求「主持公道」，並且不惜自曝內部的「反動

---

57 B172-1-230，〈上海市文化局關於檢查人民遊樂場工作的計劃、報告〉。

狀況」，以促使文化局能進一步採取行動幫助這些劇團立足，以免犯下重大的政治錯誤。文化局同時面臨這兩個有時相互衝突的國家目標，往往無法兼顧，顧此失彼，無法做出一貫清晰的抉擇。第二，在另一側，在照顧劇團的生存處境以及大世界提升自身水準和實現正規化之間，大世界的天平顯然是向後者傾斜。梁某在他的辯護中強調，大世界是「企業」而不是「救濟機關」。儘管說當時的體制是社會主義體制，但大世界的「企業」屬性也仍然要求它必須關注自身的利潤和發展，其優先考慮必然是如何在遵守當局的意識形態的前提下獲得更多的收益。這仍然反映的是意識形態約束下實用主義動機的持續性。第三，基層文化機構的領導者權力較為集中，領導人具有很大的決定權。根據檔案陳述，梁某的作風顯得有些專斷，但之所以他能夠且敢於專斷，自然是因為他們手中所掌握的權力。這種權力集中的潛在危險在於，這批新的文化管理官員多半並非文化管理出身（這是梁某本人所承認的），而更多的是從黨政機關、群眾工作或者當年的地下黨員轉變而來。他們往往敏感於政治，而對文化工作的開展並無多少經驗。從大世界這個個案來看，他們往往勇於大刀闊斧地除舊立新。比如，將被認為是低俗的、品質差的劇團以及拆檔藝人，以種種方式從大世界剝離出去，然後再樹立品質更高的大型劇團的主導地位。這種建設更現代更健康的文娛機構的意識是十分強烈的，但除舊容易，而立新則難。對「舊」的判斷可以寧「左」毋「右」，所以就使得任何有「舊」的嫌疑的劇目都難以上演，而編劇原本水準就不高，即便能夠編出新的劇本，但怕動輒得咎，也就無法提供有力的動力去創作。劇團與劇場之間的這種矛盾因除舊而起，而立新之艱難則為大世界後來的種種困境埋下伏筆。這種權力集中使得基層領導可以選擇自己的管理風格，梁某可以選擇專斷權力，則其他領導人也可選擇放任不管，而這正是後來的領導于某所選擇的風格。新制度的建設表現在種種細節方面，在這些方面，新的文化機構並不是那麼鞏固。第

四，這裏的敘述確認了大世界在接管以後劇種減少的事實，如南北曲藝等，而這也使得大世界「百戲雜陳」、「連番不斷」的特色有所削弱。最後，文化局當時面對諸多複雜的問題，而頗有些忙亂不堪、顧此失彼的跡象。對於基層的文化機構來說，他們的彙報無法得到及時的回應，甚至也不知究竟與哪個部門聯繫，這反映的也是前述新機構的科層化（bureaucratization）之不充分和未完成。在這個情況下，一方面是基層機構與其主管部門之間的溝通不暢，所以容易陷入一種茫然不知所從的境地，另一方面也會使得文化主管單位無法有效有力地管理和推進它自身的策略和計劃。國家對大眾文化的改造因此受制於這種組織能力之局限性。

上海市文化局在對大世界的檢查中，也承認大世界在廢除舊制度方面做法比較粗暴，舊的制度取消而新的制度沒有建立，也批評大世界對內部某些合理的要求和存在的問題積極幫助、解決不夠。文化局領導也自我反思在接管的時候是「帶著鎮壓的思想情緒去接管的，表現在從政治角度考慮問題多，對反革命份子與壞份子問題處理多」。等工作已經進入正軌之後，仍然沒有著力進行內部的建設，而是仍以「對敵鬥爭」的思維處理問題，結果使得基層在很多方面做得過火。後來，在一次會議上，文化局一位幹部說解放後對劇場的管理是以「土改」的方式進行的，其言下之意也是批評過於強調階級劃分和鬥爭。文化局也承認，缺乏對遊樂場管理的統一規劃和明確方針，對於下面的報告，要麼照批，要麼無批覆又無指示地默認。[58]

經歷這一番經營的跌宕起伏，文化局也意識到這種朝文化宮發展的趨勢是對經營不利的，因此要求大世界恢復和調整演出場地，仍以演出戲劇為主並穿插小檔及單檔曲藝，以求演出節目的多種多樣和豐富

---

58 B172-1-230，〈上海市文化局關於檢查人民遊樂場工作的計劃、報告〉。

多彩。為提高場地的利用率，決定撤銷三樓茶室和兒童遊藝室，這二者併入文娛室，同時將前者改為曲藝和滑稽場，並要求大世界以「取其精華，去其糟粕」的精神來研究其被接管前的演出和調度的經驗。[59] 此外，也要求大世界改善前後臺的合作關係。這裏顯而易見的是，文化局意識到大世界出現的問題，而再一次地試圖恢復大世界原初的特色，也就是更接近「百戲雜陳」、「連番不斷」的演出模式，而不是工人文化宮的模式。正如威廉斯所言，由於文化的構成既有過往的又有新生的，而要取得一種文化領導權，必須在新生文化和過往文化之間獲得調和（negotiation）。文化局的這次指示就可以看做新生的社會主義文化與舊有的大眾文化模式的調和。當然，在這種調和背後，經濟的考慮也是其中一個因素，因為大世界的虧損是要文化局來補貼的，而任由大世界如此虧損下去也是一不可承受之重。最後，我們也要考慮到這個指示出臺的時代背景。文化局的這個批示是在 1957 年初進行的，此時文藝界仍然在大力宣揚毛澤東提出的「百花齊放，推陳出新」方針，不久文化部就把五十年代初期禁止的戲曲全部解禁。可以説，整個文藝界的風氣都是比較寬鬆的。在這樣一個時代背景下，出臺一個要求向接管前的大世界學習的批示是比較容易理解的。但是，政治的風雲變動不居，當政治空氣再次發生變化時，處於時代漩渦中的大世界也不得不再次發生變化。

4. 劇團整頓

1949 年以後，由於國民經濟和社會秩序的逐漸恢復，民間劇團和單檔藝人都有很大發展，特別是 1953 年是整個戲劇業的黃金時期，也

---

59 B172-1-230，〈上海市文化局關於檢查人民遊樂場工作的計劃、報告〉。

刺激民間劇團進一步發展。[60] 在這個過程中，也確實存在良莠不齊、泥沙俱下的狀況。不過，由於 1951 到 1953 年間的戲曲市場的大發展，仍然為這些劇團提供了生存的空間。但是，好景不長，1954-1956 年進入一個戲劇業的蕭條時期，這一轉變使得大量民間劇團和單檔藝人陷入困境。針對這種情況，文化局一方面是提供補貼和資助，但另一方面也提高了劇團審批門檻，不同意再設立新劇團，並嚴格禁止劇團盲目吸收人員。一時間人心浮躁，劇團和單檔藝人到處流動演出。為此，文化局加強了對劇團流動的控制和管理，並實施演出證制度。但是，在實施演出證制度方面，文化局是有選擇性的，一般而言，民間職業劇團一般都能拿到證件，但單檔演員則很難拿到。演出證制度使得原來不景氣的劇團更加雪上加霜，因為處於困境的劇團希望通過流動演出來尋覓機會，但國家的嚴格控制則限制了這種流動可能。在這種情況下，儘管各個劇團對國營化心情複雜，但大多接受了國營化或者民辦公助的命運。1956 年 1 月 27 日，有 69 個民間職業劇團改為國營，有 26 個民間職業劇團改為民辦公助。劇團希望國家能夠放寬流動，但國家則是進一步嚴格控制劇團流動及規模。1957 年 2 月 18 日，上海制定〈上海市民間職業演唱團體人員進出的幾項暫行規定〉，對於演員資格和進出劇團進行了更為嚴格的限制和要求。在國營化後，文化局又抽調 99 名幹部分為 9 個工作隊到各劇種進行改造工作，實行工資改革，由拆賬制度改為每月發放一

60　根據數據顯示，1949 年前成立的劇團有 27 個，1950 年成立的劇團有 15 個，1951 年到 1952 年成立的劇團有 57 個，1953 年成立的劇團有 11 個，1954 年以後成立的 1 個。在文藝人員的吸納方面，截止到 1955 年 6 月，在 5181 名文藝人員中，工作年限或藝齡在 5 年以下的人員（也就是在解放以後進入文藝界的）達到 1603 人，佔到總人數的 30.9%。這些數據都可以證明解放初期數年是民間劇團大發展的時期。參見金杭堯：《1949-1958 年上海民間劇團改造運動》，華東師範大學歷史學系碩士論文，2005 年。

次的固定工資制，並建立了公積金、公蓄金、公益金和獎勵金制度。[61]

在實行國有化之後，文化局接下來所推動的則是壓縮、合併劇團。正如前面所言，新政權文化政策的理念背後有兩個基本看法：第一，文化娛樂在社會當中雖不可或缺，但不可太氾濫。城市的首要功能是生產性的，因此文化娛樂必須限定在一定的數量之內。第二，正規的劇團要好過散兵游勇的單檔藝人，前者是更值得信賴的。在劇團發展方面，要追求更正規、更現代的劇團，而其標準則是較大的規模和完善的制度。在這種理念之下，從 1956 年到 1958 年之間，文化局有力地推進了劇團的整頓。

國營化運動之後，文化局迅速成立了改造辦公室，確立了「重組和削減民間劇團數量並進行改制」的改革方針，採取了一系列措施壓縮了劇團：一是將一些基礎較好的團體輸出支援外地。從 1956 年到 1958 年，上海先後向浙江、北京、武漢、濟南、南京、新疆、山西、青海等地輸出大中型劇團 39 個，計 1932 人。其中越劇團 21 個，魔術團 1 個，雜技飛車團 7 個，蘇劇團 1 個。二是裁撤了 142 個不合格劇團，精簡了 4767 人轉入工商業及其他服務性行業。三是在裁併的基礎上組建大型國家劇團，上海先後組成了 12 個院（團），除國家院團外，另將一些基礎較好的劇團交區縣管理，計 55 個劇團。[62]

這個過程在 1958 年的整風運動中進入一個高潮，在這個全民整風

61 金杭堯：《1949-1958 年上海民間劇團改造運動》，華東師範大學歷史學系碩士論文，2005 年。

62 又以越劇團為例，在 1956 年春，上海登記在冊的越劇團共有 48 個，其中 38 個轉變為國營劇團，而這 38 個劇團中，有 14 個支援外地，11 個劇團合併，13 個被裁撤。在合併的 11 個劇團中，又有 6 個劇團先被合併後來又被支援外地，因此支援外地的劇團高達 20 個。金杭堯：《1949-1958 年上海民間劇團改造運動》，華東師範大學歷史學系碩士論文，2005 年。

當中，上海市於 1 月底開始對全市新國營、民辦公助以及民間職業演唱團、檔、藝人和所有影院、劇場、書場分 3 批開展整風運動，到 11 月底基本結束。這次整風運動在戲曲行業其實變成了組織上的大整頓。上海市文化局專門成立辦公室具體領導這次劇團的整頓，參加單位 185 個，人數 7642 人，最後精簡了 5718 人。[63] 同樣在 1958 年，原屬上海市文化局統一管理的集體所有制性質的民間職業劇團統統被下放到區縣，由區縣委加強管理，對劇團下派幹部，有的任指導員，有的任團長，並組建黨的支部。在 1958 年下放區縣之後，又有 3 個劇團支援外地和調整；1959 年又先後支援外地共 22 個戲曲單位；1960 年天鵝越劇團等三個單位支援北京市。[64] 經過這一番裁撤、援助輸送、合併，劇團數就所剩無多了。單檔藝人、街頭藝人經過這一番整肅在數量上也減少很多，由整頓前的 1511 人，到 1960 年底變成 69 人。[65]

經過這一番整頓之後，民間職業劇團幾乎消失，取而代之的則是國營劇團和集體所有制劇團。整頓後的劇團數量急劇減少，而規模平均要比以前大。這個過程不單對劇團本身有很大的影響，對大世界也有很大的衝擊，因為大世界這樣一個以「百戲雜陳」、「連番不斷」的特色著稱的遊樂場，必須有豐富和多樣的劇團的輪番演出做支撐，而當民間職業劇團的數量減少之後，大世界所能揀選和調度的空間就變得很小，而且，當劇團規模變得更大更正規化的時候，它們也傾向於不願意來大世界這種非專業的劇場演出，因為劇團的稀缺使得它們有更多機會在其他高檔的專業劇場演出。大世界在其工作報告中就抱怨到，在劇團調整

---

63 上海市文化局黨史辦公室：《上海市文化局大事記：1949-1999》。

64 B172-5-195，〈上海市文化局關於 1960 年基建、財務統計年報及各區縣單位上報的藝術團體、劇場、圖書館、博物館等的年報〉。

65 B172-5-195，〈上海市文化局關於 1960 年基建、財務統計年報及各區縣單位上報的藝術團體、劇場、圖書館、博物館等的年報〉。

合併的時候，對於大世界的演出需要考慮不夠，很多小型劇團和演出單位紛紛合併，原來在大世界或其他遊樂場演出的團體也都是要麼被合併，要麼輸送到外地，大世界就失去了一批機動靈活的演出單位，因而此後就幾乎只有正團正戲的演出，這樣就使得大世界連續演出的特色隨之消失，特別是下午4點半到6點半這段時間內，大世界整個場內大都停鑼息鼓，近萬觀眾在兩個多小時內無戲可看。此外，在這次整風改造運動中，清除了一大批「反革命」和「壞份子」，而過去在大世界演出的劇團中被清除處理的就有100餘人，而這些人員中有的是主要演員，如三聯滑稽劇團的小神童、王鳳來、米一粟等。當這些劇團的頂樑柱被清除之後，這些演出團體也就宣告解散，這也必然影響到一些單檔節目的演出。[66]

在這種情況下，大世界就不得不壓縮戲劇演出的場次（從表8.6也可看到整個戲劇領域在整頓之後演出場次都有所壓縮）。文化局也因為劇團數量的大幅度收縮（參看表8.5），而進一步認定必須把遊樂場予以收縮，[67] 所以，如前面所看到的，繼福安遊樂場之後，先是先施遊樂場在1958年底被撤銷，其次是大新遊樂場在1960年被撤銷。

由此，一方面是劇場、遊樂場等文娛場所的大幅減少，另一方面則是劇團、民間藝人以及有特色的節目的大幅減少，曾經彌漫於十里洋場的那種娛樂風氣於是進一步消散，隨之顯現的則是一座有序、節制和嚴肅的社會主義工業城市，只是間歇性地在節日的大遊行的人海及秧歌的歡快中感受到集體的歡騰，而大世界所遭遇的「百戲雜陳」特色消失的困境（後文會詳述），不過是此轉變中一個特出的例子罷了。

---

66 B172-5-421，〈市委宣傳部上海市文化局關於調查演出票價及調整大世界演出場地、內容等的請示、批覆〉。

67 B172-4-971，〈上海市文化局關於遊樂場的改進工作方案〉。

可以看到，新政權所推動的將大世界正規化的舉動，不僅僅是新政權對現代化的嚮往，也在於它認為一個正規化的文化機構能夠提供更好的文化產品，同時也能夠帶來營業上的提高。於是，大世界先是進行了場團分離，並將一些被認為不合格的劇團剝離出去，雖然遭遇到場團矛盾等問題，但大世界仍然是強力推進。到 1958 年大範圍的劇團整頓的時候，新政權更是乾淨利索地推動了劇團的縮減、合併和整頓，可以說是進一步地推進了新政權所渴求的正規化這一目標。[68] 這一過程能夠如此有效地推進，無疑是與強大的國家能力（如組織滲透能力和動員能力）有關聯。但是，正是這一強大的國家能力帶來了劇團的急劇減少，從而使得大世界的演出捉襟見肘，節目種類更顯貧乏，這無疑使得大世界的演出品質下滑，也影響到它為廣大人民群眾提供豐富的文化產品。這樣的結果顯然並不利於新政權將大世界塑造成「人民的樂園」這一目標的實現。因此，這種強大的國家能力的運用，其本來的目的是要實現文化機構的正規化和現代化，從而為廣大人民群眾提供更好的文化產品，但這種強大的國家能力固然實現了文化機構一定程度的正規化和現代化，可相伴而來的卻是文化產品不斷減少這樣的相反結果，這樣的結果顯然有違於其為廣大人民群眾提供更好的文化產品這樣的初衷。這一過程正反映的是前述「國家能力的悖謬」（the paradox of state capacity），也可以說是強大的國家能力的非預期後果。這樣的現象也提醒我們要對國家性質的繁複性予以更為仔細的審視。

68　這種舉措在全國各地都有所推行，如在廣州，數個粵劇團於 1958 年合併成廣東粵劇院，可參考廣州粵藝發展中心編：《廣州粵劇團團誌》，廣州：廣州粵藝發展中心，2002 年。

表 8.5　戲曲院團的人員情況表 [69]

民間職業劇團	整頓前團體數	整頓前人員數	現有的團體數 [70]	現有的人員數
通俗話劇	5	157		
歌舞團	3	62	1	29
雜技團	27	374	3	120
木偶劇團	7	84		
京劇	13	1033	2	168
越劇	38	1655	13	694
滬劇	24	943	11	551
淮劇	14	810	3	201
揚劇	11	502	3	172
錫劇	5	159	4	216
甬劇	7	253	1	51
滑稽	22	431	3	143
廣東音樂	1	10		
南方戲	1	33		
雜景戲	7	84		
民間評彈藝人		438	7	250
流散藝人		140		
小班小檔		1043		
單檔藝人		328		
蘇北評鼓書				32
各縣民間藝人				52
合計	185	8539	51	2679

69　來源：B172-5-536，〈上海市文化局關於上海市國家藝術院（團）工作條例（草案）及補充意見〉。

70　此處所言的「現有的」，應指 1960 年左右。

表 8.6 整頓前後幾個主要戲曲劇種演出場次、人次比較 [71]

劇種	1957 年演出場次	1957 年觀眾人次	1960 年演出場次	1960 年觀眾人次
話劇	897	982000	942	924142
京劇	1760	1276000	1289	1895626
越劇	13187	6905000	3638	3168187
滬劇	8882	4182000	2731	2409365
淮劇	6100	3158000	1627	1249060
揚劇	2604	1166000	1015	599511
錫劇	1534	503000	1149	808952
滑稽	5347	2440000	1082	891700
甬劇	3077	864000	282	199736
曲藝	22091	6436000	17003	3468232
合計	70826	27912000	30758	15614491

四、大眾文化領域的計劃化管理

事實上，上述劇團整頓之能夠推動，其前提是在 1956 年實現大眾文化領域全行業的社會主義改造之後，大眾文化領域逐漸實現了由文化局統領的計劃經營，換言之，文娛機構的文化產品的生產和流通要由文化局統一調度。這在大眾文化領域是一重大轉變，同時也是國家深度介入大眾文化領域的進一步的制度化。

在傳統上，各個劇場和遊樂場都是自己四處尋覓合適的劇團和藝人來演出（當然也有一些劇場有自己的固定劇團），而劇團和藝人為了生計也必須「跑碼頭」，奔波各地尋找演出機會。在文化局看來，這種情況使得場團之間為爭奪劇團或劇場而明爭暗鬥，而且造成一種貧富分

---

71 來源：B172-5-536，〈上海市文化局關於上海市國家藝術院（團）工作條例（草案）及補充意見〉。

化，也就是大劇場和大劇團因為條件和財力雄厚，往往有很多選擇空間，而小劇團、小劇場則在競爭中陷於劣勢。[72] 另一方面，這種通過市場的自由選擇來運行的做法，多少也是新政權所不能放心的，因為劇團和劇場很可能為利潤而上演不符合新政權意識形態要求的劇目。

在這樣一個背景下，同時也由於文化娛樂場所與劇團等實現了公有化，新政權開始推動對戲曲市場進行計劃化的管理，也就是由文化局充當調度員，它安排適當的劇團和藝人到適當的文娛場所去演出，並在不同的時間段予以調整。戲曲市場的供給和需求兩方不再是市場上的自由挑選者，而是由文化局統一規劃。為此，1956 年 10 月，上海市文化局成立劇場專業公司，後改名上海戲劇演出公司，由陳松華任經理，宗政文、馮士璋、姜衍（均為同業公會成員）任副經理。[73] 除了統一調度劇場演出之外，戲劇演出公司也可以對各文娛場所的資金盈虧予以統一調度。[74]

這種統一調度為劇團劇場走上計劃化創造了條件，同時，也可以使文化局能夠初步做到劇種的合理分佈，不使同一劇種過度集中，也可以對劇團劇場有計劃地安排，到市郊、工廠、農村、部隊巡迴演出，也達到控制外地劇團盲目往上海跑的目的。[75] 但是，儘管這樣的調度的一個初衷是要奉行毛澤東〈在延安文藝座談會上的講話〉的精神，也就是

72　根據文化局的數據，1955 年全年有 30% 以上的劇場接不到劇團而停止演出，參見 B172-4-587，〈上海市文化局關於上海市戲劇演出公司成立、演出總結及局演出科與公司關係的意見〉。

73　B172-1-745，〈上海市委文藝工作部、上海市文化局關於認命基層單位領導幹部、中層幹部的請示、批覆〉；參見童本一主編：《上海文化娛樂場所誌》。

74　B172-1-751，〈上海人委、市局關於成立上海劇場專業公司的請示、批覆〉。

75　在這種統一調度的背後，也有一種平等思想的觀念，也就是不同的劇種是平等的。比如說在上海，越劇是第一劇種，而甬劇、錫劇等則是較為小眾的劇種。市場上，對越劇的需求量較大，而對甬劇等的需求則較小，但為保證這些劇種不致完全消失，文化

文藝為工農兵服務，但文化局自己也承認實際上對工農兵演出的重視是不夠的，而在部隊演出方面則流於停頓，在工廠演出方面，則缺乏計劃性。統一調度也面臨一些問題，在文化部 1956 年 6 月召開全國戲曲劇目會議以後，很多劇團都要求舞臺條件較好的劇場，而劇場有限，這就使得調度十分困難。隨後由於劇目的放寬帶來營業回升，很多劇團甚至不參加巡迴演出。此外，文化局對中小劇團的調度也不及時，往往是通知過遲，使劇團、劇場在宣傳制景方面時間短促。[76] 因此，這種劇場劇團調度的計劃化無法完全實現其初衷，而它本身也帶來一些問題需要解決。

儘管戲劇演出公司在 1957 年 10 月 12 日被撤銷，取而代之的演出處仍然承擔著全市的影劇院的調度計劃與基建工作。當然，隨著市區分工，一部分調度權責下降到區一級，但這並不改變大眾文化領域的計劃模式這一事實。

可以看到，從票價、演出場所的安排和流動以及宣傳各個方面都納入到文化局的管理範圍之內，這就使得劇場和劇團的自主權相對下降。由於這種自主權的下降，劇場在挑選劇團方面就受到很大制約，而且，正如文化局對其調度安排的說明那樣，這種大眾文化領域的計劃化就是要限制外地劇團盲目流入上海，使劇團在當地紮根，它的客觀結果就是可供選擇的劇團數目進一步減少。[77] 到整風運動之後，由於劇團的

局一方面是要把較小的甬劇團合併，另一方面則是讓它們在固定的劇場和遊樂場有演出機會，參見 B172-4-587，〈上海市文化局關於上海市戲劇演出公司成立、演出總結及局演出科與公司關係的意見〉。這種做法客觀上保護了小劇種的發展，使其免於淘汰的命運。

76 B172-4-587，〈上海市文化局關於上海市戲劇演出公司成立、演出總結及局演出科與公司關係的意見〉。

77 B172-4-856，〈上海市文化局關於爭取場團合一、要求恢復劇場業務的報告〉。

整頓使得劇團數量大量減少，這使得劇團的調度問題更顯得捉襟見肘。

因此，大眾文化領域的計劃化管理固然強化了國家介入大眾文化領域的能力，但對於統一調度整個大眾文化領域的演出活動這一任務，文化局往往是不堪重負的，這使得演出活動的安排常常無法順利進行。這樣的結果，也同樣可以理解為是強大的國家能力的悖謬。這一背景對於理解大世界所遭遇的困境是非常重要的。

五、「勞逸結合」：國家目標的衝突

正所謂「屋漏偏逢下雨」，在整風運動中提出的「勞逸結合」的口號要求減少劇團的演出場次，這無疑給困窘的演出活動的安排雪上加霜。

在整風運動的時候，由於整個風氣是大膽鳴放，所以當時反映了不少問題，其中一點就是對劇團的生活福利關心不夠，工作過於緊張疲勞。以遊樂場的劇團為例，它們除除夕兩天封箱（即停演）外，每天日夜兩場演出，全年 726 場，常年得不到休息。為此，文化局決定三個遊樂場每週輪流休息一個下午：大世界是每週五，大新遊樂場是每週一，先施遊樂場是每週二，並自 1957 年 6 月 14 日開始執行。[78] 除大世界之外，其他文藝團體也作出了相應的改進。上海越劇院和上海人民淮劇團都取消了使演員過於疲勞的上班制度，每天上午只要沒有排演和學習等重要活動，都可以不來上班報到。上海合唱團練唱時間也由每天三小時變為兩小時。1959 年 1 月份，又提出要嚴格執行上海市委所要求的「睡足歇好」的指示，到當年 7 月份，為保護資深和有成就的文藝工作者，

---

78 〈遊樂場每週休息一個日場〉，《新民晚報》1957 年 6 月 1 日。

四級以上的文藝工作者開始實行歇夏制度。[79]

到 1960 年，文化部和上海市文化局對「勞逸安排」的問題有更為細緻的安排。當時，各個劇團和演出機構都紛紛反映勞逸安排不當。大世界也同樣面臨這個問題。例如，大世界當年本來決定在 1 月 25 日至 1 月 27 日三日封箱，但 26 日晚上黃浦、盧灣兩區主辦人民大聯歡，27 日上午南市區又主辦人民大聯歡，所以劇團仍需演出，除此之外，還要進行大掃除。在大世界演出的紅色雜技團也反映，除魔術演員和實習演員（小孩）外，演員幾乎都有傷。兩場演出後，晚上回去較晚（十點半左右），中午休息時間又較短，早上練功練不動，規定練到 11 點半，實際上每天十點以後就已經休息了。[80]

為此，文化局決定，劇團每個月的演出限額不可超過 20 場，除非有突擊的政治任務，而且超過的場數必須經過市文化局或區裏批准。文化局對直屬文化局的院團的工作時間（直屬院團包括人民大舞臺、上海藝術劇場、天蟾舞臺、長江劇場、音樂廳、美琪電影院）也予以調整，規定工作時間掌握在 8-10 小時，每一職工每週輪休一天（經理休息在星期一），劇場職工的工作時間自下午開始，國定假日應按照規定給予補假，院場集中組織的政治或業務學習，每週以兩次為度。

為保護文藝人員的身體健康，文化局還專門開列了一個著名藝術家和主要演員的名單，以作為重點保護的對象，並規定他們各自的工作量。這些主要演員可以有一個月的歇夏時間，而其餘人員可以考慮在酷暑期間停演全部日場，並要求平時必須加強降溫防暑工作。[81]

---

79 上海市文化局黨史辦公室：《上海市文化局大事記：1949-1999》。

80 B172-5-421，〈市委宣傳部上海市文化局關於調查演出票價及調整大世界演出場地、內容等的請示、批覆〉。

81 B172-5-201，〈文化部關於勞逸安排的指示及上海市文化局對有關院團的調查報告、請示、批覆〉。

這樣一種「勞逸結合」的理念無疑是好的，是出於對勞動者的保護，但是，推行這一計劃對大世界這種需要大量劇團的演出場所來說是一個很大的衝擊。大世界在 1959 年的時候，外地劇團佔整個演出劇團的 48%，每月有 56 場演出；推行勞逸結合之後，演出場次由每月 56 場改為 30 場，[82] 下降近一半。中央規定，戲曲演出時間每場一般不超過兩個半小時，劇團每月演出場次一般限制在 17-20 場。同時，中央在 1961 年規定全國各省市的藝術表演團體，首先要滿足本地人民群眾的需要，並縮短巡迴演出的戰線，這其實就是明文限制劇團的外出流動。[83]

概言之，當國家推動社會主義文化改造這項目標的時候，它同時面臨其他不同的國家目標，一方面是要維持大眾文化領域的有效運行，另一方面也是要切身保護和改善藝人的工作處境，這裏所提出的勞逸結合正是本著這樣的目標而提出來的。但是，這二者並不總是相互配合，而可能出現相互衝突的情況，而在國家能力不足的情況下（指劇團的不足或人員配置的不足），這種不同國家目標之間的衝突會更為強烈。其實，我們在前面有關大世界的正規化和場團分離的章節裏面就已經看到這種不同國家目標之間的衝突（即正規化和文化生產之間的衝突），這是困擾新政權的一個持續議題。

六、劇團荒

在這種缺乏外地劇團的輸入，而本地劇團又必須實行勞逸結合減少演出場次的情況下，大世界的演出需求與劇團的供應之間就發生很大

82 接管之前的演出場次是每個月 60 場，B172-5-777，〈上海市文化局關於大世界虧損問題調查報告及其歷年經濟財務統計表〉。

83 黃浦區檔案館，3017-1-033，〈市文化局同意本局對大世界、大新遊樂場改進演出制度和專業劇團改制的請示報告〉。

的衝突。以 1959-1961 這個時期的大世界來說，當時大世界共有 11 個場子，除一個電影場和一個象棋場以外，其餘還有 9 個場子。以大世界的估算，每月需京劇團 2 個、越劇團 2 個、魔技團 3 個、歌舞團 1 個、木偶皮影 1 個、揚劇團 1 個、滬劇團 2 個、淮劇團 1 個、錫劇團 1 個，以及上海沒有的外地劇種 2 個，共計需要 16 個左右劇團（評彈尚未計算在內），全年則需要 192 個。受制於當時的這種大眾文化領域的計劃化以及 1957 年底推行的市區分工，每個區都有區屬劇團，並由區文化局（科）調度這些區屬劇團到相應的區屬文娛場所，而在市文化局的協調之下，也可將本區的劇團調度到外區。但顯而易見的是，區內的調度要更為簡單方便。大世界當時屬於黃浦區，黃浦區屬於劇團相對較多的區，但即便如此，黃浦區一年最多只能解決 32 個劇團，這樣還缺 160 個劇團。在這個情況下，只能通過市文化局調度其他區的劇團，如全市其他劇團每月都來演出一個月計算，則還可調度 42 個，實際還缺 118 個，如每團每年 2 個月計算，也只能解決 84 個團，尚缺 76 個。為此，每年還需向鄰省，如江蘇、浙江、安徽等省，邀請上海缺少的劇團和缺少的劇種每月三個來大世界演出，全年可解決 36 個，這樣還缺 40 個。這還是一種理想的計算，而很多時候，有些劇團雖然排定計劃來大世界，但到期卻並不能按計劃執行。面對這種調度問題，市文化局演出處並不總是能及時解決，當演出處自身無能為力的時候，就給一封介紹信讓大世界自己臨時派人出去到處找劇團。而這種臨時抱佛腳的尋找，要麼根本找不到，要麼就是來得很匆促，更顧不上什麼彩排。這個局面也使得大世界的工作變得很被動。[84]

此外，儘管大世界寄希望於外區劇團，但很多外區劇團並不願意

---

84 B172-5-421，〈市委宣傳部上海市文化局關於調查演出票價及調整大世界演出場地、內容等的請示、批覆〉。

來大世界演出。以 1961 年為例，外區劇團一般每年頂多來大世界演出一個月，而國家劇院團只有三個音樂團體和上海淮劇團青年隊來演出過一個月，其餘都沒有來過。又據統計，1961 年黃浦區 6 個劇團在大世界演出了 39 個月，而外區的 19 個劇團只演出了 37 個月零 9 天。這些劇團之所以不願意來大世界演出，有下面幾個原因。

首先，大世界的舞臺條件和設備比其他院場差，舞臺淺、短、矮，大佈景無法安置，較大型劇目不能上演，後臺場地也小，日夜兩場往往兩個劇團、甚至兩個不同劇種同台演出。場內音響更差，而且各場之間距離很近，演出聲階容易混雜，相互影響，加上觀眾多、流動性大、場內秩序亂、吵聲大，演員拉開嗓子唱，下邊還很難聽清，這樣連續演出幾場，演員的嗓子就啞了，所以有的演員提出「再這樣下去，我們不唱了」。此外，場內燈光也較暗，這些都影響演員積極性。這也說明，儘管接管後的大世界試圖實現其正規化和現代化，但效果不彰。

其次，由於 1958 年劇團整頓後，全市劇團較少，劇團收入比往年增加，但到大世界演出，經濟上一般只能維持基本開支或稍有多餘，這是因為大世界票價低、收入少，而開支又大，所以給出的包銀不算多。一般的劇團在外面的正式劇場裏演出，收入一般大都在每月萬元以上，而大世界的包銀只有三千到六千元之間，所以劇團都不願來。如青山越劇團能分隊演出（日夜兩場），大世界也需要，而青山提出可以在大世界演出，但包銀要增加一倍（從五千五百增加到一萬一千），但按文化局的規定只能增加 20-30%，所以大世界不同意，青山越劇團就不來演出。大世界無奈之下只有同意，但增加包銀，大世界就只有承受虧本的結果。這個情節是很值得玩味的。首先，不管是新國營劇團還是老國營劇團，它們都是以利益作為首要的衡量標準，選擇去或不去大世界是與包銀的多少直接相關的。在毛澤東的文藝思想裏面，文藝是為工農兵服務，文藝應走群眾路線，因此還必須定期下廠下鄉去演出。在這種設想

裏面，驅動文藝工作者的是對他們工作性質的認識，是基於他們的工作是偉大革命事業的非常重要的一部分這樣的一種信念，是作為革命意識的塑造者的使命感。這種設想是恥於言利的。但現實的情況是，相當多的劇團和文藝工作者做出判斷最重要的一個標準仍然是經濟利益，這也再次觸及前文所説的意識形態與實用主義之間的張力，也説明社會主義新人之塑造的艱難。

最後，儘管新政權一直在除舊佈新，要把大世界從一個不入流、低俗的演出場所轉變為體面的高雅的人民樂園，但到六十年代，大世界在民眾的心目中仍然是一個下里巴人的場所，而大劇團進大世界演出，則頗有點自降身份的感覺，他們擔心這會影響到觀眾對劇團的觀感，這也是他們不願來大世界的原因。如海燕滑稽劇團、紅旗錫劇團、前進滬劇團的有些演員就公開説：在大世界演出，會降低我們劇團的身價，觀眾不願在外面（正式劇場）看我們的戲了，他們説花二角五分錢到大世界看還不是一樣能夠看到。所以這些劇團要是「不幸」被分配到大世界演出，往往是應付一下，不願把自己的好戲拿出來。[85] 這種視大世界為卑賤之所的心態，表明這種民國時期所形成的文化機構之間的區隔（distinction），並沒有因為新政權所強調的平等意識形態而發生改變，這在某種意義上可以視為藝人慣習之持續存在，也再次揭示了國家觸角的限度。[86]

在此內憂外患的情況下，大世界就不得不減少戲曲演出場地，其

---

85 B172-5-421，〈市委宣傳部上海市文化局關於調查演出票價及調整大世界演出場地、內容等的請示、批覆〉。

86 與此相似，民國時期北京的戲曲演出地點，有「街南」與「街北」之分。長期在街南演出的班社，沒有資格到街北；在街北演出的班社，也決不會到街南來。新中國建立以後，自新鳳霞開始，街南的演出團體，陸續有來街北演出的，大多數是經市文化部門安排。但是街北的劇團仍以到街南演出有損聲譽而從不涉足。參見岳永逸：《空間、自我與社會：天橋街頭藝人的生成與系譜》，第 203 頁。

中長期空出的場地有兩個，另有兩個在劇團休息時也會空出。劇種上因此也殘缺不全，如很有觀眾基礎的淮揚劇，1961年以來就有很長時間未演出過。總共11個劇場，有4個空出，整個大世界的冷清程度就可想而知了。為填補這種缺漏，大世界於是開闢綜合性的業餘活動場所和新聞電影場（其調整後的佈局見表8.7）。從調整後的佈局可以看到，其劇場數目在減少，而增加了體育活動場所。此時的大世界一方面是缺少單檔演出，另一方面，作為聯合劇場，其劇場數目也在壓縮。不過，為了維持運轉，大世界仍然決定取消星期五的日場休息，而為保持遊樂場每天中午12點半開放，晚上10點半結束，就要採取停團不停場的方式，這樣就必須調度更多的劇團到大世界演出，所以大世界就要求市文化局演出處幫助調度劇團。

對黃浦區文化局來說，更便利的方式還是要把更多劇團分配到黃浦區。它們提議，應調一些大世界所必須而黃浦區又缺少的劇團，如越劇、淮劇、揚劇等劇團交黃浦區管理；並要求原在大世界演出的基本劇團，如群藝滬劇團、紅色雜技團、紅霞歌舞團，仍劃歸黃浦區管理。黃浦區文化局甚至「威脅」說，要麼市文化局調劇團到大世界，要麼市文化局把大世界收回市局管理。這也足見當時劇團調度所帶來的困擾。除此之外，黃浦區文化局要求市屬的國家劇院團及其他區的劇團，每年能安排兩個月的任務到大世界演出；要求平均每月有三個鄰省的特有劇種到大世界演出。與此同時，文化局以組織青年演員和戲曲學院學生實習的名義，也解決了部分演出場地問題。此外，則是增加曲藝等演出，比如國術、遊戲、象棋、相聲或獨腳戲等。[87]

---

[87] 也就是在1961年，大世界重新考慮恢復其舊有特色，也就是「百戲雜陳」、「連番不斷」的格局。除了這裏所講的劇團緊張問題之外，必須要注意的是，1961年是在大躍進和三年自然災害之後的一個調整年份，文化領域的氣氛也比較寬鬆。這為大世界恢復其特色提供了政治環境。

表 8.7 大世界佈局的調整 [88]

		原來情況	改制後情況
底層	東部	電影場	電影場（故事片）
	南部	京劇場	京劇場
	西部	戲曲場	木偶場
	北部	展覽室	電影場（科教片）
二樓	北部	滬劇場	滬劇場
	中部	木偶場	文娛活動休息室
	南部	淮揚場	淮揚場
三樓	北部	滑稽場	體育活動場
	南部	歌舞雜技場	歌舞雜技場
四樓	北部	錫劇場	曲藝場
	中部	休息室	乒乓氣槍室
	南部	越劇場	越劇場

　　當然，在調度更多劇團進大世界以後，這必然會增加包銀和財政開支，而預計每年需國家補貼二十萬。為此，大世界在 1961 年將門票從二角增加到二角五分，以試圖解決此問題。但是，包銀問題所帶來的巨大財政負擔並沒有得到有效解決，而且隨著營業的急劇惡化，更變得不可收拾。相關內容後文還會再討論。

七、大世界特色的消逝（1）：初步的文化同形的形成

　　站在五十年代末期這個時點回顧接管以來的一系列事件，我們可以清楚地看到，這些事件的後續效果或有意或無意地改變了大世界的面

88 　來源：A22-2-950，〈市文化局關於「大世界」演出場次問題、調整票價、特色劇目集中演出等問題的請示報告及本部的批覆〉。

貌。為了實現劇團的正規化所推行的劇團整頓運動，使得可供大世界選擇的劇團數量大幅減少，單檔藝人和劇團的主要演員也被整肅或者返鄉，大眾文化領域的計劃化、市區分工進一步限制了劇團的流動，而為了文藝工作者的權益保護的「勞逸結合」制度，則使得演出團體再一次地下降。面對這種困境，大世界科層體制的不完備也使得它無法採取有效的舉措予以改善局面。當然，大世界在不同時期都試圖一定程度地恢復原有特色，但由於上述因素的共同作用，大世界節目的豐富性和「百戲雜陳」、「連番不斷」的演出模式不可避免地被削弱了。

　　儘管舊社會的大世界被新政權視為是腐化墮落之所，但新政權也並不諱言，接管前的大世界有不少值得借鑒之處，這尤其表現在前文屢次提到的大世界的「百戲雜陳」、「連番不斷」的原有特色。事實上，過去的大世界本身就是一個「考場」，有不少身懷絕技的藝人流蕩到大世界演出，其中不少是單檔藝人。他們往往是先在大世界站穩腳跟，然後再在上海灘揚名立萬。著名的藝人，京劇方面有王少樓、孟小冬等，滑稽方面有姚慕雙、周柏春、楊華生、張樵儂、笑嘻嘻、沈一樂等，雜技方面有田雙亮的扯鈴，孫泰的口技和於少亭的踢毽等。正是因為有這樣一些藝人不斷來到大世界，而且接管前的大世界有相對穩定的演出團體，所以保證了大世界節目的豐富性和吸引力。但在接管後的各種整頓當中，這些藝人或者返鄉，或者加入國有劇團，不少吸引人的劇種、劇目和節目就消失了。這些消失的節目包括：滑稽京劇、童子團（又名潘家班）、北方曲藝、南方歌劇、蘇灘、雜錦歌舞、小京班、各種單檔獨腳戲、單弦拉戲、踢毽、扯鈴、口技；其他如拳擊、武術、大力士、氣功等表演節目。這些節目都是由大世界裏面的數十個單檔演出的團體撐起來的，這些團體一般每個都能拿出三五檔節目，演一二個小時，它們構成了大世界的一個穩定的基本力量。此外，社會上也不斷有一批小型演出團體，常在大世界演出，也為大世界提供了不少單檔節目。但在接

管之後，一方面，由於場團分離，大世界不再擁有任何自己的劇團，另一方面，社會上的劇團或藝人要麼消失、要麼被限制流動、要麼併入國有劇團，大世界在安排節目上的被動就可想而知，更不用說因為意識形態因素對節目本身帶來的限制。⁸⁹

此外，大世界此前還有很多新奇有趣的遊藝活動，包括 X 光鏡、西洋鏡（當然內容上或許是低俗的）、彈子房、剪影、各種拉力機、高爾夫球、小火車，還有不被認可的算命占卜，這些都在大世界追求一個純潔、正規和現代化的遊樂場的過程中被逐漸取締。儘管大世界在隨後也增辟了一些新的活動場所，如展覽室、氣槍和乒乓室等，但這些內容基本上是經久不換，給人單調乏味的感覺。不僅如此，大世界原來的各種各樣的南北風味的飲食（甚至內設有咖啡館），也在社會主義改造、整頓和合併的過程中消失了。⁹⁰

由於上述的劇團和單檔藝人的消失，大世界過去的那種節目輪番上陣的特色就不復存在。過去的大世界，開場後十個小時（從中午十二點半到晚上十點半）隨時能看到各種演出節目，例如大世界原來的共和廳，以中午十二點半開始到散場結束，一直有短小精悍的單檔節目演出，其他各劇場也一般在正戲⁹¹演出之前，排有一到一個半小時的單檔節目，插在空隙時間演出，因此中間沒有半個小時以上的間隙時間。但是到五十年代末，十個小時至少有三個小時以上的間隙時間，沒有什麼

---

89 A22-2-950，〈市文化局關於「大世界」演出場次問題、調整票價、特色劇目集中演出等問題的請示報告及本部的批覆〉。

90 A22-2-950，〈市文化局關於「大世界」演出場次問題、調整票價、特色劇目集中演出等問題的請示報告及本部的批覆〉。

91 正戲往往就是指大戲，如京劇、越劇等，往往耗時超過兩個小時以上，而有別於短小的節目，如魔術和雜耍等。在大世界，正戲的演出時間一般是下午一點半或二點開場到四點半或五點結束，晚上六點三刻或七點開場到十點或十點半結束。

節目可看。下午各劇場散場之後，最早的要到晚上六點三刻才開場，只有一個劇場有節目演出，另外有電影場放新聞紀錄片，其他沒有演出活動。在這種情況下，大世界就變成了一個介於聯合劇場和文化宮之間的場所，對於大世界的觀眾來說，除掉比外邊劇場可多看幾個劇種和票價稍許便宜一點（二角五分可看日夜兩場）以外，基本上並無特色可言。[92]

隨著大世界逐漸喪失了其原初作為遊樂場的「百戲雜陳」、「連番不斷」的特色，它也就越來越類似新政權所建立的群眾文化機構，如文化宮和工人俱樂部。這也就帶來了筆者所說的初步的「文化同形」（cultural isomorphism）的形成。文化同形包括形式（form）、功能（function）、內容（content）和構成（constitution）的同形。以大世界和工人文化宮比較來說，在形式上，其演出過程與空間都被意識形態化了，比如在演出空間裏面張貼革命標語；在功能上，都同樣講究教育民眾而非娛樂民眾；在內容上，現代戲劇的比例在整體上增多，在劇目上也多有雷同；在構成上，大世界逐漸剔除了過去的單檔曲藝表演等特色，成為聯合劇場，甚至聯合劇場的模式也逐漸削弱，又添設了與文化宮同出一轍的各種健康娛樂形式，如乒乓球、象棋、圖片展覽等。之所以說是初步的文化同形，是因為就五十年代末期而言，以上幾個方面的表現仍然不算徹底，而到 1963 年以後文化同形進一步加劇，這一點下一章會再談。

正如前面所言，大世界「百戲雜陳」、「連番不斷」的特色，其本質是要最大化觀眾的感官經驗，在這種目不暇接、眼花繚亂的戲曲景觀中，在這種亂哄哄、雜亂無章的戲曲、曲藝、娛樂的大雜燴中，觀眾的效用就得到了最大化，而大世界的改造則是限制劇團數目，減少插場曲

---

92 A22-2-950，〈市文化局關於「大世界」演出場次問題、調整票價、特色劇目集中演出等問題的請示報告及本部的批覆〉。

藝，並力圖使大世界內部的景觀變得有序，它是用一種節制的原則取代上述那種效用最大化原則。這樣一種轉變自有其深刻的政治與道德的考量，也能獲得不少民眾的認可，但原來大世界特色所體現的豐富多彩性的消逝，或者是本章所說的初步的文化同形的形成，也給大世界的經營帶來很多問題。事實上，在接管以後，大世界的觀眾人數就呈現一種整體下滑的趨勢（間或有上升），1955年大世界的全年觀眾人數從接管前的高峰期589萬下降為438萬，而到1958年更下降到379萬（請參考表9.7）。[93] 這種觀眾人數的劇烈下降，說明新政權對大世界的重新塑造並沒有獲得群眾的廣泛認可，而這可以視為新政權在大世界所推動的文化領導權事業的一定程度的挫折，畢竟新政權的目標是要使大世界成為群眾所喜聞樂見的「人民的樂園」。

八、小結

至此，筆者已經詳盡地展示了大世界的這種初步的文化同形是如何形成的。不過，這樣一個初步的文化同形不完全是新政權的初衷，不完全是出於它有意識的規劃。如筆者前面所分析的，儘管「文化宮」的意象對新政權改造大世界有影響，但新政權並未完全廢棄大世界這種娛樂場所形態，而是要藉助這種形態並加以適當地改造，使之成為廣大群眾喜聞樂見的「人民的樂園」。大世界演變成一個並不太受人歡迎的介於文化宮和「聯合劇場」之間的聯合體，一方面自然是與新政權將文娛

---

[93] 1956年下半年至1957年上半年有過短暫的文藝政策的鬆動，這主要表現為劇目的放鬆，不少禁戲得以解禁。這一定程度上幫助了大世界經營的改善，但並沒有在整體上逆轉大世界文化同形的趨勢，也沒有帶來大世界對其經營模式的整體反思。而且隨著1957年下半年從「整風運動」轉向「反右運動」，這種文化政策的寬鬆也隨之終結，大世界文化同形的趨勢依然延續。

場所純潔化的強有力的意志以及強大的國家能力（諸如社會動員和控制力等）相關，這個過程透過歷次運動、社會主義改造、單位化、劇團整頓等實現；另一方面，卻也是與將演藝場所和演藝團體變得正規化這樣的良好願望的非預期的後果（unintended consequence）——劇團大幅減少而演出難以為繼——相關；當然，它也與國家目標之間的衝突，還有國家能力本身的不足（比如科層體制的不完備）相關。由此就看可到國家性質的繁複性如何影響了大世界這一文娛機構的變遷，進而影響到新政權在大世界所推行的文化領導權計劃的成敗。

第九章

文化領導權的挫折：

從協商式文化領導權走向零和式文化領導權

一、前言

本章將接續上一章的論述，討論大世界從五十年代末到文革爆發這一期間的發展歷程。面對大世界所出現的文化同形的現象以及隨之而生的經營困局，國家採取了一定的妥協舉措，恢復了大世界的部分原有特色，也使用了一定的物質激勵的方式來鼓勵文化產品的生產。這一定程度上緩解了「文化同形」的局面，也帶來了大世界經營上的改善。但隨著這種妥協而生的一些負面現象，卻引發了國家的文藝政策的激進化。在此政策的影響下，大世界的文化同形進一步加劇，隨之而來的是 1962 年之後大世界觀眾的急劇下降，這種情況有甚於接管後至五十年代末期的局面。下文就將論述這一發展歷程具體是如何出現的。

二、國家的妥協：協商式文化領導權

如前所述，大世界初步的「文化同形」的形成，使其經營上遭遇困境，而這一現象在當時其他的遊樂場也都不同程度地出現。1958 年的第一季度，上海的三大遊樂場的觀眾人次都出現大幅下滑，1 到 5 月份的觀眾人次相比 1957 年同期下降了 27%，而一二季度原本是營業較好的時段。1957 年全年上繳利潤 17 萬多，而 1958 年第一季度就虧損 11 萬多。[1] 其客觀原因自然是當時全市開展整風運動和生產大躍進，民眾無暇參加文娛活動。另一方面，上面所說的整風運動所帶來的劇團的大量削減以及整個政治空氣的左傾，都使得遊樂場上演的劇目乏善可陳，這也使得觀眾不願意去大世界。

針對這種局面，文化局在 1958 年就採取了一定的措施予以調整。

---

1 B172-4-971，〈上海市文化局關於遊樂場的改進工作方案〉。

該計劃一方面確實有增添演出特色的趨向,比如大世界要在中央場邀請上海市人民雜技團演出,在室內將錫劇場開闢為機動場,一年四季由各地劇種輪換演出和邀請北方曲藝在場間演出。在這方面,大世界仍然是追求正規化,比如大世界要求人民淮劇團、上海越劇院、上海歌舞團、上海京劇院、上海人民滬劇團於 1958 年 8-9 月份來場演出,而將大世界的劇團,如群藝滬劇團、友誼揚劇團外調。[2]

但另一方面,該計劃仍然是側重於比較健康有益的體育、展覽和宣傳活動,也就是更類似於文化宮的模式,強調的是信息的傳遞和教育,而不是「百戲雜陳」這樣的遊樂場特色。這在以下規劃內容中就體現得非常明顯[3]:

1)加強遊樂場的政治宣傳,充分發揮這個社會主義思想教育陣地的作用。首先是改變過去遊樂場宣傳「治安條例,管制壞人」太多的情況,而利用各遊樂場空白牆壁來繪製宣傳總路線的壁畫或標語。同時,

---

[2]　在這方面,其他遊樂場的做法也是如出一轍。大新遊樂場也遵循這種將劇團現代化的趨向,比如將三個通俗話劇團和三個魔技團予以合併,縮減人員,同時以「打破供給制」和為工農兵服務的思想之口號,要將前進滬劇團與雪飛通俗話劇團二個劇團調出。與此同時,則是試圖努力去提升劇團的品質,例如紅星越劇團缺小生和花旦,他們希望獲得越劇院下放二人或從大劇團多餘人員中物色。與大世界一樣,他們也迫切要求解決導演問題,因為大新遊樂場裏,除京劇有一基本導演之外,其他各劇團的導演都是兼職的,被認為「能力低且敷衍了事」。在這方面,他們也希望人民藝術劇院、上海戲劇學校可以調派導演二人或臨時協助輔導。在節目內容方面,大新也希望在七樓露天劇場試辦歌詠音樂會,電影場則增映新聞紀錄片場次,「通過新聞紀錄片反映社會主義建設飛躍前進的成就和實情」。可以看到這種取向與大世界的做法是十分雷同的,也反映了新政權的意識形態。但另外一方面,這些思考的背後也不全然是意識形態力量的推動,也有經濟利益的考量。大新希望通過各劇團合併調整,解決冗員後,適當做到定員定額,其目標是要比整風以前每月減 3500 元,這樣全年可省 42000 元,參見 B172-4-971,〈上海市文化局關於遊樂場的改進工作方案〉。

[3]　B172-4-971,〈上海市文化局關於遊樂場的改進工作方案〉。

在各遊樂場適當地點開闢小型展覽場及畫展，經常更換展覽內容，宣傳時事政策，介紹各方面的新成就、新產品、先進人物、先進事蹟和科學常識。[4]

2）增加遊樂場文娛、體育活動設施：在大世界，改裝原有的各種拉力機、活動氣槍靶，使其顯美觀，並籌畫在秋冬季利用屋頂開闢安全射擊靶場；在共舞臺屋頂（原為高峰舞廳）開闢一個夏季的露天場子，以經常演出各種音樂歌唱為主；先施樂園要一方面改善與擴大甬劇場、錫劇場、滑話場，也要聯繫增加小型動物園（主要是珍禽異獸），並按季節組織各種花展和改善加強原有望遠鏡觀測天體工作；大新遊樂場則要添設一個溜冰場，而在春秋冬季考慮搞武術表演和毽子比賽等體育活動。

3）其他：大世界要增設露天電影場，用 16m 放映機放短的藝術片，每天晚上放映二場，並利用原室內電影場放映科教新聞片，日夜各一場；與科普協會聯繫，取得他們的支持幫助，成立科普小組，以曲藝形式演唱宣傳科學，並用幻燈圖片實物模型等進行宣傳。

此外，雖然提出要使演出劇種多樣化，但又籌劃著減少演出場子至一到三個。最後，受制於財政，他們也決定裁減冗員，而人員和演出場地的減少，無疑進一步地削弱了大世界「百戲雜陳」的特色。

由此可見，1958 年的這份調整計劃，其背後的理念還是有些模糊

4　在這方面，該計劃還對三大遊樂場進行分工：大新遊樂場著重展覽工農業生產方面的新成就；先施樂園著重展覽有關科學、技術、文教體育方面的新成就；大世界可舉辦各方面的綜合性的小型展覽。其中附了一份展覽的清單：可以保暖三到四小時的保暖杯；北京電氣工業公司生產的成人手掌大的半導體收音機；國營第二印染廠生產的不怕火棉布；上海市北郊區先鋒三分社生產的直徑高一人的大蒜。可以看到，這些展覽所凸顯的也主要是生產建設，而這與文化宮所扮演的功能是極為相近的。

不清的，可以説是在文化宮模式與遊樂場模式之間徘徊挣扎，這也反映出當局既想改善經營又要受到當時的意識形態的約束這一處境。

在 1959 年之後，文藝政策開始有初步的調整。當年 6 月至 7 月，文化界的領導周揚、林默涵、錢俊瑞、邵荃麟等在北戴河開會討論文藝工作的改進方案，開始了「文藝十條」的起草。[5] 由當年大世界的演出狀況就看出整體上文藝節目還是比較多樣豐富的，而這一點很大程度上也受惠於當時劇團仍然可以較大程度的跨省調度：

1959.2.7　春節的節目有紅色藝術團的跳板、頂碗等雜技，二樓滬劇場群藝滬劇團的《紅色之家》，友誼揚劇團的傳統揚劇《崔金花》，朝陽方言話劇團的《三個母親》，紅星木偶劇團的《飛向月球》，紅旗錫劇團演出的《春暖花開萬裏香》。另外還有海門縣越劇團，常熟縣京劇團，張惠沖魔術團等演出。還邀請了邑廟區的業餘演出隊參加演出。（《文匯報》）

1959.2.9　老藝人沈易書表演拉戲，演奏了《社會主義好》和《京劇二進宮》等節目。（《新民晚報》）

1959.3.25　大世界遊樂場四號場演出北方曲藝，表演的是濟南市曲藝團，演出的節目有山東快書、山東琴書、京韻大鼓、相聲和河南墜子等。（《新民晚報》）

1959.5.29　安徽省廣德縣花鼓戲劇團六月一日開始在大世界演出。（《新民晚報》）

1959.6.9　武漢市中山公園馴化動物巡迴表演團在大世界演出。（《新民晚報》）

1959.6.29　九江專區採茶劇團從 7 月 1 日開始在大世界演出。（《新

5　洪子誠：《1956：百花時代》，濟南：山東教育出版社，1998 年。

民晚報》)

1959.8.1 大公滑稽劇團 8.1-8.5 演出獨腳戲大會串，8.6 開始，上海管弦樂團在大世界演奏各種名曲。上海實驗歌劇院從 8.1 開始在露天中央五臺演出男女聲小組唱。紅色藝術團也將練成的三人「空中飛人」在中央台表演。八月份還有南通專區京劇一團演出，此外，還有淮陰呂劇團和虞光紹劇團的演出。(《新民晚報》)

……

這種文藝政策的調整到 1961 年得到了更為全面的推進。可以說，1961 年是在反右、大躍進之後的一個調整年份。1 月份，中共八屆九中全會在北京舉行，提出對國民經濟實行「調整、鞏固、充實、提高」的政策。文藝政策也隨之調整，6 月中旬，全國文藝工作座談會和故事片創作會在北京舉行，周恩來到會並就糾正文藝工作中「左」的傾向發表講話，強調要發揚文藝民主、尊重文藝規律；同年 8 月 1 日，中共中央宣傳部、文化部和全國文聯印發〈關於當前文學藝術的意見（草案）〉（即「文藝十條」），並明確提出要正確認識文藝與政治的關係，提倡更豐富多樣的文藝作品。[6] 在這一年，先是從 6 月 13 日到 18 日，上海市京昆傳統劇目會串在天蟾舞臺舉行，主要演出建國後較少上演或從未上演的劇目；然後，6 月 24 日到 25 日，滑稽界在文化廣場舉行獨腳戲傳統劇目會串；7 月 28 日，是評彈傳統會串；8 月 13 日是滬書傳統劇目會串；8 月 25 日，上海市雜技魔術傳統節目會串 [7]……。這一連串的會

---

6 不過，這種較為寬鬆的文藝政策的出臺也是經歷了黨內的阻力。薄一波就指出，如果比較 1962 年 4 月份正式批准的〈文藝八條〉和 1961 年 8 月份出臺的〈文藝十條〉徵求意見稿，前者實際比後者要後退，也就是說，在政治管制上要更為嚴格。參見陳順馨：《1962：夾縫中的生存》，濟南：山東教育出版社，2002 年。

7 上海市文化局黨史辦公室：《上海市文化局大事記：1949-1999》。

串，使得過去的不少「毒草」得以重新登上上海的舞臺。

在這樣的大環境下，大世界也開始反思其自身的發展變化和經營模式，並決定一定程度上恢復其原有的「百戲雜陳」、「連番不斷」的演出特色。[8] 因此，這一年大世界的演出活動是相對比較寬鬆的，從該年的演出節目可略窺一二：

> 1961.9.22　大世界從國慶日開始，在底層及三樓開始恢復部分演出特色，以小型的清唱滬書、獨腳戲等作插場演出，可以連續不斷地有可看可聽的節目。（《新民晚報》）
>
> 1961.10.20　停演多年的南方曲藝「小熱昏」最近挖掘出來，將在大世界遊樂場演出。（《文匯報》）
>
> 1961.10.30　演唱南方曲藝著名的杭州曲藝團來大世界，包括紹灘、杭曲、獨腳戲、評彈、說唱和小熱昏等。（《新民晚報》）
>
> ……

由於這些文藝政策的調整，大世界的經營得以持續改善。1959年，大世界全年的觀眾數從 1958 年的 379 萬上升到 498 萬，而 1961 年更達到 526 萬。事實證明，1961 年的觀眾人數是接管以後最高的一年（請參考表 9.7）。

不過，大世界在 1961 年要恢復原有特色的舉措也是遭遇到重重困難。在當年的十月份，大世界增加了「小電影」和「西洋鏡」設備，而其他設備則暫時無法恢復。在恢復連續演出方面，其他區的劇團不願來，上海人民藝術劇院滑稽劇團也同樣不肯去大世界演出，外省市

8　A22-2-950，〈市文化局關於「大世界」演出場次問題、調整票價、特色劇目集中演出等問題的請示報告及本部的批覆〉。

劇團又難以邀請，而單檔藝人則是不知去向，去天津邀請北方曲藝，在 1961 年又不能來上海，故沒有能夠填補空檔的劇團與藝人。因此，唯一解決辦法仍然是調動黃浦區的劇團，後來決定在十月份先恢復一個場子的連續演出，從 1 時至 5 時在 4 號場子，5 時至 7 時在中央場子，節目由原大世界的劇團，共同抽出單檔小節目集中連續演出。[9] 由此也可看出，此時的大世界要恢復原有特色，實在有「巧婦難為無米之炊」的艱難。

綜上所述，在宏觀文藝政策調整的背景下，新政權對大世界所出現的初步的文化同形予以了反思與回應，並試圖恢復原有特色，從而來緩解這種文化同形的局面。這種舉措是國家的一種妥協。這種妥協，也是新的社會主義大眾文化與舊的大眾文化的一種協商（negotiation），它在推進新政權所矚目的革命文藝的同時，也兼顧民眾的趣味與文藝的傳統，這種取向帶有一種官方與民間的協商性，本章因此稱之為協商式文化領導權。這種協商式文化領導權一定程度上改善了大世界的經營，而它歸根結底是得益於上述新的文藝政策的出臺。

不過，這種協商式文化領導權只能有限度地緩解文化同形的局面，而無法作出根本的改變，也無法重新確立原有的演出特色。可以說，文藝政策調整後大世界經營的改善，主要不是源自大世界原有的那種「百戲雜陳」、「連番不斷」的特色，而是它作為一個廉價的聯合劇場（門票是 2 角或 2.5 角）所擁有的價格優勢以及這一期間對劇目的開放所能夠吸引的客流。因此，這種「協商式文化領導權」所帶來的大世界經營上緩解的局面仍然是脆弱的。

---

9   A22-2-950，〈市文化局關於「大世界」演出場次問題、調整票價、特色劇目集中演出等問題的請示報告及本部的批覆〉。

三、包銀制和包底分成制

在勞逸結合之後，一方面大世界必須聘請更多劇團而包銀也隨之大增，另一方面，由於劇團數量不夠，觀眾對看不到主要劇種的戲而大感不滿，這種情形到 1962 年變得更為突出，該年的營業也隨之下跌。在這種情況下，黃浦區文化局和大世界都深感不堪重負，於 1962 年 7 月份向上海市文化局報告，申請增加劇團演出場次。他們建議每個劇團每週演出 12 場，每月演出 52 場。每週劇團休息一整天；主要演員除節假日演出日夜兩場外，平時只演出一場，另一場由青年演員或一般演員演出。為保持一定演出內容，決定開五個戲劇場子，安排六個劇團演出，其中有一個劇團在其他團休息的時候輪換填補。[10] 這個申請被上海市文化局批准，並於當年 9 月份開始實施，不過包銀也隨之增加 30%，大世界開支增加 15 萬。[11]

儘管大世界在 1962 年增加了劇團的調度，但 1963 年度開始持續的虧損。1963 年度大世界全年虧損 201711.27 元，而黃浦區劇場、書場和遊樂場共虧損 296000 元，其中大世界佔 68%，1964 年前 4 個月仍然是大幅度虧損，黃浦區所屬文娛場所共虧損 85500 元，[12] 大世界的虧損達 38800 元，又佔 45.4%。在這個背景下，大世界醞釀對包銀制進行改革。如前所述，包銀對大世界來說是一個沉重的負擔，大世界 1963 年全年票款收入共 867000 元，繳付代征娛樂稅後實際收入僅 780000 元，而全年包銀支出就達 688000 元，佔總數 88% 以上。此外，包銀制度是只要劇團演出一定的場次，就付給固定的金額，而無論觀眾的多寡。而

---

10 B172-5-579，〈大世界遊樂場要求劇團增加演出場次的報告〉。

11 B172-5-777，〈上海市文化局關於大世界虧損問題調查報告及其歷年經濟財務統計表〉。

12 這裏的數據同時也說明當時的文娛場所有較為普遍的虧損狀況。

有的劇團也往往敷衍了事，僅派青年演員演出，因為演出的品質並不會影響到其收入。

大世界所醞釀的改革是用包底拆賬制（即包底分成制）辦法來替代包銀制。這種制度的設想大致是這樣的：對劇團開支重新核定包底（也就是無論觀眾數量都能保證的一個收入），全部劇團包底按 100 股份配，每股在 400-420 元，另由大世界每月掌握 3000-5000 作為機動。以平均每天上座 11000 人次作為每月包底分成分界線，低於 11000 人次，由大世界核定包底結付；高於 11000 人次，每增加 1000 人次，按包底增加 10%，作為分成，依此類推；平均每天 15000 人次為分成最高限度；劇團以每週演出 12 場為基數，增加演出場數或組織青少年演員增演場次（包括插檔）或在演出上有特殊成績，則可以由大世界保留機動款項另付報酬。[13]

大世界計算過，如按包底拆賬制辦法計算包銀，1963 年全年虧損僅 66260.68；1964 年 5 月份平均門票每天 10260 張，按包銀制計算，5 月份原虧損 11894.57，如實行包底拆賬制，該月虧損為 4697.44。下表是大世界提供的一個計算，可以說明這種制度是可以減少大世界的虧損，在包底拆賬制度下，大世界需要 12000 張門票才可保本，而在包銀制度下，則需要 13000 張門票。

---

13 B172-5-777，〈上海市文化局關於大世界虧損問題調查報告及其歷年經濟財務統計表〉。

表 9.1　包銀制和包底分成制的比較 [14]

觀眾人次	包銀制下的情況				包底分成制下的情況			
	全月淨收入	全月支出合計	其中：包銀	場方盈虧	全月淨收入	全月支出	其中：包銀	場方盈虧
15000	101300	86500	56500	14800	101300	91500	61500	9800
14000	94500	86500	56500	8000	94500	87500	57500	7000
13000	87800	86500	56500	1300	87800	83500	53500	4300
12000	81000	86500	56500	-5500	81000	79500	49500	1500
11000	74200	86500	56500	-12300	74200	75000	45000	-800
10000	67500	86500	56500	-19000	67500	75000	45000	-7500
9000	60800	86500	56500	-32500	54000	75000	45000	-21000
8000	54000	86500	56500	-32500	54000	75000	45000	-21000
7000	47300	86500	56500	-39700	47300	75000	45000	-27700

　　除可降低大世界的經營成本外，這個辦法實際是一種激勵制度，是在一定程度上將劇團的演出與觀眾的多少掛鈎，從而激勵劇團提供更高質量的演出、更吸引人的劇目來吸引顧客。在當時的政治環境下，這可以被稱之為「資本主義經營思想」，因為它是以一種物質利益作為激勵的方式，而不是通過文藝工作者自身的政治自覺來提高自身的演出技藝。大世界也明白這種改制所可能引發的這種批評，所以多少有些猶豫，但黃浦區文化局和上海市文化局對這種做法卻是支持的，並且以一種合法的修辭稱之為「以大慶精神影響劇團，改變劇團『二斤半』思想」。無論如何，這樣一種改制彰顯出國家在遭受國家能力不足的限制的時候（這裏就是無法承受持續的虧損所帶來的巨大財政壓力），必須對一些舊有的做法予以妥協，儘管這種妥協仍然是在一定限度以內的。國家在這個過程中所體現出來的「經濟理性」也同樣是這種國家能力的

14　來源：B172-5-777，〈上海市文化局關於大世界虧損問題調查報告及其歷年經濟財務統計表〉。

不足使然。這一改制同時也是對藝人和劇團盈利動機這樣的舊有慣習的妥協,而在當時政治氛圍開始「左傾」的情況下提出這一「政治不正確」的計劃,就更能顯出這種國家能力不足所帶來的影響了。

事實上,在實施這種制度之後,大世界的包銀確實有所下降(參考表 9.2),但由於整體政治氣候變化所帶來的文藝政策又一波的變動,它並沒有帶來營業上的改觀。

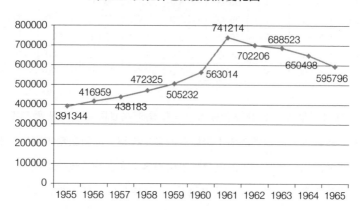

表 9.2 大世界包銀數額的變化圖 [15]

四、大世界特色的消逝(2):政策反饋效應和零和式文化領導權

1. 文藝政策的激進化

1961 年的寬鬆文藝政策並沒有持續很久,新一波的文藝政策就突然而至。這種文藝政策的變動自然有其國內外的各種因素的影響(如中

---

15 來源:根據 B172-5-777,〈上海市文化局關於大世界虧損問題調查報告及其歷年經濟財務統計表〉自製。

蘇關係的惡化），但就大眾文化領域來説，這種文藝政策的變動，部分是源自前述寬鬆的文藝政策所帶來的一些負面現象。這些負面現象包括：大量的被認為不合時宜的傳統劇目的重新上演；香港電影的流行和被視為「靡靡之音」的輕音樂的流行；「非法」的街頭藝人的頻繁出現；國有的文藝機構當中的文藝人員從事各種「非法」的演藝活動等（詳見前文討論）。1962 年的一份報告也披露當時的文藝界有普遍的思想問題 **16**：

有些藝術人員要求劇團改制，有的還私人設館招生，甚至希望退團檔案。越劇院青年越劇團（由民營改為國營）有些人員對工資問題表示不滿（該團原有十多名班底中，工資在 50 元以下的有 6 人，最低僅 33 元），有主要演員希望劇團仍轉為民營。最近沈某提出該團合併時原有一筆公蓄金已經上交，要求分給團員，她們一談起這個事情，都埋怨文化局劇院不負責任，有困難不解決，該院樂隊人員唐某今年四月被動員退職回鄉裏，目前被虹口區東風越劇團以每天三元工資臨時雇用兩月，院內有的人員知道後也想外出。該院音樂教師張某，自五月份私人設館招生，目前已招收了五六名學生，據上海人民評彈團反映，上海市郊單幹評彈藝人有一二百人，一般每月收入有五六百元，對該團演員影響很大。有的演員對該團去年上交六萬五千元盈利也表示不滿，希望分紅。

如前所述，前述寬鬆的文藝政策實際是國家能力的不足和限度的結果，也可視為是對群眾的繁複性與慣習的滯後性的認知，並予以一定程度的接納與妥協。但上述負面現象的出現，在毛澤東等人看來，恰恰

16　B3-2-147，上海市人民委員會、文教辦公室〈市委有關部和中央教育部等對文教系統精簡工作的有關材料和簡報〉。

説明社會主義的文化領導權危在旦夕，是妥協導致的「修正主義」的結果。因此，國家不能妥協，也不能姑息這種負面現象，必須堅定地高舉社會主義文化的旗幟，必須與資本主義和封建主義的文化劃清界限，做堅決的鬥爭。在這種情況下，文藝政策就發生了激進化的轉變。[17]

1963 年 1 月 4 日，上海市委書記柯慶施在文藝會堂舉行的 1963 年元旦聯歡會上，提出要大寫十三年（也就是 1949-1962 年這一期間），要反映社會主義建設的偉大成就，也就是要提倡現代劇。[18] 這已經發出文藝政策激進化的信號。同年 12 月 12 日，毛澤東發出對文藝的第一個著名指示：

各種藝術形式 —— 戲劇、曲藝、音樂、舞蹈、電影、詩和文學等等，問題不少，人數很多，社會主義改造在許多部門中，至今收效甚微。許多部門至今還是「死人」統治著。不能低估電影、新詩、民歌、美術、小說的成績，但其中的問題也不少。至於戲劇等部門，問題就更大了。社會經濟基礎已經改變了，為這個基礎服務的上層建築之一的藝術部門，至今還是大問題。這需要從調查研究著手，認真地抓起來。（註：劃線為筆者所加）[19]

這個來自最高領導人的指示非常清楚地表達了他對文化工作的不

---

17 史華茲特別指出，中國模式的獨特性在於其對思想改造的高度強調。他也指出，毛時代的中國在控制群眾方面的成功會使得毛等人認為在塑造民眾方面不會遇到什麼限制。但另一方面，當這個塑造的過程遭遇困境和持續的障礙的時候，又會使得毛等人採取更為激進的方式去塑造。史華茲的觀點是很有預見性的，而本書所描述的歷史過程大體如此，這就關聯到後來的文革爆發。

18 上海市文化局黨史辦公室：《上海市文化局大事記：1949-1999》。

19 轉引自陳順馨：《1962：夾縫中的生存》，第 11 頁。

滿，而對戲劇的批評尤其明顯。1963 年 12 月 25 日到 1964 年 1 月 22 日，上海舉行華東地區話劇觀摩演出，柯慶施又發出大力發展和繁榮社會主義戲劇，更好地為社會主義經濟基礎服務的號召。次年的 6 月 27 日，毛澤東發出第二個對文藝的批示，再次批評文化部門走向修正主義。同年的 6 月 5 日到 7 月 31 日，全國京劇現代戲觀摩演出大會在北京舉行，人民日報又相繼發出〈文化戰線上的一個大革命〉、〈把文藝戰線的社會主義革命進行到底〉社論。這一系列的事件使得 1963 年以後戲曲領域裏面逐漸形成以現代劇為主的格局。

2. 激進文藝政策下的大世界及其應對

在這樣一個大的政治環境變化之下，大世界也發生了顯而易見的轉變。在 1963 年初，大世界已經開始著手上演一些現代劇，如《劉介梅忘本回頭》、《半夜雞叫》、《二兄弟》、《奪印》等。但觀眾人次卻是每況愈下，1-4 月份平均每天 11760 人，隨後則降到 9100 人，甚至有一天只有 4900 人，這是接管大世界以來最低的觀眾數字，由此，1963 年的 1-4 月份經濟上共虧損了 17906 元。大世界試圖改變這種現狀，但此時的政治環境所能提供給它們的選擇似乎已不是那麼多。大世界並沒有打算再恢復在 1961 年曾試圖恢復的特色，也就是「百戲雜陳」、「連番不斷」的特色，也沒有延攬眾多單檔藝人進行插場演出。大世界所推出的計劃是在市文化局的調度之下，邀請全市四十多個專業藝術團體和業餘藝術團體輪流到上海大世界演出，輪流上演宣傳社會主義思想的節目。這些活動在大世界的中央場進行，每晚七點半開始演出，約 2 個半小時，而其他劇場也相應地配合演出。1963 年 6 月 9 日，上海音樂學院師生引領群眾歌詠晚會；自 6 月 13 日始，上海京劇院、越劇院和上海市人民淮劇團陸續參加大世界上演現代劇目；6 月 24 日，由上海電

影演員組成的劇團演出，由著名演員張瑞芳報幕；25 日和 26 日兩天，由上海合唱團、上海交響樂團、上海兒童藝術劇院、上海舞蹈學校聯合演出⋯⋯。[20] 除這些歌唱和戲曲演唱之外，大世界還開闢一劇場舉辦展覽會，與文化宮、青年宮聯繫，將雷鋒、好八連、憶苦思甜等等以及其他可以進行階級教育內容的事物在大世界展出。同時還加強場內宣傳，增加六條標語，中央場臺兩側又添加了宣傳社會主義思想、歌頌共產主義道德品質的標語，這樣從大門到中央場形成了強烈的政治氣氛，並通過說明書、標語、文字、圖畫、廣播來介紹雷鋒、好八連、先進人物和英雄事蹟。

　　這樣的措施是通過大劇團以及著名演員來招攬顧客，其羅列的著名演藝人員包括：電影演員有白楊、莎莉、孫景路、路明、程之、于飛等，戲曲演員有童芷苓、張桂鳳、徐玉蘭、王文娟、丁是娥、解洪元、王雅琴、楊華生等，曲藝方面有蔣月泉、朱雪琴、徐麗仙等，著名歌唱家有董愛琳、周碧珍等。這些人在當時上海的文藝界也確實是響噹噹的人物。大世界在門口貼出這麼多演藝人員的名字，其目的也是非常明顯的。儘管這樣的招攬方式讓人聯想起接管前的那種奪人耳目的海報，所以不免給人以「資本主義經營方式」的口實，但其上演的節目卻都是政治正確的革命歌曲和現代戲（諸如《一顆紅心獻農村》、《奪印》、《志在四方》等）。據統計，從 6 月 9 日到 6 月 19 日間，共演出 62 個節目，有 60 個是反映社會主義新面貌以及農村兩條道路鬥爭的。到 7 月

20　參閱：〈大世界裏著名演員會串〉，《新民晚報》1963 年 6 月 7 日；〈大世界裡革命歌聲嘹亮〉，《新民晚報》6 月 10 日；〈各劇團著名演員到大世界會串〉，《新民晚報》6 月 13 日；〈大世界裡大會串〉，《新民晚報》6 月 22 日；〈上海舉行現代題材節目輪流會演〉，《人民日報》1963 年 6 月 22 日。

9 日結束時，共演出了 149 個現代節目。[21]

　　根據大世界的報告，在這次活動過程當中，觀眾明顯增多，平均每天達到 9457 人，而以前是 7000 人。從這個數據來看，觀眾數量儘管有增加，但仍不算很多。此外，正如前面所分析過的，有相當一部分觀眾是衝著這些明星而來的。[22] 例如，在 6 月 14 日，當人民滬劇團四位著名演員快結束演出時，許多觀眾一下擁到臺口，秩序混亂，情況宛如今日的追星族。不少女學生、里弄婦女和老太太在烈日下枯等一個下午，目的是看看名演員的表演，聽聽名演員的唱腔。她們承認自己更愛看傳統劇，而現在演出雖是現代劇，但只花了二角五分門票就能看到著名演員演出，這也是值得的。

　　在這個活動之後，大世界在 7 月份開放屋頂花園以充分利用場地。夏日的上海是非常炎熱的，而屋頂花園則多少有些涼風。大世界在屋頂花園設置了一些節目，其中有特色的是上海管樂團和上海交響樂團的演出，但演出節目多半也是革命歌曲，諸如《歌頌毛主席》、《民族解放》等。[23]

　　如我們上面已看到的，這種強調演出節目的政治正確性的取向，在 1963 年已經很明顯，據統計，當年所演出的現代劇比 1962 年要增加二百多個，如《年青的一代》、《奪印》、《楊立貝》、《霓虹燈下的哨兵》、《爭兒記》、《雷鋒》、《農奴》、《李雙雙》、《血淚蕩》、《朝外貨》、《兩塊六》、《鬥爭沒有結束》等。這種趨勢此後並無稍減。1964

21　B172-5-714，〈上海市文化局關於加強大世界演出活動的計劃及黃浦區文化局的演出情況彙報〉。

22　B172-5-714，〈上海市文化局關於加強大世界演出活動的計劃及黃浦區文化局的演出情況彙報〉。

23　〈兩個屋頂花園〉，《新民晚報》1963 年 7 月 27 日。

年春節期間，大世界全都上演了新排的現代劇目。[24] 從 1964 年 5 月 27 日開始，以主要演唱革命歌曲的「上海之春」在大世界進行。[25] 再看看 1964 年所上演的一些劇目，就可以看到現代劇目佔總體的比例達到了一個非常高的程度（參見表 9.3）。[26]

從這個表可以看到，大世界所演出的節目除了雜技和魔術之外，戲曲曲藝節目全部都是革命現代戲。[27] 但現代劇目的數量並不十分充裕，以致於有一天場內有五個劇團上演《社長的女兒》這部戲。[28] 在大世界逐漸走向革命化的過程當中，其觀眾數量也隨之急劇下降，這一點下面還會再詳細分析。

24 〈「大世界」各劇種積極上演現代劇目〉，《文匯報》1964 年 2 月 17 日。

25 〈春在「大世界」〉，《新民晚報》1964 年 6 月 5 日。

26 1964 年 1 月份，上海市上演的革命現代劇為 593 場，佔全部的 55.84%；2 月份為 778 場，佔 80.73%；3 月份 942 場，佔全部演出的 90.14%；5 月份 920 場，比例有所下降，佔 69.7%；7 月份演出 793 場，佔 88.14%；8 月份演出 896 場，佔 97.33%；9 到 11 月份，上演的全部都是現代劇，參見 B172-5-935，〈上海市文化局一九六五年戲劇上演情況、觀眾人次、劇目說明等各項統計表〉。由此可見現代劇所佔比例之高。

27 這種狀況在其他文娛場所也是同樣存在，武漢的民眾樂園在 1964 年之後上演的也基本是現代劇。彭翔華：〈民眾樂園的前世今生（二）——老漢口的印象地標〉，《戲劇之家》2010 年第 6 期。

28 黃浦區檔案館檔案，3017-1-203，黃浦區文化局〈本局關於大世界遊樂場更好地適應當前文化革命，為工農兵為社會主義服務，改進演出場次，建立「說唱宣傳隊」降低門票售價的請示報告〉。

312

表 9.3 1964.9.30-10.4 大世界演出劇目情況 [29]

劇團	演出場地	日夜場	劇目
黃浦京劇團	底層 3 號場	日夜	電流、紅嫂
紅旗錫劇團	二樓 6 號場	日	立志繼業
		夜	紅嫂
桐城黃梅戲	二樓 8 號場	日夜	春雷
群藝滬劇團	三樓 9 號場	日夜	蘆蕩火種
紅霞歌舞團	三樓 11 號場	日	大刀舞、豐收歌、志在四方、解放等
上海魔術團	三樓 11 號場	夜	魔術、雜技
華聯揚劇團	四樓 12 號場	日	紅色保管員，激浪丹心
		夜	黃浦江激流
南匯越劇團	四樓 14 號場	日	不准出生的人
		夜	南海長城
星火評彈團	二樓 5 號場	日	楊立貝、源泉、飛刀華
		夜	紅色的種子、林海雪原、薑喜喜
紅色雜技團	中央場	夜	雜技、幻術

由於營業持續不振，大世界也接連數年發生巨大虧損，到 1965 年不得不再次進行調整，試圖通過減少專業劇團的演出場次來減少開支與虧損；同時，將票價降低到 2 角，恢復到 1961 年前的水準，從而希望能夠爭取部分觀眾。在這個調整當中，保留了四個戲曲場子和兩個雜技魔術場子（包括中央場）；在現有放映故事片的電影場以外，又增開一個專映科教新聞片的電影場；在現有一個破除迷信展覽館以外，又再增辟一個展覽館；同時增辟了一個群眾文藝演出場地，由群眾藝術館、工人文化宮、青年宮、各區及其他有關單位支持。[30] 這樣調整之後的佈局為：

---

29 來源：B172-5-839，〈上海市文化局關於節目演出和配合政治宣傳演出活動的安排情況彙報、節目表〉。

30 黃浦區檔案館，3017-1-203，黃浦區文化局〈本局關於大世界遊樂場更好地適應當前文化革命，為工農兵為社會主義服務，改進演出場次，建立「說唱宣傳隊」降低門票售價的請示報告〉。

表 9.4　大世界 1965 年佈局調整

底層	1 號場	雜技
	2 號場	故事片電影
	3 號場	京劇
	4 號場	小分隊演出
	5 號場	展覽館
一樓	6 號場	戲曲
	7 號場	展覽館
	8 號場	群眾文藝節目
二樓	9 號場	科教新聞電影
	10 號場	三林食堂
	11 號場	魔術雜技
三樓	12 號場	戲曲
	13 號場	文娛室
	14 號場	戲曲

　　顯而易見，壓縮戲曲場、增加展覽館和電影場，其出發點都在於減少大世界的成本，因為展覽館和電影場都無需劇團演出，可謂一勞永逸，成本低廉。同樣的，為了減少開支，大世界轉用群眾文藝來支撐演出。這與當初追求大世界的現代化和正規化似乎是不相吻合的，但在共和國的政治語境裏這是政治正確的，在 1963 年之後的這段歲月裏尤其如此。因為在毛澤東文藝思想的構想裏，新的社會主義文化本身就是人民的文化，是工農兵階級這些群眾的文化。它的含義不僅是社會主義文化應以民間文化為基本源泉（如毛澤東於 1958 年 3 月 22 日的成都會議上提出，新詩的出路是民歌，並要各地搜集民歌 [31]），也包括社會主義文化為工農兵服務這一要旨（這也是文化的群眾路線的基本含義，所以才有規定文藝機構每年必須有一段時間下廠下鄉演出，才有六十年代的

31　參見洪子誠：《1956：百花時代》。

學習「烏蘭牧騎」的運動），更重要的是，工農兵群眾應成為社會主義文化的主體，是社會主義文化的創造者。不過，這種政治正確的舉動，在這裏卻是與一種談不上政治正確的動機 —— 降低經營成本 —— 聯繫在一起的，這是一種微妙的吊詭，但或許也是共和國初建這段歲月裏並不罕見的現象。

可以看到經過這樣的調整之後，大世界不但無法維繫往日的「百戲雜陳」、「連番不斷」的模式以及豐富的插檔演出和娛樂器具，甚至聯合大劇場的形態也無法維持，因為戲曲劇場數目已壓縮到只有四個，劇目基本都為現代劇，且頗為雷同（參見表 9.4、9.5）。而當這種劇場功能淡化，只剩展覽館、電影場、文娛室、群眾文藝演出，這樣的組合實際已與文化宮相差不遠了。在觀眾這一邊，他們也感覺大世界的冷場太多，在 1965 年大世界一度只有七個場子演出，為了看 5 個小時的戲，觀眾必須等上 5-6 個小時（即 12：00-2：30，4：30-7：30）。因為劇團太少，就那麼幾個，所以上演的劇目往往陳舊重複，例如《紅霞的木匠》這一劇目連演了一二年。觀眾抱怨説，大世界已沒有遊樂場特色，和文化宮、文化館差不多。[32] 所以，毫不奇怪，在上海市文化局 1965 年擬定的第三個五年計劃的報告中提出，「大世界的業務方向，今後逐步向群眾性活動非專業化方面發展，改變為上海市文化館性質，活動內容以專業與業餘相結合，著重在政治教育，宣傳當前中心活動等。」[33] 這一界定和規劃，可以説是對大世界發展的無奈回應。

---

[32] 黃浦區檔案館，3017-1-203，黃浦區文化局〈本局關於大世界遊樂場更好地適應當前文化革命，為工農兵為社會主義服務，改進演出場次，建立「説唱宣傳隊」降低門票售價的請示報告〉。

[33] B172-5-720，演出處〈文化部、上海市文化局關於春節、五一、國慶演出及組織晚會的計劃、報告和意見〉。

表 9.5 上海市 1965 年 1-12 月上演的各劇種各劇團劇目統計表 [34]

1965 年 5 月

滑稽	一千零一天，南京路上的彩車
揚劇	沙家浜，紅燈記，江姐
錫劇	一千零一天
甬劇	萬年紅，紅花曲，山花爛漫
話劇	小保管上任，出鋼之前，美國侵略者，豹子灣戰鬥
滬劇	紅燈記，南方來信，紅花曲，奇襲白虎團，一網打盡，江姐
淮劇	紅花曲，瓊花，母子會，重要一課，紅燈記，紅色少年，江姐，洪湖赤衛隊，千萬不要忘記
越劇	紅燈記，八一風暴，山花爛漫，瓊花，年青的一代，黃浦江激流，紅花曲，北方怒火，阮八姐，胡伯伯的孩子，女飛行員，江姐，水晶洞，小紅軍，重要一課，紅燈記，南方來信

1965 年 6 月

話劇	一千零一天，南方來信，草原小英雄
揚劇	沙家浜，瓊花，紅燈記
錫劇	紅花曲，一千零一天，英雄阮大娘
京劇	紅燈記
越劇	紅燈記，黃浦江激流，金菊花，八一風暴，霓虹燈下的哨兵，山花爛漫，胡伯伯的孩子，阮八姐，北方怒火，向陽商店，颯爽英姿，南方來信，三世仇，迎新曲，重要一課，蘆蕩火種
淮劇	瓊花，千萬不要忘記，紅燈記，紅岩，南海長城，南方來信，洪湖赤衛隊
滑稽	儂真好，迎新曲，喜上加喜
甬劇	萬年紅
滬劇	南方來信，天山的紅花，南海長城，瓊花，沙家浜，奇襲白虎團，紅燈記

　　1965 年底，大世界試圖組建一個由不同劇團的精簡人員組成的短小精悍的説唱宣傳隊，劇種以滬劇和滑稽戲為主。在大世界的設想裏面，這個説唱宣傳隊是集體所有制，而不隸屬於大世界，但它基本是固定在大世界演出，各種活動也由大世界領導管理，其包銀數目不超過現

---

34 B172-5-934，藝術一處〈上海市文化局 1965 年 1-12 月本市上演的各劇種各劇團劇目統計表〉。

有劇團。這個設想的出發點在某種程度上是要回到接管前大世界的狀態，一方面擁有一個相對固定的基本劇團，另一方面也多少可以解決插場演出問題。不過，這個設想被上海市文化局否決，因為文化局認為這涉及到大世界的經營方針問題。可見，重回舊路的方式已是行不通了。市文化局允許的是組織臨時的說唱宣傳隊進行插場演出，其內容也仍然是歌頌新道德新風尚，但這種形態是不穩固的，也無法改變大局。[35]

由於連續三年的大虧損，大世界已然成為文化局的一個大包袱。1966 年 2 月份，上海市文化局專門成立調查組，瞭解大世界的觀眾逐年減少的原因以及經營管理方面的問題。在另一方面，大世界也組織人手對觀眾進行訪談，調查瞭解情況，而這個調查令大世界的領導都多少有些驚訝。儘管有觀眾認為在大世界看演出划算，比解放前有進步，但有不少觀眾仍然對大世界是抱著負面評價，大世界在人們心目中的形象仍然不是那麼好，而最集中的一點就是「亂」。有的單位的工會說，他們廠的工人對外都說不去大世界玩，但實際上是來玩的，之所以不與工會說，其緣由是大世界的名聲不好，回去被人知道了不光彩。另一廠的工會人員說，該廠女工多，所以不會以團體的形式去大世界，其言下之意也是顯而易見的。大世界曾調查一百多個單位，結果發現只有中小型廠的工人來大世界較多，大型單位則來得少，這樣一個等級劃分所折射的含義也是很明顯的，也就是說，對於那些較有身份地位的單位及其員工來說，來大世界遊玩是一件並不體面的事情。有的工會也曾考慮過組織職工去大世界玩，但怕出事情。五星剪刀廠文教人員說，該廠某女職工，某年度到大世界來玩，被人盯梢，心裏驚慌，但又不敢講，怕把壞人拉到派出所去，留下自己的姓名地址，給領導知道，影響不好，此後

---

35 B172-5-928，〈上海市文化局關於本市外地評彈團創作演出的彙報及市曲協〈培養評彈接班人〉的報告〉。

她就再也不來大世界了。又有旅館的服務員說，她們勸告旅客不要多帶鈔票去大世界，有個旅客聽了她們的勸告，二百元沒有帶出去，他回來說，在大世界裏果然被撬走了 6 元錢，幸虧聽了服務員的話，總算鈔票沒有多帶。某街道的工作人員也說，她們這個地區的家長不願意自己的子女到大世界去，如有幾次她們社區的社會青年發生亂搞男女關係與小偷小摸，都是在大世界裏面發生 …… 如此林林總總的彙報，讓大世界領導感歎原來大世界在外面的形象仍然不是很好。不過，他們認為這主要還是宣傳工作沒有做到位。自然，解放後的大世界早已不是流鶯的世界、黑幫的盤踞地，但這樣一些彙報也並不是空穴來風。事實上，大世界自己的彙報也披露了一些資訊，比如 1965 年 10 月，據報全場發生扒竊和侮辱婦女等案件 499 起，而其中電影場因高峰時期人頭洶湧、水泄不通，成為案件高發地，當月就發生 93 起。[36] 這樣一些訊息說明，儘管大世界在新政權之下經歷了巨大變化，但要轉變為一個有聲譽的人民的樂園，仍然是困難的。

在這一系列的調查之後，1966 年的 4 月份，大世界整理了一份有待改進的問題的清單，其內容如下 [37]：

1. 政治宣傳：利用幻燈做插場宣傳問題；大世界的新舊對比展覽會的設立；場內外環境佈置需要加強政治氣氛；說明書形式和內容的改進；發揮中央場的陣地作用成為宣傳政治中心；

2. 演出業務方面：劇團包銀支付標準；南方曲藝的費用支付標準；

36 黃浦區檔案館，3017-1-211，上海市黃浦區人民委員會文化局〈本局為改進大世界遊樂場工作進行調查研究工作的打算及大世界提出改進的意見及請示報告〉。

37 黃浦區檔案館，3017-1-169，上海市黃浦區人民委員會、文化局〈大世界修建中央場、改木偶場為戲曲舞臺的請示報告及市文化局的批覆〉。

劇團水電費分擔；增加插場演出及延遲進場時間問題；劇團演出內容品質的瞭解及劇目重複協商平衡問題；故事科教片電影增加放映場次問題；國營劇團的來場演出；兒童票價問題；

3. 服務工作：中午觀眾進場的糖果設攤問題；電影場的秩序及對號入座問題；進場撕票根問題；電梯要否收費問題；提高為演出為觀眾服務的品質，健全各項管理制度（如小賣部、電梯收費等手續）；

4. 文娛設備：增添富有政治性的文娛設備；

5. 政治思想工作：三科協調，發揮支部堡壘，觀眾對大世界的老看法和宣傳；

6. 有關設備問題：底層增設男女廁所問題；中央場南北裝柵門問題；中央場露天座位的整修問題；電影場的通風問題；中央場周圍的照明問題；電影放映機的調配問題；老虎灶用水安全及上午能喝到開水問題；露天電影場遮光問題；露天電影場及屋頂設置座位的問題；京劇場及二、三、四樓的座位和視線問題；三樓茶水站的設防位置問題；四樓廁所無水問題；各場添置座位問題；中央場的玻璃棚頂問題；女職工洗澡問題；蒸飯提早和延長食堂供應問題。

這份清單涵蓋了不同的方面，包括遊樂場的場地建設問題、改進業務問題等，但很重要的仍然是場內的政治氣氛的營造問題。我們不知道這項問題清單隨後有多少得到了解決，在當年 5 月底的一項彙報中指出，根據先易後難逐步整改的辦法，初步決定了五項整改意見：底層增設男女廁所問題；中央場南北裝柵門問題；中央場露天座位整修問題；中央場周圍的照明設備問題；露天電影場的遮光問題。[38] 這些整改意見

---

38 黃浦區檔案館，3017-1-169，上海市黃浦區人民委員會、文化局〈大世界修建中央場、改木偶場為戲曲舞臺的請示報告及市文化局的批覆〉。

都是針對場內建設問題的,至於其他方面究竟有什麼改變我們不得而知。這項問題清單,也沒有給我們留下任何指明方向的線索,可以想像,就算付諸實施,也仍然很難逆轉大世界的頹勢,這似乎反映出大世界管理當局在面對當時困境的無能為力。

從上述大世界的發展過程可以看到,由於激進文藝政策的推進,大世界演出節目的品種日益減少,上演的劇目逐漸以現代劇為主,演出的劇場數目也日益萎縮,相應的則是用展覽館、科教電影場等來彌補。這樣一種發展使得大世界連「聯合劇場」的模式都無法保持,而在內容、形式、功能和構成上愈發類似文化宮的形態,這可以說是進一步的文化同形的形成。伴隨著這種進一步的文化同形的出現,大世界的觀眾人數也在 1962 年之後急劇下降。1963 年大世界全年觀眾人數從 1961 年的 526 萬急劇下降為 347 萬,而 1965 年更進一步下降為 307 萬,這也是新中國成立以後最低的觀眾人數(參考表 9.7)。大世界觀眾人數的急劇下降,也表明群眾不認可大世界所出現的進一步的文化同形。

如前所述,毛時代中國的國家能力的不足和限度使得前述的妥協成為必需和合理的事情,但這種妥協恰恰為激進文藝政策所拒絕,因為這被視為一種意識形態上的偏離。激進文藝政策採取的是一種非友即敵、涇渭分明、有你無我的決然態度,社會主義文化的純粹性容不得一粒封建文化和資產階級文化的沙子,道德理想國的憧憬要求的是一種徹頭徹尾的改造,也容不得半點妥協和猶豫。本章稱這種試圖獲取文化領導權的方式為零和式文化領導權(zero-sum hegemony)。從協商式文化領導權走向零和式文化領導權,這一局面歸根結底是源自上述激進文藝政策的出臺。這種文藝政策的變動所帶來的零和式文化領導權,導致了大世界進一步的「文化同形」的形成,從而帶來了大世界經營的持續惡化,這也意味著國家在大世界的文化領導權計劃的進一步的挫折。

五、走向文革

1966 年的「五一六」通知之後，文化大革命在全國各地就陸陸續續開始了。

自文革之後，各個藝術單位一面要展開運動，一面要日夜演出，時間安排上頗為緊張。大世界一面要保證文化大革命的進行，一面則是要維持大世界的基本運轉，在這個情況下大世界進行了調整。在文革之前，大世界除有兩個電影場外，七個戲曲雜技場地原來安排了七個劇團，每天演出日夜兩場，每團每週輪休一天，實際每天只有六個場子有演出。文革之後，則將四樓暫停開放，減少兩個演出場地，開放底層到三層五個場子，每期調配十個劇團，日夜交替安排，一個演日場，一個演夜場，每個場子日夜都有演出。相應的，過去的劇團凡加演日場的都有增加包銀 30% 的規定，改演一場制後會將包銀增加部分減除，這樣算下來，七個劇團日夜演出包銀和改為演出一場制後九到十個劇團的包銀相抵，大約增加包銀 1200 元左右。大世界還設想著，在劇種增多的情況下，可能還會增加一部分觀眾和票款收入。[39] 在史無前例的文化大革命爆發在即的時刻，大世界仍然還在進行著「資本主義的算計」，這也是一個值得玩味的現象。

---

39 B172-5-1115，〈文化部、上海市文化局關於選派劇團參加廣交會演出、接待新疆和田文工團及大世界演出安排的報告〉。

表 9.6　1966 年大世界改制設想

樓層		改制前	改制後
底層	1 號場	紅色雜技團（日夜）	紅色雜技（日） 江南雜技（夜）
	？	故事片電影場	故事片電影場
	3 號場	黃浦京劇團（日夜）	黃浦京劇團（日） 出新越劇團（夜）
一樓	6 號場	紅旗錫劇團（日夜）	紅旗錫劇團（日） 海燕滑稽劇團（夜）
	8 號場	藝華滬劇團（日夜）	友誼揚劇團（日） 烽火淮劇團（夜）
二樓	11 號場	江南雜技團（日夜）	藝華滬劇團（日夜）
	？	科教片電影場	科教片電影場
三樓	12 號場	友誼揚劇團（日夜）	停
	14 號場	出新越劇團（日夜）	停

　　儘管大世界在力圖維持其運轉，但在文革前劇場已經所剩無幾的情況下，經過文革的衝擊，還要再次削減，其內部的慘澹狀況就可想而知。而當劇場被再度壓縮之後，大世界實際上與文化宮的形象也越發近了。

　　到了 8 月份，文化大革命的形勢進一步高漲。8 月 5 日，毛澤東寫了著名的〈炮打司令部 —— 我的一張大字報〉，8 月 8 日，中共八屆十一中全會通過〈中共中央關於無產階級文化大革命的決定〉，12 日，改組了中央領導機構，重新選舉了政治局常委，林彪成為名列第二的毛澤東的接班人。8 月 18 日，毛澤東出席在天安門廣場舉行的有百萬人參加的「慶祝無產階級文化大革命大會」，接見來自全國各地的紅衛兵和群眾。此後，紅衛兵就開始在全國到處鼓動造反。[40]

40　劉崇文、陳紹疇主編：《劉少奇年譜，1898-1969》，北京：中央文獻出版社，1996 年。

在這樣的背景下，8 月下旬，北京的紅衛兵來滬破「四舊」，他們先是到南京路，砸了幾家老商號，然後便將目標瞄準了大世界。[41]《人民日報》8 月 25 日的報導說：

在具有五十年歷史的上海最大的遊樂場所 —— 大世界，職工們和紅衛兵一起，在人們的歡呼聲中，拉下了幾米高的「大世界」這塊舊招牌。解放前，在「大世界」這塊罪惡的招牌下面，上海的大資本家大流氓不知搜刮了多少民脂民膏，不知腐蝕了多少人的靈魂。今天，當職工們把最後一個「界」字拉下地的時候，在馬路上，在附近大樓的窗口裏，在路過的公共汽車中，數千革命群眾立即爆發出雷鳴般的歡呼聲：「毛主席萬歲！」「無產階級文化大革命萬歲！」[42]

在將代表「腐朽的資產階級的罪惡」的「大世界」招牌砸掉之後，紅衛兵要求大世界改名。黃浦區文化局最初想仍改為人民遊樂場，但最後選擇的是更具文革色彩的「東方紅劇場」。回想大世界接管後的那次改名風波，這一次的改名風波無疑是歷史邏輯的延續。當當年的改名風波仍然要屈從於民眾倔強的慣習時，這一次的改名似乎以其不容分辯的立場推向了另一個極端。此後，上海的文化娛樂場所都紛紛改名，在這半年左右，上海市區先後被更名的劇場、書場、遊樂場近 40 家。人民大舞臺改名「人民劇場」，天蟾舞臺改名為「勞動劇場」，共舞臺改名為「延安劇場」，等等不一而足。總之，被稱為「舞臺」、「戲院」的，一律被視為四舊予以革除。而一些原來被稱作劇場的場所，因為名稱不

---

41 童本一主編：《上海文化娛樂場所誌》。

42 〈上海天津革命小將和商業職工向剝削階級「四舊」發動總攻〉，《人民日報》1966 年 8 月 25 日。

夠革命也難免改名的下場，如中興影劇場改名「代代紅劇場」。從「大世界遊樂場」改為「東方紅劇場」，這不僅是名稱的革命化，同時也反映出這種激進的思想對遊樂場這種舊有的組織形態的不認可，而這自然也是本書前文所試圖呈現的邏輯的激進化。[43]

在破四舊的風潮中，除了將大世界的牌子砸掉之外，紅衛兵的矛頭也指向大世界的「哈哈鏡」。紅衛兵聲稱，哈哈鏡的陳列是突出資產階級政治，醜化和侮辱勞動人民形象，是資本主義社會的產物，是以庸俗低級趣味來招攬觀眾、攫取利潤的工具。哈哈鏡與文化大革命的精神不符，所以必須要去除。在此壓力之下，大世界停止擺放哈哈鏡，而在同一地方放置毛澤東語錄。[44]

在場內演出方面，演出的形式也發生了很大的變化。過去從不開口的雜技團也要開始宣傳毛澤東思想。三樓雜技場的工農兵文工團（原名江南雜技團），十多個演員化裝成工農兵，手捧毛主席著作，高唱《東方紅》。人民日報報導說：「他們不僅開口唱，表演對口詞，而且向紅衛兵學習了《毛主席著作閃金光》、《大海航行靠舵手》的舞蹈。他們還把雜技中一些原來軟綿綿的懶洋洋的伴奏樂曲，統統改成了雄壯有力的革命曲調。他們拋棄了一些小丑等賣弄噱頭的節目，把雜技中健康的特色更好地發揮了。」而場內其他的劇團，也「在紅衛兵小將的幫助下，正在趕排小演唱《歌唱十六條》和舞蹈《紅衛兵之歌》等更多的充

---

43 在 1966 年 11 月 6 日大世界關閉之後，在長達 8 年的關閉期之後，大世界於 1974 年 10 月 1 日歸上海市共青團委使用，改為上海市青年宮。這反映的也是對遊樂場這種形態的某種程度的不認可，而青年宮與文化宮一樣都屬群眾文化機構，這也再次說明群眾文化機構在新政權當中所擁有的政治正當性。參考童本一主編：《上海文化娛樂場所誌》。

44 黃浦區檔案館，3017-1-210，黃浦區文化局〈本局支持紅衛兵、文藝系統革命職工破院場、劇團封建、資本主義色彩名稱、大世界醜化勞動人民的「哈哈鏡」、立革命意義名稱內容的文書材料及有關陸深墓的文書材料〉。

滿革命氣息的新節目。他們決心要更高地舉起毛澤東思想偉大紅旗,把上海這個最大的綜合性劇場辦成宣傳毛澤東思想的紅色陣地。」**45**

在環境佈置方面,大世界也凸顯了文化大革命的色彩,進門處是一幅〈毛澤東思想的陽光照亮了無產階級文化大革命的道路〉的大型宣傳畫。在雜技場舞臺的天幕上,懸掛著毛澤東的畫像,而劇場和走廊的一些牆壁上也張貼著毛澤東語錄,掛著「毛澤東思想萬歲!」、「無產階級文化大革命萬歲!」等巨大橫幅。過去用來張貼劇照的畫廊,現在則懸掛著毛澤東語錄和中共八屆十一中全會公報的摘要。在此後的兩個多月裏,大世界寫了六百多條毛澤東語錄和標語口號,掛上了幾十副毛澤東畫像。在場內廣播方面,也加強了語錄的宣讀和革命歌曲的播送。

另一方面,北京的紅衛兵則在大世界到處張貼「徹底砸爛大世界」的大字報,他們批評大世界是牛鬼蛇神的避風港,賣票要錢,不是政治掛帥,是經濟掛帥,雜技節目不像樣,不突出政治。儘管當時的票價是2角,但他們仍批評太貴,同時批評語錄牌太少。

在北京紅衛兵的壓力下,大世界的文娛室、科技普及館和衛生宣傳室關閉,其中科技普及館全部佈置語錄並辟為休息室。由於所有劇團都只演一場,上海市文化局只有調 17 個劇團到大世界輪流演出。但到十月份以後,一些劇團陸陸續續開始鬧革命大串聯,這種演出計劃也常常無法保證。

外地紅衛兵只要聲明來造反破四舊,則可以免票入場。結果,國慶日以後,每天觀眾都在 12000 人以上,週末甚至高達二萬人,而其中百分之八九十都是外地串聯的紅衛兵。大世界採取減少售票窗口、放慢出票速度和提早停止售票等措施,但人流仍然不斷。場內擁擠不堪,一些場地原本是可以掛客滿牌,但由於紅衛兵的壓力,也無法採取此種措

---

45 〈「東方紅」劇場高歌〈東方紅〉〉,《人民日報》1966 年 9 月 5 日。

施。場內秩序的維持難以進行。但另一方面,場內的活動則越來越少,日場只有 5 個劇團演出,夜場只有 4 個劇團演出。名義上有 7 個場子,但實際上演出時間不長,特別是中午 2 點以前,下午 4 點 15 至 7 點之間,絕大多數場子都是非演出時間,看上去幾乎成了空大樓。**46**

1966 年 11 月 5 日,北京紅衛兵和上海造反派勒令大世界停演。**47** 隨後,上海各大文娛場所,如共舞臺和天蟾舞臺也相繼停演。**48**

可以看到,文革時期大世界的短暫運營,是將上述零和式文化領導權推向了極端,新舊大眾文化之間的勢不兩立、水火不容也似乎到了前所未有的境地。這種零和式文化領導權所抱持的社會主義大眾文化的純粹性,很自然地就導致對現有的大眾文娛機構普遍的不滿和不信任,像大世界這樣的大眾文娛機構被相繼關閉也就變得很容易理解了。隨著這些大眾文娛機構的消逝,作為「冒險家的樂園」、「十里洋場」的上海也就淹沒在紅旗和「翻天覆地慨而慷」的激情之下了。這樣的巨大轉變固然體現出了國家能力強大的一面,但缺失了賴以運作的大眾文娛機構的組織基礎,新政權的創造為廣大群眾所喜聞樂見且平等享受的社會主義大眾文化的夢想不僅漸行漸遠,更顯得有幾分不切實際了。

---

46 參考黃浦區檔案館,3017-1-210,黃浦區文化局〈本局支持紅衛兵、文藝系統革命職工破院場、劇團封建、資本主義色彩名稱、大世界醜化勞動人民的「哈哈鏡」、立革命意義名稱內容的文書材料及有關陸深墓的文書材料〉;B172-5-1115,〈文化部、上海市文化局關於選派劇團參加廣交會演出、接待新疆和田文工團及大世界演出安排的報告〉;〈「東方紅」劇場高歌〈東方紅〉〉,《人民日報》1966 年 9 月 5 日。

47 武漢的民眾樂園經歷了近乎相同的命運,可參考彭翔華:〈「文革」時期的民眾樂園〉,《武漢文史資料》2010 年第 3 期。

48 參考童本一主編:《上海文化娛樂場所誌》。

六、營業狀況的波動：文化同形的形成和文化領導權的挫折

在敘述完大世界在上世紀五六十年代這樣一個發展變遷之後，筆者下面結合一些具體的數據來簡要地呈現和回顧這樣一個過程。

表 9.7 大世界歷年觀眾人數變化圖 [49]

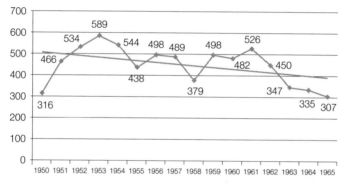

49 根據沈亮：《大世界：綜合性文化娛樂場館的經營之道》（上海：上海書店出版社，2011年）並參考 B172-5-777，〈上海市文化局關於大世界虧損問題調查報告及其歷年經濟財務統計表〉自製。

表 9.8 大世界歷年利潤變化圖 [50]

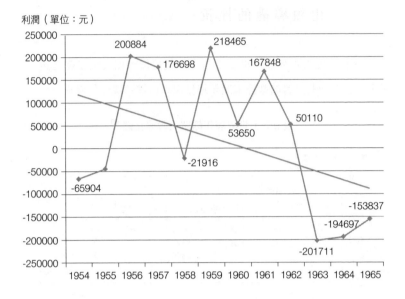

利潤（單位：元）

從觀眾人數的波動可以看到，1950 年是一個低谷，這一年新政權肇建，經濟和社會秩序仍未穩固，又遭逢「二六轟炸」，社會經濟更是受到重創。但隨後三年的觀眾人數顯著上升，凸顯社會經濟秩序的恢復所帶來的觀眾人數的增多，人們不僅有閒錢也有閒心去娛樂場所遊玩。這一增長到 1953 年達到峰值 589 萬觀眾，這是此後再也沒有超過的記錄。而 1951-1953 年連續三年的較高的觀眾流量，也與當時相對寬鬆的文化和政治環境有關聯。如前所述，儘管新政權已經開始著手戲改，並以不同的方式來影響文娛場所的運作，但這些文娛場所相當一部分仍然是私營的，新政權的介入還不是全面系統的。大世界裏面的劇團雖然能感受到新政權的這種改造的壓力，但他們的回應是局部和有限的，甚至

---

50 根據 B172-5-777，〈上海市文化局關於大世界虧損問題調查報告及其歷年經濟財務統計表〉自製。

是形式上的。同時，儘管在這幾年裏，鎮反、三反五反運動仍然在如火如荼地進行，但這對多數文娛場所來說，並沒有重大的影響，這也是為什麼後來要實行民主改革運動和整風運動的原因之一。所以演出的劇目中相當大的一部分仍然是傳統劇目，而在節目的多樣性方面也一定程度上保持了原有特色，也就是「百戲雜陳」、「連番不斷」的模式。大世界在 1954 年 7 月份被接管，雖然 1954 年全年的觀眾數是 544 萬，但在接管後的半年裏的觀眾人數是 203 萬[51]，而接管前所貢獻的觀眾數則是 343 萬。固然，大世界的旺季一般是在春季，但如果對比一下 1954 年和 1955 年的狀況，我們會看到 1955 年上半年的觀眾數是 247 萬。這也證實了接管後確實存在營業上的下降，而這一狀況與報告中所提到的大世界在接管後更多關注政治而忽略了業務建設是有關聯的，更重要的是，隨著大世界正規化的推進，劇團和單檔藝人也隨之減少，這為大世界隨後的文化同形埋下了伏筆。相應的，1955 年的觀眾人數也比 1954 年要減少一百多萬，而且多虧有國家劇團前來演出救場，否則營業或許會更差。

　　1956 年在實現社會主義改造完成之後，新政權一度淡化此前強調的「階級鬥爭」的傾向，這一點在當年 9 月 15 日到 27 日召開的中共第八次全國代表大會有明顯的體現。在劉少奇的〈政治報告〉中，他提出，「我們國內的主要矛盾，已經是人民對於建立先進的工業國的要求同落後的農業國的現實之間的矛盾，已經是人民對於經濟文化迅速發展的需要同當前經濟文化不能滿足人民需要的狀況之間的矛盾。」[52] 這種表述實際是強調國家的目標要從政治運動和階級鬥爭轉向更為務實的經濟和社會建設。在文化領域，劉少奇在當年 3 月 8 日聽取文化部副部長

---

51 B172-5-777，〈上海市文化局關於大世界虧損問題調查報告及其歷年經濟財務統計表〉。

52 劉崇文、陳紹疇主編：《劉少奇年譜，1898-1969》，第 375 頁。

錢俊瑞等的彙報時指出，要允許流散藝人繼續存在，要讓民間職業劇團與國營劇團競賽，看誰能得到人民的喜愛，要實行百花齊放的方針，允許不同文藝形態並存，要推陳出新，但不能勉強「出新」。[53] 毛澤東在同年 4 月 28 日中共中央政治局擴大會議上也提出「百花齊放，百家爭鳴」的方針。這樣的高層表態營造了一種相對寬鬆的文化環境。可以說，從 1956 年下半年到 1957 年 6 月 8 日中共中央發出〈關於組織力量準備反擊右派份子進攻的指示〉以及《人民日報》發表題為〈這是為什麼？〉的社論，從而將整風運動轉變為反右運動之前，整體的文化政策是比較寬鬆的，這主要體現在劇目的放寬限制上。例如，1957 年 5 月 14 日，文化部通令禁止戲曲劇目全部解禁。由於 1956 年和 1957 年寬鬆的氛圍和較為多樣的劇目，也由於大世界的票價優勢，大世界的經營有所改善（此外，1956 年大世界擁有共舞臺這樣一個著名的劇場，也為它招攬了不少顧客）。不過，此時與接管前的經營狀況比較仍是有不小的落差。這種文化政策的鬆動並不能逆轉整體的文化同形的趨勢，而且也是相對短暫的，隨著 1958 年上海文藝界整風運動的推進，大量的劇團被整頓以及一批演藝人員被整肅，文藝界也在高呼「支持香花（好戲），消滅毒草（壞戲）」，大世界的觀眾量就遽然下降（當然，當時整個社會的「大躍進」、「大煉鋼鐵」運動無形中壓縮了民眾的娛樂時間也是一個因素）。

縱觀接管後到五十年代末大世界的經營狀況，可以說總體上是下降的態勢，而這與大世界逐步喪失了原有經營特色而形成初步的「文化同形」是有關的。這種「文化同形」早在 1956 年就有報導有所披露，

---

53 劉少奇著，中共中央文獻編輯委員會編：《劉少奇選集》，北京：人民出版社，1985 年，第 190 頁。

如《新民晚報》1956 年 9 月 17 日報道所言 [54]：

下午五點去遊樂場，二三四樓都空空如也，只有三樓觀眾休息室較熱鬧，有的下棋，有的看畫報，但室小人多。黃昏的節目僅僅有雜技團六點一刻上場，其他最早也要六點三刻開始。與過去中間插節目不同，現在人民遊樂場像演戲劇一樣，二點半和七點半兩場，使遊樂場的黃昏單調空虛。

隨著大世界正規化、大眾文化領域的計劃化以及「勞逸結合」的相繼推進，大世界這種初步的「文化同形」最終得以確立，而表現為 1958 年觀眾人數的劇烈下跌。

在 1959 年，文化部開始醞釀文藝政策的調整，而在 1961 年得到進一步的推進。相應的，從 1959 年到 1961 年，大世界的整個觀眾流量都保持了相對較高的數目，而以 1961 年為接管後最高。這種寬鬆的文藝政策的出臺，體現的是國家的妥協，是筆者所說的協商式文化領導權的推進，而大世界經營的改善則是文藝政策的調整所帶來的正面結果。但即便如此，接管後的這個峰值離接管前的峰值仍然有不小的落差，這是因為文化部門和大世界管理者並無法根本逆轉大世界「文化同形」的趨勢。在這個時候，它之所以能維持較高的觀眾量，主要還是由於劇目上的多樣性以及票價的優勢。但當 1963 年柯慶施提出大寫十三年從而現代劇的比例在大世界變得越來越高之後，大世界除了有票價的優勢之外，連劇目的多樣性也沒有了，更不要提大世界原有的特色。隨著這種零和式文化領導權的推進，大世界形成了進一步的文化同形，它的觀眾量一落千丈並持續數年虧損。

---

[54] 許言：〈人民遊樂場的黃昏〉，《新民晚報》1956 年 9 月 17 日。

簡短回顧這個過程，可以發現新政權的文藝政策頻繁發生變動，這反映的是國家內部的不一致，而這種文藝政策的變動又直接影響到大世界的運營，並帶來大世界本身的形態轉變，而反映在它的觀眾流量與經營利潤的變動上。在接管之前，由於政策相對寬鬆，大世界一定程度上仍然保持了傳統的「百戲雜陳」、「連番不斷」的特色，接管後，則逐漸形成了初步的文化同形，從而演化為介於聯合劇場與文化宮之間的混合體，雖其間在經營不佳的情況下會刺激新政權採取措施恢復部分的原有特色，但這樣一個介於聯合劇場與文化宮之間的混合體的模式直到1963年之前基本沒有太多改變。其經營的起伏主要是與當年的文化政策的鬆緊有關聯，如果相對較為寬鬆、劇目比較多樣，則經營會較佳，反之亦然。在1963年之後，隨著文藝政策的激進化，劇目匱乏且多有重複，經營不佳而不得不削減演出劇場，在這個情況下，大世界作為聯合劇場的身份也被削弱，而近乎成為一個文化宮，這一點在文革前夜發展到了極致。大體上，大世界從最初的遊樂場形態走向了介於文化宮和聯合劇場之間的混合體的形態，最後走向了「準文化宮」的形態，相應的，它反映的是初步的文化同形的形成到最後進一步的文化同形的形成的過程。大世界走向進一步的文化同形以及經營上所出現的困境，表明大世界所出現的文化同形的狀況未能為觀眾所接納，這也意味著新政權在大世界所推行的文化領導權的挫折。[55]

---

55 這種劇場演出不太受歡迎的狀況在其他城市也同樣出現，《人民日報》1957年5月25日的一篇報導〈工人們要求貫徹執行黨的文藝方針〉說，北京的劇院平均上座率為40%-60%。陳毅1962年的〈在全國話劇、歌劇、兒童劇創作座談會上的講話〉也同樣可以看出不少高層領導對全國性的劇場經營不善表示不滿。

七、小結

　　面對大世界所出現的初步的「文化同形」，國家採取了妥協的舉措，這種妥協自然受到當時國內外局勢的發展的影響，諸如「大躍進」和「三年自然災害」等事件的發生，以及隨後的毛澤東暫時「退居二線」和劉少奇當選國家主席等事件。但放置在本書的語境中來看，這種妥協是本書所說的國家性質的繁複性（國家能力的不均衡性、強大的國家能力的悖謬以及國家能力的限度）所帶來的後果，正是國家性質的繁複性使得這種妥協成為必須和合理的。這種妥協落實為一定程度上對群眾舊有的欣賞趣味和藝人的慣習的妥協，表現在有限度地恢復大世界原有的「百戲雜陳」、「連番不斷」的特色。但正是這種妥協所引發的一些現象，部分促成了激進文藝政策的出臺，而基於國家性質的繁複性，這一激進文藝政策所帶來的零和式文化領導權最終遭遇挫折似乎是無可避免的。

　　我們也可看到觀眾人數以及營業利潤的起伏與國家政策之間的緊密關聯，這一方面說明毛時代的中國所具有的強大的國家能力，它的政策調整會強有力地影響到社會中的具體機構，而大世界便是一個很有力的證據。但與此同時，大世界走向這種並不很受歡迎的文化同形，又反映出國家能力的不足以及這種過於強大的國家能力所帶來的悖謬，觀眾的減少也反映出這種社會主義大眾文化的文化領導權事業遇到了一定的挫折。這種新的大眾文化並沒有吸引住它所信賴的工農兵階級，因為後者仍然延續著他們強韌的欣賞習慣。這也正展現了本書前面所說的「群眾的繁複性」。他們不來大世界觀看演出，未必有那麼強烈的反抗意味，但其傳遞的信息卻也是不含糊的，即他們沒有與這種新文化建立起足夠的共鳴。歸根結底，塑造一代新人，塑造一種新文化，雖有其道德之力量，但並非可以如此一蹴而就的事情。

國家性質的繁複性與文化領導權

通過以上的分析描述，可以看到國家成功地消除了大世界裏曾經充斥著的商業廣告、女招待和低俗節目，實現了其預期的「純潔化」的目的。這個過程是通過鎮反運動、勞工抗爭、組織結構的調整、大範圍的登記、民主改革還有最後的社會主義改造實現的。這個過程是大世界等文化機構當中的微觀權力格局的轉變及其制度化，同時也是國家實現「改人」、「改戲」和「改制」的過程。鎮反運動一定程度上清除了文藝界的「壞份子」（當然也存在擴大化的傾向），勞工抗爭在實質上削弱了文娛機構的私方經營者的權力和地位，並迫使不少私方經營者遠走他鄉，這二者也同時帶來文化機構中的權力格局的改變，而由於勞工的工資福利的普遍提高，其運營成本也隨之提高，這為隨後的關閉或為國家接管埋下了伏筆。通過大範圍的登記，國家得以瞭解各文娛場所內部的具體狀況，也使得國家對大眾文化領域的管控進一步制度化。民主改革是對基層機構的權力結構的重塑，確立了國家對基層的進一步的滲透，也進一步推進了「改人」的過程（也就是對文化工作者的改造過程，特別是對新的意識形態的認同感以及對自身的角色的認知）。大規模的社會主義改造通過將過去的藝人轉化為社會主義文藝單位的文化工作者，從制度上和經濟上將文化行動者納入到新的體制當中，也更有利於按照新政權所設定的社會主義文化的發展道路前進。由於相當一部分文娛機構轉變成了國有或集體所有單位，這也使得國家可以大幅度地改變其經營體制，對於演出（尤其是劇目）的更有效的管控也成為可能。通過單位化，國家也為廣大藝人提供了相對穩定的職位，一定程度上也推進了正規化或職業化的進程。[1] 整個過程可以說都是循序漸進有條不紊地推

---

1 可參考 Kraus, R. C. *The Party and the Arty in China: the New Politics of Culture*. Oxford: Rowman & Littlefield Publishers, INC, 2004。

進，並沒有發生類似於 1947 年的「上海舞潮案」那樣的事件，[2] 這反映出的是國家在實現統一後達致的自主性、政權層次上較高的一致性以及強有力的組織能力和動員能力。

這種強大的國家能力，在它們進行目標明確的「文化戰爭」的時候，也就是它們明確了敵對的文化形態（如各種色情文化等）的情況下，發揮出了非常迅速高效的作用。如筆者在大世界這個個案中所展示的，新政權以一種有力的方式基本根除了大世界原有的商業邏輯和情欲邏輯，再造了大世界的空間，實現了其「純潔化」的欲求。

但是，這種強大的國家能力也會帶來一些非預期的後果（unintended consequences），而這種後果與國家本來所要追求的目標恰恰是衝突的，這也就是所謂國家能力的悖謬（the paradox of state capacity）。正是憑藉這種強大的國家能力，在鎮反運動、民主改革和劇團整頓中一些被定性為「壞份子」的藝人得以被迅速清理，但這些被清的藝人當中，有相當一部分是各劇團中的頂樑柱。其次，國家追求文藝機構的正規化，通過劇團整頓等方式，新政權很快使劇團的面貌發生重大變化，在短短數年內，大幅度地壓縮了劇團的數量，但劇團數量的大幅減少也造成大世界等文娛機構劇團不足的問題。這些都使得文藝機構整體的演出實力和演出品質大受影響，而這與新政權所追求的提供更高質量的文藝節目的初衷恰恰是相違背的。

除了這種強大的國家能力所導致的悖謬之外，毛時代的中國的國家能力的不足也一定程度上促成了文化同形。這首先表現在人力資本的不充足，例如大世界歷任主要負責人都非文藝背景出身，也缺乏專業的劇場管理人員。雖然國家努力推動劇團的正規化，但劇團仍然缺乏合格

---

2 值得一提的是，新政權在 1954 年在全國範圍禁止營業性舞廳，完成了國民黨政權試圖完成的禁舞令。

的編劇，這使得在國家推進「戲改」（也就是禁止部分戲曲）後，「劇本荒」始終是一個困擾文藝界的問題。此外，大世界及其他文娛機構科層制度的不完備，諸如分工不明、主管消極任事等問題以及財政資源上的有限，也使得它們在面對文化同形的狀況時無法在既定限制下做出有效的改變。

此外，新政權要推行保護藝人健康的勞逸結合制度，這使得演員演出場次減少，大世界演出捉襟見肘的情況進一步惡化，這個現象也說明國家所追求的不同目標之間（這裏是保護藝人健康與促進文化的豐富性這兩個目標之間）出現了衝突。這些因素都使得大世界出現初步的文化同形，大世界過往的那種「百戲雜陳」、「連番不斷」的特色已大大削弱，也招致觀眾數額的下降，亦即未能受到民眾的歡迎。這種文化同形狀況的出現並非新政權的初衷，但造成這樣的結果，部分的原因恰恰是新政權所擁有的強大的國家能力，這正是前述所謂「國家能力的悖謬」。

因此，可以說文化同形是由強大的國家能力、這種國家能力所引發的悖謬、不同的國家目標之間的衝突以及國家能力的不足這幾個因素共同導致的，文化同形所引發的觀眾量的下跌也展示了國家能力的限度，而這幾個方面也恰恰是國家性質的繁複觀所特別提醒我們要予以注意的地方。

在上述初步的文化同形的現象出現之後，整體政治環境的變化以及相應的文化政策的放鬆使得文化產品的種類開始多樣化，一定程度上緩解了文化同形的趨勢。在一定意義上，這種寬鬆的文化政策在推進新政權所矚目的革命文藝的同時，也兼顧民眾的趣味與文藝的傳統，這種取向帶有一種官方與民間的協商性，本書因此稱之為協商式文化領導權。但與此同時，一些被認為是低俗的和不合法的演出與演出團體也頻頻出現。這種文化政策的變動反映的是國家內部的不一致。而這種不合法的演出與演出團體的頻頻出現（這種情況在郊區或者偏遠的茶樓書

場、文化站等機構中更為嚴重），也說明即便是一個全能主義國家，也無法全面滲透社會的每一個角落；在另外一方面，也說明群眾並非千人一面的，而是多樣的、繁複的，他們的審美趣味並非一朝一夕就可以改變的。這也正是國家觸角的限度所在。

伴隨著一定程度的協商式文化領導權所出現的種種文化現象，毛澤東等人更加相信文化戰線出了問題，而究根溯源則是黨有走修正主義路線的危險、社會主義政權有變色的危險。基於這樣的認識，國家開始推行更激進的文藝政策，這種文藝政策採取的是一種非友即敵、涇渭分明、有你無我的決然態度，社會主義文化的純粹性容不得一粒封建文化和資產階級文化的沙子，道德理想國的憧憬要求的是一種徹頭徹尾的改造，也容不得半點妥協和猶豫。本書稱這種試圖獲取文化領導權的方式為零和式文化領導權，如筆者在大世界這個個案中所展示的，這在戲曲領域的表現就是大幅度地增加現代劇的表演比例，而不顧廣大民眾較為偏愛傳統劇目這一現實，也不願與這樣的戲劇傳統進行妥協（這種不妥協性也表明國家具有其自主性），以至於到文革時期出現「八億人民八部戲」[3]的境地。新政權正是試圖用這種純粹的革命文藝來達致文化領導權，從而來培養出民眾的革命意志。

要理解這種零和式文化領導權，仍然要將其放置在歷史語境中來

---

3 這樣的說法多少是有些簡單化和誇大的。從時段上來說，文革後期，特別是 1973 年之後，實際上高層已經開始在文化領域予以一定程度地解凍。從區域上來說，在一些偏遠地區，如雲南或者鄉村地帶，仍然有一些傳統戲曲偷偷在上演，可參考肖文明：《「政治掛帥」時代的群眾文化 —— 1949-1976 間的 J 縣群眾文化機構和文化霸權》，北京大學社會學系碩士論文，2006 年。在體制內部，往往以「內部觀摩」的名義觀看一些在外界禁止的影片，但這樣的特殊待遇也只是少數人才能享受到的。這些種種因素，其實都涉及到本書所提出的國家能力的限度等諸問題，而這些因素也實際上使得當時的文化生活比「八億人民八部樣板戲」這樣的說法所反映的要更為豐富。但無論如何，這種說法也一定程度上折射了當時國家對文化生活的嚴格管控和民眾文化生活的貧乏。

考慮。毛澤東後期所採取的這種不調和的態度，是對自身所理解的文化形態的堅定信心，是對它所承載的道的堅執。這種不調和的態度，與「五四」以降的反傳統主義的立場、與認定新舊二者之間的對立是有關聯的，是一種革故鼎新的決絕的革命姿態。但這種立場，並不能認定說是源自馬列主義的影響，而更多的是與中國的具體歷史情境相關。事實上，蘇聯早期的領導人，如列寧和托洛茨基，對傳統和資產階級文化的態度都是比較溫和的，都認為社會主義文化的發展是一個漸進的過程，而托洛茨基更是否定存在一種全新的「無產階級文化」的可能，[4] 即便是在史太林時期，對於古典傳統（如普希金）也仍然是持敬意的，而舊有的文化精英也仍然保留著相當的社會地位。[5] 同樣的，在被認定為「集權主義國家」的法西斯意大利和納粹德國，也同樣沒有體現出反傳統的態度，它們甚至常常在文化上訴諸於傳統。因此，這樣一種零和式文化領導權的出現是與近代中國歷史的這種特殊的反傳統主義相關的，而這種反傳統主義是與中國當時落後挨打與積弱不振的全面危機相關，當時的格局與社會進化論思潮的蔓延，都讓傳統變成了國家衰亡的替罪羊。欲圖富國強民，欲圖塑造一代新人，則必須與此「腐朽」的傳統決裂。這裏的討論要說明的是，正如筆者在表 b 所討論的，在考慮這種國家與大眾文化的關係時，除了本文所著重討論的國家能力的議題之外，也必須考慮國家所採取的主導思想，並把它放置在一個長時段的歷史語境中來思考。

但是，這種零和式文化領導權終究要面對「國家性質的繁複性」。一方面，由於國家擁有強大的組織能力和滲透力，而這種能力越強，文

---

4 Calverton, V. F. "The Sociological Aesthetics of the Bolsheviki." *The American Journal of Sociology*, Vol.35, No.3, 1929.

5 Fitzpatrick, S. "Culture and Politics under Stalin: A Reappraisal." *Slavic Review*, Vol.35, No.2, 1976.

化同形的程度就越高，這也意味著它之不容納異己的文化成分（如民眾的趣味以及傳統）的程度就越高。隨著這種零和式文化領導權的推進，國家的彈性和對基層需求的反應力也隨之下降。另一方面，由於國家財政的支撐不足，實際上劇團和演出場次都有所減少，而這也無疑加劇了文化同形的後果，從而形成進一步的文化同形，並帶來最終的社會主義大眾文化的文化領導權的挫折。

歷史也證明，這種零和式文化領導權是無法持久的，[6] 是一種脆弱的文化領導權。在零和式文化領導權崩潰的時候，這種文化同形的程度越大，它所遭受的挫折或許也會越大。[7] 在另一方面，由於國家內部的不一致性（包括高層的不一致以及文化機構內部的不一致等），也由於國家能力的限度（這關聯到群眾的繁複性，如地下文學的廣泛存在，如偏遠省區或者體制化較弱的機構當中國家管控較弱），在國家內部始終存在著相對於官方主導的這種零和式文化領導權的替代性文化（alternative cultures），只不過它們以隱蔽的、潛伏的方式存在。當國家內部的不一致性最終導致國家政策的變動的時候，將為這種替代性的文化提供相對寬鬆的制度環境而以更顯明的方式展示其活力，所謂八十年代的「文化熱」便是如此。

---

6 即便毛澤東本人，也在晚期不滿於文化領域的凋零和枯燥景象，而於 1975 年 7 月 14 日發表對文藝的講話，提出要對文藝政策進行調整。

7 趙文詞（Richard Madsen）在《一個中國村莊的道德和權力》（Madsen, 1984）一書中指出，在五十年代和六十年代初期，通過社會主義教育運動的形式，在農村社會實踐著一種融合的道德話語，它將傳統的、劉少奇派和毛澤東一系的道德觀念融合在一起。但是，在六十年代中後期，毛澤東的文化觀念排斥其他的觀念，農村社會中的儀式由純真的儀式（ceremonies of innocence）轉變成了鬥爭的儀式（rituals of struggle），而其中的道德狂熱悖謬地導致了七十年代以後出現的道德的虛無和道德的退化。這種論點與本文此處所說是一致的。同樣的觀點，也可參見 Shue, V. "Powers of State, Paradoxes of Dominion: China 1949-1979." in K. Lieberthal et al. (eds.), *Perspectives on Modern China: Four Anniversaries.* Armonk, NY.: M.E. Sharpe, Inc, 1991。

以上討論試圖勾勒出從初步的文化同形到協商式文化領導權的推進，再轉變為零和式文化領導權，其結果是進一步的文化同形，最後導致社會主義大眾文化的文化領導權計劃的挫折這一曲折的歷史過程。這個過程是微觀和宏觀相互作用的過程，也是「國家性質的繁複性」不斷影響文化領導權的過程（表 c 是對該過程的一個簡要呈現）。

表 c　國家性質的繁複性與文化領導權

國家能力的強大（純潔化機制）	國家能力的悖謬（非預期的後果）	國家目標間的衝突	國家能力的不足（財政、人力等）

初步的文化同形

↓

協商式文化領導權

↓

激進化

↓

零和式文化領導權

↓

進一步的文化同形

↓

文化領導權的挫折

在「國家性質的繁複性」的視野下，我們可以對國家和大眾文化的關係獲得一個更為整體和辯證的理解。貝雷津所提出的國家與文化機構、文化產品之關係，把國家的作用僅僅簡化為國家究竟是控制或不控制文化機構或文化產品，這仍然是不夠全面的。譬如中國和前蘇聯，如根據貝雷津的類型學，其國家與文化關係都可劃為集權主義類型（也就是既控制文化機構，也控制文化產品），但這也掩蓋了它們之間的區別（比如財政資助的形式，文化管理機構的類型等），這些都需要放置在「國家性質的繁複性」的視野下予以細緻的比較和考察。

最後，就文化建設而言，上海大世界這一個案也給我們帶來了一些可能的啟示。第一，我們必須對國家性質的繁複性有充分的認知。第二，基於這樣的認知，文化建設不能急於求成，也不可能一蹴而就，而應以協商式文化領導權的方式穩妥推進。在這方面，必須注意這種協商式文化領導權所基於的核心價值即協商之重要性，而這需要一種歷史的眼光和智慧。[8]

8　這也是本書有所探討國家的主導思想的原因，不過這並非本書的重點關注，而有待進一步的研究。

總結與餘論

一、新中國文化領導權計劃的歷史淵源與多元動力

我們需要注意到新中國所推動的文化領導權建設有其悠久的歷史基礎，這根植於傳統中國的「教化」傳統，當政者有義務對民眾通過各種方式進行道德教化，而民眾對於作為教導者的國家有比較高的認受性。這一「教化」傳統在近現代中國一直得到了延續。在晚清的時候，作為新思想的傳播者，梁啟超、陳獨秀和柳亞子等人格外強調小說戲曲的感染、教化功能，如移風易俗等。國民黨與共產黨雖然在政治上對立，但國民黨在其統治期間也一直試圖去形塑一種服務於黨國體制的電影體制。[1] 在早期共產黨領導人內部，無論是留蘇歸國的精英，抑或從土匪轉變而來的紅軍領袖，都相信藉助文藝來實現對民眾的思想改造的功能。[2] 這樣一種一致性，意味著存在著文化傳統的持續影響，這種影響超越了意識形態的邊界。如我們前面所說，毛時代的中國實際延續了這一歷史傳統，例如，他和葛蘭西一樣都強調「國家作為教育者的角色」，其與傳統的不同之處在於，毛時代的中國用一套新的意識形態替換了傳統的儒家觀念系統，[3] 另外，在推動這種「教化」的過程中，它依賴的是現代國家與政黨政治，其擁有發達的科層制組織，具有更集中的資源與權力、更強大的對基層的滲透能力與動員能力。這其中包含著歷史的延續與斷裂，這是我們在思考這一文化領導權建設時不能忽略的歷史背景。

---

[1] 馮筱才：〈形塑黨國：1930年代浙江省電影教育運動〉，《華東師範大學學報（哲學社會科學版）》2013年第5期。

[2] DeMare, B. J. *Mao's Cultural Army*. Cambridge University Press, 2015.

[3] 列文森著，鄭大華、任菁譯：《儒家中國及其現代命運》，桂林：廣西師範大學出版社，2009年。

另外，如王笛所指出的，「雖然晚期中華帝國時期的教育由正統所主導，其他文化活動也不可避免地與儒家價值觀和信仰結合在一起，然而國家對於農民大眾的思想控制並不十分成功。中國幅員遼闊，成千上萬的村莊散佈在國家權力鞭長莫及的地方，精英的文化領導權並非就必然能夠操縱以口述為主的農民文化」。[4] 類似的，按照王汎森的觀點，傳統儒家文化（至少是宋代以前）不太注意民間社會和庶民的文化生活，這也就給佛教、道教以及其他民間宗教提供了空間，[5] 因為後者恰恰就是面向庶民。又據相關研究，清代中葉以後，由於地方上的宣講活動途徑的阻塞，加上清代考據學的興盛，使得地方上文化和精神生活虛空，有的學者認為這也正是太平天國運動能夠興起的部分原因。正因為存在這樣一些情況，所以官方就需要採取多種舉措來爭取文化領導權，並以某種方式介入到庶民文化之中。在這方面，民間宗教就是一個範例。這種對庶民文化或者民間文化的介入在晚清以降獲得了新的動力。在這一時期，塑造一種新的文化，並藉此新文化來「開民智」、來啟蒙底層大眾，成為知識份子階層乃至當局所共同關注和推動的議題，這自然也是一項文化領導權的事業，而且同樣表現出對基層社會與民眾的關注。但與傳統中國相比，同樣有幾個值得注意的變化。其一是前面所說的，現代國家建設的推進以及相應的科層制組織的建設，這帶來了新的文化管理機構與職能，並使得國家介入基層與大眾文化領域的能力得以強化，這在王笛的《街頭文化》一書中就有較為鮮明的呈現。另外，在這個發展過程中，隨著民粹主義的影響，民眾不僅是啟蒙的對象，同時也

---

4 王笛：〈大眾文化研究與近代中國社會 —— 對近年美國有關研究的述評〉，《歷史研究》1999 年第 5 期。

5 有的人對此提出質疑，認為鄉紳、宗祠的存在，就提供了一種民間文化生活。關於這方面的內容，還可參看王爾敏：《明清時代庶民文化生活》。

逐漸成為學習的對象。隨著民眾地位的抬高，也進一步強化了「文化革命」的需求。新文化、啟蒙、群眾、文化革命這些辭彙就是如此發生相互關聯。[6] 不難看到這一歷史背景對新中國所推行的種種群眾文化運動的影響。

由此來看，現代性所帶來的大眾社會的興起固然對後來新中國推動的群眾文化運動有所刺激，但不能否認的是，群眾文化的興起有其本土的淵源和解決內在困境的需要，也就是前面所指出的下層社會的文化空虛或者是王汎森所說的「儒家文化的不安定層」，[7] 而現代性（特別是大眾社會與現代國家的興起）帶來了新的動力與形態。中共所推動的文化領導權建設，正是在此歷史背景下展開的。

因此，放在長時段的歷史中來審視，我們不能把整個社會主義文化改造過程單純地理解為是一種純粹共產黨政權的創造。同樣的，我們也不能把它視為純粹政黨意識形態的灌輸。除了社會主義意識形態教育與新中國正當性的塑造這一因素以外，我們還需要留意新中國社會主義文化改造背後的其他幾個動力。第一是現代化的動力，一個組織有序的、規範的現代國家與制度是新中國的嚮往，這體現在國家建設、組織化社會的推進與科層制建設等方面。這是現代中國國家建設的一部分。這一點我們在社會主義文化改造的過程中都能夠看到，比如自上而下的文化治理體系的建設，對現代化的大劇院的追求，對於劇團制度建設的

6　參考 Hung, C. T. *Going to the People: Chinese Intellectuals and Folk Literature, 1918-1937*. Cambridge: Council on East Asian Studies, Harvard University, 1985；李孝悌：《清末的下層社會啟蒙運動：1901-1911》，石家莊：河北教育出版社，2001 年；Li, H. "Making a Name and a Culture for the Masses in Modern China." *Positions: East Asia Cultures Critique,* 9.1, 2001.

7　王汎森：〈「儒家文化的不安定層」——對「地方的近代史」的若干思考〉，載於羅志田等主編：《地方的近代史：州縣士庶的思想與生活》，北京：社會科學文獻出版社，2015 年。

強調，戲劇現代化運動等。第二是道德純潔化的動力，這種動力背後有一種進化論、歷史進步論、科學主義和反傳統主義的動力，試圖掃除污穢、迷信，謳歌高尚的品格，塑造社會主義新人，這裏面混雜著社會主義、現代化與儒家倫理的一些影響。這一點在大世界的社會主義改造過程中應該可以看得很清楚，如它拆掉了濟公堂和神龕，清除了女招待等群體。第三是平等與集體主義的理想，這表現在劇場和劇種的平均分佈方面等（淮劇就是其中一個典範），這體現了較為濃厚的社會主義意識形態的影響。這樣一些訴求，在當時乃至當下都具有其道德感召力與正當性，而且新中國在這些方面都取得了不同程度的成就，這包括國家的統一、有序性和現代化的推進，對污穢和迷信一定程度的掃除，某種程度上的平等。因此，把這一社會主義文化改造的進程視為一種徹底的失敗，既不公平也不符合當時的歷史現實。歷史進程及其後果毋寧是複雜的，而本書希望呈現的正是這一歷史進程的複雜性。在這一歷史進程的動力中，混雜著社會主義、現代化與儒家倫理，因此，對於這一歷史過程的分析，需要考察革命、傳統與現代性之間的複雜關係問題。我們需要充分注意這一歷史複雜性，才能更客觀準確地評價這一歷史進程。

二、國家對文化干預的歷史效果

本書一定程度上揭示了現代中國國家在文化領域中的國家建設帶來的是國家對於大眾文化領域不斷深入的管控，這一歷程至少從晚清就已開啟。由之而來的問題是：其對文化秩序塑造所帶來的影響與後果是什麼？具體到新中國時期，這場社會主義文化改造對於新中國的文化秩序究竟帶來了什麼樣的衝擊和影響？它是否如蕭鳳霞所認為的，由於國家的內卷化和基層社會的細胞化而帶來天翻地覆的變化，還是如許慧文所言國家無法徹底改變社會而具有其限度？總之，這裏涉及如何評估這

場社會主義文化改造所帶來的歷史效果。

　　基於本書的研究，要對此作出評估，實際需要同時對解放前和解放後的上海都市文化進行比較和評判。朱永嘉先生在〈上海都市文化的斷裂與延續〉一文中對張濟順教授的《遠去的都市》一書作出回應，就對此有所涉及。[8] 朱永嘉認為，「摩登文化只是少數上等華人和洋人享受的。即便在娛樂業，平民常去的地方，那裏是以大世界為代表的民間戲曲、評彈這一類演出節目。在先施樂園上演的一些文藝節目，市民們喜歡的還是姚慕雙、周伯春的滑稽節目。在商人舉辦節慶喜事時，還有他們在堂會上的表演，以逗取樂，我去過的便是這一類場所。至於百樂門這些地方，只是路過從未進去。故三四十年代，上海的都市文化中摩登文化並不是主流文化，在民眾中佔主流地位的應是救亡文化。從文學的角度講，佔主導地位的是以魯迅為代表的左翼文化，至於張愛玲的作品，在我們青少年心目中則毫無影響。」他隨後又指出，「至於 1949 年中國人民解放軍進入上海以後的都市文化，是斷裂還是延續這個問題，我說既是斷裂也是延續，延續的是救亡文化演化而來的紅色文化；斷裂的是殖民地、半殖民地時期少數上等華人的摩登文化」，「在這個半殖民地的上海租界上，作為都市文化，總應該有二種不同的文化，既有摩登的洋奴文化，醉生夢死的貴族文化；也有激進的救亡民族文化，也有平民文化，這在流行歌曲上便有鮮明的對照。」朱永嘉的這番論述意在強調，即便在舊上海，救亡文化（以魯迅為代表）仍是主導，其次是平民文化（上海大世界、先施樂園等關聯到這個範疇），從西方舶來的摩登文化影響力則很有限；而在解放後，救亡文化作為主流得到了延續與壯大，摩登文化則被剪除。朱永嘉的這一歷史敘述一反李歐梵的《上海摩登 —— 一種新都市文化在中國，1930-1945》及其引發的尋找摩登上

8　來源：http://jiliuwang.net/archives/65837?from=singlemessage，引於 2020 年 8 月 25 日。

海的餘波，淡化「摩登文化」的影響，強調「紅色文化」的影響。

可以看到，朱永嘉的這個判斷主要強調的是紅色文化與摩登文化之間的對立，[9] 這種對立實際是一種階級對立。但在朱永嘉的這個陳述中，與其說是兩種文化，不如說是三種文化，也就是摩登的洋奴文化，救亡民族文化（紅色文化），還有平民文化。但需要注意的是，它們之間的關係並不是如此的壁壘分明，比如摩登文化是否不具有平民性，在這方面，朱永嘉過分強調了百樂門這些高端消費，但一般的西洋唱片，包括受西方影響的流行音樂，不能說完全不具有平民性。另外，平民文化裏面很多內容並不具有救亡性，並不屬於紅色文化的範疇，而且很多時候與商業運營乃至「封建殘餘」是關聯在一起的，這包括朱永嘉在這裏所列舉的大世界與先施樂園這些地方。因此，用一種絕對的二元兩分來去勾勒當時的文化景觀或許有所簡化，正如用二元階級對立來勾勒社會結構構成一樣，[10] 都是值得反思的。

朱永嘉的歷史敘述提醒我們需要注意紅色文化在舊上海的重要影響，這無疑是有益的，但這一歷史敘述也有不少盲點。朱永嘉沒有太多討論平民文化的處境與變遷，也沒有論述平民文化與紅色文化的關係。這恰恰是本書所涉及的地方，因為諸如大世界這樣的文娛場所是與平民文化密切相關的。朱永嘉講的平民文化，指向的是傳統戲曲、評彈還有姚慕雙、周伯春的滑稽節目，這些實際都是傳統民間文化在現代的發展延續。我們在上海大世界這一個案中可以看到，如何處理這一類的平民文化，如何處理平民文化與紅色文化之間的關係，如何安放它在社會主義大眾文化中的位置，對於社會主義文化領導權建設是非常關鍵的。

9　事實上，紅色文化在很多方面也受到摩登文化的影響，例如六七十年代如日中天的革命現代戲，就深受話劇之影響。

10　裴宜理著，劉平譯：《上海罷工 —— 中國工人政治研究》。

無疑，紅色文化在新中國得到了進一步的壯大，而摩登文化則大大衰落了，在這方面，我們可以看到比較明顯的斷裂。但如果不把摩登文化理解得過於狹隘，那麼本書也曾指出，對於這種摩登文化的留戀在新中國依然在延續，它們潛藏在暗處，一旦外部的約束減弱，就顯露出來。在根植於傳統的平民文化方面，這種延續性就更為強烈，這反映出生活世界的某種韌性。就此而言，這一文化畫面既不完全是蕭鳳霞所強調的翻天覆地的變化，也不完全是許慧文所突出的「國家觸角的限度」，而是兼而有之的。這樣一種斷裂與延續並存的畫面，是有別於朱永嘉所論述的「斷裂與延續」，前者比後者的畫面要更為駁雜。如何去面對這種斷裂與延續的關係，特別是這種延續性及其所反映的生活世界的韌性，恰恰是新中國社會主義文化改造所要處理和解決的重大問題。

　　與筆者這裏討論的「國家的介入對大眾文化的影響」相關，桑塔格（Susan Sontag）曾對所謂集權主義國家對文化之影響有過這樣一段發人深省的評論：

　　我想過這個問題，傳統的專制政權不干涉文化結構和多數人的價值體系。法西斯政權在意大利統治了二十多年，可它幾乎沒有改變這個國家的日常生活、習慣、態度及其環境，然後，一、二十年的戰後資本主義體系就改變了意大利，這個國家幾乎是面目全非了。在法西斯、蘇維埃風格的共產主義，甚至納粹政權的統治下，多數人的基本生活方式仍然植根於過去的價值體系中。從文化的角度講，資本主義消費社會比專制主義統治更具有毀滅性，資本主義在很深的程度上真正改變人們的思想和行為，它摧毀過去，它帶有深刻的虛無主義價值觀。這有點兒自相矛盾，因為專制國家的人民歡迎資本主義，這是可以理解的，他們以為他們會更加富有，他們的生活水準會提高，這一點在中國比在前蘇聯好像實現得好一點，但是，和走向繁榮之機會一同來到的還有對文化的

最激烈的改變，人們願意把自己的生活和價值體系徹底摧毀，這個資本主義商業文化真是不可思議。它可能是有史以來最激烈的社會思潮，它比共產主義來得更加激烈，從文化的意義講，共產主義算是保守的。

當然，什麼制度也不會永遠存在，但暫時，也許要幾十年，還沒有其他的選擇，這麼說吧，得有一個近乎全球生態方面的災難才能使人們重新考慮新的世界制度（我們可以說世界制度，這在人類歷史上還是第一次）。資本主義文化，即物質的動力及其一切的標準，正在世界上全面獲勝。[11]

桑塔格強調了共產主義文化觀的保守性，與之對比，則是資本主義文化觀的激進性。不過，桑塔格或許低估了毛時代中國對於人們日常生活的改造能力，換言之，她可能低估了歷史的斷裂性。比如家庭革命這一議題，自五四時代就發出了「娜拉出走」的聲音，而真正實行一夫一妻制、推動男女平等[12]則是在毛時代的中國實現的。但另一方面，如果我們考慮毛時代中國人們對於戀愛、性、性向、消費等的態度，還有

---

11 蘇珊·桑塔格著，黃燦然譯，陳耀成編：《蘇珊·桑塔格文選》，臺北：麥田出版，2005 年，第 90-92 頁。

12 只要想想關於「鐵姑娘」的宣傳，就可看出這種對男女平等的推動的熱情。當時的一些具體的歷史事件，對於男女平等也產生了很大影響，比如大躍進、「大煉鋼鐵」時期，由於勞動力的缺乏，迫使當時很多家庭婦女加入職業勞動力大軍（感謝上海社會科學院上海歷史研究所研究員宋鑽友先生對這一點的提醒）。

對時間、空間 [13] 以及日常的衣食住行的塑造,則其文化確實稱得上是保守的。[14]

桑塔格除了説共產主義國家的文化觀是保守的以外,並沒有告訴我們為什麼全能國家無法徹頭徹尾改變文化。本書所提出的「國家性質的繁複觀」則提供一種理解的可能性,即便是所謂的全能主義國家,仍然面臨其國家能力的限制與不足,強大的國家能力所帶來的意料之外的後果,如不同國家目標之間的衝突以及國家能力在不同領域中的不均衡,而這可以解釋為何全能主義國家無法徹頭徹尾改變文化。

相對於所謂的「集權國家」捉襟見肘的文化領導權,以資本主義市場經濟為基礎的資本主義文化似乎更輕易也更有效地實現著它的文化領導權,它以更為徹底的「群眾路線」滲透到了社會的每個角落。為何以資本主義市場經濟為基礎的資本主義文化能夠比全能主義國家更有效更實質地實現其文化領導權,這是值得我們進一步思考的問題,而且在當日中國的語境下也有其特別的意義。對此,詩人北島曾評論説,在毛澤東時代,這種外界的高壓是以顯明的方式呈現的,文化人知道這種壓力來自何方,所以如果要堅持自己的讀書生活,只要選擇回避這些外部

13　德國漢學家顧彬在上世紀七十年代末來中國學習,他在那時去過蘇州城,那種傳統江南城市的格局依然較為完整的保留著,但改革開放以後的今天,蘇州城的空間格局已是大為不同,參見顧彬:〈中國當代作家只會用一條腿走路〉,http://news.ifeng.com/opinion/phjd/qqsrx/201003/0330_6443_1590931_3.shtml,引於 2010 年 6 月 28 日。此外,歷史學者盧漢超於他對民國時期上海的市民生活的研究,也指出「就日常生活而言,解放帶來的變化並不像人們以前認為的那樣徹底」,例如中共建立居委會制度的時候不得不考慮實際存在的居住模式和房屋結構,參見盧漢超著,段煉等譯:《霓虹燈外:20世紀初日常生活中的上海》,第 289 頁。當代的影像記錄也可生動展現上海的城市空間在改革開放之前很大程度上保留原貌,而在改革開放之後十幾二十年間便發生了巨大變化,參考徐喜先:《記憶上海:一位民間攝影師眼中的上海三十年》,上海:上海人民美術出版社,2010 年。

14　當然,桑塔格此處所言的文化是屬廣義的文化,相當於威廉斯所言的整體的生活方式。

的監控就好了，譬如在雲南、內蒙等這些偏遠地區，往往是國家權力的滲透相對薄弱的地區，這為讀書人的獨立思考提供了條件。但是，在一個商品經濟主導的時代，儘管並不存在一個顯明的外在高壓，但有一種無形的壓力伴隨資本的邏輯滲透社會的每一個角落，乃至內化在人們的心中，文化的邏輯在無形中屈從於無處不在的資本邏輯。[15] 北島的這個觀察或許是值得我們深思的。這樣的思考也提醒我們，在我們思考今日中國或其他國家的文化狀況時，在引入「國家性質的繁複觀」的同時，也有必要重點關注市場作為文化行動者的影響，從而能夠全面地考量國家、市場和文化之間三者的複雜互動。

三、社會主義文化改造中的問題

1. 實用主義與意識形態之間的張力

　　如果結合既有的一些相關研究，我們可以發現一些社會主義改造的共性。例如，共產黨的社會主義改造策略一方面強調意識形態的約束，另一方面又不缺乏策略上的區別對待與靈活性，甚至體現出某種實用主義色彩；[16] 在循序漸進地推進目標的過程中，整體上不是採取激進的消滅措施，而是採取相對和平的手段和運動式治理的方式，並特別強調思想改造和宣傳教育的重要性，這一點在對待佛教和外國資本的舉措

15　北島:〈七十年代〉，於第五屆國際研究生「當代中國」研討班之講座，香港中文大學，2009 年 1 月 9 日。

16　此處所言實用主義的含義是指非意識形態化的、非教條的立場，為了解決問題而可適當作出調整，並不執著於某一意識形態的觀點。基於這一定義，在經濟事務中的某種務實與營利取向，也可視為是一種實用主義態度。

中都有所體現。[17]

　　當然，意識形態並不必然與實用主義產生衝突。例如，在對遊樂場進行收縮的過程中，被首先收縮的是那些經營管理不善的遊樂場，因此，在此過程中意識形態的訴求與實用主義的動機彙集在了一起。但是，實用主義與意識形態這二者之間的張力也是不可忽略的，這在企業經營中又尤為明顯，因為任何一個企業，無論其是資本主義的抑或社會主義的，無論其預算約束是硬的抑或軟的，其實都面臨自我維繫與營利（或者至少避免或減少虧損）的任務，這在本書關於財政能力的討論以及大世界的改造過程中都有清晰的體現，乃至在文化大革命爆發之際，大世界仍然在努力盤算著如何減少包銀和虧損。實用主義背後的動機往往關聯到經營的壓力與經濟因素的考量，其背後的原因在於當時的文娛場所都是要自負盈虧的，而普通民眾固有的文藝趣味並未根本改變，如果要保證上座率，那就意味著需要迎合普通民眾固有的文藝趣味，但這種文藝趣味恰恰是新中國需要去改造的，這也正是文娛場所的意識形態功能所在。出於一種實用主義的考慮，當政者會對文娛場所的實用主義傾向予以妥協或者默許，這無形中也有利於文化的延續性。但這種妥協在相當程度上受到大的政策環境的影響，當大的政策環境寬鬆時，這種實用主義就得到了更多的承認和空間，而一旦政策環境緊縮，則這種延續性的承認和空間就被大幅壓縮。

　　實用主義與意識形態之間的平衡與尺度往往並不容易把握，以至於可能會在一定時候突破意識形態約束。不少民眾甚至會有意識地突破意識形態，進入灰色地帶。這尤其容易出現在意識形態約束與生存倫理

---

17 Howlett, Jonathan J. "'The British Boss Is Gone and Will Never Return': Communist Takeovers of British Companies in Shanghai (1949–1954)." *Modern Asian Studies,* 47(6): 1941-1976, 2013; 學愚：《中國佛教的社會主義改造》，香港：香港中文大學出版社，2015 年。

產生衝突時。對於意識形態的奉行者而言，這種意識形態的突破與實用主義的盛行，無疑是社會主義路線的重大偏離和革命的挫折，從而又帶來某種激進的回應。因此，就出現了意識形態 —— 實用主義 —— 意識形態的激進化這樣一種歷史發展的軌跡，文藝政策也隨之表現出一種跌宕起伏的不穩定性，相應的，文化實踐也隨著大的政策環境的變化而跌宕起伏。這正是上海大世界及更廣泛的社會主義大眾文化領域從協商式文化領導權走向零和式文化領導權背後的歷史邏輯。

2. 改造何以沒有完全成功？

那麼，我們究竟該如何評價這場社會主義大眾文化改造的成敗得失呢？基於對上海的個案研究，本書對此問題的回答大體是，新中國在破除舊文化方面似乎更有成效，讓人印象更為深刻，而在樹立一種為廣大人民群眾所喜聞樂見的新文化方面則不是那麼順利。在破除舊文化方面，在「改人、改制、改戲」方面，包括文娛場所的數量及其內部空間都發生了巨大的變化。而在社會主義新文化方面，固然有一些傳唱一時的歌曲、風靡一時的電影與劇目，但整體而言，舊的文化趣味的普遍延續，意味著新政權並沒有建立起一種真正普遍為民眾所喜聞樂見的新文化。

因此，這裏的問題是，這一改造何以沒有完全成功？

在這方面，我們仍需要借用哈貝馬斯關於系統與生活世界的區分。如本書前文所述，國家作為政治系統的重要力量，在現代社會擔負起了文化和道德使命，因此必然會介入到文化生活當中，國家建設也就必然包含著文化治理的內容。文化治理要順利展開，一方面需要作為政治系統的國家能夠理性化運作，擁有良好的國家能力與運作；另一方面，由於系統歸根結底嵌入於廣闊的生活世界之中，文化治理之理念與

政策應與生活世界有基本的匹配性，而不應令國家理性淩駕於乃至宰制生活世界的原則。

基於這一視角，我們可對前面的問題作以下回應。社會主義大眾文化改造之所以沒有完全成功，一方面在於新中國的文化治理體系本身不夠完善，國家能力並未達到如此強大的境地。如本書上篇所呈現的，新中國在財政能力、人力資源與科層制方面都存在某種不足與困境，因此未能足夠支撐新中國的文化改造願景，如建構足夠充裕且現代化的演出場所。另一方面，則是由於存在著強大的國家能力的悖謬。正如大世界的改造所體現的那樣，新政權展示了強大的國家能力，尤其是組織、動員、運作與滲透能力。也正是這樣一種強大的國家能力，才能在一個相對很短的時間內完成社會主義改造，實現對文娛組織某種程度的淨化。但悖謬的是，正因為國家能力如此強大，它成功地推進了「改人、改制、改戲」以及「空間再造」，在清除了舊文化之後，新文化並沒有變得更具有吸引力，這就使得社會主義文化改造陷入困境。此外，國家往往同時追求諸多不同的國家目標，而這些目標之間往往會產生相互衝突與相互削弱的效果，如本書中所指出的，國家推行的勞逸結合的目標與文化生產的目標之間就產生了明顯的衝突，並使得大世界的運營進一步惡化。最後，由於國家與社會內部存在著高度的複雜性與非同質性，國家作為一個機構體系並非鐵板一塊的，而民眾也並非千人一面，因此國家在貫徹和追求其國家意志與國家目標的過程中會遭遇種種阻擾與變通，如街頭藝人的持續出現，體制內的不合規演出，以及演出過程中的插科打諢等等現象都呈現了這一點。

概而言之，國家作為一個系統的運作，並非總是如此理性化與強大有力，這妨礙了社會主義文化改造目標的實現。

不過，更重要的原因或許在於，社會主義大眾文化改造背後的理念及其政策在某些時段脫離了紮根於生活世界的民風民情，新舊文化之

間的對立被過度放大，改造的步伐也邁得過於急切，這就出現了下篇所述的零和式文化領導權，而離構建人民群眾所喜聞樂見的新文化這樣的改造目標也就更加遙遠了。與之相關的一個問題是，現代國家的文化治理必然要藉助於一套現代科層組織，這種科層組織將一系列基於價值考量的政治議題轉化為可操作、可分解的行政運作，這往往導致我們不再能夠區分何為政治、何為行政。政治變成了一種政策的宣導，這就導致政治與行政之間的邊界的模糊化，這助長了文化宣傳方面的教條化。因此，毛澤東所說的「文化為政治服務」就轉變了「文化為行政服務」，這無疑進一步凸顯了行政的邏輯，凸顯了系統的力量，從而更加遠離了民風民情，其無法引發民眾的「喜聞樂見」也就變得容易理解了。如何將文化治理與民風民情或者說生活世界建立起某種匹配性，這是整個文化領導權建設的關鍵。

因此，對於「改造何以沒有完全成功」的回答，正是本書開篇所提出的「國家性質的繁複性」，而這一概念則是基於哈貝馬斯對於社會的理解以及系統與生活世界的區分。只有同時從系統與生活世界兩個方面來加以考慮，才能更為充分地回應這裏的問題。為此，我們需要特別審視國家理性與生活世界的關係問題。

四、生活世界與國家理性

1. 生活世界的約束

從本書中可以看到，國家在塑造社會的同時，也同時被社會所塑造。國家在很多時候並不能完全重塑社會，其原因既包括國家能力的不足、國家目標的相互衝突等，也來自於我們生活世界的韌性與民風民情

的延續性。[18] 也正因此，本書特別強調「國家性質的繁複性」這一概念。基於這樣的理念，本書強調，文化領導權的建設既要重視國家建設，更要充分注意生活世界的邏輯，在試圖去改造一種文化的時候尤其如此。

事實上，現有的中國研究不斷提醒我們，中共領導的中國革命的成功，在很大程度上依賴於其革命策略中對生活世界邏輯的體認與吸納。例如，陳耀煌在一篇綜述文章〈從中央到地方：三十年來西方中共農村革命史研究述評〉中指出，西方中國研究學界在擺脫集權主義模式以後，特別強調地方史，並指出「中共革命是一場地方革命」。這裏面有意義的地方在於強調，中共革命的成功在於各地的因地制宜，這種因地制宜強調了傳統與社會情境的嵌入性，「如同周錫瑞所言，中共從來就不是一部巨大整體的黨機械，所謂的『黨』，無論是哪一階層，『皆是一個歷史的產物，是文化的構築，是人群的集合』。儘管黨試圖擺脫社會的束縛，但事實上不可能，它必然受到所處社會的約束與影響，生長自農村而且在農村裏工作的地方幹部更是如此。」[19] 在這方面，劉永華就談到，閩南地區的革命動員中在很多方面都借鑒了地方傳統，例如報恩等概念，這一觀察與裴宜理對安源煤礦的研究發現是很一致的。[20]

一些當代文學研究的學者也得到類似的觀察，李娜從對《創業史》的再解讀中得出這樣的觀點：「從『心回腸轉』與『直杠子』的視角看《創

18 在這方面，本書的分析也可關聯到今日學界「超越集權主義」的學術動向。超越集權主義並不是為所謂的「集權主義國家」辯護，也並不是貶低這種形態的國家權力的強大，而毋寧是強調傳統、文化、生活世界的韌性、延續性，社會生活的複雜多元性，個體的能動性，這些在所謂的「集權主義國家」中依然是存在的，並推動著歷史的發展變遷。

19 陳耀煌：〈從中央到地方：三十年來西方中共農村革命史研究述評〉，《中央研究院近代史研究所集刊》總第 68 期，2010 年。

20 劉永華等：〈社會經濟史視野下的中國革命〉，《開放時代》2015 年第 2 期；裴宜理著，閻小駿譯：《安源：發掘中國革命之傳統》，香港：香港大學出版社，2014 年。

業史》所呈現的幹部、群眾與國家，提示著：國家對鄉村社會打造的結構和邏輯，除了生產力、生產方式等政治經濟因素，能不能很好地基於歷史中人的個性、情感和意識狀態，能不能很好地對接、涵容鄉村已有的倫理、文化資源來展開？如果對此有自覺，『心回腸轉』，並進行不斷的調整，這一打造的落地會更扎實；而『直杠子』的方式，則可能會壓迫社會現存的某些資源和可能性。」[21] 這實際指出，國家對鄉村的社會主義改造需要依賴的是「心回腸轉」的方式而不是「直杠子」的方式，「心回腸轉」的方式要求的恰恰是對鄉村社會的生活世界邏輯的體認與接納，反之則會帶來很多不良後果。

張煉紅基於對新中國戲改的深入細緻評析，就指出，「作為最精彩的戲膽或戲核，《梁祝》的喬裝傳奇，《白蛇傳》的仙凡之戀，是戲曲中最常見也最動人的兩個母題，改編再怎麼大動干戈都還保留其情節架構，這恰恰標示出戲改的限度所在。」[22] 這裏的母題與情節架構的持續，恰恰意味著傳統的情感與倫理的持續性，也恰恰是這些感召著普通民眾，並構成戲改的限度所在。

這些研究與本書的一些發現是一致的，如無論藝人抑或普通觀眾其實都保持著他們各自的慣習與趣味，而並未跟隨政治運動發生根本轉變，這些都在在揭示著生活世界之韌性與約束力。倘若不能正視這種邏輯，則必然遭遇抵制乃至挫敗，我們在大世界這一個案中能夠看到這一點，也能從更宏大的中共革命史中看到這一點。

---

21 李娜：〈「心回腸轉」與「直杠子」——《創業史》視域中的幹部、群眾與國家〉，《文藝理論與批評》2018 年第 3 期。

22 張煉紅：《歷煉精魂：新中國戲曲改造考論》，第 10 頁。

2. 對國家理性的反思

　　放置在「系統與生活世界」這樣一個框架下來審視，對生活世界邏輯的強調，就意味著我們需要意識到國家理性的限度。[23] 國家的任何理性規劃應該基於對生活世界邏輯的體認，而不能完全無視或者對抗生活世界的邏輯。這實際是回顧新中國初期的文化領導權建設所得到的一個基本教誨。在這方面，學界已積累了不少的理論思考。

　　誠如斯科特所指出的那樣，現代國家往往遵循一種社會工程的邏輯，強調一種系統化和條理化，這使得它對地方性和差異性的事物關注與保護不夠。[24] 雅各布斯在《美國大城市的生與死》對城市規劃問題的討論也同樣觸及這一問題。[25] 基於類似的關注，辛格曾對法國大革命作出這樣的評價：「舊的、未規劃的城市就好比以習慣常規為基礎發展起來的古代社會，最初的城市規劃者則好像法國革命者那樣熱心於把理性施之於現實。而第二代的規劃者們卻是地道的黑格爾主義者，他們接受過去的教訓而變得更明智了。他們準備在那個與其說是精心設計，不如說是實踐適應下的產物的現實世界中去發現合理性。我們從法國大革命中必須吸取的教訓是，為了建立一個真正的，以理性為基礎的國家，我們決不能對一切原有的基礎都加以摧毀，而試圖完全從零開始。我們必須尋找現實世界中存在的合理的東西，並讓這些合理因素得到充分發展。通過這種方法，我們就可以在社會已有的理性和優點基礎上進行建

---

23 需要指出的是，這裏強調的是對國家理性的反思而非否定。國家理性在現代社會不僅不可避免，而且有其正當性。我們反思烏托邦式的社會工程思維，但也無需走向另一種無政府主義的烏托邦。

24 詹姆斯·C·斯科特著，王曉毅譯：《國家的視角：那些試圖改善人類狀況的專案是如何失敗的》，北京：社會科學文獻出版社，2004年。

25 簡·雅各布斯著，金衡山譯：《美國大城市的死與生》，南京：譯林出版社，2006年。

設。」[26] 這意味著，一種真正的國家理性需要與民風民情進行調和，不要試圖把過去的歷史都清零。事實上，黑格爾對康德與啟蒙運動的反思，就包含著一種純粹理性的反思以及對民情重要性的強調，也指出需要在理性的普遍法則與本能的欲望之間進行調和。

這一理念也符合傳統中國的政治理想。《禮記‧王制第五》中提到：「凡居民材，必因天地寒暖燥濕。廣穀大川異制，民生其間者異俗，剛柔、輕重、遲速異奇，五位異和，器械異制，衣服異宜。修其教，不易其俗；齊其政，不易其宜。」這段話強調為政者需要充分注意到民風與民情之多樣化與差異性，故此，需要「修其教，不易其俗」。放在本書的視野來看，這實際強調的是國家理性的推進與民風民情之調和，把握這二者之平衡是為政之道一大關鍵，也是本書所探討之文化領導權建設需要充分注意的地方。

五、社會主義文化領導權如何可能？

1. 新文化與舊文化

社會主義中國致力於構建新文化，這一對新文化的追求並非社會主義中國所獨有。這是因為「求新意志」內在於現代性之中，對新文化的追求正是這一「求新意志」的體現之一，因而所有現代社會都會在不同程度上面對這一問題。

蘇聯就面臨著建設社會主義新文化的問題。在列寧時期，左翼內部實際分為兩派。一派是烏托邦主義者，他們強調需要對既有的文化與社會進行迅速和激烈的改變，其預設是，只有在廣大群眾通過廣泛的自

---

26 彼得‧辛格著，張訊譯：《黑格爾》，北京：中國社會科學出版社，1992 年，第 65-67 頁。

主性與速成的教育與文化計劃，獲得真正的無產階級革命意識之後，社會主義文化才能夠得到建造。他們支持「無產階級文化」的概念，強調要推行一般教育而非職業教育，要提高工農階級的知識水準。第二派奉行的是革命英雄主義的視野，這是在內戰時期形成的。在這一派看來，在革命之後，社會主義建設最緊急的需要並不是對於廣大群眾的思想重塑，而是大規模的經濟建設。他們比較強調軍事化管理。在 1917-1921 期間，列寧對二者都有一定的選取，但沒有結合。到 1921 年之後，列寧逐漸批判二者。列寧並沒有明確拒絕無產階級文化的概念，但他強調舊文化的重要性，同時看到需要在文化領域與資產階級鬥爭。在另一側，列寧一定程度上認可軍事化管理的重要性，但沒有如此激進，所以才有新經濟政策的推行。[27] 在文化觀方面，列寧在在著名的〈怎麼辦〉一文中說，「各國的歷史都證明：工人階級單靠自己本身的力量，只能形成工聯主義的意識，即必須結成工會，必須向政府爭取頒佈工人所必要的某些法律等等的信念。而社會主義學說則是有產階級的有教養的人及知識份子創造的哲學、歷史和經濟的理論中成長起來的。」[28] 這樣一種判斷使得列寧不會產生發展一種純粹的工人階級文化的想法。類似的，列寧在〈論無產階級文化〉中清楚地指出：馬克思主義這一革命無產階級的思想體系贏得了世界歷史性的意義，是因為它並沒有拋棄資產階級時代最寶貴的成就，相反地卻吸收和改造了兩千多年來人類思想和文化發展中一切有價值的東西。只有在這個基礎上，按照這個方向，在無產階級專政（這是無產階級反對一切剝削的最後的鬥爭）的實際經驗

---

27 McClelland, J. C. "Utopianism versus Revolutionary Heroism in Bolshevik Policy: The Proletarian Culture Debate." *Slavic Review*, Vol.39, No.3, Sep. 1980, pp. 403-425.

28 轉引自袁進、丁雲亮、王有富：《身份建構與物質生活：20 世紀 50 年代上海工人的社會文化生活》，第 7-8 頁。

的鼓舞下繼續進行工作，才能認為是發展真正無產階級的文化。由此可見，列寧在社會主義新文化的建設方面，也是重視歷史的傳承與傳統文化的延續，而並沒有採取一種激進的反傳統主義立場。

同樣的，雷蒙·威廉斯也指出，在工業革命的過程中，「由於工業革命所造成的斷層錯位，英國傳統的通俗文化如果不能說是已經被消滅，至少也已經是支離破碎，萎靡不振，遺存下來的以及在新的條件下新製作出來的，數量極少，範圍也很狹隘，這雖然值得尊重，但絕不能說是另一種可供選擇的文化。」[29] 在這種背景下，「資產階級文化是否是有用的術語，是非常值得懷疑的。各代人作為其傳統文化而接受下來的知識與作品往往不是、而且必然不是單單一個階級的產物。其他階級的成員顯然也有可能對共同的文化作出貢獻，而且這些貢獻可能不受支配階級的觀念和價值的影響，甚至是與支配階級的觀念和價值相對立的。」[30] 共同文化顯然無法化約為某一單一階級的創造，而是在歷史的長河中、在傳統文化的延續與斷裂中的不同階級的共同產物，因此在共同文化內部本身就包含著某種複雜性。基於這樣的邏輯，「人為地製造一個工人階級文化以對立於這個共同的傳統，純屬愚蠢之舉」。[31] 在其他著述中，雷蒙·威廉斯曾經將文化區別為主導文化、殘餘文化和新生文化三種形態。[32] 殘餘文化是源自於過往的文化，但同時也是當下文化的構成文化。從來沒有哪種特定的文化生產模式在現實中窮盡了文化生產

---

29 雷蒙·威廉斯著，高曉玲譯：《文化與社會：1780-1950》，長春：吉林出版集團有限責任公司，2011 年，第 332-334 頁。

30 雷蒙·威廉斯著，高曉玲譯：《文化與社會：1780-1950》，第 332-334 頁。

31 雷蒙·威廉斯著，高曉玲譯：《文化與社會：1780-1950》，第 332-334 頁。

32 Williams, R. *Marxism and Literature*. Oxford and New York: Oxford University Press, 1977, pp. 121-127.

的實踐，[33] 因此主導文化也不能窮盡所有的文化生活與實踐。而且主導文化如要有效實施，必須以不同的方式來吸納殘餘文化。另一方面，新生文化也在不斷出現，這種新生文化既可能是主導文化的一個新階段，也可能是不同於主導文化的異質文化乃至敵對文化。這意味著殘餘文化和新生文化都可在主導文化之外繼續發展。威廉斯的這些論述，無疑提醒我們需要注意社會主義文化與傳統文化之間的關聯，注意社會主義文化的歷史傳統與內部的多元性。

葛蘭西的思考中也有類似的觀點。如前所述，葛蘭西強調政黨需要去塑造人民的集體意志或者說「國家精神」。葛蘭西強調，作為新君主的政黨擔負著重塑文明的重擔，「這裏的兩個基本點之一是民族人民的集體意志的形成，其中現代君主既是民族人民意志的組織者，又是這一意志積極主動的表現；二是精神和道德改革，這兩點應當構成全書的骨架。」[34] 這意味著政黨必須塑造人民的意志，塑造民族人民的集體意志，為此它必須推進精神和道德改革，這些無疑都是通過文化領導權建設來推動的。但是，什麼構成這種民族人民的集體意志或者說這種「國家精神」呢？「我們感到自己同現在已經極為蒼老的人們聯繫在一起，他們代表了仍然活在我們中間的過去，我們需要瞭解並與之清算的過去，它是現在的要素之一，也是未來的前提之一。我們也感到自己同孩子們聯繫在一起，同即將誕生和成長的一代、以及我們要為之負責的一代聯繫在一起。」[35] 這種「國家精神」是具有充沛的歷史感的，對於歷史和傳統是帶著敬意的，並充分意識到傳統對於當下和未來的重要性。

---

33 另參見 Abercrombie, N., Hill, S., and Turner, B. S. *The Dominant Ideology Thesis*. London: Allen & Unwin, 1980。

34 葛蘭西著，曹雷雨等譯：《獄中札記》，第 173 頁。

35 葛蘭西著，曹雷雨等譯：《獄中札記》，第 173 頁。

所有這些思考都提醒我們，社會主義新文化雖然意味著轉變與創造，但新文化並不能建立在一片空無所有的文化廢墟之上，而始終需要面對舊文化或者說傳統的遺產與約束。正如張煉紅所指出的那樣，新中國戲改實際有某種選擇性，「它只改其所要改，彼此沒有衝突抑或暗通款曲之處不僅可以承接、吸納，甚至還會打磨得更精緻，更讓人喜聞樂見，從而更有效地啟發、引導和教育民眾。」[36] 如何融會新舊文化，這仍然是社會主義文化領導權建設必須面對的首要問題。

2. 陣地戰 vs 運動戰

與此相關，葛蘭西關於陣地戰和運動戰的區分與討論，對於我們思考社會主義文化領導權建設是很有裨益的。粗略而言，運動戰就是常規意義上的以暴力奪取政權的戰鬥，而陣地戰採取的是一種非暴力的方式進行長期複雜的鬥爭。運動戰敵我分明，運動戰的目標就是要將敵人逐一毀滅，進而壯大自己的力量，這是一種典型的零和博弈，這裏沒有所謂「雙贏」的局面。陣地戰則與此不同，陣地戰需要的是文化領導權的爭奪，但這種爭奪不是以一種零和博弈的方式來實現的，而是需要妥協與協商。運動戰在條件允許的情況下是可以速戰速決的，但陣地戰從來就無法一蹴而就，換言之，文化領導權不是一夜之間建立起來的，而需要不同的文化要素、意識形態要素不斷融合，而且需要不同群體的共同參與。文化領導權的爭奪需要採納的形式正是陣地戰。正如葛蘭西分析蘇聯革命那樣，蘇聯的革命策略不能適用於當時的意大利，因為蘇聯沒有發達的市民社會，而文化領導權的爭奪以及陣地戰的推進恰恰是在市民社會這個空間進行的。在這一點上，中國無疑是更接近蘇聯而非西

---

36 張煉紅：《歷煉精魂：新中國戲曲改造考論》，第 78 頁。

歐。也正因此，中國革命的成功以及政權的獲得主要是基於運動戰（當然這當中也包含了相當程度的陣地戰），但對於革命成果的鞏固，陣地戰就比運動戰要更適用。在革命成果的鞏固初期，必要的運動戰是需要的，所謂「不破不立」，但一直採取運動戰則是不適當的。

在這一視野下來反思新中國初期的文化領導權建設，則可以說，一個重大教訓就是沒有區分好運動戰和陣地戰，沒有意識到這兩種戰鬥的策略和形態是不一樣的。就新中國初期的文化領導權建設而言，往往採取的是陣地戰而非運動戰的模式。固然，對於一些舊文化中的糟粕與不良成分（如舊大世界演藝活動中的淫穢節目），採取果斷迅速的運動戰方式是非常必要的，但是，運動戰並不適用於處理所有的舊文化遺產。運動戰帶來一種比較強烈的「區分敵我」的意識，在新舊文化關係方面就表現為強烈的二元對立，試圖將舊文化一掃而盡，來鍛造純而又純的新文化。正如李澤厚所評論的，在文化思想領域，「這種軍事鬥爭的痕跡仍然是非常明顯的」。[37] 這就帶來了前文所說的零和式文化領導權，而最終招致社會主義文化領導權建設的挫折。如何避免這種「軍事鬥爭的痕跡」，如何避免這種陣地戰轉變為運動戰的模式，這是我們從

---

37 參見李澤厚：《中國現代思想史論》，北京：東方出版社，1987 年。裴宜理的安源研究，提出文化置換（cultural positioning）和文化操控（cultural patronage）這兩個概念。她認為，李立三早期在安源發動罷工，用的是「文化置換（cultural positioning）」的策略，也就是把人們熟悉的文化資源重新整合，摻入新的思想，來為共產黨的革命服務。他們在借鑒、甚至可以說是照搬蘇聯模式的同時，可以讓人民感覺，正在發生的一切完全是中國自己的事情。「文化操控（cultural patronage）」的策略，則是國家主動去操控文化，構建新的文化形象，並使之深入日常生活。如果借用這一組概念，那麼可以說新中國的文化領導權建設過程中逐漸丟棄了文化置換的策略，而過度採取文化操控的策略。更好的方式應該是在文化置換與文化操控之間有一平衡，而且文化操控也不僅僅是自上而下地強迫性的施壓，而是類似於涂爾幹和葛蘭西意義上的對於集體意識的提升和反思。裴宜理的這一組概念與本節所討論的內容是高度契合的。參見裴宜理著，閻小駿譯：《安源：發掘中國革命之傳統》。

這段歷史中需要學會的功課。

3. 什麼是人民性？

　　如果說社會主義新文化的標準是「人民性」，那麼究竟什麼是「人民性」？「人民性」的評判標準與評判者為誰？如何達致「人民性」的標準？顯然，在實踐中，並不是以普羅大眾的喜好作為「人民性」的尺度，而是預設了一個意識形態的立場（通常關聯到階級性、革命性和反抗性等），但又認為這一意識形態是體現了廣大人民的利益，並且為廣大人民所喜聞樂見的，因此，符合這一意識形態的立場也就是符合「人民性」的標準。但是，在這一意識形態立場與廣大人民的喜聞樂見之間仍有不少的縫隙需要彌合，正如張煉紅所說的那樣，這往往帶來「政治意識形態在征服態勢之下的峻急和權宜，與之相應的則是時代突變和轉折中的認同困境」。[38] 人民性、階級性與革命性，都不能脫離普通民眾的日常生活，張煉紅用了「魚水情」來描述這樣一種狀態，「水至清則無魚，民眾生活之流的曖昧混沌，恰恰給了『魚兒』無限生機；民眾生活體驗的豐富、深沉與厚重，也持續充實和加固著『革命』的社會基礎」，反之，就會「成了精神上失去故鄉、遠離生活、而僅靠政治意識形態的立場、標語、口號等召集起來的『人民』群像，因此難以成為一個基於更廣泛的身體感覺和更穩固的精神源泉的『人民』共同體。『人民』在高調的主體性建構中從具體變得抽象，由社會政治實體脫化為意識形態。」[39] 這一說法是頗為恰當而敏銳的反思。

38　張煉紅：《歷煉精魂：新中國戲曲改造考論》，第 79 頁。

39　張煉紅：《歷煉精魂：新中國戲曲改造考論》，第 380-388 頁。

如斯科特在《國家的視角》[40] 中所言，國家計劃的失敗往往在於對社會的簡單化理解。類似的，新中國成立初期的文藝觀是基於階級觀，但群眾並不是毫無個性、千人一面的群體，所謂的階級其實並非鐵板一塊的，而是由複雜多元的個體所構成的，因此，階級是對群眾的複雜性的一種簡化，而基於此之上的文藝觀就無以呈現與觀照日常生活的細膩與質感，從而遭遇實踐中的困境。

由此，我們需要銘記的是，人民也好，階級也罷，都不是一種抽象的實體，而是在歷史與文化的長河中，在具體的日常生活中不斷生成的。前文說的陣地戰與協商之所以必要也恰恰在於此，要將具體、複雜和多元的人民整合融貫，就必須有妥協與協商的內容。因此，脫離這種歷史、文化與日常生活的維度去討論「人民性」與「階級性」是不合適的。社會主義文藝觀需要將「人民」、「階級」這樣一些抽象的範疇與處於歷史流變中的活生生的廣袤生活世界建立起密切的關聯，才能成就社會主義新文化的偉大事業。這需要具有歷史感、時間感還有足夠的耐心。

4. 耐心

按照葛蘭西的說法，創造一種新文化，主要意味著以一種批判的方式去傳播已經發現的真理（在葛蘭西這裏，也就是馬克思主義），引導廣大人民群眾向這一真理靠近，以這種真理的方式來思考真實的當代世界。[41] 但是需要注意的是，「因為人民群眾在世界觀轉變方面比較緩

---

40 詹姆斯‧C‧斯科特著，王曉毅譯：《國家的視角：那些試圖改善人類狀況的專案是如何失敗的》。

41 葛蘭西著，曹雷雨等譯：《獄中札記》，第 368 頁。

慢，而且，人民群眾世界觀的轉變永遠也不會在以『純粹』形式接受新世界觀的意義上，而總是且僅僅是在把新世界觀當作一種或多或少異質的和稀奇古怪的結合的意義上去改變世界觀的 …… 。」[42]

在這個世界觀轉變的過程中，一個很重要的問題就是「高級文化」[43]與「人民大眾文化」之間的鬥爭問題，就是人民大眾如何與高級文化的政治立場重合和統一的問題，這是「保持整個社會聯合體的意識形態統一的難題」。對人民的重塑必須要面對這個難題，因為文化領導權要重塑的「人民」，「不是『一般』意義的人民，而是馬基雅維利通過前文的論證已經說服了的人民，他成了他們的自覺的喉舌」，而這有賴於人民的自我反思與自我批判。人民的政治立場與高級文化的知識立場的重合和統一，不是「先天的」，也不是即刻的，更不是一勞永逸的；它是必須通過不斷的自我批判來維繫的，需要「耐心的工作」。正如有學者所指出的那樣，「實踐的哲學[44]作為整個這場知識和道德改革運動的頂點，使人民大眾文化和高級文化之間的對比成為辯證的關係 ……它仍然在經歷它的人民大眾水準的階段：創造一個獨立的知識份子集團並非易事；這需要一個漫長的過程，包括作用和反作用、趨合和分流，以及非常繁多而複雜的新形態的成長。」在這場文化領導權的爭奪當中，人民大眾需要面對舊階級的高級文化，「舊階級固然可以在這裏調集它的一切『資源』，但新階級卻要把這些全部（『全部文化的過去』）轉化為它自己的武器和財富，而這是一場全力以赴的、艱苦的戰役，它需要具備非同尋常的耐心和創造力。」[45]

42　葛蘭西著，曹雷雨等譯：《獄中札記》，第 390-391 頁。

43　「高級文化」大體可理解為基於馬克思主義的文化與觀念型態。

44　筆者註：即馬克思主義。

45　陳越：〈領導權與「高級文化」——再讀葛蘭西〉，《文藝理論與批評》2009 年第 5 期。

葛蘭西這裏所講的「高級文化」與「人民大眾文化」之間的鬥爭問題，落實到新中國初期的文化領導權計劃中，就是教化與娛樂之間的張力問題。以大世界為例，新政權希望將其塑造成一個「高尚的人民樂園」，這意味著這樣一個組織和空間，在政治屬性上是屬於人民的，它既是高尚的，又是為人民所樂的。換言之，它試圖將一種高尚與歡樂的品質結合起來，這實際就是寓教於樂，但問題在於，如我們在大世界的個案中所看到的，教化與娛樂二者之間往往是衝突的，如何調和這二者始終是一個巨大的挑戰。[46] 如葛蘭西在前面論述中所反覆強調的，這一過程是緩慢的、複雜的和漫長的，需要足夠的耐心與創造力。

　　對此，中共高層內部並非沒有體認。周揚在 1961 年 6 月份〈在文藝工作座談會上的講話〉中就說，「文化事業的發展要顧及到經濟發展的速度，還要看到，在社會主義經濟建設的基礎上建設社會主義文化，不能急躁，不能追求數量、急於求成。…… 為什麼列寧說『在文化問題上，急躁冒進是最有害的』？ …… 如毛主席所說，文化工作是『改造群眾思想』的工作。列寧也說過，摧毀舊政權和經濟結構的任務，只要幾個月就可以解決，因為對於舊的官僚機器、軍隊，用的是摧毀的辦法，沒有什麼繼承，而文化方面的任務是要改變人的舊思想就意識，思想是不能摧毀的，需要花上十年八年的時間。從我國經驗來看，解放以來年年搞思想改造，直到現在，舊思想舊意識還存在著，並且將長期存在。」[47] 不過，這種對文化建設的現實態度，很快就被「一萬年太久，只爭朝夕」的急切感所吞沒。

　　概而言之，新中國儘管經歷了政治與經濟等各領域的天翻地覆的

---

46 *Mao's Cultural Army* 等專著，也呈現了教育與娛樂，以及控制與自主之間的張力。參見：DeMare, B. J. *Mao's Cultural Army*. Cambridge University Press, 2015。

47 周揚：《周揚文集》（第三卷），第 339-340 頁。

變化，文化領域的變遷也同樣顯著，但文化上的延續性、內在的多元性、複雜性以及民眾文化變遷的緩慢性也是不得不重視的歷史事實。[48] 如高崢、洪長泰等學者所指出的，在新中國初期，農民文化與城市文化、新舊知識份子群體、精英文化與群眾文化之間都存在著張力與不和諧之處，因此文化整合無法一蹴而就。[49] 總之，這樣一個融合了新舊文化的社會主義新文化仍然是有待推進的事物，這需要對舊文化與傳統的尊重與重視、良好的協商意願、歷史感以及足夠的耐心與創造力。這既是葛蘭西等人給予我們的教誨，也是我們從新中國初期上海的社會主義大眾文化改造中能夠獲得的啟示。

六、一些有待推進的議題

儘管本書已略有些冗長，但仍有一些議題值得做進一步推進。

從系統與生活世界的角度來說，本書實際觸及作為系統的一部分之國家如何塑造了作為生活世界的一部分之民眾文化，但本書沒有觸及的另一個問題是，文化的內涵究竟是什麼，文化究竟經歷了怎樣的變遷，文化又如何塑造國家。在這方面，諸如張煉紅的《歷煉精魂》這樣的作品提供了不少洞察，而且與本書的論點有不少共鳴。其次，本書重點反思了文化領導權的挫折之原因，但正如前文所述，新中國的文化領導權建設既有失敗也有成功之處。那麼，其成功之處的原因又何在，我

---

48 現有的鄉村研究表明，一些宗族的文化觀念和深層結構在五六十年代並沒有被摧毀，相關研究可參考：曹錦清、張樂天等：《當代浙北鄉村的社會文化變遷》，上海：上海遠東出版社，2001年；王朔柏、陳意新：〈從血緣群到公民化：共和國時代安徽農村宗族變遷研究〉，《中國社會科學》2004年第1期。

49 洪長泰：《新文化史與中國政治》；高崢：〈五十年代杭州的城市革命和文化磨合〉，載於姜進、李德英主編：《近代中國城市與大眾文化》，北京：新星出版社，2008年。

們能從系統與生活世界的關係這一視角提供怎樣的回應？

再次，放在歷史的視野下來看，新中國在推進文化領導權方面與傳統中國有何延續性與差異性？在改革開放之後，國家如何面對全球化與民族國家之間的張力，國家策略發生了怎樣的變化，群眾路線是否仍然是一重要的運作方式，國家的文化治理體系有何新的變化？例如，晚近提出的公共文化服務體系的建立，這與過去的群眾文化機構之間有什麼區別？在改革開放之後，市場機制與國家機制之間的互動是怎樣的，國家能力以及國家的文化政策的變化是怎樣的，又帶來怎樣的反饋效應？從一更具歷史性的視野來看，從「庶民文化」到「大眾文化」到「群眾文化」再到「大眾文化」的重生以及「公共文化」的出現，在這些語義的轉換背後，究竟反映出怎樣的國家與文化關係的變遷？

對這些問題的回應，將有助於我們去思考這樣一些問題：傳統中國實際是一道德國家，扮演道德教化者的角色，現代中國是否依然扮演著道德國家的角色，又是如何扮演的？換言之，當現代國家與現代大眾社會興起之後，該如何教化，教化的內容為何，教化是否依然可能？在這些問題的背後，其實是一個更基本的問題，也是馬克思和毛澤東都曾觸及過的，即人性是否可塑造，人性又該如何塑造？對於這些問題的持續追問與回應，無論過往、當下抑或未來，其意義是不言自明的。

附錄

一、大世界日誌 [1]（1949-1966）

1949 年

5.27　25 日下午，法商電車公司和英商電車公司等萬多人職工組成人民保安隊和宣傳隊，交通大學等各大學在校學生中午出現街頭，貼標語，掛漫畫，扭秧歌，向解放軍獻花。美專畫了一張屋一樣高的毛主席巨像，送到大世界門前張掛起來。（人民）[2]

6.24　大世界演出時間從中午十二點到晚上十點，內容有大京班，維揚戲，紹興戲，申曲，滑稽戲，技術表演，灘簧和話劇等，正規演出每天大概二三場，空隙時間插入小戲、魔術、獨腳戲、相聲，彈子房生意不佳，乒乓球比較熱鬧；二樓是濟公壇，設施與普通廟宇類似，除濟公外，還有不少其他菩薩；管理者說已經在推動改革，擬先向話劇雜耍等灌入新內容。

7.26　上海遭遇風災水災，大世界部分作為災民臨時集中救濟機構。

9.3　楊傑等人在大世界高峰舞廳與舞女沈燕華發生糾紛。

9.7　大世界藝職工聯誼會提出，將大世界改為勞動人民工作之餘的遊憩樂園，擬擴充場子，排演新的戲劇，添置運動器械，及其他有益

1　本日誌是基於《新民晚報》、《文匯報》、《人民日報》、《上海文化娛樂場所誌》整理，其中所列時間是報導時間，但基本與事件發生時間一致或前後相隔數天。在用語表達上一仍其舊，以符合時代特徵。其中少量記事與大世界無直接關聯，但與本書相關，故亦添上。

2　括弧中的文字是說明該資訊的出處，如此處的資訊是源自《人民日報》1949 年 5 月 27 日的報導，筆者用「人民」指代《人民日報》，「文匯」指代《文匯報》，「娛樂」指代《上海文化娛樂場所誌》。凡未指明出處的，則皆來自《新民晚報》。

身心的娛樂器具。

9.8 文藝處遊藝界座談會批評費利濱及天聲滑稽方言劇團低級趣味。

9.28 街頭藝人在大世界座談。

11.2 大世界唱出東方紅。

11.25 大世界職工進行大掃除，經理丁永昌也參加。工會負責人董正之稱，在工會領導下，前後臺已無芥蒂。黃金榮表示，寧願苦一點，只要大家好好幹，其公館二十多人每日菜金減低到一萬八千元，其本人除每日到逍遙池洗澡，乘一次汽車外，其餘一律不用。

12.14 門票漲至八百元，每天只售四千張，劇藝人員減低包銀。

12.18 四樓牡丹歌舞團，每夜加演腰鼓、打蓮湘和秧歌等節目。

12.19 大世界舉行地方戲曲曲藝春節競賽會，各遊藝劇團開始編寫新劇本。

12.21 大世界發生勞資糾紛，包銀掛紅問題，僵持一月未解決。

12.26 大世界劇藝工作者四百餘人迎新元旦晚會。

12.26 大世界發生勞資糾紛，通過此糾紛，大世界得到初步改造。據稱，此前大世界門票是每張五百，11 月 26-28 日漲到六百，28日以後漲到八百，但包銀還是按五百給。文藝處知道後，説人民政府是公平的，要幫助勞動階級，不要消極辭職，應該積極地團結起來。員工遂團結起來，推舉代表，協商十天，取得勝利：資方允許包銀按八百元比例算，談判期中兩天以伍佰元給予；包銀以後按照票價的比例增加，不拖欠。春節前先借十天包銀，春節以後一律先付後做。(文匯)

1950 年

1.6 大世界佩芳滬劇團上演《白毛女》。

1.10 門票漲到一千元，各劇團包銀二成半。

1.13 大世界七百餘人，一致擁護購買公債，丁永昌等向先施、大新、福安三大遊樂場挑戰。

1.15 成立藝職工學習班。

1.15 遊藝場取締女招待泡茶侍座，仍擔任泡茶工作，但泡茶停當後須回歸原座。

1.21 大世界各樓 27 班劇團，推選通俗話劇改進會幹事張逸公為劇藝工作者總代表，向經理丁永昌提出要求年獎一月。

1.26 資方只允許十天年獎，劇團堅持要求一個月年獎。

1.30 資方承諾年獎一月，再度認購人民勝利折實公債。

2.5 大世界定 2 月 6 日門票由一千二百元上漲到一千五百元。

2.14 大世界拆除看板，但認為內部有剪影藝術，值得留下。

2.16 大世界、大新門票漲至二千元，先施為一千八百元，福安為一千五百元。

2.17 舉行春節戲曲競賽。

3.2 影劇工會遊樂場分會大世界支會，正式在大世界辦公。

3.16 大世界職工分會組織的文工團，在乾坤大劇場表演「秧歌」、「腰鼓」、「大合唱」等節目。

4.3 糾察組組員三十餘人今晨小組會，決定負起維持各樓秩序，驅逐妓女和整飭紀律三項任務。

5.2 門票大跌，日售五千餘張，傳前後臺職工與資方商討減低工資。

5.3 昨日報導所謂降低工資之言，實際是資方的意思。

5.20 嵩山區南京工專及常州等中學，下午一時在大世界高峰舞廳用播音機向市民宣傳夏令防疫及慶祝舟山解放，該區各小學學生一萬人，下午二時為此舉行大遊行。

5.21 大世界勞資糾紛，資方拖欠勞方包銀，夜場開鑼誤時一小時，勞方派代表往大世界老闆黃金榮向黃解釋，資方代表鄒政之等約請勞方代表、勞動局文藝處到黃金榮家商討。

5.23 勞資糾紛討論有進展，但未解決。

5.31 明日大世界改少年兒童宮一天，底層設團結廳、科學院、大家庭，二樓為民主館、互助院，三樓為康樂園、幸福宮，四樓為快樂宮、勞動院、支援園。

6.2 個別警員有往遊藝場看白戲的現象。

6.29 大世界勞資糾紛解決，資方拖欠付清，7.1 起劇藝工作者包銀九折，職工為六折。

7.4 在中央露天臺，週六日夜舉行拳擊比賽，房笑吾 **3** 等擔任評判員。

7.14 大世界粉刷大門，門框紅漆，門頂白色，其餘仍舊，遠望如漂亮女郎，僅塗口紅，其餘則積垢甚厚。

7.20 屋頂花園將開放，今晚有「東方韋斯摩勒」大力士表演鬥牛。

8.4 大世界後邊中法學堂兩旁馬路，為街頭藝人大本營，百戲雜陳；近來大世界入晚有紅綠電珠數大長串，圍繞屋頂，據說此盛況數年未見。

8.7 大世界增設屋頂露天夜書場。

8.13 大世界拆賬糾紛，前臺堅持對拆，劇藝工作者堅持四六拆。

8.28 25 班雜耍遊藝的後臺劇藝工作者，討論改編制度，取消劇團領導，民主選舉團長。

9.6 天氣轉涼，屋頂書場降至底層。

9.8 八月份門票售 27 萬張，為解放後最高。

---

3 筆者註：為著名滑稽演員。

9.10 明日開始戲曲研究班，學習一周，學習編導、演員、音樂、裝置等專題，地點在大新遊樂場。

9.18 大世界生意興隆，日售門票過萬張。

9.27 大世界四樓牡丹歌舞團擯棄黃色歌曲，排演《兄妹開荒》、《工農的力量》、《工人生產腰鼓》等解放歌舞劇。

10.11 德本善堂 [4] 在大世界舉行劇藝會串，門票五千。

10.28 大世界門票銷售一萬張以上，先施五六千，大新四千，福安二千。

11.2 新聲社京津滑稽劇團編寫的《生產紡棉花》、《男耕女織》二新創作劇本在大世界共和廳上演。

11.24 大世界滑稽演員費利濱，假戲真做，毆打馮笑樂。

12.4 大世界掛八盞燈，燈上寫有「抗美援朝」「衛國保家」等字樣，比往年的「娛樂勝地」「溫暖如春」更佳。

12.7 大世界老協大祥職工，以巨幅長條紅布上面寫著「慶祝朝鮮人民軍和中國人民志願部隊光復平壤」，懸掛門前。

1951 年

1.6 元旦大世界售出三萬張票，先施一萬八千張，大新一萬六千張。對前後臺職工，特發雙薪一天。年終獎金，仍在協商中。

1.30 群眾建議，遊樂場要取締公共毛巾，消滅疾病媒介。要搞好衛生宣傳工作，在牆壁上張貼衛生畫片，走廊上應該佈置衛生標語。

2.2 正月初四舉行擁軍優屬活動。

2.5 大世界進口處之活動霓虹燈彩「招財進寶」已於前天改換為

4　筆者註：為一針對藝人的慈善機構。

和平女神，另有一群白鴿次第作飛入天安門狀。

2.9　文藝界在大世界聯合演出招待解放軍。

2.12　市政府交響樂團到大世界參加演出，聯合招待戰士。

2.17　上海市人民政府公安局發佈〈管理公共娛樂場所暫行規則〉。

2.27　大世界斜對面看板下一容身小門，有一相士賣卜。

3.9　本市幾家遊樂場的電影放映機都很陳舊，聲音不清晰，光線模糊。

4.7　大世界九百職工從 6 日晚上 11 點到早上 9 點，舉行大掃除，清除垃圾三十餘噸。總經理黃金榮也參加，此次比 1949 年的大掃除更徹底，高處建築用消防龍頭沖洗，共和廳小花石地板洗得潔白可鑒。大世界用清潔運動向各娛樂場挑戰。

4.11　先施、大新相繼大掃除。

5.20　在大世界三樓演出的大聲通俗話劇社，上演配合鎮反運動的《血債血來還》等反特劇。

5.23　四大遊樂場從 5.25 開始，各劇團一律上演反特新戲，為期一周，演出劇本由各地方戲劇改進協會供給或劇團自編。

8.8　觀眾批評大世界電影場空氣不流通，影片陳舊。

8.23　文藝工會評彈工作委員會在大世界成立。

10.20　遊藝場藝人學習班定於大世界正式上課，為期一個半月。

10.22　文藝工會大世界遊樂場委員會成立，拆除濟公堂，改作供遊客休憩的閱覽室。

11.17　大世界四樓擺設多年的文中子談相，改作為遊客稱體重。

11.24　遊樂場演員自參加遊樂場藝人學習班後，思想認識提高，決定將含有迷信黃色趣味和醜化勞動人民的戲劇等自本月二十日開始不再演唱。（文匯）

11.26　大世界遊樂場營業額激增，每日一萬四千多張，為維持秩

序，增強糾察人員數目。

11.27 大京班昨日上午在大世界中央劇場燒毀了後臺供奉了三十多年的祖師爺神位，和其他的許多大仙的神位——並把神位前的供器出售，得款五十萬，全部捐獻了飛機大炮。(文匯)

11.30 最近大世界和大新遊樂場都把神像當眾燒毀，但金都戲院演唱的合作越劇團，最近因為菩薩失蹤，竟由團長批准，花費了五十萬元人民幣，另外向外面請了菩薩進來。(文匯)

11.30 大新遊樂場受大世界影響，國風、紅星、好友等藝人們也自動把供在後臺十六年的木偶燒毀了。(文匯)

12.3 大世界遊藝長廊過去的西洋鏡攤頭，以前專以黃色片子招攬，現在改為配合抗美援朝運動的有教育意義的畫片。

12.6 對 11.29 日某觀眾批評大世界楊菊俠劇團用各地方言做猥褻表演，進行自我批評。

12.16 大世界遊樂場基層委員會，定於明日起開辦婚姻法學習班。全體女同志都自動報名參加，共舞臺工會女工科，連日正進一步宣傳婚姻法。(文匯)

12.20 據稱，單是 1951 年內演出的劇目中，從內容到形式，便有大半數以上，犯了宣揚封建奴隸道德、侮辱勞動人民和散布殖民地半殖民地思想的錯誤。藝人表示參加學習班之後，有很大進步。哈哈鏡上面，過去是塗著代表封建迷信的南天門壁畫，現在換成世界各國人民的領袖像。售票間上面的財神府，從前是經理常來給它燒香磕頭的，現在，也被前臺的職工把它改裝為「六一」三大號召的標語牌。(文匯)

1952 年

2.1 大世界將全部門面及各樓場子翻新，增加座位，牆壁門窗重

新粉刷油漆，並將各式廣告招貼全部洗刷乾淨，換上蘇聯及各人民民主國家的建設情形等圖片和各種新年畫。

2.14 文獻紀錄片《抗美援朝》第一部，已於本月九日開始在各大遊藝場如大世界、先施樂園和大新遊樂場開映。

3.12 文藝工會大世界委員會，從 3.1 日開始展開有計劃有組織的打虎運動，一方面展開三反檔案學習，一方面正搜集資料，發動檢舉。（文匯）

3.16 大世界遊藝場各個演出場所都配合了運動的宣傳任務，蓳風劇團首先在 2.21 上演了《迎春曲》，常錫劇的民藝劇團也上演了《鬥爭到底》，到 3 月 9 日大世界各遊藝場已普遍上演了配合五反宣傳的戲曲。電影場在放映前半小時放映宣傳三反五反的畫片，並加以說明。（文匯）

7.6 6.19 大世界進行了清潔大掃除。

1953 年

1.2 元旦售出三萬五千五百二十七張票。

2.13 大世界在愛國衛生運動突擊月中進行大掃除。

2.18 大世界等三大遊樂場，遊客比往年都多。

2.18 為維持公共場所治安，應限制遊樂場所的售票數量，取締增設座位。

4.17 三月份起各個劇場普遍上演反對封建包辦婚姻的戲曲。

7.26 大世界在跑冰場的露天場子添加了青年飛車團、藝風歌舞團、朱雲俠的魔術和張國梁的雜技；五層添加了四檔評彈。每週三、六、日晚上七點半開始象棋比賽。

10.9 大世界愛國衛生委員會設置「衛生陳列館」，9 月 10 日開放，仿效蘇聯公共娛樂場所的衛生一角而設立的。

12.15 大世界愛國衛生陳列館更換展出內容：第一室為傳染病，第二室為婦幼衛生，第三室為一般衛生、生理衛生、營養及消滅過冬蚊蠅。

1954 年

1.27 各劇團確定春節劇目，多半仍為傳統劇目。

2.6 大世界春節售票，每天為平均二萬八千人。

2.19 上海制定「上海市私營劇場、遊樂場及書場管理暫行辦法」。從 2.19 日開始，辦理登記手續，文化局按照建築設備和內部制度等情況，分別發給登記證或臨時登記證。

2.20 戲曲工作者有組織地創作了一批推銷公債的說唱材料。

7.2 大世界被正式接管。（娛樂）

7.31 人民滬劇團和人民雜技團 8 月 1 日開始到大世界演出。

12.31 人民評彈團團員姚聲江在大世界新書場開講短篇評話《黃繼光》。

1955 年

1.17 54.10 月-11 月大世界進行了民改，場內風氣改善。

3.13 春節起增加紅星木偶京劇團，新品種是木偶戲。此前是由上海市街藝改進協會所領導，一向在街頭演出，54.2 開始在各區工人俱樂部巡迴演出，54.10 到北京參加全國木偶戲會演。

4.16 五一國際勞動節，各劇種積極排練新戲，有滬劇《兩姊妹》、《賣紅菱》以及維揚劇《不能走那條路》等。從五一起，大世界演出戲曲節目還增加北方曲藝，有河南墜子、大鼓等。新戲排練方面，專門約請了四位戲曲導演來對各劇團做重點的輔導，並結合排練對演員

進行了表演的基本知識的講解。

4.26 從五一開始改名為上海人民遊樂場，大門外的門面已經粉飾一新，進口處並將裝置大型的走馬燈，同時為「哈哈鏡」配置說明詞；在遊樂場的五樓屋頂，新近種植了許多花草樹木，已經變成美麗的屋頂花園。

5.2 文娛室調進了電動的火車模型。

7.1 五樓屋頂開闢了露天書場、北方曲藝場和象棋比賽場，並在露天演出場增設了噴水池，池中養了金魚。

7.9 人民遊樂場的京劇場和中央場，從 7.15 開始，由上海京劇院參加演出一個月，主要演員有童芷苓等。7.17 開始紅旗歌舞團演出兩周，隨後如上海人民雜技團將輪流在該場演出。

7.16 由於國家劇團的參加，售票增加很多。夏天以來，平日每天賣七八千張門票，此後開始一下子增加到一萬六千多張，下午三四點鐘就有八千多人進遊樂場。

8.6 人民雜技團聯合鷹球技術團和潘家童子團在中央場演出。

11.20 底層只有兩個場子，一個是京劇場，由天蟾實驗京劇團，一個是電影場，上演蘇聯神話故事片。中央場因天冷停止演出，但重新修建過後，變得非常牢固。底層的滑稽京戲的場子取消，改為兒童遊戲室。二樓三個場子，分別是揚劇場、評彈場和滬劇場。揚劇場演出的是梁紅玉，評彈場大部分是上海市人民評彈團來演出，滬劇場演出了配合當前政治鬥爭的戲曲。三樓除了一個觀眾休息室外，便是歌舞雜技場和越劇場。歌舞雜技場從底層中央台移上來的。三樓演出的是精華越劇團。四樓是越劇場、木偶戲和常錫戲劇場、甬劇場。四樓演出的是永樂越劇團。

12.12 明年元旦將共舞臺併入，第一期是芳華越劇團來演出，劇目是《西廂記》，演員有尹桂芳、徐天紅等。

12.21　上海市文化局出臺〈上海市民間職業劇團管理辦法〉，12.19 是劇團申請登記第一天。

1956 年

1.23　被批准為國營的 69 個劇團，以及被批准為民辦公助的 26 個劇團，還有本市 10 個國營劇團，一同在上海人民遊樂場舉行了大聯歡，慶祝上海進入社會主義社會。

1.24　1 月 20 日批准的公私合營的上海市影院、劇場、書場和遊樂場，在 23 日下午成立了公私合營工作委員會。

2.26　公共遊樂場所都佈置了除四害的畫廊。

3.26　一號場（共舞臺）先後邀請芳華越劇團、人民淮劇團演出，4 月份由春光越劇團前來演出；人民雜技團將在人民遊樂場較長期演出，在 9 號和 12 號場演出，每日兩場。

4.27　從五一開始，共舞臺由上海樂團和紅旗舞蹈團聯合舉行音樂舞蹈表演會，門票除外，一號場票價分別為一角五分、一角和五分三種，對號入座。

4.27　聘請了 7 位人民檢察通訊員，都是人民遊樂場職工中的積極份子，他們協助檢察機關向一切反革命份子和違法犯罪份子進行鬥爭。

4.27　在大新和先施樂園演出的兩出戲都有吃大餅的表演，內容和形象都是極其庸俗的。

6.25　瀋陽蔡少武將在 7 月於上海人民遊樂場演出，共舞臺從 7 月 1 日開始，由合作越劇團演出一個月，戚雅仙主演，每晚 7 點半開始，逢三、六、日加演日場。

6.28　長寧路一六零零弄強沈巷有塊空地，從 3 月份開始，經常有街頭藝人來輪流演唱，居民們都稱它為露天遊樂場。江淮戲、雜技和大

京班，不論白天或黑夜，鑼鼓敲得震天響，影響休息和工作。

9.10　國務院派來上海的衛生檢查組進行全市檢查工作，上海人民遊樂場衛生情況一般良好，只是二樓平臺的飲食攤衛生情況較差。

9.17　某觀眾稱，下午五點去大世界遊樂場，二三四樓都空空如也，只有三樓觀眾休息室較熱鬧，有的下棋，有的看畫報，但室小人多。黃昏的節目僅僅有雜技團六點一刻上場，其他最早也要六點三刻開始。與過去中間插節目不同，現在人民遊樂場像演戲劇一樣，二點半和七點半兩場，使遊樂場的黃昏單調空虛。

10.18　觀眾批評：9 月 14 日到大世界遊玩，小飯館的顧客亂吵亂擠，嚴重不衛生。十幾張擺滿菜飯的桌子，安放在露天，一邊吃，一邊撿從大風裏送來的新東西，天上還下小雨。四樓演出越劇，劇場裏三三兩兩的人，夾著孩子哭、母親罵的聲音，《鳳還巢》的唱詞全部被掩蓋。

11.15　上海 7 月份召開劇目工作會議，豐富與擴大了上演劇目。很多很久沒上演的傳統劇目，各劇團都加以挖掘整理與演出。各劇種挖掘出了三千多個劇目。但在豐富擴大上演劇目的同時，也產生了一種偏差，有些劇團由於對中央文化部召開劇目工作會議的精神，認識模糊，以致發生對過去中央文化部公佈停演的劇目，未經文化部命令准予上演，擅自公演。

12.6　最近一個時期上海報紙的劇場的戲目廣告，彷彿倒退到一二十年前的情境。打著傳統劇目的幌子，上演庸俗黃色無聊和內容荒誕的戲。上海戲曲界某些劇團爭演這些黃色戲，不久前，一些小型劇場裏還上演了《黑蛇傳》等壞戲，有些劇團甚至公開演出《殺子報》等明令禁止的戲。（文匯）

1957 年

1.17　1 月 31 日共舞臺仍恢復獨立，由新華京劇團演出連臺本戲《封神榜》，運用機關佈景，由李瑞來擔任編導，主要演員為王少樓、李瑞來等。

1.17　蔡少武在人民遊樂場演出 6 個月，觀眾達七十多萬人，春節期間遷往仙樂書場附近演出。

1.29　徐家匯一一二路有軌電車到底，肇家浜西首一大塊空地，有街頭藝人演出。說鼓書的，賣拳頭的，唱小熱昏的 …… 不止徐家匯，八仙橋桃源路後面，有個說山東大鼓的很有名，還有個瞎子唱新聞，略具規模的四個是提線木偶劇團。

5.26　在中共上海市委召開的宣傳會議上，不少人揭發文化局及所屬單位官僚主義、主觀主義、宗派主義，尤其是文化局領導上的嚴重的官僚主義。徐平羽同意石西民同志看法，文化局未按照文藝團體的特殊性質來領導，大部分採用行政辦法。不少單位，年年國家補貼，不符合少花錢多辦事的勤儉建國的方針，而且造成了藝術上的衰退，削弱了對藝術生產的刺激。老國營劇團應考慮改變現狀，從全民所有制改為集體所有制。制度問題上，每個單位有它的傳統制度，許多傳統制度有合理的方面，要予以一定的恢復補充。在劇團分區管理的問題，除建議把國營改為民營，劇團自己管自己，打算對所有劇團，實行統一領導，分區管理。（文匯）

6.1　此前遊樂場劇團，除除夕兩天封箱外，每天日夜兩場，全年726 場，常年得不到休息。為此決定三個遊樂場每週輪流休息一個下午：人民遊樂場每週五，大新每週一，先施每週二，自 6.14 開始執行。

6.8　16 個中小型劇團和演出單位，5 月初在《解放日報》召開的座談會上，提出遊樂場管理的問題。實行了每週輪休一個下午，夏季安

裝風扇,將七十具電風扇集中起來,分裝到各劇團供後臺使用。至於冷天的保暖問題,決定出外購置火爐,供劇團取暖。在二樓揚劇場、三樓歌舞雜技場和四樓越劇場,過去後臺沒有廁所,現在決定後臺修廁所。

6.9 上海文藝團體改進制度,上海越劇院和上海人民淮劇團都已取消了使演員過於疲勞的上班制度,每天上午只要沒有排演和學習等重要活動,都可以不來上班報到。財務制度方面,決定改變過去管得過死和包下來的做法,對能夠自給自足的老國營劇團,一切收支由本單位自行處理;對暫時不能自給自足的單位,定期定額補助和自行安排調劑。在劇場方面,改善劇團多和劇場少的矛盾。(文匯)

10.18 7 月 1 日,調整藝人收入,第一次工資調整是在 1956 年 5 月 1 日,此次調整可增加 45.84% 的包銀。過去攤販雜亂無章,現在將三樓辟出一大塊地方作為飲食部,攤販進行了合併,變成一個飲食商店和一個合作食堂,底層還有一個水果商店和一個雜貨商店。

12.11 人民遊樂場同意七個人輪換鍛煉下鄉,佔科室總人數的25%。

12.30 元旦起人民遊樂場紅星木偶劇團下鄉演出《火焰山》、《孫悟空》等二十個節目。

1958 年

1.12 人民遊樂場進行檢修內部和改變外貌的工程,這是四十年來規模最大的一次。

1.26 春節起恢復大世界名字。新的「大世界」三個字,是鐵皮制的,三個長方形的字,每字長約十尺,銀色的字周圍,將裝上金黃色的霓虹燈,光度極強,入夜放起光來,可照達遙遠的馬路對角。此外,高聳入雲的門樓廳上安上較小的「大世界」三個字,也要安上紅色的霓虹

燈，老遠都可以看得見。

2.14 市人民代表讚揚大世界乾淨衛生。

2.17 十七家劇場遊樂場和書場 16 日舉行誓師大會，提出爭取七好和十二項奮鬥目標。七好包括完成計劃好，劇場劇團關係好，服務態度好，演出貿易量好，愛國衛生好。十二項奮鬥目標包括貫徹百家爭鳴百花齊放方針，支持香花（好戲），反對毒草（壞戲），擴大宣傳，爭取 1958 年觀眾達到一千萬人次；厲行節約，反對浪費；加強對工農觀眾服務，將聯合在郊區設立售票站等。

2.21 梅蘭芳和荀慧生等到昌平為農民演出，18 日大世界藝人組成的演出隊到同心農業合作社演出。

3.3 演出紅色風暴的友誼揚劇團，整風運動進入雙反高潮，全團 59 人已經寫了一萬五千三百六十張大字報。他們寫了一張要切實做到的保證書，送到有關當局，並準備向各兄弟劇團挑戰。

3.3 各個文娛場所改變售票辦法。大世界為消除中午十二點到二點觀眾排隊買票擁擠的情況，從 18 日起每天上午七點到大境路燈菜場售票。售票時間提早到上午十點開始。晚上九點延長到九點半結束。

4.5 從本月開始，每逢星期日加演早場，時間是上午九點到十一點，早場門票每張一角。

4.13 在全市綠化運動，大世界遊樂場栽種花木三千棵，大世界門口百花齊放直幅旁，放著兩棵高高的松柏，中央場等各地都栽種了新的數目和花草。

4.22 大世界各個場地粉刷牆壁和柱子。

6.3 在宣傳總路線的高潮期間，大世界將披上節日的盛裝，在大門口「大世界」三字的匾額下，將張掛超大幅紅色標語，裝著哈哈鏡的走廊上，在宮燈的周圍綴上彩色電燈和各種有關社會主義建設總路線的標語和口號；中央舞臺京劇場和各個演出場的舞臺上，都將張掛紅布橫

幅或對聯，露天的牆壁上將做上油漆的大字標語。在共舞臺的屋頂，也將裝置燈彩和標語。從 6.4 開始，大世界遊樂場裏將放送鼓舞人們積極參加社會主義建設的歌曲唱片，以後還預備放映宣傳總路線的幻燈片。

6.22 大世界底層露天中央場奏起了上海管樂團的第一支樂曲「社會主義好」。

7.1 演出各種節目慶祝黨的生日，絕大部分都是反映我國人民英勇革命鬥爭的戰鬥故事；中央場由紅色雜技團和紅星飛車雜技團擔任演出。在夏季，增加兩個露天場地，共舞臺屋頂四周圍上竹籬，裝上彩色電燈，由上海管樂團演奏，五層屋頂花園則演出評彈和舉行象棋比賽。

8.9 8.11 日起簡化售票，進入大世界，不必購票入場，只要將二角自動投入箱內就可以。

10.11 大世界也在大煉鋼鐵。

11.10 為適應大躍進，在場內設立「獻計臺」，廣泛吸收遊客意見。決定大力添設文娛活動設備，如握力機、拳擊機、新西洋鏡以及機動旋轉飛機等。機動旋轉飛機，近似軍事體育，可以鍛煉人們的體質，加強人的勇敢精神，在廣州文化公園，很受廣州市群眾的歡迎。

11.27 景德鎮陶瓷展覽會在上海博物館展出一月後，組織二個流動展覽會在大世界和大新遊樂場繼續展出五天。

1959 年

2.2 上海博物館的「年畫展覽」、「現代剪紙展覽」、「現代工藝品展覽」等流動展覽，在春節期間在大世界、海員俱樂部、蓬萊文化館和滬東工人文化宮展出。

3.25 本日起大世界遊樂場四號場演出北方曲藝，此次演出的是濟南市曲藝團，演出山東快書、山東琴書、京韻大鼓、相聲和河南墜

子等。

4.17 最近，濟南市曲藝團、青陽縣黃梅戲劇團、海門縣越劇團、高郵縣京劇團等外地劇團，都集中在大世界演出，邑廟區文化局為表示歡迎，本日上午召開座談會。

5.29 安徽省廣德縣花鼓戲劇團六月一日開始在大世界演出。

5.31 為迎接兒童節，大世界遊樂場、體文工藝公司和上海採購供應站進行一次玩具展覽會。

6.9 武漢市中山公園馴化動物巡迴表演團在大世界演出。

6.29 九江專區採茶劇團從 7 月 1 日開始在大世界演出。

7.31 露天舞臺上演交響樂、民族樂、評彈和雜技等。五樓屋頂花園設有茶座。

8.1-5 大公滑稽劇團演出獨腳戲大會串，8.6 開始上海管弦樂團演奏各種名曲。上海實驗歌劇院從 8.1 開始在露天中央五臺演出男女聲小組唱。紅色藝術團也將練成的三人「空中飛人」在中央台表演。八月份還有南通專區京劇一團演出，此外，還有淮陰呂劇團和虞光紹劇團。

8.17 八月是少見的旺季，每天都在一萬五六千人以上。屋頂花園的音樂廳是整個遊樂場最為涼爽的地方，月光下，上海管樂團吹奏著柴可夫斯基的「意大利狂想曲」，聽眾們彷彿置身銀漢。此外，大世界為慶祝國慶十周年，進行了大整修，裝修內部，粉刷門面。

9.6 上海市業餘歌詠團體聯誼會將於日內出動分赴大新、大世界等遊樂場所進行宣傳八中全會的教歌活動。

9.23 金仲華副市長檢查邑廟區衛生狀況，要求大世界繼續加強環境衛生、飲食衛生工作，並多向群眾宣傳。

9.25 為迎接建國十周年，大世界裝扮一新。深黃色的牆，淡黃色的窗，尖尖的塔頂四周裝上了花紋和欄杆，大門口六根大紅油漆柱子，上下格調統一，色彩簡單，樸素大方。夜晚，幾千盞彩色燈泡發出五光

十色的光芒。

10.9 公用事業工人在大世界大聯歡。

1960 年

1.13 1.11 日起揚州評話藝人王筱堂在大世界二樓揚劇場演出《水滸》。

1.22 大世界舉行 1960 年春節慰問烈屬軍屬演出大會，22 日和 23 日兩天，除大世界的基本劇團外，還有上海越劇院青年實驗劇團、人民滬劇團、人民淮劇團、上海京劇院等。

1.27 浦東縣洋涇文化館展出「木刻年畫展覽」，新成區文化館展出的「歷代絲織圖案展覽」，大世界展出的是燈彩展覽。

2.7 2.9 日日夜兩場春節聯歡大會，慰問和祝賀本市公用事業工人和他們的家屬。

4.29 上海市財貿部門在大世界舉行操作技術表演大會。

7.6 美帝掠奪我國文物罪證展覽，分頭在大世界和上海博物館展出。

7.11 淮陰市紅旗淮海劇團在大世界演出。

8.2 上海民族樂團開始在大世界屋頂劇場作短期演出。

9.21 大世界演出宣傳以糧、鋼為中心的增產節約運動的說唱和短劇。

1961 年

2.10 上午舉行春節擁軍優屬聯歡大會。

2.12 春節期間在二樓開闢了棋類表演場，有全國象棋冠軍胡榮華

對亞軍何順安的表演賽，大世界底層舉辦一個年畫展覽會。

2.15 大世界今年打破除夕不開放的慣例，十三個劇場同時上演京劇、越劇、淮劇、木偶、雜技等九個劇種的精采節目，接待了四千多觀眾。（人民）

8.13 上海博物館舉辦的「清代扇面書畫」，現在大世界展覽室展出。展覽一個月。

9.22 大世界從國慶日開始，在底層及三樓開始恢復部分演出特色，以小型的清唱、滬書和獨腳戲等作插場演出，可以連續不斷地有可看可聽的節目。

9.25 上海博物館正積極籌備上海剪紙和近代現代漆器工藝品，從十月一日起在滬東工人文化宮和大世界分別展出。

10.20 停演多年的南方曲藝「小熱昏」最近挖掘出來，將在大世界遊樂場演出。小熱昏 1958 年還參加過全國曲藝匯演，但最近消失了。（文匯）

10.30 演唱南方曲藝著名的杭州曲藝團來大世界演出，演出節目包括紹灘、杭曲、獨腳戲、評彈、說唱和小熱昏等。

11.28 金華婺劇團 12.1 來滬演出。

12.29 上海博物館元旦有「蘇繡藝術」和「竹木雕刻」兩個小型流動展覽分別在大世界和滬東工人文化宮展出。

1962 年

2.15 公用事業二萬多職工在大世界盡情歡樂。

5.11 人民藝術劇團學員在本月中旬於大世界進行實習演出。

5.17 靜安區戲曲學校甬劇班、人民滬劇團學館、人民藝術劇院學館和上海越劇院學館等單位，都安排在大世界做為期十天或半月的短期

演出。

7.1 大世界遊樂場的五樓屋頂花園在 7 月 4 日開放,將有上海管樂團和淩霄評彈團演出。

7.16 杭州曲藝團於 7.16 在上海大世界演出,主要是獨腳戲和滑稽戲。大世界五樓屋頂花園開放,為充實演出內容,除上海管樂團的音樂晚會外,又增加了評彈場和象棋場,邀請市區著名棋手進行友誼表演賽。

8.11 京劇院一團青年演員到大世界演出,短期演出折子戲。

8.11 復旦大學等高校教師遊覽大世界,很多人員是第一次來大世界遊玩。

8.17 輕音樂在上海盛行,多數是外國樂曲。交響樂團和合唱團把輕音樂送到大世界、各區俱樂部。這些輕音樂不同於解放前的,處理手法也不同,奏出了新聲。

1963 年

1.21 春節裏,上海優秀棋手全部出動,到新成溜冰場、大世界和各區工人俱樂部進行表演賽。

2.4 溫州象棋隊訪問上海最後一賽,在大世界棋室進行。

3.26 浙江餘姚劇團首次來上海,四月一日在大世界四樓第十二號劇場演出,主要是《雷鋒》、《半夜雞叫》,也有傳統骨子老戲《打窗樓》等。

5.26 29 日大世界木偶劇場演出,節目有大型提線木偶《白蛇傳》和皮影戲《學習雷鋒》、《雞叫》等。

6.7 本市三十個專業藝術團體和很多業餘藝術團體,從本月九日到七月上旬在大世界內,採取各種形式,輪流上演宣傳社會主義思想的好節目。

6.13 上海京劇院、越劇院和上海市人民淮劇團排練現代劇目，陸續參加大世界舉行的盛大演出。

6.22 各專業藝術團體輪流到大世界表演歌頌新人新事的節目，24日將出現新的盛況。

7.27 上海的兩個屋頂花園：一個是黃浦區文化館，一個是大世界。黃浦文化館是由國棉七廠的先進生產者、有名的業餘評彈員吳秀芳演唱。有時，也可看到專業劇團的節目，如藝華滬劇團等。茶室對面有兩個場子，左邊一個是看電視和聽故事，右邊一個是文藝講座《怎樣編寫說唱》。大世界屋頂花園是激昂的革命歌曲和交響樂，上海管樂團演出《歌頌毛主席》等，上海交響樂團演出《民族解放》等。

10.7 晚上，印尼國會魯克曼副議長等貴賓遊覽「大世界」遊樂場，觀看了雜技表演。（人民）

12.31 中央場是大世界容納觀眾最多的一個露天劇場，這裏從元旦起由河北省景縣動物表演團演出馴獸節目。除了演出外，大世界的畫廊還佈置了兩個小型的圖片展覽會《農村形勢好》和《我們的朋友遍天下》。

1964 年

2.9 上海市各個音樂團體去年以來舉行了一百多個不同內容的革命歌曲音樂會，在音樂廳、劇場、文化廣場、文化宮、俱樂部以及過去音樂界人士很少去演出的「大世界」遊樂場，演出幾百場之多，推動了群眾歌詠活動的開展。（人民）

2.17 春節期間，全都上演了新排的現代劇目。大世界去年上演的現代劇，約比過去增加二百多個，如《年青的一代》、《奪印》、《楊立貝》和《霓虹燈下的哨兵》等。（文匯）

4.6 16 日起，江蘇省蘇昆劇團將在大世界二樓劇場演出，演出劇

目都是反映現實生活和鬥爭的現代戲。

6.5 從 5 月 27 日開始，全國各省代表在大世界舉行「上海之春」的表演。大世界洋溢著革命歌聲，吸引了很多觀眾，每天比平常突然增加兩千多人。

7.2 黃浦區科技協會主辦的「破除迷信展覽會」從今年二月份在「大世界」展出，解釋諸如頭髮脫落等現象。

8.6 大世界連續六年獲得上海市愛國衛生先進單位稱號。在 8 月 5 日，以中央場為中心，彩旗招展，燈火通明。高大建築懸掛巨幅標語，號召「行動起來，深入開展夏秋季愛國衛生運動」，「搞好夏令衛生，保護健康，促進生產」。上海市衛生教育館、黃浦區愛衛會和大世界三個單位，在這裏聯合舉辦的夏秋季愛國衛生宣傳突擊周開始。晚上，中央場專門組織了主要以宣傳衛生為內容的專場演出。

10.18 蘇州市京劇團 15 日在大世界首場演出現代京劇《洪湖赤衛隊》。

12.1 今天下午和晚上許多文藝團體將在大世界遊樂場舉行「上海文藝界支持剛果（利）人民反對美、比侵略鬥爭宣傳演出」。宣傳演出將在大世界各演出場以加演方式穿插進行。此外，有些藝術單位將在原來演出劇場中加演反帝節目。

1965 年

2.6 黃浦區科協舉辦的破除迷信展覽會，在春節期間充實了內容，繼續在大世界遊樂場展出。

3.23 大世界增設一個科教新聞電影專場，開設以來放映了五十多部反映有關我國工農業生產新面貌的科教和新聞紀錄片，直接為階級鬥爭、生產鬥爭和科學實驗三大革命運動服務。

5.3 第六屆「上海之春」音樂會從 8 日開始，在文化廣場、音樂廳、解放劇場、小劇場和大世界分別舉行二十多場。

6.24 上海戲劇學院 1965 年畢業班學生將在大世界做實習演出。

7.2 黃浦區文化館五樓屋頂花園和大世界五樓屋頂花園定於今天明天分別開放。大世界的屋頂花園有露天音樂會，由上海音樂學院、上海管樂團等藝術團體陸續演出，三日和四日兩天是上海音樂學院的遐想作品音樂會。露天劇場由長征評彈團演出《紅色娘子軍》、《黨的女兒》等新書。此外，有棋藝活動。黃浦區文化館屋頂花園，東臺是劇場，經常有專業和業餘的文藝團體演出；中臺是閱覽室，準備了大量的毛主席著作、革命文藝書籍、連環畫、期刊等，西臺是茶室，業餘故事員講革命故事和專業評彈演員演唱革命現代書。

1966 年

8.25 職工們和紅衛兵一起，在人們的歡呼聲中，拉下了幾米高的「大世界」這塊舊招牌。（人民）

9.5 鮮紅的「東方紅」三個大字，醒目地高掛在上海最大的綜合劇場大門頂上，代替了五十年來在人們心中留下醜惡印象的「大世界」舊招牌。現在，「東方紅」劇場各個劇團的革命職工們，在紅衛兵小將的幫助下，正在趕排小演唱《歌唱十六條》和舞蹈《紅衛兵之歌》等更多的充滿革命氣息的新節目。他們決心要更高地舉起毛澤東思想偉大紅旗，把上海這個最大的綜合性劇場辦成宣傳毛澤東思想的紅色陣地。（人民）

11.5 首都紅衛兵和上海造反派勒令大世界停演，經 4 天大辯論，大世界被迫停演，隨即延安（共舞臺）和勞動（天蟾舞臺）停演，波及全市先後停演。（娛樂）

二、超越集權主義模式：關於新中國「前三十年」國家與社會關係的海外中國研究述評 [5]

1. 引言

　　晚近十餘年來，新中國成立初期的歷史（特別是 1950 年代的歷史）逐漸成為學界的熱點。基於筆者有限的觀察，這一新動向目前主要是由中國近現代史學界所推動的。相關研究主要關注的是新中國成立初期的社會史和文化史，而不是作為宏大敘事的政治史，研究方式也往往採取地方史和微觀史的視角。得益於檔案文獻的不斷開放和方法論的更新，這些研究往往能以細膩的筆觸去呈現當時日常生活的種種細節。正是對這些日常生活的細緻刻畫，使得一些學者能夠發現當時社會生活的不少「灰色地帶」，[6] 進而挑戰傳統的歷史敘事模式。專研 1950 年代上海史的張濟順教授就在最近的數篇文章中提出「新革命史」的說法，並認為這一歷史敘事有利於超越舊的革命史敘事、現代化敘事和集權主義敘事。[7]

---

5 「國家與社會關係」是中國研究領域被廣泛運用的理論範式，甚至是被過度使用的範式，因而也遭到了諸多批評與反思。因此，需要強調的是，筆者並不贊同較為常見的國家與社會二元兩分的觀念。事實上，國家與社會之間始終有著千絲萬縷的關聯，參見肖文明：〈國家自主性與文化 —— 邁向一種文化視角的國家理論〉，《社會學研究》2017 年第 3 期，但認為在一種分析性意義上的國家與社會的區分仍是必要的。此外，中國語境中的「社會」，無論其歷史中的抑或當下的存在形態，都是不同於西方意義上的「公民社會」（civil society）。

6 張濟順：〈社會文化史的檢視：1950 年代上海研究的再思考〉，《華東師範大學學報（哲學社會科學版）》2012 年第 2 期。

7 除張濟順以外，中國近現代史學界宣導「新革命史」的學者還包括王奇生、夏明方、左玉河、李金錚等人，請參見李金錚：〈向「新革命史」轉型：中共革命史研究方法的反思與突破〉，《中共黨史研究》2010 年第 1 期；左玉河：〈中國近代史研究的範式之爭

「新革命史」的説法和不少觀點確實給人以耳目一新的印象,其相當程度上也涉及對新中國成立初期的國家與社會關係的再思考,但或許是由於學科邊界的緣故,「新革命史」的論述似乎未提及主要以社會科學為學科背景的相關海外中國研究已經取得的相關進展。此外,「新革命史」仍然缺乏較為詳細的概念辨析和理論思考,而更多體現為歷史個案研究。本節的目的即在於系統梳理相關的海外中國研究的學術積累與進展,其中可以與「新革命史」論述引發共鳴的地方,就在於其從不同的角度系統挑戰了集權主義模式。通過這一梳理,我們將啟動學科之間的對話與融合,並且提供一種超越具體歷史敘述之上的理論概念思考的可能性。

儘管國內學界已有類似的文獻梳理,[8] 但本節的關注主要限於國家與社會關係這個維度,在時間段上也限制在新中國的前三十年。另外,本節也將引入晚近的一些新進展,特別是「國家能力模式」,這也同時是國內社會科學界正在參與的一個領域。本節的目的不在於介紹研究進展,而更側重的是從國家與社會關係這個維度來審視相關研究所提供的理論概念,並進而提出新的國家與社會關係的概念建構之方向。筆者希望這樣的討論能夠為「新革命史」以及其他的新中國成立初期的歷史敘述提供一定的理論參照。

與超越之路〉,《史學月刊》2014 年第 4 期。在社會學界,值得特別關注的是應星(應星:〈「把革命帶回來」:社會學新視野的擴展〉,《社會》2016 年第 4 期)的相關論述,其界定的「新革命史」關注的是中國共產主義文明的生成與流變,其時段關注超出了本節的討論範圍,且涉及諸多複雜問題,故此不做評論。由於這些學者所界定的「新革命史」的內涵與外延都有所不同,所以需要強調的是,本節主要針對張濟順的論述進行討論。相類似的反思也同樣發生在對蘇聯史及其他歷史個案的研究,可參見 Geyer, M. and Fitzpatrick, S. (eds.), *Beyond Totalitarianism: Stalinism and Nazism Compared*, N.Y.: Cambridge University Press, 2009。

8 如周曉虹:〈中國研究的可能立場與範式重構〉,《社會學研究》2010 年第 2 期。

這一梳理之所以必要的另一原因，是因為集權主義模式仍然是影響甚廣的對新中國成立後的「前三十年」（1949-1979）的國家性質以及國家與社會關係的理論解釋框架。不少民眾仍然是透過集權主義的眼鏡來審視和想像毛澤東時代的中國，而在中外學術文章中也不乏用集權主義來指稱毛澤東時代的中國社會。[9] 恰如歷史學者張濟順所指出的，「關於共和國早期的看法依然是集權主義論的一統天下」。[10] 正因為這一概念的廣泛影響，我們今天仍有必要在學理的層次上來反思這一概念的適用性問題。這特別需要我們將相關討論落實到具體的社會科學與歷史學的實證研究之上。

此外，正如魏昂德（Andrew Walder）所言，中國研究領域同東歐研究領域一樣，目前更關注改革開放之後中國社會之變遷，但如果忽略以往研究的成果，我們就難以搞清楚新的研究視角到底對中國研究有什麼貢獻。改革開放之後的政治社會變遷「在根本上不同於過去二十年所描述的國家與社會關係形式，還是不過是同一趨勢的延續？如果是不同的，什麼導致了這種不同？熟悉這一領域的學者不無理由懷疑這些新的術語不過是新瓶裝舊酒，復述過去對基層政治的看法。」[11] 對這些問題的回答，也同樣需要強化對「前三十年」以及相關學術討論的瞭解，這

---

9 如 Chen, J. and Peng D., *China since the Cultural Revolution: From Totalitarianism to Authoritarianism.* Westport: Praeger, 1995；黎安友著，何大明譯：《從極權統治到韌性威權：中國政治變遷之路》，臺北：巨流出版社，2007 年。

10 張濟順：〈社會文化史的檢視：1950 年代上海研究的再思考〉，《華東師範大學學報（哲學社會科學版）》2012 年第 2 期。

11 魏昂德：〈現代中國國家與社會關係研究：從描述現狀到解釋變遷〉，涂肇慶、林益民主編：《改革開放與中國社會：西方社會學文獻述評》，香港：牛津大學出版社，1999年。裴宜理在評論黎安友等人的著作時指出，他們低估了毛時代與後毛時代的諸多連續性，裴宜理：〈「告別革命」與中國政治研究〉，《思與言》第 44 卷第 3 期，2006 年。要避免這一問題，也同樣要求我們去深入理解毛時代的中國及其歷史遺產。

將有利於我們對改革開放前後的國家與社會關係之斷裂與延續進行全面的思考。

　　本節將對相關海外中國研究的進展放置在國家與社會關係這個框架下予以簡要的述評，最後提出可能的國家與社會關係理論建構的方向。必須聲明的是，本節對集權主義模式的反思，僅僅是著眼於社會科學與歷史學層面上的關於國家與社會關係的實證研究與相關中層理論的討論，而不涉及與集權主義爭論相關的政治哲學的討論。此外，本節的綜述與討論著眼的是新中國「前三十年」在整體上的國家與社會關係的討論，而不涉及對具體歷史事件的評價。

2. 對集權主義模式的理論反思

　　集權主義這一概念最初是墨索里尼執政時期的一種政治口號，而非一種政治分析概念。在二十世紀四五十年代，這一概念主要被用來描述納粹德國；在冷戰開啟之後，被越來越廣泛地應用於對史太林時期的蘇聯的歷史研究與政治學研究。奧威爾的《1984》則用文學的方式表述這一意象，並令其更加深入人心。[12] 由於新中國一度以蘇聯為全面學習的樣板，以及意識形態上與蘇聯的歷史關聯，毛澤東時代的中國也往往被冠以集權主義國家的標籤。[13] 由於冷戰這一歷史背景，批評者認為

12　Geyer, M. and Fitzpatrick, S. (eds.), *Beyond Totalitarianism: Stalinism and Nazism Compared,* N.Y.: Cambridge University Press, 2009. Barnett, Doak, A. *Communism China and Asia*, New York: Harper and Brothers, 1960.

13　最早的運用集權主義模式來分析中國的文獻包括：Walker, Richard L. *China under Communism: The First Five Years.* London: Allen and Unwin, 1956; Barnett, Doak A, *Communism China and Asia*, New York: Harper and Brothers, 1960。誠如裴宜理在一篇回顧文章中所指出的，「最早一批中國問題專家，是以蘇聯政治研究者的身份開始學術生涯的。新興的中國政治研究的成果，往往從已有的蘇聯研究成果批發而來。」由於這一背景，毛時代的中國被視

這一概念承載了太多的意識形態因素而缺乏足夠的客觀性，這一概念甚至就是冷戰史的內在線索。[14] 概而言之，由於這一議題容易牽扯到意識形態方面的解讀，這更需要一種學術的客觀中立精神，儘管這往往並不容易。

　　如何界定集權主義這一概念，這本身就是一個眾說紛紜的事情。比較有影響力的界定是出自美國政治學家弗雷德里希，他認為集權主義政體包括以下一些要素：一個大一統的意識形態；一個執著於該意識形態的單一政黨（通常由一個人即獨裁者來領導）；充分發展的秘密警察；還有三種壟斷，這包括對大規模通訊、軍事武器和一切組織（包括經濟組織）的壟斷型控制。[15] 另外一些學者則強調集權主義的以下一些要素：監控的集中化（如信息編碼，對人口活動的文檔化）；與之相關聯的是警察權力的最大化，恐怖的廣泛使用，以及掌握發動工業化戰爭與隔離規避的手段；道德整體主義傾向，將政治共同體的命運嵌入人民的歷史性中；領袖人物的顯要地位，領袖的專權不是靠他在職業化軍隊中的角色，而是靠創造出來的群眾支持。[16] 可以看到，這些表述各有側重，但大體呈現出的集權主義國家的形象是一個高度一體化（monolithic）的國家與社會，或者說根本就不存在社會，而是由國家吞噬了的社會。集

為與蘇聯一樣同屬集權主義政體，但是，「大躍進以及隨之而來的兩個共產主義巨人之間的裂痕，開始消解中蘇同一性的神話」，而「文化大革命」的爆發更是展現了毛時代中國的獨特性，「集權主義模式」的吸引力也就愈加淡化。由此可見，關於毛時代的中國是否是集權主義政體的討論，實際關係到對毛時代的中國政體究竟是蘇聯政體的翻版，抑或有其自身的獨特性與歷史淵源的判斷，對此學界的認識是在不斷深入的，但仍然頗有爭議。參見裴宜理：〈「告別革命」與中國政治研究〉，《思與言》第 44 卷第 3 期，2006 年。

14 Gleason, A. *Totalitarianism: The Inner History of the Cold War*. New York: Oxford University Press, 1995.

15 轉引自吉登斯著，胡宗澤等譯：《民族－國家與暴力》，第 367 頁。

16 吉登斯著，胡宗澤等譯：《民族－國家與暴力》，第 354-355 頁。

權主義國家權力如此強大，以至於它可以滲透到社會生活的方方面面，它能夠介入到私人生活的細節隱私，甚至可以通過類似「洗腦」的心理技術來改變民眾的內心。正如吉登斯所說，集權主義認為「存在一個全面滲透的國家，民眾的需要和願望被置於武斷專橫的國家權威當局的政策之下」，[17] 而 1991 年的一本俄文版的哲學詞典則將集權主義界定為「集權主義是一種社會政治系統，其特點是國家對社會組織生活與私人生活的所有層面進行無孔不入的專橫介入」。[18] 這樣一些界定傳遞的都是前述意涵。

整體來說，吉登斯認為弗雷德里希的集權主義概念界定是準確而有用的。但他認為，集權主義不能用來指稱一種國家類型，比如它不必用來指一般意義上的蘇維埃風格的國家。它指的只是一種統治類型，而且在大的方面並不穩定。他認為，迄今而言，集權主義主要與意大利法西斯主義、納粹主義和史太林主義有關，但還有別的例子也能歸入這一範疇——譬如波爾布特在柬埔寨的短暫統治。[19]

我們在後面會看到，很多相關研究並不支持吉登斯對集權主義概念有所保留的支持。筆者認為，吉登斯對集權主義概念的支持可能是基於一種高度一體化的國家觀，而這一點是值得斟酌的。對此，另一位社會理論家就提出過不同的看法。在布爾迪厄看來，集權主義的概念是一種術語蔽障，它遮蔽了蘇維埃模式社會中的實際情況。因為在這種社會中雖然確實存在壓迫，但社會的張力始終存在，並具有影響。他以路易十四時代專制王朝宮廷社會的狀況為例說，所謂「絕對權力」的

---

17 吉登斯著，胡宗澤等譯：《民族 — 國家與暴力》，第 348 頁。

18 Geyer, M. and Fitzpatrick, S. (eds.), *Beyond Totalitarianism: Stalinism and Nazism Compared,* N.Y.: Cambridge University Press, 2009, pp.12-13 .

19 吉登斯著，胡宗澤等譯：《民族 — 國家與暴力》，第 352-353 頁。

擁有者本人也必須置身於這一場域，受制於場域的邏輯。在布爾迪厄的術語體系中，國家作為一種政治場域，始終存在著各種相互對抗的趨勢，場域是在這樣一個對抗過程中而不斷發展變遷的。[20] 換言之，即便在所謂「集權主義國家」裏，權力格局也不可能是高度一體化的。布爾迪厄這樣一種說法，實際是與美國政治學家米格達爾提出的「社會中的國家」理論所強調的社會的多元化有一致之處。[21] 米格達爾認為，我們不應將國家視為單一整體，而應對國家進行分解分析，不應只關注國家的上層領導與組織，同時也需要關注邊緣地帶的國家社會互動。國家的有效性取決於它與社會之間的關聯，國家幾乎從來就無法自主於社會力量之外，國家的觸角有其限度。國家與社會始終處於一種衝突之中，而且社會內部也存在各種各樣的鬥爭，在這樣的鬥爭之中，國家並非總能佔據上風。[22] 就此而言，集權主義模式提供的是一種靜態和整齊劃一的國家觀，而布爾迪厄和米格達爾都會贊成國家處於一種動態的生成（becoming）過程之中，且國家與社會並非高度一體化的。

　　集權主義預設了一個高度有效的強國家的存在。與此相關，霍爾等曾指出，由於集權主義國家尋求控制而不是合作，喜歡統治社會關係被原子化的人口，而不是同自治性公民社會的多元團體一起工作，這樣的國家不可能成為高度有效的生產者。[23] 換言之，如果我們接納集權主義概念當中的這些基本理論要素，其推論出來的國家形象與集權主義預

20　皮埃爾·布迪厄等著，李猛、李康譯：《實踐與反思：反思社會學導引》，北京：中央編譯出版社，1998 年，第 299 頁。

21　Migdal, J. S. *State in Society: Studying How States and Societies Transform and Constitute One Another.* Cambridge: Cambridge University Press, 2001.

22　喬爾·S·米格達爾著，張長東等譯：《強社會與弱國家：第三世界的國家社會關係及國家能力》，南京：江蘇人民出版社，2009 年，第 33 頁。

23　約翰·A·霍爾等著，施雪華譯：《國家》，長春：吉林人民出版社，2007 年。

設的國家形象可能是有衝突的。

集權主義指出一種高度一元化的意識形態對社會的全面主宰。對此，英國社會學家特納等人曾專門批駁存在一種全面滲透的主宰性意識形態這一命題。[24] 而這一觀點，也得到了很多歷史學與宗教社會學研究的支持。拉杜里的《蒙塔尤》說明，即使在所謂最虔敬的中世紀，天主教也並未一統天下，大量民間信仰如占星術、巫術和輪回轉世都有廣大的民間信眾。[25] 如果說中世紀與現代國家不可同日而語，那麼關於「集權主義國家」的相關歷史學與社會學研究，也同樣證明了當時社會中的多元文化的存在。[26]

概而言之，集權主義模式所呈現的國家社會關係凸顯了以下特徵，即國家與社會的高度一體化、意識形態的高度一元化、人際關係的原子化與高度有效的強國家的存在。[27] 本節前述討論對這幾個特徵都提出了質疑，而下文將要論述的海外中國研究也基於實證研究對這一集權主義模式提出批評，並試圖提供替代性的理論概念。

3. 既有的海外中國研究成果

整體來說，早期中國研究的主導框架是集權主義模式。這一模式

24 Abercrombie, N., Hill, S., and Turner, B. S. *The Dominant Ideology Thesis.* London: Allen & Unwin, 1980.

25 轉引自方文：〈轉型心理學：以群體資格為中心〉，《中國社會科學》2008 年第 4 期。

26 參見 Berezin, M. "The Organization of Political Ideology: Culture, State, and Theatre in Fascist Italy." *American Sociological Review,* 56, 1991; Cuomo, G.R (ed.), *National Socialist Cultural Policy.* Houndmills: Macmillan Press, 1995.

27 Chalmers Johnson 等學者也批評集權主義模式過度強調了體制的僵化性，因而無法解釋共產主義體制內部的變化與多樣性，Stark, D.(eds.), *Remaking the Economic Institutions of Socialism: China and Eastern Europe.* Stanford: Stanford University Press, 1989。

傾向於認為，中國並不存在獨立的社會，社會的各領域都受到集權國家的控制和影響，社會本身沒有自主性，更沒有西方意義上的「公民社會」，個體是高度原子化的。在這一模式下，對中國社會本身並沒有過多的探討。[28] 評論者認為，這一模式的興盛主要是因為當時歐美學界對於共產主義國家社會普遍性的刻板印象，也是因為當時歐美學者掌握的相關研究材料很少，無法進行細緻分析，而只能做粗放的整體模式定性。[29] 例如，在美國社會學界的第一代中國研究學者裏面，[30] 舒爾曼（Franz Schurmann）的經典研究《共產主義中國的意識形態與組織》一定程度上就更吻合集權主義模式，儘管與一般持有集權主義模式立場的學者不同，他對新中國的轉變有較為正面的看法。在他看來，舊的社會體系已完全消失，而中共則重建了組織與意識形態，進而重建了社會秩序。批評者認為，他過分強調舊社會體系的徹底瓦解與舊社會體系主要功能機制被現代新組織全面取代。受制於他所使用的材料之限制，他過

28　我們會注意到，後起的研究對集權主義模式的超越，恰恰在於對「社會」以及普通民眾的重新發現，並指出，「社會」並未被吞噬，普通民眾也並不是任由支配的傀儡。這種轉向當然特別受益於改革開放以後海外中國研究學者可以直接進入中國進行實證研究，相關的檔案材料也更加容易獲取。在研究取向上，則表現出對於地方史、微觀史與民眾日常生活史的關注與興趣，並特別強調差異性與多樣性，可參見 Brown, J. and Pickowicz, Paul G. "The Early Years of the People's Republic of China: An Introduction." in Jeremy Brown and Paul G. Pickowicz(eds.), *Dilemmas of Victory: The Early Years of the People's Republic of China.* Cambridge: Harvard University Press, 2007. 關於中國革命史當中的相同轉向，可參見陳耀煌：〈從中央到地方：三十年來西方中共農村革命史研究述評〉，《中央研究院近代史研究所集刊》2010 年總第 68 期。

29　陳家建：〈法團主義與當代中國社會〉，《社會學研究》2010 年第 2 期。

30　此處對美國學者的代際劃分主要參考的是趙文詞的觀點，參見趙文詞：〈五代美國社會學者對中國國家與社會關係的研究〉，涂肇慶、林益民主編：《改革開放與中國社會：西方社會學文獻述評》，香港：牛津大學出版社，1999 年。另可參考 Harding, H. "The Evolution of American Scholarship on Contemporary China." in David Shambaugh(eds.), *American Studies of Contemporary China.* New York: M. E. Sharpe, 1993。

分開注黨和國家組織，而沒有關注潛伏在中國社會中的其他趨勢，這使他過分強調國家對社會的全面控制，也難以解釋文革之後黨組織的癱瘓。同屬第一代作者的傅高義，在《共產主義制度下的廣州》一書中大體呈現的是與舒爾曼相似的觀點，即國家對社會的全面征服，但傅高義也展示了一些社會中的現象，諸如本地官員一貫背離乃至抵制中央政府的指示，較廣泛的黑市、移民失控以及其他國家難以有效控制的社會活動。[31]

　　但是，伴隨著中國研究的推進，也有越來越多的學者挑戰集權主義模式。其時代背景一方面是中蘇之間的論戰升級與關係的逐漸惡化，這使得中國研究者意識到不能想當然地將中國與蘇聯劃到一起研究。[32]與此同時，歐美學界對於共產主義國家分析概念框架也在發生轉變（如蘇聯研究中的利益集團模式的出現與興起），而對中國社會的更深入的瞭解與更多相關材料的掌握（如不少下鄉知青或紅衛兵移民到香港而成為被訪談對象）也深化了對中蘇差異的認知。歐美學界逐漸發現，中國社會並不等同於東歐蘇聯模式，更不能簡單地歸為集權主義模式。[33]有學者就指出，毛澤東對中共的領導體制看起來並不能與史太林的統治相提並論。因為毛澤東的統治更多地依賴灌輸和說服的心理壓力，依靠幹部進行嚴格的個人監督，而不是警察的恐怖手段。此外，在 1957 年以

31　需要補充的是，史華茲也同樣使用「集權主義」這一概念，Schwartz, B. "Totalitarian Consolidation and the Chinese Model." *The China Quarterly*, Vol.1, 1960. 但他是以一種非常複雜的方式來運用。他一方面指出了「中國模式」（the Chinese model）受益於蘇聯模式，但他更強調的是「中國模式」的獨特性，並著力討論了對思想改造的強調所反映出來的中國獨特性。此外，他一方面指出了這種「集權主義式鞏固」（totalitarian consolidation）當中國家權力之強有力，另一方面又強調了潛在的社會抵抗與分歧。

32　徐浩然：〈美國「中國學家」的中國政治研究 —— 一項文獻史的考察（上）〉，《中共杭州市委黨校學報》2011 年第 1 期。

33　陳家建：〈法團主義與當代中國社會〉，《社會學研究》2010 年第 2 期。

後，中共有意推行一定的分權化措施，這使得中央官僚計劃和控制不像蘇聯那麼突出。[34]

另一方面，中國社會自身的一些歷史發展，如文革的爆發，更是極大地衝擊了對中國社會的認知，這一事件讓中國研究者認識到中國政治並非鐵板一塊，並根本性地動搖了集權主義模式的統治地位。因此，美國中國研究的第二代社會學者如懷默霆（Martin King Whyte）等人就更多注意了國家改造社會之不易，而政府對社會生活的控制還引發不少負面反應。因此，國家無法完全改造社會，而必須與社會建立一定的妥協。第三代社會學者如趙文詞，則進一步強化了國家與社會相互滲透的觀念，[35] 並且更自覺地將理論融匯到對中國國家與社會關係的研究之中。換言之，社會並非被動接受國家之改造，與此同時，社會也在不斷地改變國家。趙文詞在《一個中國鄉村中的道德與權力》指出，[36] 文革時期的中國文化系統絕非渾然一體，而是包含了很多不協調甚至相互矛盾的部分。這裏面既有毛澤東主義、劉少奇的務實馬克思主義，又有多層面而非單一的儒家傳統。不過，趙文詞在強調這種多元性和不統一狀態時，也指出一種共同文化畢竟是存在的。農村幹部的行為就充分呈現了前述事實，也說明國家深受傳統中國社會的影響，同時社會也被國家所改造。到了第四代社會學者，他們已經開始考慮公民社會對國家的改造了，但這樣的討論主要關注的是改革開放後的中國，故此不在本節的討論範圍之列。

上述討論主要是按照時間線索進行的概要介紹，後文將集中討論

---

34 詹姆斯·R·湯森、布蘭特利·沃馬克著，顧速、董方譯：《中國政治》。

35 趙文詞：〈五代美國社會學者對中國國家與社會關係的研究〉，塗肇慶、林益民主編：《改革開放與中國社會：西方社會學文獻述評》，香港：牛津大學出版社，1999 年。

36 Madsen, R. *Morality and Power in a Chinese Village.* Berkeley: University of California Press, 1984.

幾種集權主義之外的替代概念模式。筆者大體也是按概念出現的時間先後進行論述，但重點將放在相關理論與概念的辨析之上。

3.1 利益集團模式和派系主義模式

正如前述，在二十世紀六十年代末，蘇聯和東歐研究中流行利益集團（interest groups）模式。受此影響，中國研究領域也開始追隨這一模式，而文革的爆發與發展也似乎為這一模式提供了佐證。當時不少學者都將文化大革命理解為中國社會各種利益集團間的衝突，而衝突結構則反映了不同群眾群體和精英間的不斷變動的聯盟。關於紅衛兵和造反運動中更為細緻的研究，則揭示了擁有不同利益的子群體如何推動了造反運動。這些研究，同時也為後來的中國社會分層和社會不平等研究做了鋪墊。[37] 因此，到六七十年代，中國研究學界的主流觀點是，中國的國家與社會關係中充斥著由於各利益集團爭權奪利而導致的種種衝突。強調利益集團模式的學者注意到在權威的運作中有大量的討價還價和自下而上的影響，並將這些活動類比為民主競選制下的多元主義政治，甚至稱之為「沒有選舉下的多元主義」。[38] 對這一模式的常見批評是，這一模式錯誤地理解了中國社會的社會關係性質，是透過基於美國經驗的社會科學概念來審視毛澤東時代的中國。例如，戴慕珍（Jean C. Oi）就批評說，在當時的中國社會，正式的利益表達機制與公共參與都是很微弱的，因此民眾對利益的追求並非通過利益集團這樣的正式組織形態，而更多訴

---

[37] 運用利益集團模式進行分析的相關文獻可參看 Oi, Jean. C. "Communism and Clientism: Rural Politics in China." *World Politics*, Vol.37, Iss.2, 1985.

[38] 魏昂德：〈現代中國國家與社會關係研究：從描述現狀到解釋變遷〉，涂肇慶、林益民主編：《改革開放與中國社會：西方社會學文獻述評》，香港：牛津大學出版社，1999年，第 62-63 頁。

諸非正式的關係網絡。[39] 學者也認為，利益集團模式可能仍然受到當時影響深遠的以美國為標杆的現代化模式的影響，即認為各個國家最終都會殊途同歸，走上與美國相同的現代化道路。在此視角下，蘇聯與中國最終都會出現與美國類似的政治格局。後出的其他理論模式便對此提出了嚴厲的批評。但無論如何，這一理論模式動搖了過去的集權主義模式的主導地位，而讓我們注意到中國社會內部更為複雜多元的一面。

與利益集團模式較為相近的觀點是派系主義（factionalism）模式，其最早的提倡者有黎安友（Andrew J. Nathan）等學者。派系主義模式同樣是受到了文化大革命事件的啟發，認為文化大革命即是派系政治的產物，而派系主義模式不僅可以解釋文革這一事件，更是貫穿整個中共政治的基本邏輯。[40] 換言之，中共政治存在著不同派系之間的相互競爭、鬥爭或結盟，而派系之間的互動直接影響政治決策及其後果。派系主義模式與利益集團模式一樣，突破了此前中國政治「鐵板一塊」的形象，而凸顯了多元主義的色彩，將衝突的視角引入對中國政治的分析。但派系（faction）與集團（group）這兩個概念仍有重要的區別，作為集團，其人員的聚集有更強烈的組織性，制度化程度較高，其遵循的遊戲規則甚至就是正式政治過程的一部分（美國政治即是這方面的典範）。與之相對，派系的制度化程度較低，其形成往往系於某個領袖人物，因此領袖人物的離去或倒臺往往就意味著這個派系的終結，其遵循的遊戲規則更不明確，也往往並非正式政治過程明確允許的。[41] 因此派系主義模式相比於利益集團模式，會更關注中國社會中的庇護關係、「關係」文化

39　Oi, Jean. C. "Communism and Clientism: Rural Politics in China." *World Politics*, Vol.37, Iss.2, 1985.

40　魏昂德的新著 *China under Mao* 也是大量運用派系主義這一概念來解釋新中國的政治運作，參見 Walder, Andrew. J. *China Under Mao: A Revolution Derailed*. Cambridge: Harvard University Press, 2015。

41　Nathan, Andrew. J. "A Factionalism Model for CCP Politics." *The China Quarterly*, No.53, 1973.

等因素，因而將更多社會因素引入對政治過程的分析，並激發關於非正式政治（informal politics）的討論，[42] 這與筆者下面所要討論的新傳統主義有相似之處。但是，該模式存在幾個明顯的缺陷。首先，該模式充斥著一種對權力的狹隘理解，將權力理解為一種零和博弈的過程。另外，這種模型對政治的理解基本將其化約為純粹物質性的實力政治，而不太考慮理念在政治過程中扮演的角色。更為重要的是，派系主義模型主要關心的是高層政治的內部運轉，[43] 而對基層政治著墨不多，這使得它無法全心全意地踏入「國家與社會」的互動領域之中，而表現出與集權主義模式一樣的重「政治」而輕「社會」的傾向。

3.2 新傳統主義

新傳統主義（Neo-traditionalism）是由美國社會學家魏昂德基於其對中國工廠制度的研究而提出的理論概念。[44] 這一理論概念最初源自蘇聯研究專家喬維特（Ken Jowitt）對蘇聯社會的描述，但魏昂德賦予了它很不同的意涵。喬維特強調蘇聯政體延續了很多傳統的特徵，而魏昂德明確表示他所論述的新傳統主義與傳統無關，而是由共產主義制度體系自身塑造出來的。魏昂德的新傳統主義概念與戴慕珍所強調的中國社會中廣泛存在的庇護主義（clientelism）在實質上是一致的，因此學界

---

42 鄒讜就對派系政治的說法提出批評，而認為非正式政治是更恰當的表達，可參見 Tsou, Tang. "Chinese Politics at the Top: Factionalism or Informal Politics? Balance-of-Power Politics or a Game to Win All?" *The China Journal*, No.34, 1995. 但白魯恂 (Lucian W. Pye) 則認為所謂正式政治與非正式政治的區分是沒有多大價值的，可參見 Pye, Lucian W. "Factions and the Politics of Guanxi: Paradoxes in Chinese Administrative and Political Behavior." *The China Journal*, No.34, 1995。

43 代表性的研究可參見 Huang, J. *Factionalism in Chinese Communist Politics*. Cambridge: Cambridge University Press, 2006。

44 華爾德著，龔小夏譯：《共產黨社會的新傳統主義：中國工業中的工作環境和權力結構》。

也往往將新傳統主義視為庇護主義模式下的一員。庇護主義指的是角色之間的交換關係，是兩人之間工具性友誼關係的一種特殊情況，其中佔據較高社會經濟地位的庇護者（patron）利用其影響力和資源向社會經濟地位較低的被庇護者（client）提供保護和利益，作為回報，被庇護者向保護者提供一般性的支持、幫助與忠誠。戴慕珍的這一概念主要是基於她對基層生產隊幹部的研究。她認為，基層生產隊幹部面對著有限農業收成與各方需求之間的矛盾，因此會採納種種策略來獲得更多截留，在這一過程中，上層官員、基層官員與普通社員相互之間形成一種理性共謀，並締結起庇護關係。[45] 在庇護主義模型中，民眾既不像集權主義模式描述的那樣被動無助，也不像利益集團模式所說的類似於自由資本主義社會中的多元政治。集權主義模型將共產主義體制中的控制理解為是一種正式的、非個人的、自上而下的，而庇護主義模式則賦予這種控制更多的靈活性、主觀性和個人情感。[46]

戴慕珍主要關注的是鄉村地區，而魏昂德的經驗研究對象是城鎮工廠，但魏昂德所提出的新傳統主義概念與庇護主義一樣，也是試圖批駁中國研究領域當時盛行的集權主義模式與利益集團模式。魏昂德首先指出，集權主義概念所描述的社會有兩個特點。第一個特徵表現在集權政黨及其積極追隨者的關係的性質上，不是以個人好惡而是以意識形態信仰為前提的，動員群眾不是基於物質利益而是心理需求的驅動。第二個特徵是人際關係的隔絕，所有不能直接幫助實現黨的目標的社會關係一概會遭到清除。魏昂德批評集權主義理論強調的是政治壓迫與正式組織化的社會控制，這種理論忽略了這類社會所給予個人的正面鼓勵，著重於人類的恐懼及其謹慎所造成的心理上的畏縮，而新傳統主義注重經

45 紀鶯鶯：〈文化、制度與結構：中國社會關係研究〉，《社會學研究》2012 年第 2 期。

46 Oi, Jean. C. "Communism and Clientism: Rural Politics in China." *World Politics*, Vol.37, Iss.2, 1985.

濟與政治權力的結合，也就是黨提供的系統性的利益刺激。在這一論述上，新傳統主義與蘇聯史研究中的修正主義模式是有相似之處的。

新傳統主義模式反對所謂人際關係隔絕以及不符合黨的目標的社會聯繫被清除的說法，而是斷定，共產黨社會產生了一種豐富的實用性私人關係的亞文化。黨的基層組織在忠實的基本群眾（loyal clients）裏發展出了一套固定關係網，發展了一套高度制度化的上下互惠關係網（network of patron-client relations），這是共產黨意識形態的意料之外的後果。中國革命領導人並沒有打算創立一種建立在上下間的施恩回報關係網絡基礎上的新傳統式的權力結構，但由於他們以計劃方式來解決難以應付的人口和社會問題，還有新形式的制度所產生的意料之外的結果，他們的理想最終卻變成了完全兩樣的現實。一個強大的黨政合一國家從無到有地製造出了一個在政治與經濟上都依附於企業和管理企業的下級政府官員的工人階級。

新傳統主義同樣認為，共產黨社會在每個層面上都滲透著競爭和衝突，但與利益集團模式有根本的區別。新傳統主義不同意後者的前提，也就是真正的政治與社會力量是集團力量，而這種力量造就了正式的政治組織機構並通過這些機構來施加自己的影響。新傳統主義認為，共產黨的組織機構首先是為黨進行現實的政治控制而設計的。這一模式不把集團作為政治行為的基本單位，也不將集團聯繫看做社會結構的基本因素。它是將社會網絡而不是集團作為主要的結構性概念。最後，新傳統主義不同意共產黨社會發展的趨向將與發達的資本主義社會殊途同歸。[47]

---

[47] 需要指出的是，魏昂德及後文提及的許慧文等人的研究的理論背景，是當時新制度主義理論在社會科學中的興起，受此理論視角影響，相關的研究強調要關注社會主義體制中的中層制度、非正式制度、基層組織運作、基層群體行為以及它們所嵌入的社

有學者批評魏昂德誇大了「新傳統主義」與歷史的斷裂。[48] 中國的共產黨制度絕不像魏昂德說的那樣，是一種一般性的制度體系。因為中國的領導人向來對蘇聯模式持懷疑和保留態度，強調要結合中國的實際情況，所以，中國傳統文化的生存空間要比魏昂德所說的要大很多。「新傳統主義」沒有魏昂德強調的那麼「新」，單從共產主義體制的制度結構中尋找解釋不能給出一個令人滿意的回答。他們認為，更為妥當的做法應像趙文詞在《一個中國村莊中的道德與權力》中試圖做到的那樣，兼顧國家與社會之間的互動，中國基層社會被國家改造，與此同時，國家也深受傳統中國社會的影響。[49] 在這方面，許慧文（Vivian Shue）與沃馬克（Brantly Womack）所提出的理論概念顯然要更優。

3.3 蜂窩結構與國家觸角的限度

許慧文（Vivienne Shue）在其影響深遠的《國家的觸角》一書提出了中國社會的「蜂窩結構」（honeycomb structure）的說法。[50] 她批評集權主義理論，而認為毛澤東時代的國家滲透和農村社會遠比我們想像的要

會環境，在視角上更多關注「社會」和不同的社會群體，參見 Stark, D.(eds.) , *Remaking the Economic Institutions of Socialism: China and Eastern Europe*. Stanford: Stanford University Press, 1989. 此外，這些研究出現的另一學術背景是 1980 年代以後的美國學界越來越強調中國研究與其相關母學科之間的融合與對話，Harding, H. "The Evolution of American Scholarship on Contemporary China." in David Shambaugh (eds.), *American Studies of Contemporary China*, New York: M. E. Sharpe, 1993。

48 裴宜理在一項研究中指出，如魏昂德所言，工人階級內部並非是鐵板一塊的，但並不是如前者所言，這種階級內部的裂痕乃是共產主義體制的新創造，而是有其豐富的歷史淵源，這種淵源遠遠早於新中國的誕生，參見裴宜理：《上海罷工：中國工人政治研究》；Perry, E. J. "Shanghai's Strike Wave of 1957", *The China Quarterly*, No.137, 1994.

49 李路路等：〈「新傳統主義」及其後——「單位制」的視角與分析〉,《吉林大學社會科學學報》2009 年第 6 期。

50 Shue, V. *The Reach of the State: Sketches of the Chinese Body Politic*. Stanford: Stanford University Press, 1988.

複雜。在國家試圖去尋求主宰的過程中，往往會引發抵抗，這種抵抗可能是直接的，也可能是間接的或者迂回的。同時社會中存在著各種亞文化，並仍然深受各種以前的社會結構及相應的文化傳統的影響。例如在農村，農民並沒有變成無產階級，家庭仍然是主要的社會紐帶，相應的農村文化也保留下來了。許慧文也批評利益集團模式，認為這一模式或許能解釋政府內事務，但無法解釋國家與社會關係，而且它基於的預設是一原子化的社會，這並不適用於中國社會。

許慧文強調中國的鄉村與蘇聯是不一樣的，中國的鄉村是自給自足的，而不是與城市工業緊密結合的。蘇聯是一直在推動一種城市化的道路，但中國則是要將農民束縛在土地上。中國的經濟模式與典型的計劃經濟也有所不同，對地方保護主義是有容忍的，甚至強化了這種地方保護主義的條件。鄉村經濟的自給自足性以及戶籍登記制度等等都促成了鄉村社會的細胞化，中國的鄉村社會就形成一種蜂窩結構。

在此背景下，鄉村幹部與地方社會的緊密關聯，使得他們或多或少地都在施政過程中保護地方利益，而使得國家政策的推進遭到一定程度的抵制或扭曲。[51] 在這方面，鄉村幹部扮演著類似傳統社會鄉紳的角色，他們是國家與農民之間的中介，是鄉村社群的保護人。正因此，毛澤東時代國家對鄉村社會的滲透與控制就遠沒有我們想像的那樣強大，而集權主義模式所宣稱的國家對個體和社會生活全方面的滲透，自然也就不成立了。許慧文強調，由於這樣一種社會結構，當時的庇護網路與地方保護主義是非常普遍的，而且正是由於社會普遍的細胞化，上述兩

---

51 我們可以注意到，許慧文所觀察到的現象與戴慕珍有一致性，但二者的詮釋有很大的差異。戴慕珍與魏昂德一樣，認為社會主義中國的庇護關係不是傳統之遺留，而是社會主義計劃經濟體制下的單一政黨及其地方代理人掌控著全部重要資源與機會的分配，而許慧文則強調傳統亞文化的重要性。二者的區別實際在於，戴慕珍過分強調了國家對社會的壓倒性地位，而許慧文則注意到了國家與社會之間的互相影響。

種現象變得更為重要。[52]

　　許慧文的這些洞察都是發人深省的，但她某種程度上誇大了臺面政治與實際政治之間的距離，低估了國家對社會的滲透轉化能力，她甚至認為文革後期國家幾乎無力介入社會。因此，許慧文在強調國家之不能滲透社會與社會內部的多元性時，可能忽略了國家具有相對自主性以及能夠轉化社會的那一面，也正是在這一方面她遭到另一位中國研究學者蕭鳳霞（Helen Siu）的批評。[53] 蕭鳳霞強調，在毛澤東時代國家通過用整套行政機器取代層層疊疊的「民間」社會，進而成功地把繁複的鄉村共同體轉變成單一的官僚細胞。鄉村幹部的處境與性質也決不同於傳統的鄉紳，他們受制於對國家的全面依賴，根本無力扮演保護人的角色，而成為國家的代理人（state agent），進而幫助國家成功實現對鄉村社會的滲透與改造。顯然，許慧文強調的是國家觸角的限度及對鄉村社會滲透的不均衡性，而蕭鳳霞更強調的是國家觸角的近乎無孔不入及對鄉村社會的徹底改造。在這方面，蕭鳳霞對毛澤東時代的國家與社會關係的看法更接近集權主義模式（雖其並未使用集權主義一詞），因而陷入另一種偏頗之中。在國家與社會關係這兩端，蕭鳳霞過分強調了國家的力量而無視社會的存在，而許慧文則強調了社會對國家的抵制與滲透，而未能充分體認國家對社會的轉化可能性。或許，一種同時兼顧國家與社會以及二者之間的互動之分析框架，才是更為妥當的分析路徑。

　　許慧文的討論主要是基於對鄉村社會的社會結構的分析，這一點恰與魏昂德形成對比。相應的問題是，許慧文的這一說法是否同樣適用

52　Shue, V. *The Reach of the State: Sketches of the Chinese Body Politic.* Stanford: Stanford University Press, 1988, pp.69-70.

53　Siu, H. *Agents and Victims in South China: Accomplices in Rural Revolution.* New Haven and London: Yale University Press, 1989.

於城市地區。對這一問題的反思，構成沃馬克（Brantly Womack）討論的出發點。

3.4 單位社會主義

沃馬克在一篇精彩的評論性文章中對新傳統主義提出了系統的批評，並提出單位社會主義（work unit socialism）的概念。[54] 沃馬克認為，魏昂德的新傳統主義實際是一種新集權主義（neo-totalitarianism），因為新傳統主義同樣意味著總體性權力（total power）的集中化，國家幹部幾乎掌握著所有權力，而基層民眾則在各個方面都完全依附於組織和國家，但實際情況並非完全如此。這是因為一方面官僚制度內部存在著形式上的權力安排與實際的權力格局之間的巨大落差，也因為當時的工作是鐵飯碗，這也使得基層民眾有力量去對抗幹部的管理。因此，魏昂德忽略了領導幹部權力所面對的軟約束。與此相關，裴宜理也注意到魏昂德和許慧文提供了兩種不同的景象，魏昂德強調的是一種新型的黨國控制的、雖然分化但卻順服的人際網絡社會，而許慧文強調的是持續的地方化的抗爭。裴宜理認為，這種不同是因為他們所研究的對象不一樣，一個是都市工廠，一個是農村農民。[55] 對此，沃馬克提出了不同看法，他認為二者之間的不同不是區域的不同，而是現象本質上的不同，也就是說，魏昂德沒能注意到許慧文所持續關注到的地方性的反抗與制衡。

---

54 Womack, B. "Transfigured Community: Neo-Traditionalism and Work Unit Socialism in China." *The China Quarterly*, No.126, 1991.

55 Perry, E. J. "Review: State and Society in Contemporary China." *World Politics*, Vol.41, No.4(July), 1989.

沃馬克實際指出了，魏昂德與許慧文的區別實際是對當時的國家與社會關係理解上的差異，而城鄉區域差異則是次要的問題。沃馬克也批評魏昂德有一種潛在的對單位制的反對，將單位所提供的全方位的福利視為一種陷阱和圈套，而暗中頌揚市場個體主義的烏托邦。

　　沃馬克提出單位社會主義是一更好的概念。他認為單位是一種社區，它被國家所塑造，同時也服務於國家。單位既是地方性的社區（這是許慧文所強調的），又是國家權力的表達（這是魏昂德所強調的），二者是同時並存的，而相互之間又存在著張力。單位內部奉行的確實是如魏昂德所言的「有原則的特殊主義」（principled particularism），這固然意味著庇護主義與操控行為的存在，但沃馬克更強調的是，「有原則的特殊主義」同時也意味著對家庭關係、領導者的人格、社區成員的需求與長幼尊卑的強調。這種領導統治，很多情況下帶來的是一種家長式的支配而非恐怖主義。此外，單位內部奉行的是一種共識政治（consensus politics），由於大家都是鐵飯碗，且工作流動性較小，抬頭不見低頭見，所以大家都避免一種公開的衝突，但這種共識政治不意味著意見的完全一致。單位制內部的關係是一種強關係，它並不等同於魏昂德所刻畫的過於狹隘功利的縱向庇護關係與橫向交換關係。無論是有原則的特殊主義、共識政治還是強關係，都存在著公共功能與私人利益之間的並存交錯與可能的衝突張力。這三點構成了單位這一被轉化了的社區的核心特質。沃馬克強調單位是一社區，但又不是傳統的社區，而是現代性下的基於社會分工的社區，它同時也提供了通往現代性的不同

於市場資本主義的另一路徑，甚至是更佳路徑。[56] 但是，一旦市場選擇成為可能，這種單位制就變得很脆弱。

不難看出，沃馬克所提出的單位社會主義概念是基於對單位體制的正面評價，這一態度迥異於魏昂德。單位社會主義的概念能夠在解釋國家與社會高度融合的同時，又賦予內部的多元性一定的空間與可能。就此而言，單位社會主義這一概念能夠展現出國家與社會之間的相互滲透與互動，這也正是趙文詞所強調的。同時，單位社會主義也可以解釋社會主義國家的部分合法性所在，這也是蘇聯史研究中的修正主義史學所關注的地方。同時，這一概念聯同許慧文的「蜂窩結構」的概念，也可引領我們注意到新中國的社會主義實踐所置身的悠久歷史傳統，恰如沃馬克所言，中國革命極佳地證明了，歷史並非一張白紙。

概而言之，許慧文的「蜂窩結構」與沃馬克的「單位社會主義」都注意到國家與社會關係之間的相互滲透與作用，國家很大程度上改變了社會，但社會也在此過程中改變了國家。

3.5 全能主義國家模式

鄒讜力主用全能主義國家（totalistic state）來界定毛澤東時代的中國甚至鄧小平時代的中國。[57] 鄒讜認為，集權主義模式預設國家 — 社會

---

56 李懷印基於對近百位退休工人的訪談的實證研究，系統地回應和批評了新傳統主義模式，並提出單位社群主義（work-unit communalism）的概念，這一概念與沃馬克的單位社會主義概念有頗多共通之處。李懷印強調單位內部幹部與工人之間的相對平等以及二者共用的單位認同，幹部對於資源的分配受到了諸多制度與思想觀念的限制，因而並不存在廣泛的「庇護 — 依附網絡」。與沃馬克一樣，李懷印也否定了基於一種系統性的利益刺激來解釋毛時代國營企業中的日常權力關係，而更加強調當時的制度、價值觀念與日常倫理所具有的強有力的影響。參見 Li, H. "Everyday Power Relations in State Firms in Socialist China: A Reexamination." *Modern China*, Vol.43, No.3, 2017。

57 鄒讜一度也曾使用集權主義概念來形容新中國的政體，但認為該概念主要適用於文

關係與一國之政權性質（也就是，獨裁或民主）之間的高度相關關係，但事實並非如此，因為一個民主國家對社會空間的佔據有可能比一個獨裁的國家更大（鄒讜以瑞典和法西斯意大利為例，前者對社會空間的控制可能比後者要更大）。因此，鄒讜認為必須在國家 ─ 社會關係以及政權性質之間做出區分，而全能主義國家這個概念專指一種特殊的國家與社會關係，但這個概念並不對政權是否為專制做出判斷。「全能主義」這個概念意味著國家原則上能夠干預社會的任何領域，但在實踐中這種干預能力是高度可變的。正是在這個意義上，鄒讜同意奈特的觀點，[58]即國家是一個概念性的變數（conceptual variable），國家的這種滲透力度是可變的。鄒讜這一提法對後來的國家能力模式有一定的鋪墊作用，但並未直接就國家能力進行研究。

此外，鄒讜也指出中國形成為全能主義國家是有其具體的歷史背景，這也為我們的分析增加了歷史的視野。按照鄒讜的觀點，古代中國政治、社會、文化和心理秩序是高度一體化的整體，這與日本不同，日本沒有形成這樣的格局。[59]由於這樣一個格局，清帝國的崩潰以及與此同時出現的西方列強的入侵所帶來的不僅是政治秩序的更迭，而是導致了中國的政治、社會和文化秩序的全面危機。要應付這一危機，不能像胡適說的那樣，點點滴滴地經過一個長時間的演進，排除使用政治手段，無組織地、無計劃地由社會中的各種群眾和個人去改造社會各領域的思想制度與生活方式。這需要的時間太長了，來不及做；只有用政治的力量對社會進行全盤改造，才能解決全面的危機。隨著日益加劇的危

革時期的中國，而不適用於其他時期，可參見 Tsou, T. *The Cultural Revolution and Post-Mao Reforms: A Historical Perspective.* Chicago University Press, 1986。

58 Nettle, J. P. "The State as a Conceptual Variable." *World Politics*, Vol.20, No.4, 1968.

59 鄒讜：《二十世紀中國政治：從宏觀歷史與微觀行動角度看》，第 55 頁。

機意識，知識份子日益認為只有徹底的革命才能使中國免於滅亡。相應的，全面危機需要一次全面的革命，也就是將政治革命、社會革命與文化革命畢其功於一役。當新中國成立以後，這種全面危機的格局可以說告一段落，但新政權仍然沿襲固有的模式，建立起來的則是一種全能主義國家模式，而自上而下建立起來的科層體制又使得全能國家更有可能和能力去進一步推動全面革命。鄒讜意在說明，全能主義模式既有悠久的歷史文化傳統的鋪墊，又源自晚清以降中國所面對的特殊歷史情境。因此，新政權所開創的全能主義國家模式並非如魏昂德所言，系無中生有的全然共產主義創造，而是其來有自的。當思考當代中國的國家與社會關係的現狀與可能性的時候，我們需要如鄒讜一樣將其放置在較長的歷史脈絡中來審視。事實上，從思想史的角度來看，嚴復對自由主義思想的誤讀[60]，梁啟超的國家主義轉向[61]，以至孫中山與毛澤東的相關國家論述上的延續性[62]都具有內在的一致性，這種一致性與全能主義國家的概念是有密切聯繫的。事實上，無論是新制度主義所強調的「路徑依賴」（path dependency），抑或結構主義所強調的結構性約束，這些理論都提醒我們要充分重視中國悠久的歷史傳統對於現代中國的國家與社會關係所施加的巨大影響，這是今天的中國研究仍有待正視的地方。

全能主義國家這個概念凸顯了國家與社會關係的歷史向度與文化向度，這是比集權主義概念更為優勝的地方，而且這一概念也有意剝離了一些可能的意識形態負載。此外，全能主義國家這一概念也為國家能力的研究起了鋪墊作用，這也是下一小節的關注。

60　本傑明·史華茲著，葉鳳美譯：《尋求富強：嚴復與西方》，南京：江蘇人民出版社，1990 年。

61　裴自餘：〈追尋現代國家的觀念基礎 —— 晚清的國民國家論述〉，《華東師範大學學報》2012 年第 3 期。

62　羅伯特·白德基：〈國家的觀念：孫中山和毛澤東〉，《現代哲學》2009 年第 2 期。

3.6 國家能力模式

在關於國家與社會關係的討論當中，我們需要同時處理國家與社會這兩端。從前面的討論可以看到，集權主義模式凸顯的是國家與社會的高度一體化，無論國家還是社會，都是被作為一個鐵板一塊的實體來對待。隨後的種種替代概念，則讓我們意識到社會內部的多元性以及相應的對國家轉化的抵制。後續的研究顯然豐富了我們對社會的認識，但它們似乎仍然是把國家作為一個整體來討論，而沒能對國家內部進行差別化的細緻分析。[63] 前述鄒讜的全能主義國家概念已經觸及這個問題，但尚未能實質性地展開相關研究。在這方面，美國社會學家斯科克波等人於上世紀八十年代所宣導的「國家中心觀」（state-centered approach）特別有相關性，[64] 該理論引發學界對國家的重新關注，也特別強調需要重視對國家能力（state capacity）的分析。

或許得益於這一研究趨勢，晚近的中國研究領域已經在不同程度上觸及毛澤東時代的國家能力問題，但在觀點上莫衷一是。一些研究較為關注國家能力的不足，甚至提出「笨拙的共產政權」概念。[65] 例如，余偉康（Eddy U）基於對新中國成立初期上海的教育系統的研究，[66] 認為毛澤東時代的中國是一種反科層制的體制，缺乏專才、分工不明，按

---

63 事實上，裴宜理就批評國家社會關係模式中的「國家」與「社會」都過分模糊龐大，而無法展示出現實實踐中的多樣性和差異性，可參見 Perry, E. J. "Shanghai's Strike Wave of 1957." *The China Quarterly*, No.137, 1994。我們可以看到，諸如國家能力模式等取向有助於矯正這一問題，而無需如裴宜理所言放棄「國家與社會關係」這一框架。

64 Evans, P. B., Rueschemeyer, D. and T.Skocpol. *Bringing the State Back In*. Cambridge: Cambridge University Press, 1985.

65 傑里米·布朗：〈從反抗共產黨人到反抗美國——中國西南地區的內戰與朝鮮戰爭：1950-1951〉，《中國當代史研究》第一輯，北京：九州出版社，2009年，第199頁。

66 U, Eddy. *Disorganizing China: Counter-bureaucracy and the Decline of Socialism*. Stanford, Calif.: Stanford University Press, 2007.

照政治忠誠度而非才幹來選拔人才。換言之，余偉康認為當時的國家在科層制這一方面國家能力不夠。戴蒙德關於中國家庭革命的研究強調的也是國家能力的不足，國家沒能成功地推行基於階級的「好婚姻」，在除知識份子以外的群體當中，愛情、容貌、居住區域（城市或農村）、財產等因素都要比階級的觀念更重要。[67] 另外一些研究則注意到強大的國家能力所帶來的意外後果。例如，閻雲翔的著作強調社會主義國家改變了農民生活的道德世界，也改變了傳統的家庭。集體化與其他社會主義實踐使得家庭不再擔當過去許多社會功能，中國農村的家庭本身被私人化並且不再主導社會生活。但是，其意料之外的後果是，集體化打破了傳統以血緣關係為基礎的社會等級，但也培育了具有自我意識的個人，而在八十年代以後的消費欲望的帶動下，塑造出的是一種極端形式的自我中心觀念。[68] 許慧文在另一篇非常有啟發的文章較為系統地分析了毛澤東時代中國的國家能力議題。她首先指出中國的國家目標（state goal）包括自主、財政收入的增加、國家安全、文化領導權和自主性。她指出五十年代國家具有相對自主性，但它所塑造出的一批新精英，在毛澤東於六十年代要發動文革時，卻成為這種國家自主性的阻礙，因為新精英與國家已成一體，國家面對這種狀況往往無可奈何。在財政上，由於國家的控制能力和汲取能力的增強，財政收入迅速增加，但這種能力的增加也導致民眾消費不足、生產勞

---

67 Diamant, N. J. *Revolutionizing the Family: Politics, Love, and Divorce in Urban and Rural China, 1949-1968.* Berkeley: University of California Press, 2000.

68 Yan, Y. *Private Life Under Socialism: Love, Intimacy, and Family Change in a Chinese Village, 1949-1999.* Stanford, Calif. : Stanford University Press, 2003.

動積極性不足，故而在六十年代開始財政增長減緩。在文化領導權方面，國家取得了相當大的成功，但是，正如前面所言，國家通過其強大的能力所獲得的暫時的文化領導權，其實為隨後的文化領導權的衰落埋下伏筆，因為這種文化領導權沒有真正去回應六十年代所發生的內部的鬥爭，而在七十年代之後，這種文化領導權衰弱的時候，相應而生的是更強烈的疏離和犬儒主義。[69]

　　儘管前述研究對於毛澤東時代的國家能力觀點不一，但它們都有益於我們去反思集權主義模式。集權主義模式所呈現出來的是一高度有效的強國家的存在，在一些文學化的描述裏，集權主義國家似乎無所不能、無孔不入，構建出對整個社會的每個個體的全景監控，而且成功實現對每個個體的系統「洗腦」。對國家能力的細緻分析則呈現出不同的歷史景象，前述研究說明國家並非無所不能，如婚姻觀念的改造就不是那麼成功；國家在不同領域當中的國家能力也存在一定的欠缺；此外，即便是那些強大的國家能力，也可能帶來意料之外的後果，而導致國家計劃的挫折與失敗。

　　筆者認為，無論是集權主義模式，還是晚近提出的「笨拙的共產政權」的看法，都沒有對新中國的國家能力進行具體全面的分析，故而得出這樣一些有失偏頗的看法。一個更為妥當的進路，應是充分分析新中國各個方面的國家能力，並在具體的歷史情境中探究國家能力的流

---

69 Shue, V. "Powers of State, Paradoxes of Dominion: China 1949-1979." in K. Lieberthal et al. (eds.), *Perspectives on Modern China: Four Anniversaries.* Armonk, NY.: M.E. Sharpe, Inc, 1991.

變。[70] 在這一基礎上，我們方可對毛澤東時代的國家能力與國家性質有一整體客觀的瞭解，這一方面的工作仍有待拓展。

4. 簡要的評論與總結

在中國研究領域，利益集團模式和派系主義模式是最早出現的挑戰集權主義模式的理論範式。它們都帶有某種多元主義色彩，而突破了以往集權主義模式所主宰的對中國政治的認知。但是，利益集團模式所描述的場景顯然與當時的中國社會之現實有距離，而更貼近美國政治的實際運作。派系主義模式加入了更多對中國社會之分析，如對「庇護關係」的強調，但由於其主要局限在對精英政治的分析，對精英與大眾之間的勾連以及基層政治未能給予足夠的關注，因此未能呈現較為完整的國家社會關係。在這一方面，新傳統主義、單位社會主義與蜂窩結構等概念顯然要更勝一籌，後者對「社會」的探究要更進一步。

「新傳統主義」模式揭示了毛澤東時代中國社會的正面激勵機制，強調了社會內部廣泛的社會關係網路的存在，這些都是有益的洞察。通過魏昂德的分析，我們也能夠明白當時的國家何以能夠建立一種相對穩

---

70 需要指出的是，國內學者近來也有不少從國家能力的角度來分析毛澤東時代的中國。如王紹光對新中國成立初期的財政稅收體制的分析，凸顯的是新中國國家汲取能力的強大；黃冬婭則通過對工商管理所的研究，指出工商管理領域中所透顯出來的國家能力的不足，如工商管理的人員不足和經費緊缺；類似的，肖文明對上海的文化改造的個案分析，說明了當時的財政資源這一國家能力的不足，認為這影響了文化改造的成功推進。這一觀點上的多樣性與海外中國研究的狀況是一致的，也恰恰說明當時的國家能力的複雜性，遠非集權主義模式所呈現的那麼單一化，可參見王紹光：〈國家汲取能力的建設 —— 中華人民共和國成立初期的經驗〉，《中國社會科學》2002 年第 1 期；黃冬婭：〈財政供給與國家政權建設 —— 廣州市基層市場管理機構研究（1949-1978）〉，《公共行政評論》2008 年第 2 期；肖文明：〈國家能力與文化治理：以中華人民共和國建立初期的上海為個案〉，《思想戰線》2013 年第 4 期。

定的體系，進而為國家的相對自主性提供可能。但是，新傳統主義過分看重制度分析以及由此衍生出的對利益動機的單一關注，它忽視了文化意涵上的正當性思考。在這方面，單位社會主義的概念要更勝一籌。新傳統主義的分析主要是結構化的，而單位社會主義賦予行動者更積極的角色，並意識到行動者不單是理性選擇的個體，同時也是有意義感的個體。此外，確實如沃馬克所說，魏昂德的說法實際是一種「新集權主義」，他強調了國家無處不在的滲透，而沒能注意到許慧文等所強調的地方性的反抗與制衡。這種反抗與制衡的源頭就在於社會，在於傳統社會的延續與遺產，而魏昂德恰恰將這種體制視為完全是共產主義體制的產物，所以無法注意到過往歷史的持續影響，也無法注意到共產主義體制下的「社會」的存在。

相對而言，「單位社會主義」與「蜂窩結構」的概念表現出更強的親和性。單位社會主義在強調單位是一種社區的時候，能夠將過往的歷史傳統與現代性的衝擊結合起來，這是它強調單位是一種「被轉化的社區」（transfigured community）的意蘊所在。類似的，許慧文提出的「蜂窩結構」這一概念，意識到鄉村幹部與士紳階層之間某種歷史延續性，這同樣是很有歷史眼光的看法。因此，這兩個概念也更接近原初「新傳統主義」的意涵。

單位社會主義強調了單位作為一種社區的歷史性與現代性，是國家與社會互動的產物，而許慧文注意到蜂窩結構是傳統紐帶與計劃經濟體制的結合之共同產物，在這一點上，沃馬克、許慧文與趙文詞是一致的，也就是注意到國家與社會之間的相互塑造和相互滲透。魏昂德和蕭鳳霞則只注意到國家對社會的塑造，而未能注意社會對國家的影響，這是他們會更接近集權主義模式的根源所在。不過，儘管單位社會主義與蜂窩結構這些概念強調了國家與社會之間的相互影響和相互滲透，但整體而言其論述的重點是「社會」而非「國家」，它缺乏對國家的正面論

述，也缺乏國家能力之類的概念。在這方面，全能主義國家模式與國家能力模式提供了一定的矯正。

全能主義國家這一概念強調原則上國家可以干預社會生活的各個領域，但在實踐中並不一定如此，這也就是內特爾（John P. Nettl）所說的「國家性」（stateness）是一個變數的含義。強調「國家性」的可變性，就要求研究者不可將國家視為當然，視為一個固定不變又模糊不清的背景，而需要對國家進行具體細緻的分析。這是全能主義國家概念對國家能力概念所起到的鋪墊作用。另外，全能主義國家這一概念值得借鑒的地方也在於其強烈的歷史感，這一概念試圖把握晚清到新中國這段歷史的基本脈絡及其塑造出的新中國的國家格局。但在具體的使用中，無論是英文的 "totalistic" 還是中文翻譯的「全能」，都似乎在傳遞一種無孔不入的國家形象。全能主義國家缺乏一個明確的國家能力的概念，因此它沒有正面闡述國家能力的不均衡性問題，也沒有闡述國家內部的張力問題。此外，全能主義國家概念更側重的是國家，而社會仍然是一個被動的被塑造者。我們應該注意到全能主義國家強大的轉化能力，但另一方面也必須注意到米格達爾的「社會中的國家」這一理論所帶來的啟發，也就是說，無論全能主義國家多麼強大和具有其自主性，它始終會遭遇其內在的衝突、不一致和不和諧的地方。

在對國家的研究方面，國家能力模式比全能主義國家模式要更為具體細緻。國家能力模式矯正了以往研究中潛在的對「國家」的忽視，並以國家能力的視角呈現出國家的不同面向，但相關研究似乎尚未形成一種清晰的理論取向。而且，相關研究對國家能力的探討都各有側重，缺乏一種整體的對國家能力的認識。事實上，我們需要注意到國家能力的不均衡性的問題，要同時注意到國家能力強大的一面、強大的國家能力所帶來的悖謬、國家能力的限制、不同的國家目標之間的衝突以及國家能力的不足。透過對這些不同面向的掌握，我們可以獲得一個更為全

面均衡的對國家性質的認識。這種對國家能力的不均衡性的認識也將有助於我們超越「集權主義模式」。

表 d　諸理論模式概覽

理論模式	對集權主義模式的批判指向	國家－社會關係的定性	簡要評價
集權主義模式	不適用	極強國家無社會模式	忽略了國家與社會之間的分野與內部的差異性，以及國家與社會之間的複雜互動
利益集團模式	國家與社會的高度一體化	弱國家強社會模式	主要注意的是高層政治，對社會之理解有失偏頗，主要基於美國的政治現實，不符合當時中國的歷史現狀
派系主義模式	國家的高度一體化	不清楚	主要關注的是高層政治，缺乏對社會之分析
新傳統主義模式	人際關係的原子化；一元化意識形態的動員	強國家弱社會模式	雖然關注了「社會」，但這個社會是被國家強力重塑和滲透的社會，是「新集權主義」模式
蜂窩結構與單位社會主義	國家與社會的高度一體化；意識形態的一元化；人際關係的原子化	國家與社會互動互構模式	缺乏足夠的對國家的概念化和分析
全能主義國家模式	國家與社會的高度一體化；高度有效的強國家	強國家模式	為國家能力鋪墊，缺乏對社會的充分關注
國家能力模式	國家與社會的高度一體化；高度有效的強國家	國家性質未定	對國家能力有細緻分析，但缺乏對社會的足夠定性

　　概而言之，前面評述的這些不同的理論視角極大豐富了我們對新中國前三十年的國家與社會關係的認知。不過，前述理論視角多半是提供某一概念對社會事實的某一面向的剖析，它們各自發現了當時中國社會真實的一面，以一種合理的方式融通它們各自的洞察，才能提供更為真實的毛澤東時代中國的國家 — 社會關係景象。基於前述討論，筆者認為趙文詞等人所宣導的國家與社會互動互構模式是最為平衡的國家社

會關係框架，但我們需要藉助國家能力模式及其他國家理論來予以矯正補充其國家概念缺失的一面。

為整合前述諸概念的洞察與視角，我們仍然需要一種整體的國家與社會關係的理論框架。正如社會學理論家亞歷山大（Jeffrey Alexander）所強調的理論需要具備多維性（multi-dimensionality），一個理想的整體理論框架需要兼顧歷史與當下（如本節所討論的新中國前三十年的國家與社會關係是源自中國歷史傳統抑或共產體制，這也涉及傳統與現代性衝擊的問題）、國家與社會（國家與社會之間的相互塑造）、利益與文化（在此體制下的行動者之行動，是基於恐懼感與經濟利益的推動，還是基於文化理念）、城市與鄉村、宏觀與微觀以及結構與能動性等二元對立的不同面向。

這裏需要著重論述「國家與社會」這一面向。一方面，我們對國家與社會需要有差別化的認識，換言之，在分析性與經驗性的層面上，需要對國家與社會予以區分對待，並對各自進行細緻的分析。關於國家這一端，可以通過藉助「國家中心觀」、國家能力模式還有「社會中的國家」等分析視角進行討論；在社會這一端，可通過非正式組織、傳統社會結構的延續、新社會結構與傳統社會結構的交錯並置、庇護關係等等來切入。但另一方面，也要注意國家與社會之間的複雜互動與聯接。在切入國家與社會之間的互動時，需要特別注意一些中間機構，這包括城市中的單位、工會組織與居委會組織等，以及鄉村中的人民公社與生產大隊，因為如沃馬克所分析的那樣，國家與社會的互動正是在這些機構當中展開。

筆者強調對國家與社會的分析不可太過籠統化和簡單化，而需要予以細緻和差異化的分析，但是，這不意味著國家與社會都是碎片化的

存在。[71] 例如，強調需要對國家的不同領域與不同面向有更細緻的差別化的分析，但這並不否定國家中心觀所強調的國家具有其相對自主性以及國家可以作為一種整體的行動者來行動。在差別化認識與整體化認識之間需要尋找一種平衡。如果說集權主義模式代表了一個極端，即將國家與社會視為一個高度一元化的整體對待；那麼後現代主義模式代表了另一個極端，這一模式將國家與社會都視為高度碎片化的存在，乃至說已經不存在國家，國家是一種虛構。[72] 在集權主義模式與後現代主義模式之間構成一個連續統或光譜（continuum），對於新中國前三十年的國家與社會關係乃至後三十年的國家與社會關係，我們需要在這一光譜上找到一個準確的定位。對這一定位，需要加入時間與空間的因素，因為國家與社會關係在不同的時段與不同的區域都可能存在差異。在引入時空維度的時候，也需要特別留意斯科克波所說的社會政策的反饋效應（feedback effects），[73] 也就是說，需要注意國家推行的具體社會政策所帶來的後果又是如何反過來影響了國家，進而重塑了國家與社會關係。

71　比如，美國學者柯文（Paul A. Cohen）就在其影響深遠的《在中國發現歷史 —— 中國中心觀在美國的興起》一書中提出要對國家和社會進行分解分析，宣導一種地方史和區域史的分析取向，參見柯文著，林同奇譯：《在中國發現歷史 —— 中國中心觀在美國的興起》，北京：中華書局，1989 年。同樣的，如前所述，裴宜理也認為「國家」與「社會」這兩個概念都過於宏大，無法呈現中國內部的區域與部門差異性，在這方面，她也格外推崇地方史和區域史研究。在筆者看來，對地方史和區域史的宣導是對的，但如果不輔之以對國家與社會的整體理解，就可能帶來對中國的解構，營造出一種碎片化的中國史。該問題可參見一位地方史研究學者的反思，陳春聲：〈走向歷史現場〉，《讀書》2006 年第 9 期。

72　Mitchell, T. "The Limits of the State: Beyond Statist Approaches and Their Critics." *The American Political Science Review*, Vol.85, No.1, 1991. 由於這一理論與毛澤東時代的歷史有顯然的不吻合性，尚未見到從這一角度探討毛澤東時代的國家社會關係的研究，故本書未對該模式予以詳細評述。

73　Skocpol, T. "Bringing the State back in: Retrospect and Prospect." *Scandinavian Political Studies*, Vol.31, No.2, 2008.

需要指出的是，本節強調要超越集權主義模式，並不是否定當時國家權力的足夠強大，正如張濟順所言，「否認或低估了國家集權因素顯然拋開了國家空前強勢這一基本的時代特徵，也無法解釋1949年以後中國的社會結構變遷為何如此深刻劇烈，無數的個人命運際遇又為何如此起伏跌宕」。[74] 超越集權主義模式想強調的是，在強調國家權力之強大的同時，也必須意識到國家觸角的限度。這種限度既可能來自國家內部的非一體性和國家能力的不均衡性，但也可能來自社會的韌性。對於前者的分析，是派系主義模式和國家能力模式的重要貢獻。就後者而言，則是蜂窩結構和單位社會主義模式的重要洞察。在某種程度上，我們可以借用哈貝馬斯關於系統與生活世界的區分這一說法來理解國家與社會關係的互動。國家屬於政治系統的一部分，而一種更為寬泛的對「社會」的理解，可將其視為更接近「生活世界」的概念。我們既要關注作為政治系統之一部分的國家如何滲透和介入到作為生活世界的「社會」中，又要意識到國家歸根結底無法掙脫生活世界而決然獨立，因此國家也會受到社會的抵制、約束乃至塑造。因此，對於國家與社會之間的這種始終存在的互相滲透互相塑造的關係，需要兼顧系統與生活世界及其交互關係的邏輯。正是基於這一認識，筆者才強調，一種更為健全的國家與社會關係模型，需要同時融攝國家與社會互動互構模式與國家理論研究的晚近發展。

此外，不少當代中國的研究者也試圖超越國家與社會之間的零和博弈認識框架，提出改革開放之後的中國，甚至是改革開放初期的中

---

74 張濟順：《遠去的都市：1950年代的上海》，北京：社會科學文獻出版社，2015年，第15頁。

國，便是一種國家與社會的互相依賴關係，[75] 或者強調市民社會的兩栖性。[76] 放置在歷史的視野裏，我們需要意識到這樣一種國家與社會關係並非一夜之間就轉變而成的，而是有其歷史之基礎，本節的討論應該已經揭示了「集權主義模式」所遮蔽的改革開放之前的複雜微妙的國家與社會關係。前三十年與後三十年的國家與社會關係之斷裂與延續，仍值得我們在一個較長的時段中予以考察。

概而言之，我們需要在吸納既有的理論研究和經驗研究的基礎上建構一種更具整合性的國家與社會關係理論。在這方面，「新革命史」及其他形態的歷史敘事需要與社會科學背景下的中國研究有更為緊密的對話和融合。在此過程中，通過對毛澤東時代的中國這一歷史個案的更深入認識，以及與蘇聯和東歐的社會主義實踐更為深入系統的比較歷史研究，我們可能會獲得更多更新的認識，並進而建構出更完善的國家與社會關係的理論模型，而這將是超越集權主義模式的最佳路徑。

75　Zhou, Y. "State-Society Interdependence Model in Market Transition: A Case Study of the 'Farmers' City' in Wenzhou during the Early Reform Era." *Journal of Contemporary China*, Vol.22, Iss.81, 2013.

76　Ding, X. "Institutional Amphibiousness and the Transition from Communism: The Case of China." *British Journal of Political Science*, Vol.24, No.3, 1994.

三、本書寫作歷程與反思

1. 還是「問題意識」

我們今天常常強調要有問題意識，評價一個學者或者一篇博士論文，往往問的是，這當中的問題意識是什麼。儘管這已經是學界常識，甚至是陳詞濫調，但再多的強調似乎仍是有必要的。問題意識不是一種表面文章和裝飾，而是構成一篇文章的靈魂與樞紐，是文章敘述的那根主線。更重要的是，今天的和未來的「青椒們」都會在不同程度上經受著來自市場化和科層化的雙重擠壓壓力，學術那一層理想主義的氣息和玫瑰色的光暈，或許也會漸漸消褪。學術是否依然是一項值得去過的生活，對於踏入這個領地的年輕人來說，是一項真實而急切的問題。就此而言，我們是否依然葆有問題意識，它是否依然催促著我們繼續前行，會是對這個問題的答案。倘若我們能夠「不忘初心」，那麼仍可「繼續前進」。

就我個人而言，我原本應走上一條「數目字管理」的道路，讀碩士時轉行學習社會學，是受到了一些潛在的問題意識的激發，並一直影響到我今天的一些思考。我大一時閱讀當時風行的林語堂的《吾國吾民》（又譯《中國人》），很喜歡林語堂所呈現的傳統中國人生活方式的氣質，但與自己看到的都市中國人的生活方式對照，發現那種傳統中國人的「閒情雅致」的情趣早已一去不復返。我一方面對傳統中國有種鄉愁，另一方面也對這種從傳統到現代的轉變很感興趣。因此，在課餘時間陸陸續續閱讀黃仁宇、錢穆和余英時的作品，而錢穆的作品對我影響尤深。我記得余英時曾指出，由於諸如科舉制的瓦解等種種制度的變遷，儒家文化無所附麗而成為「遊魂」，這很形象而精煉地指出了儒家文化在現代中國的處境，至於其將來能否「魂兮歸來」則仍是未知之

數。另外一方面，由於我生長於江西吉安，這個地方宗族文化非常發達，耳濡目染，對於宗族組織、儒家文化與傳統中國生活方式，有種樸素的認識。但我也很清楚，這些宗族組織也是在發生變遷的。我印象特別深刻的一個畫面是，去親戚家拜年，鄉間馬路旁矗立著一個白牆的祠堂，而祠堂正門上面有一個閃亮的紅星，踏入祠堂裏面，看到一個介紹，發現這個祠堂還扮演圖書室的功能。祠堂、紅星與圖書室，這些疊加在一起，頗有種歷史的參差感，也是讓人迷戀的地方。

我拉拉雜雜講了這些，可能並無條理。但基於一種後知之明來說，我對於從傳統到現代的變遷，或者社會學常說的「現代性」的問題很感興趣，在這種興趣中又雜糅著對現代性的樸素批判意識。出於一種「溫情與敬意」，我很關心傳統文化在現代中國的命運，而這一文化變遷也恰恰是中國現代性很重要的一部分。但不同於一種純粹的哲學或者思想的討論，余英時「遊魂」的說法和宗族組織的意象，提醒我們對於這個問題的討論不能離開對文化所依附的制度與組織的討論。好了，這就可以關聯上我的博士論文了。

2. 博士論文的選題

我於 2011 年 1 月從香港中文大學社會學系畢業，博士論文題目是《未完成的文化霸權：國家理論視野下的上海大世界，1949-1965》。從這個題目大概也可看出，我的博士論文是以上海大世界遊樂場（以下簡稱上海大世界）作為研究對象的，研究的時段是從 1949 到 1965 年，也就是新中國成立到文革爆發之間的這一個時段。另外，我是基於國家理論的視野（更具體地說，就是斯科克波為代表的「國家中心觀」）來分析這個研究對象，或者說，國家理論是我的論文的理論框架，而對大世界的個案研究，是指向文化霸權（cultural hegemony，我現在更傾向於

用「文化領導權」這個譯法）這個論文主題，而文化領導權的前綴「未完成的」是一種定性與描述，也透露出論文的某些基本觀點。應該說，這個論文題目對於論文的一些基本要素，還是有較為清楚的交代。至於更具體的內容，我後文會再細說。

為什麼會選擇這個題目呢？説來話長。如我前面説的，我對於傳統文化在現代中國的命運很感興趣，但基於社會學的傾向，我們往往會去關注文化所依託的制度與組織而不是文化的內涵本身，這也是文化社會學（sociology of culture）所關心的議題和傾向於採取的視角。我讀碩士研究生的時候，就接觸過相關的課程，對於文化社會學和文化研究都略有了解，對這類問題也有一定的敏感度。一個偶然的機會，我的碩士導師方文教授接到北京市群眾文化藝術館的一個課題，他知道我對文化議題感興趣，所以就推薦我去做這個課題。儘管這件事情最後不了了之，但「群眾文化」這個詞在腦海裏卻揮之不去。在文化研究的著作裏，我們常見的是「大眾文化」、「流行文化」等字眼，這也是我們日常生活中常見的辭彙；在今天官方的用語中，較為常見的是「公共文化」；在更為歷史性的著作裏，我們可能會碰到「民間文化」和「庶民文化」這樣的説法；獨獨「群眾文化」這個詞語現在少有人提及。誠如雷蒙・威廉斯曾指出的，在辭彙變遷的背後是社會的變遷，因此，我們在這裏所面對的則是一個急劇的社會變遷過程。考慮到自己的學術興趣以及直覺上這個題目的新穎性，我當時就決定以「群眾文化」作為碩士論文的選題。

整體而言，「群眾文化」這個概念與毛澤東時代有更為密切的關聯，因此，要探究這個主題，就必須對新中國成立初期的歷史以及近現代以來的革命史有一定瞭解。當然，這些只是宏觀背景的掌握，真正進入論文寫作還必須藉助一手檔案資料和口述史的資料。我想起我一位初中同學的父親是在我們縣城的文化館工作，於是就去尋找他的幫助。恰

好他負責檔案管理的相關工作，於是我得以查閱該館館藏的檔案。由於檔案的性質，這些檔案材料主要包含的是縣裏的文化館、鄉鎮的文化站還有農村的俱樂部的歷年工作報告。除了這些檔案資料以外，我還去訪談了幾位當年的文化館工作人員以及民間的盲藝人。我的碩士論文就是基於這些材料，以我老家的文化館以及其他的群眾文化機構作為個案，來討論毛澤東時代的群眾文化的發展問題。囿於自己的學識和研究經驗，碩士論文寫得比較粗糙，雖然拉拉雜雜寫了五萬多字，但無論從經驗材料的搜集還是理論框架的構思來說，都不算很好，自己和導師也不算很滿意。

我從北京大學社會學系碩士畢業以後，就到香港中文大學攻讀博士學位。中文大學社會學系的博士專案大體是沿襲英國的體制，正常時限（normative period）為三年，超過了正常時限則停止獎學金，並且要繳納延期費。相對於美國的博士項目，中文大學的博士項目並沒有太高的修課要求，所以修課壓力並不大。儘管如此，要在三年之內先後完成5門課程、兩門資格考試、開題和博士論文的寫作，而且與此同時，要承擔較為繁重的助教（tutor）工作，時間上也並不寬裕。也許是因為這個時間約束，整個博士項目的設計自始就指向博士論文，以各種措施推動學生儘快選定題目、著手準備。資格考試也是選擇兩門與博士論文選題最相關的社會學分支領域進行。

我的博士論文選題實際上延續了碩士論文的選題，坦白說，最直接的原因就是時間的約束。事實上，我讀碩士時就對社會理論有興趣，讀博士期間對理論的興趣變得更加自覺，也花了不少時間在理論的研讀上面，所以，以理論作為博士論文選題也是考慮之一。但自知理論積累十分有限，理論研究也十分不易，擔心無法正常畢業，而碩士論文畢竟提供了一點前期的基礎和準備。另外的一個考慮是，我覺得社會學不是哲學，因此不能成為一門純思辨的學問，哪怕是專門從事理論研究的社

會學者，也應該對經驗研究有所感，從而來實現理論與實踐之間的相互滋養。我想通過博士論文來做一個扎實的經驗研究，來錘煉和培養自己對經驗研究的感受力。另外，做這個題目，也能促使我去深入瞭解毛澤東時代的歷史以及近代中國史，這也是我非常有興趣的領域。伊里亞思（Norbert Elias）曾批評社會學「退守至當下」（retreat into the present），缺乏足夠的歷史維度，我也深以為然，能藉博士論文寫作的機會來補歷史的課，也是一件樂事。我自以為這一選擇「一石三鳥」，選題也就大體這樣定了。

我在寫博士論文期間，讀閒書看到「老清華」何炳棣先生的個人自傳《讀史閱世六十年》。當我讀到他說「做學問就要做一等一的題目」時，不禁猛地一驚，自問自己是否選了一個一等一的題目來寫論文，這是我不敢確定的。我後來又讀到李歐梵先生的夫子自道，說他甘願做二流學者，因為他深知做一流學者所需要消耗的時間和精力。李歐梵先生似乎更有點逍遙自在的精神，而何炳棣先生則更有「天行健，君子以自強不息」的氣質。我覺得，對於作為一種生活方式的學者而言，可因應各人之心性而各取所需，但常常問問自己，我正在追索的問題是否是一等一的題目，或許仍不無裨益。今天「不發表就出局」的文化鼓勵人們去寫短平快的文章，而且學術的專業化發展到這樣的地步，以至於進入任何一個細小的領域，都有無數的文獻等待著你，而為了適應這種專業化的趨勢，那些哪怕是二三流的文獻也不得不去費心閱讀，在此情境下，「要做一等一的題目」會面對很大的挑戰。另外一方面，總想著「做一等一的題目」，一不小心就成了好高騖遠，眼高手低，這也是要提防的事情。總之，能將「仰望星空」和「腳踏實地」結合於一身，對於學者來說殊為不易，而倘若能在博士論文的選題上就注意這二者之間的微妙平衡，則善莫大焉。

3. 材料的收集

　　作為一項社會學的經驗研究，在選題大體確定以後，主要要考慮的是兩方面的問題：一個是具體的理論視角與核心概念的問題，這一點我稍後再說；另一個則是經驗材料的搜集問題。我要繼續研究毛澤東時代的群眾文化，這意味著必須研讀第一手的檔案資料。我自知碩士論文所依據的檔案資料略顯單薄，所以想另找檔案來源。如我前面所言，儘管近幾十年來歷史社會學有令人矚目的發展，但社會學整體上仍缺乏對歷史維度的足夠關注，正因此，無論是我們的研究方法的訓練抑或相關的社會學研究方法的著作，都鮮有歷史檔案研究方法的內容。可以說，對於這項主要基於歷史檔案的研究，我是心中無底的。

　　我最初的想法是，作為博士論文，我不能僅僅聚焦於一個縣，而應該覆蓋新中國初期整個國家範圍內的群眾文化發展狀況，為此，我理應去查看中央層面的相關檔案。於是，我回到北京，準備去中央檔案館去挖掘「寶藏」。這多少暴露了我對檔案館和新中國的檔案狀況缺乏一些常識性的瞭解，因為中央檔案館並不是隨便可進的。但我從香港跑到北京，不想就這樣空手而回，於是我便跑到北京市檔案館去查閱檔案。我在那裏看到了一些有用的檔案，但不知為何，始終覺得不太對路。我不太記得具體是何時做出的決定，總之，在北京市檔案館停留一周之後，我便踏上了前往上海的火車。

　　現在回想，我最終選擇上海作為這項研究的個案對象，是受到了李歐梵的《上海摩登：一種新都市文化在中國，1930-1945》的影響。李歐梵這本書的寫法是有比較強烈的文化研究的色彩，它以很生動的筆觸，比較立體地呈現了摩登上海的「聲色電」。之所以說「立體」，是因為李歐梵不僅勾勒了這種新都市文化的物質面，也透過張愛玲等人的小說文本來闡釋一種心態，就此而言，他呈現了一種新的生活方式的樣

態。以民國上海為代表的這種新都市文化興起的背後，實際就是近代中國的都市現代性的興起，放大來說，民國上海是傳統中國的現代轉變這一歷史進程的某種濃縮，這大概也是民國上海成為近代中國史研究的聚焦所在的原因。如果說民國上海已經呈現了這種新舊交替之際的參差畫面，那麼「十里洋場」的魔都一轉眼成為紅色上海，這種變遷和反差並不比前面的那副參差畫面更小，在這裏，「傳統」、「現代」與「革命」這幾個近現代中國的關鍵字碰撞在了一起，這也正是吸引我前去上海的理由。

在那個盛夏的上海，有很長一段時間，我都要走過南京路的步行街，兜兜轉轉地穿過幾條小路，提防著四處湧動的電動車，來到外灘邊的上海市檔案館。在這裏，依稀能捕捉到舊日上海的氣息。在上海市檔案館查閱檔案的人顯然比北京市檔案館要更多，在我停留的那幾個月裏，前前後後來了好多撥人，美國的、日本的和臺灣的，也可見上海在近現代中國史研究中的熱度。令我印象深刻的是，上海市檔案館的保安都是西裝革履，舉手投足之間似乎都在和別人說，「這裏是上海」。整體來說，上海市檔案館的服務是比較規範和方便的。館內電腦有檔案檢索系統，所以可以根據關鍵字來檢索相關檔案，複印和列印檔案也是很便利的。另外，上海市檔案館在檔案開放方面的力度很大，我在那裏調閱檔案，印象中只有一兩次因為內容敏感而不能調閱。有時候，中午和一群在那查檔案的同道一起吃飯，常聽他們講在全國各地檔案館的不愉快查檔經歷，今日回想起來，仍要感謝上海市檔案館的工作人員。

這裏，我想先討論一下理論與資料搜集的關係問題。以我有限的閱讀來看，樸素經驗主義在歷史學和社會學界都有很大的影響力。這種樸素經驗主義強調讓經驗材料自己說話，而研究者要盡力擯除任何的先入之見的支配，也就是說不要帶任何理論和概念進入經驗材料的搜集過程之中，以此來確保一種客觀性。這種立場的系統表述大概就是定性研

究中盛行的紮根理論（倘若我的理解沒有大的偏差的話），而其社會學內部的淵源至少可回溯到芝加哥學派與布魯默為代表的符號互動論，他們宣導一種所謂的「自然主義」的方法論。在這一傳統下，研究者僅僅是作為一個客觀的觀察者，客觀中立地去搜集材料，進而對這些材料予以整理，然後從這些材料中提煉出概念，探究概念之間的關聯，並與已有的理論進行對話。這種方法論的問題在於，實際上我們的頭腦根本無法作為一塊白板一樣進入田野，更為重要的是，從一種詮釋學的角度來說，我們之所以能夠進入田野，能夠理解我們的田野研究對象，原因就在於我們是擁有一些「前見」和知識的，正是它們使得我們能夠獲得對田野對象的理解。因此，這些「前見」是我們能夠進行田野調查的前提而不是障礙，只不過，我們必須對我們的這些「前見」予以一番審視，並做一定的理論性思考。因此，我雖然理解這其中對於客觀性的追求，但整體上並不認同這種樸素的經驗主義，而更認同帕森斯在《社會行動的結構》中對於理論之重要性的強調，而這本書的背景之一自然是對美國本土社會學中的經驗主義傾向的某種矯正。

就歷史檔案研究而言，歷史檔案如此之多，任何一位學者都無法窮盡，而必然有所揀選；此外，僅僅就一份檔案材料來說，研究者在做札記的時候，也絕不是將這份檔案材料全部照搬，而往往是有所揀選；再次，一份原始檔案材料所提供的事實，並非是對真實現象的「映照」，其本身就是揀選之後的產物。因此，這些過程都涉及到材料的揀選，而這種揀選也必然涉及到自己的「價值相關」與潛在的理論概念之導引。另外，在獲取歷史檔案材料之後，如何將這些雜亂的檔案材料編織成一幅有序的畫面、一個連貫的敘事，也同樣需要潛在的理論框架的支撐。因此，在歷史研究的每一個環節，處處都牽連到潛在的理論概念。推而廣之來說，我們都是透過概念來觀察和理解這個世界，只不過我們並非總是對自己的概念有所自覺。

筆者這裏強調理論的重要性，並不是說經驗材料是次等重要的，也不是說對經驗材料的解讀可以隨意發揮而無需遵守科學邏輯的檢驗。要強調的是，在進行經驗研究的同時，應具有理論的自覺，這是認識經驗世界的必需；由於我們都不是上帝，不具有一種全知全能的視野，對於理論的自覺有助於我們更清醒地認識自身視角的局限性和可能的盲點，這實際更有助於一種所謂的「客觀性」。因此，我們需要時時在自己的問題意識、理論視角與檔案材料之間穿梭、相互激盪，進而不斷擴張、不斷修正。

　　回到我的研究，實際上，在研究之初，對於論文具體的理論框架是不清楚的。但是，如前所述，基於社會學的傳統，關於文化變遷的討論需要轉向對文化的制度與組織基礎的討論。一個明顯的事實是，在毛澤東時代，對於文化而言，最為重要的制度與組織就是國家，只不過，我們需要把這個抽象的國家落實為具體的管理和運作文化事務的機構，這就是文化局及其管理的文化館、劇場和遊樂場等機構。因此，我的檔案閱讀就從調閱上海市文化局的相關檔案開始，發現這裏面的檔案非常豐富，而在閱讀的過程中又會對其他一些機構有所瞭解，因此也會拓展閱讀一些其他相關機構的檔案，比如說工會、影劇業同業公會等相關組織的檔案。我也是在閱讀上海市文化局的檔案過程中，注意到上海大世界這個遊樂場機構的存在，並瞭解到上海大世界在上海乃至整個江浙一帶的影響力，所謂「不到大世界，枉來大上海」。我意識到這個機構值得特別注意，隨後就以「大世界」為關鍵字，集中閱讀了館藏的所有與大世界相關的檔案，並初步打算以「上海大世界」作為論文的個案討論對象。後來，又承蒙上海戲劇學院的沈亮老師非常慷慨地將他在黃浦區檔案館所查閱到的新中國成立後上海大世界的一些資料給了我，這些資料對我後來的博士論文寫作很有幫助。

　　在材料搜集階段，我一共去了上海兩次，每次都停留兩到三個

月。對於一個窮學生來說，住宿費是一筆很大的花銷，我很感謝好友王俊和孫新生二位先後接納了我，讓我能夠在居不易的大上海有一個落腳的地方。在那段時間，我太太已身懷六甲，同時也在香港求學。她每天要自己照顧自己，同時要應付學業。所以，我每天都是在一種焦慮和不安之下開始資料的搜集工作，盼著早點搜集完材料回到香港，只要檔案館開館，就全天候地在檔案館待著，真有點爭分奪秒的感覺。檔案館下班之後，又趕緊前往上海市圖書館，因為那邊晚上八點下班，還可以查閱一些資料和文獻。資料搜集過程中的複印費和列印費是一筆很大的負擔，我記得當時是複印一元錢一張，列印一點五元一張。所以，看檔案時往往要權衡一下是否值得複印或列印，有時為了節省費用，就自己一個字一個字地把檔案敲入電腦，日積月累，就積累了不少筆記。回到香港後，又抄錄了很多自己複印列印的檔案資料，有時連續好多天都在不停地打字錄入，了無趣味。我之所以要把這些檔案材料抄錄下來，是因為很多檔案材料字跡潦草甚至不是很清晰，把它抄錄下來便於以後反覆閱讀。更重要的是，將這些材料電子化，非常便於檢索和資料的分類整理。所以，儘管這個過程非常枯燥，但對於論文寫作卻非常有益處。基於這些檔案材料，我抄錄了七十多萬字的筆記，這些筆記就是我後來博士論文的主要材料來源。

做現當代史的研究，官方檔案的局限性是經常被提起的話題。由於那個時期離現在尚不遠，仍有不少親歷者在世，所以口述史資料的獲取是並不困難的，而且也很有必要。在上海社科院花建老師和好友孫新生等人的幫助下，我先後訪談過秦綠枝、陳夢熊等幾位老先生，並在一個社區開展過小組訪談。但遺憾的是，我沒能夠訪談到上海大世界過去的工作人員，包括上海市文化局的工作人員我也僅僅訪談到一位。整體來說，我的口述史訪談沒有取得多大的成效，以致於最後的博士論文並未採納口述史資料。其中一個原因在於，也許是我訪談技巧不夠好，或

者是訪談的人數不夠多，我從訪談中所獲得的資訊基本未能超出我從檔案材料中所看到的資訊。對此，我的感受是，有時候我們可能過度誇大了官方檔案的局限性。官方檔案裏當然包含了不少的「官話」，但如果檔案看得足夠多，擁有一些基本的歷史知識，大體是能分辨出檔案中的內容哪些是「官話」，哪些不是。我這麼說，並非貶低口述史資料的重要性和有用性，而是強調我們需要充分用好官方檔案資料。毫無疑問，沒能夠吸納口述史資料，這構成我博士論文在資料搜集方面的不足，但在訪談過程中，我也確實對五六十年代上海的日常生活有了一些更真切的感受，這也算是一分耕耘一分收穫吧。

另外一個對我非常有用的資料來源是《人民日報》電子資料庫和光碟版的《文匯報》《新民晚報》電子資料庫。前面這個資料庫是比較容易獲得的，後面那個資料庫則並不容易獲得，恰好香港中文大學擁有一套。有意思的是，這個光碟只能在 windows98 系統下才能運作，所以中文大學圖書館專門有一臺舊電腦安裝的是 windows98 系統，可以用於查閱這一資料庫。在這方面，香港高校圖書館系統之專業是值得讚賞的。此外，我也翻閱了不少上海的各種各樣的地方誌，這些在上海圖書館以及香港大學馮平山圖書館都有收藏，另外不少上海地方誌還有電子版。在這些誌書中，上海社科院歷史所的宋鑽友老師送給我的《上海文化娛樂場所誌》特別有用。宋鑽友老師是我在上海市檔案館查閱檔案期間偶然認識的，他經常來這裏查閱檔案，人特別謙和，很有長者風範，但從不以長者自居。我們常常在查完檔案之後中午在附近一個小店吃飯，吃完飯他還會帶我到周邊轉轉，跟我講了不少上海的歷史知識與做歷史研究的方法。他對我的論文寫作幫助很大，我一直感念於心。

此外，在官方檔案資料裏，不少內容都是關於工作報告、工作規劃與工作總結，或者是因為某項事務引發的不同機構之間的公文往來，這些資料中的生動故事往往就不多。這就使得透過這些檔案材料所獲得

的歷史景象多少有些乾巴巴。在香港大學馮平山圖書館，有不少當時上海的文藝界人士的傳記文獻，我當時也翻閱了不少。另外，一些影像資料也是有用的，比如我當時就看了描寫新舊社會中的越劇藝人的電影《舞臺姐妹》。這些資料對於獲得對那個時代的更感性、更生動的畫面是有幫助的。

毫無疑問，近現代史學研究的最大挑戰之一在於史料太多，根本無法窮盡，所以要做到「上窮碧落下黃泉，動手動腳找東西」，實際是不容易的。如何在無窮盡的歷史資料與學術研究要求的資料的扎實性之間尋找到一個平衡，這取決於我們的問題意識、歷史感與社會學的想像力。

4. 具體的理論框架

我在前面說過，我背後的問題意識是對現代社會中的文化變遷的關注，在我的研究中則具體化為新中國成立初期上海的大眾文化的社會主義改造過程，而這一關注需要落實到大眾文化組織的運作過程與在此過程中所牽涉進來的種種機構、制度與政策運作。要描述這一歷史進程，仍然需要訴諸一些基本的理論概念。在這方面，我首先想到的就是我寫碩士論文時就有所瞭解的葛蘭西的「文化領導權」概念。我之所以偏愛「文化領導權」而不是「意識形態」這個概念，是因為文化領導權這個概念更關注日常生活當中的文化實踐，並特別引發了對大眾文化領域的重視；其次，文化領導權看重文化實踐的組織基礎和當中的具體社會機制，並重視在此過程中的國家與社會之間的複雜互動；最後，文化領導權強調了文化是一個過程，並讓我們注意到這個過程是不斷變遷的且存在著內部的張力，存在著對文化領導權的爭奪，而並非鐵板一塊的整體。就此而言，這一概念與我的研究有很大的契合。

我把新中國成立初期大眾文化領域的社會主義改造視為新中國去塑造一種文化領導權的非常重要的組成部分。不過，如何將文化領導權這個概念進行社會學的操作化，我在葛蘭西那裏似乎沒有獲得太多的資源，葛蘭西更多是將文化領導權視為一種革命策略而不是對社會機制的分析工具。如果沒有其他概念的支撐，「文化領導權」在我的論文中就會變成一個空洞的辭彙。在我有限的閱讀範圍內，我最初想到的是布爾迪厄《藝術的法則》，試圖藉助這一理論將這一改造過程理解為藝術場域的轉換過程。但是，在我研究的這個個案中，主導這種場域轉換過程的是國家而並不是場域內部的行動者的爭奪，但《藝術的法則》似乎並沒有提供國家如何介入和影響藝術場域的具體機制與概念，這就使得這套概念不能夠應用上手。可以看到，我的問題意識大體還是清楚的，但將一個清楚的問題意識轉化為一套可操作的具體的概念框架，這一過程實際並不容易。這一方面有賴於自己的理論儲備，另一方面也受制於所掌握的經驗材料，需要在這二者之間不斷穿梭，不斷調適，才有可能找到一個合適的理論框架。

由於找不到合適的理論框架，有一段時間確實感到很迷茫，直到有一天又重新想到了斯科克波的「國家中心觀」。之所以說是「重新想到」，是因為我之前就曾經想到這個理論框架，但不知何故又放棄了，如今兜兜轉轉又回到了開始的地方。我記得有一天，我突然意識到斯科克波是所謂的「新韋伯主義傳統」，其理論源頭是韋伯，頓時有種豁然開朗的感覺，因為恰恰是韋伯強調了某種程度的政治自主性與國家的重要性。這一經歷讓我意識到，我們對理論的掌握往往是「知其然而不知其所以然」，汲汲於它如何能夠為我所用，卻並不知道它何以能夠為我所用。另外一方面，對理論之源流與脈絡的掌握是非常重要的，一如我們對於歷史之理解。具體來說，「國家中心觀」為我提供了一個將國家的角色帶入到文化變遷這個過程中的路徑，它所關聯的一系列概念，諸

如國家能力、國家能力的不均衡性、國家能力的悖謬、政策反饋效應與國家建設等概念，就成為了我後來博士論文的主要概念。

我之瞭解「國家中心觀」得益於香港中文大學的資格考試制度，這大概也是海外大學通行的一種制度。按照這種制度，在修完一定課程和學分之後，必須選擇與博士論文最為相關的兩個社會學分支領域作為資格考試領域。每個領域都會有一位負責老師，一般會開列一個書單，含括了這個分支領域的主要理論脈絡與經典的經驗研究。學生則要按照這個書單進行準備，當然，經過老師允許，這個書單也可略作修正和補充。在準備數月之後，就可以參加考試了，考試形式各個學校和各個系都不一樣，中文大學社會學系是採取閉卷考試的形式，上下午各一張卷子作答。我之所以要提到這個制度，是因為我的博士論文寫作很大程度上受益於這個制度，另外一方面，據我所知，這個制度在國內高校的博士培養當中並非是一種通行的制度，而我認為，這一制度對於博士生培養是很有裨益的。在選擇資格考試領域時，我早早就選定了文化社會學這一領域，另一領域我最初選的是歷史社會學，也是我很有興趣的領域。但因為這兩個領域的負責老師都是我的導師陳海文先生，他建議我應多向系裏的其他老師請益。幾經考慮之後我選擇了政治社會學，而我對於國家理論（包括「國家中心觀」、「社會中的國家」等）、市民社會與權力等基本概念的瞭解就是源自這門資格考試領域。回想起來，我這個人一直以來的毛病就是喜歡泛覽各種各樣的書，所以讀書往往不求甚解，不成系統。參加這兩門資格考試，促使我能夠更為系統地學習一個專門領域，這為開展更為專業化的研究奠定了一個基礎。一直到今天，我所做的一些研究也是受益於這兩門資格考試所提供的指引與方向。我後來在教授社會學理論的過程中，注意到貝克之所以能夠寫出《風險社會》這樣的著作，實在是得益於他同時在工業社會學與家庭社會學這兩個分支領域開展研究，而風險社會的主題顯然體現了這兩個分支領域的

某種交匯。所以，我一直建議學生一定要在兩個以上的分支領域展開研究，因為分支領域把一個原本整體性的社會人為地割裂為不同的領域，這固然有其合理性，但往往遮蔽了我們對整體社會的理解。在兩個以上的分支領域展開研究，讓我們有意識地注意到不同社會領域中帶有共通性的方面，從而能夠觸及一些更為根本和宏大的主題，比如貝克的風險概念就是對工業生產領域和家庭領域中的變遷之認識之上的一種理論提煉。另外，這往往有利於我們注意到不同分支領域當中的一些盲點，去搭建不同分支領域之間的關聯，這往往是突破性工作產生的地方。

回到我的研究，當理論框架比較清楚以後，寫作的方向就比較明朗了。我這裏想順道說一下文獻回顧的問題。我在開始做這項研究的時候，總覺得沒有前期研究，因為中國社會學界很少關注這個領域。如果找到相關的研究，也基本出自歷史學者之手，特別是做都市史和文化史的一些學者。不過，歷史學者寫作的方式畢竟與社會學者有所不同。我後來的反思是，我們在尋找相關文獻的時候，有時候太過局限於自己所研究的那個經驗現象，或者僅僅關注中國。我們有必要按照理論框架來指引文獻檢索，並且最好能夠引入比較歷史的視角。按照這種思路，我閱讀了美國社會學者 Mabel Berezin 對墨索里尼時期的意大利的相關研究，她的分析框架就特別關注國家是如何影響文化生產過程的。我另外也閱讀了美國歷史學家 Sheila Fitzpatrick 的蘇俄史研究，她的研究範圍很廣泛，但有不少是文化史研究。可以看到，蘇俄史研究當中所存在的關於集權主義 vs 修正主義、新傳統主義 vs 現代性的討論，不僅能夠拓展我們對蘇俄史的理解，對於研究新中國的歷史也是很有啟發意義。在我有限的閱讀裏面，新中國史研究似乎仍缺乏一些系統的理論性討論。所以，在覺得缺少前期研究的時候，不妨按照這個思路找一找。

5. 材料的組織與論文的寫作

基於歷史檔案的定性研究，與基於田野調查的定性研究，在本質上是一致的。它們都要去重建一個敘事與畫面，原始的歷史檔案與原始的田野都是雜亂無章的，而學者的工作就是要在這種雜亂無章的無序因而也無意義的狀態中去勾勒出一個有序因而有意義的畫面，這頗類似於一種拼圖遊戲。與拼圖遊戲不同的是，最終的畫面不完全是給定的，而是需要我們自己去賦予去勾勒的。但相同的地方在於，我們實際都是在將不同的碎片拼裝粘貼在一起，這個過程是試探性的，但並不是盲目的，引領這個過程的除了我們的問題意識、理論框架以外，還有就是歷史感。

說到歷史感，要獲得對一個歷史時代的真實感受，哪怕僅僅過去了六七十年，只要你未曾親身經歷過，實際上都是不容易的事。並不誇張地說，對於任何一個歷史片段的透徹理解，都必須包含對於整個歷史的理解。哪怕一個非常細小的歷史片段，都會牽扯出種種不同的歷史維度。而對於任何一個維度的認識，都會影響到對你所研究的那個歷史片段的分析。就此而言，儘管我們今天的很多研究是地方史、區域史和微觀史的研究，但切不可忽略整個國家層面的宏觀歷史脈絡，這在關於明清史的歷史人類學取向的研究中就有很多反思，而在新中國時期這一點或許就更為凸顯。以我的研究來說，儘管我研究的是上海市五六十年代的大眾文化領域的社會主義改造，但對於新中國這一時期的整體趨向，國家層面的種種政策，中共在蘇區與延安時期的文藝政策與實踐，以及毛澤東的思想發展等等，都應該要有所認識。

在這個意義上，所有的歷史專題研究或者社會學個案研究，都應該是延伸個案法（extended case study）的研究；都需要在宏觀的歷史進程與微觀個案之間尋找到一種有機的融合與平衡，將微觀個案自覺地放

置在宏觀的歷史進程中，又在微觀個案中透顯宏大的歷史進程。這是一個說起來容易做起來很難的事情，因為所謂的宏大歷史進程，或者所謂的歷史背景，實在是一個難以窮盡的無底洞。但是，強調這一點仍然是有必要的。今天，伴隨著官方歷史檔案的解密，每一卷新解密的歷史檔案似乎都變成了一塊未開採的礦山，一如考古學界的考古挖掘。誰能夠率先佔有一份歷史檔案，誰就擁有了學術生產的先行者優勢，這就使得學者不斷去尋找新的尚無人問津的「富礦」。類似的歷史個案研究近年來可以說層出不窮，其負面效應在於導致歷史圖景的碎片化，因為在我們汲汲於搜集新的歷史檔案材料去呈現一個新的個案的時候，往往忽略了那些已經公開出版的大量資料彙編，那裏包含著大量的對宏觀歷史進程的有用資訊。我們往往是在還沒有獲得基本的歷史脈絡感的時候，就扎進了個案研究而不能自拔。我在撰寫上海大世界的個案歷史的過程中，儘管當時花了不少時間看各種近現代中國史、新中國史與上海史的相關專著，但最感不安的地方就在於我是否對上海大世界所置身的宏觀歷史進程的基本脈絡有了較為可靠的認識。這一點實際在很大程度上影響了我對這一歷史個案中所包含的複雜性與深度的掌握。

讓我們回到具體的操作問題。在材料的組織方面，一開始面對的材料總是千頭萬緒，毫無條理可言，不知從何著手。對此，我用的是一個笨辦法，我把我所做的那七十多萬字的筆記，按照主題進行分門別類，比如上海大世界的材料歸一類，文化局的材料歸一類，在每一大類之下又可按照主題再進一步地細分。在做這個工作的時候，我當時藉用了微軟的 Onenote 軟件（或者用 Evernote 也可以），這個軟件對於材料的分門別類還是挺有幫助的。這個工作會讓龐雜的原始材料顯得更清晰一些，當然，這僅僅是一種初步的分類整理，在寫作過程中，還需要根據具體的寫作情況，予以更細緻的調整、分類和組織。在這方面，前述的理論概念與理論框架就特別重要。就社會學的寫作方式來說，理論概

念與理論框架實際構成了問題意識與具體的經驗材料之間的銜接點，藉助概念與理論框架，問題意識可以落實為具體的經驗分析，而不至於空洞無物，與此同時，經驗材料也能夠有所指向，而不會漫無歸宿。對於歷史學家而言，社會學的這種寫作方式有過於生硬之嫌，確實，如果功力不夠，有時候確實會給人以生搬硬套的印象，但我認為這並不是必然的，關鍵還是在於如何能夠讓理論框架與經驗材料呈現一種水乳交融的感覺，讓別人覺得這種理論框架是非常自然而非生硬的，是如余英時所謂的「水中之鹽」而非「眼裏金砂」。另外，歷史學家也會批評社會學的寫作方式降低了敘事性，這當然是一個合理的批評，也正因此，社會學界這些年有不少關於「復興敘事」的呼籲，布爾迪厄就特別強調社會學家應該多向小説家學習敘事方式。不過，對於理論框架的強調，觸及社會學的特質，社會學致力於尋找一種一般化（generalization）的可能性，並強調一種分析性，這是它強調理論框架的原因所在。在這方面，韋伯的這一論述就十分清楚，「社會學力圖構建經驗過程的類型概念和普遍特性。這使之有別於歷史學，後者旨在對個體活動、機構和承載文化意義的人物做出因果分析和闡釋。支撐社會學概念的經驗材料在很大程度上，但絕不僅僅是由歷史學家所研究的相同的具體行動過程構成 …… 社會學分析從現實中抽象出來，同時又有助於我們認識現實，因為它表明，一個具體的歷史現象能夠以多大的接近程度被歸併於一個或者更多的此類概念之下。」當然，如果能在這種一般化、分析性的論述之中兼顧敘事性，那就是錦上添花了。

另外，我記起宋鑽友老師之前給我的建議，就是編訂一個研究對象的較為詳細的大事記。這對我後來論文材料的組織與寫作非常有幫助。按照這一建議，我把我從各種報紙和誌書上搜集到的有關上海大世界的材料按照時間順序整理，就變成了一份上海大世界在 1949-1966 年間的一份較為詳盡的日誌。這份日誌的好處就在於提供了一個按時間順

序呈現的上海大世界的基本發展脈絡。在我遇到一段材料不知安排在什麼地方的時候，看一看這份日誌，往往就會更清楚。

總的來說，材料的組織是要基於歷史感、具體的時間發展脈絡、具體的理論框架以及內在的理論邏輯來進行。

應該說，如果前面這些工作完成了的話，論文的寫作就不是什麼難事了。當然，需要說明的是，我前面這樣一步一步分開論述，只是為了寫作的方便。在實際的寫作過程中，不可能是那麼步調清晰，往往是好幾步混雜著走，而且，似乎也不必等所有工作都完成了，才開始寫作的工作。因為如果按照這種心態，你會發現你的準備工作永遠都做不完，因此永遠也無法開始寫博士論文。我在寫論文的時候，一開始已經寫了一兩章，一方面是覺得自己對很多歷史背景掌握還不夠，另一方面也可能是對寫作的逃避，所以停止寫作，又去看了一個月的參考文獻。後來回頭一看，那一個月看過的參考文獻，多數在論文寫作過程中沒用上。論文寫作的過程是一個漫長的過程，所以不要急於求成，但也不可太過拖拉。不妨為自己每天定一個小目標，我當時要求自己每天寫2000字左右，這樣按部就班，過了三個月，博士論文不知不覺中就寫完了，而且足足寫了27萬多字。所以，對於寫博士論文來說，最重要的就是每天都要寫，這是一個簡單但很實用的道理。對於那些有完美心態的人來說，我導師陳海文先生當年和我說的一句話可能是有用的，"a finished thesis is a good thesis"。所以，先完成它，再想著如何去完美它。

最後，當論文大體完成的時候，需要特別注意的是論點的提煉，這往往是結論部分的工作，它需要扮演某種畫龍點睛的作用。我導師當年就曾問我，如果用一兩句話概括一下你的論文，你會如何表述。怎麼用一兩句話來概括一篇27萬字的博士論文呢？這意味著你要挑出你最核心最精華的內容，它能直接回應你最初的問題，又能涵蓋論文整體。很多時候，當我們寫完一篇論文的時候，實際並不是特別清楚這篇論文

到底要表達什麼論點。所以，做這樣一步工作，就是促使自己去反思整篇論文，反思整個寫作的軌跡，想一想自己從哪里出發，如何走到這裏。在這個過程中，需要思考你的論文是否足以支撐自己的論點，論文的不同部分在支撐這個論點當中各自扮演什麼角色，這些不同部分之間的關聯又是什麼？做完這個工作之後，你對文章的內核與整體結構框架就會有一種更為清晰的認識。

6. 一些反思

我在寫作這篇論文的時候，最感困擾的一點是該如何評價這段文化變遷的歷史。不同的人對此都抱有不同的定見，而且似乎無可置疑，真理昭然。但是，面對歷史檔案，我們看到的卻是分明的歷史複雜性。面對這種歷史複雜性，我們需要的不是抽象的批判，而是具體的批判。這讓我想起涂爾幹對於「社會事實」（social facts）這個概念的強調，我們要注意的是社會事實的複數性。涂爾幹的用意在於去應對和補充笛卡爾主義所孕育出來的那種數學家般的理性主義，這種理性主義「把世界化減成它的幾何形式」，而如今我們需要的是一種新型的理性主義，「雖然知道萬事萬物，不管是屬人的還是物質的，都非常複雜，難以歸約，但他們依然能夠堅定地直面這種複雜性」。在評價歷史方面，我們仍然需要這種新型的理性主義，需要對事實判斷的審慎與嚴謹，而這是我們去做價值判斷的必要準備工作。

這裏牽扯出來的另外一個問題是該如何理解國家與文化之間的關係，這又是一個「仁者見仁，智者見智」的問題。這一問題寬泛來說，就是政治與文化之間的關係問題。我自己的價值判斷是，至少對於中國這樣一個傳統上的非宗教國家或者説世俗國家而言，國家需要有某種文化立場，而不可採取一種文化放任或者無政府主義的態度。這實際就是

葛蘭西的「文化領導權」這一概念的內在意涵，他實際指出，國家必須成為一種文化秩序和道德秩序的領導者。以我粗淺的理解，這一概念與中國傳統是相通的。所謂「王霸之辨」，所謂「觀乎人文以化成天下」，無非都強調的是教化，而非武力強制或者經濟利益，才是政權之長治久安的基礎。

在這方面，吳飛在其《浮生取義》一書中講述了一些「無言的遊魂」的自殺故事，他將這些大時代中的小人物的命運關聯到了現代中國社會與文化的處境，關聯到近百年來的「家庭革命」與家庭秩序的變遷。在這本書的結尾部分，他其實已經點明一點，如果國家不能夠擔當某種人心秩序和文化秩序之建設者的角色的話，上面那些「無言的遊魂」的故事仍然會持續上演。不過，晚近的一些鄉村研究所揭示出來的事實是，不少鄉村社會不僅面臨著人口的空心化，同時也是文化與人心的空心化。就此而言，一種合理的文化領導權建設的推進，仍是一項任重道遠未完成的計劃。

當然，我意識到，作為一種非常強有力、非常理性的現代科層組織而興起的現代國家，使得這個問題變得更為複雜。在很多時候，這使得我們不再能夠區分何為政治何為行政，而政治之淪為行政也恰恰是韋伯最大的擔憂所在。國家是否應該介入文化，取決於國家是否依然採取一種政治立場，而所謂政治，按照中國傳統來說就是，「正亦政也」。在此意義上的政治，就是人心的政治，是文化的政治。就此而言，國家之介入文化的正當前提是，文化（特別是縈根於本民族之歷史與民情之文化）能夠介入和塑造國家。

我的博士論文面臨的另外一個問題是李康老師指出的，我曾在博士論文答辯前請他給一些批評意見。他說，我的論文材料豐富，結構完整清晰，但就是「缺少人」。我自認為是一個有人文傾向的社會學者，卻何以在一篇 27 萬字的博士論文中找不到「人的風景」，這對我來說

是一個耐人尋味的問題。

我自己反思了一下，大概有這麼幾個問題。首先，我前面說過，基於社會學的學科特點，它非常關注某一現象的行動過程以及在此過程中所牽涉的制度、組織與政策維度。以我來說，我原本關心的是文化的處境，並試圖由此來探求現代中國的人心秩序，因此，我自己自覺的分支學科認同是文化社會學。但是，我實際使用的理論分析框架是來自政治社會學的國家理論。我的論文實際討論的是國家如何介入到這一時期的文化生產與整體的文化改造之中，因此整個論文對於上海市文化局、上海大世界還有其他的一些文娛場所的運作與經營都有具體的分析和討論。因此，放眼望去，處處都是組織、制度與政策，而沒有太多鮮活的人的故事。我覺得，對組織、制度、政策與它們的具體實踐過程這些方面的強調仍然是社會學需要去堅持的地方，但是，如何能夠透過有形的制度去呈現出背後的無形的制度，去進入當時人的生活世界，這是我本人乃至整體的社會學界需要嚴肅對待的問題。我想起在寫博士論文的時候所閱讀的王笛的《街頭文化》以及盧漢超的《霓虹燈下》，他們所呈現出來的晚清民國時期成都和上海的老百姓的日常生活畫面栩栩如生，宛如人類學的民族誌，倘若用前面李康老師的話來說，這裏面充滿著人的氣息。從一種學術的角度來說，這兩本著作都是有文化感的，他們呈現的就是作為日常生活的文化本身，當然，在呈現日常生活的風貌的同時，他們又能呈現制度的過程，這一點在王笛的《街頭文化》一書中呈現得更為明顯，此書勾勒了晚清以後國家是如何逐漸介入日常文化當中的過程。這一類的研究很值得我們參考借鑒。

與此相關，如果借用余英時所謂的「外在機緣」和「內在理路」區分的說法，那麼，我這篇論文基本上是對文化變遷的「外在機緣」的一個討論，而缺少一個「內在理路」的分析。具體來說，我們需要對文化內部的變遷要有所感受，比如說，當時的「舊戲改革」究竟改了

什麼，梅蘭芳的「移步不換形」的具體意涵是什麼，為什麼會引發批判？「樣板戲」在京劇史裏面究竟帶來了什麼樣的改變，這些改變的理由是什麼？對於這些問題，就需要有對戲劇本身的認識和理解，而我恰恰不是任何一種戲劇的劇迷。我嘗試過去觀賞張火丁的京劇，乃至觀看梅蘭芳和程硯秋的表演視頻，奈何始終不能進入。這讓我想起當年陳海文先生說的話，他說，做文化社會學是需要有文化的，對此我真是頗有同感。如果不能夠進入作為文本而不是實踐的文化，這就意味著我們很難開展一個「內在理路」的文化分析。在這方面，我近來看到的一些文學出身的同仁，他們所開展的關於文化改造的研究，就更帶有「內在理路」的色彩。

有不止一位學生和我提到，他們接觸了社會學，卻轉向了人類學或其他學科，原因是覺得社會學太乾枯了。一個在我心目中如此生動、多元、有意義且有趣的學科，卻陷入此等「乾枯」的境地，著實是一件需要檢討的事情。我覺得，個中關鍵仍然在於如何把人帶回來，而對這個問題的解決不是像霍曼斯所設想的那樣，要轉向一種行為主義的心理學，這對於社會學一定是一條歧路。對我而言，這個問題的關鍵在於如何進入文化的內部，如何進入生活世界的問題。這是我這篇論文沒有處理好的問題，而且在我看來，也是整個社會科學界的一個短板。在這方面，我特別樂見傑弗里·亞歷山大（Jefferey Alexander）所推動的文化社會學（cultural sociology）的強綱領運動，雖然我並不是完全贊同其具體的理論框架，但我覺得這一運動對於社會科學前述局限會有重要的矯正作用。如何能夠兼顧「外在機緣」和「內在理路」，如何兼顧物質秩序與符號秩序，這是值得整體社會科學重視的問題。

話說回來，雖然有這樣一些反思，但我仍想為自己的博士論文做一些辯護。我最初踏入社會學的門檻，是出於對現代人的人心秩序的關懷，而我的博士論文卻似乎並未透顯出人心秩序的幽光，而捲入了制

度、組織和政策的叢林。這才導致論文看不到人。但是，我仍然不認為這是一種完全的迷失。我想借用哈貝馬斯關於系統和生活世界的區分這樣一個概念來說，我們今天生活在一個由系統所主導的世界中。對於那些關心和試圖去護衛生活世界的人來說，對於系統的研究雖然不是更根本的，但卻是不可或缺的。因此，對於系統、生活世界以及二者之間的複雜互動，就構成社會學之研究方向，並使得社會學成為一個總體性的學科，因為它關心的是總體性的社會事實，這也構成社會學之與眾不同之處。在這個意義上來說，我的研究實際觸及作為系統的一部分之國家如何塑造了作為生活世界的一部分之民眾文化，但我沒有觸及的另一個問題是，文化的內涵究竟是什麼，文化究竟經歷了怎樣的變遷，文化又如何塑造國家。對於這些問題，以及重新找到觸及人心秩序的社會學道路，這依然是我在摸索中的議題。

7.「運用之妙，在乎一心」

博士論文的寫作過程絕不僅僅是一個智力的過程，也不僅僅是一個體力的過程，而更主要的是一個心性的過程。這種心性還不僅僅是作為一個單一主體的心性，而往往是一種具有社會性的心性，或者說我們始終是在一種社會情境之中來錘煉我們的心性。何以這麼說？博士論文往往相當於一部專著的創作，其所消耗的時間和心神，自不在話下。但是，更大的挑戰或許不是來自論文本身，而是來自我們的生活遭遇。過去都說「十年寒窗苦」，但如今博士畢業至少是「二十年寒窗苦」，到了這個年齡，有不少博士生朋友可能已經進入家庭生活，面臨「上有老下有小」的格局，身上的擔子著實不輕。以我本人來說，在我開始著手寫博士論文的時候，得知先父身患重病，治療費用不菲，次年小女出生，沒過多久，我博士的正常年限到期，沒有了獎學金，而博士論文之

完成尚遙遙無期。個中甘苦，實不足與外人道。即便熬過了博士論文，以今日國內青椒待遇之微薄與房價之高企之間的巨大落差，也足以帶來持續的經濟和心理負擔，更不用說國內高校的一些市場化和行政化的運作方式所帶來的種種逼切感和負面感受。韋伯筆下的那些在名利場匆匆行走的職場人士，似乎已然成為我們的命運寫照。在這種情況之下，我們始終還是面臨著那樣一個問題，「我為什麼要讀博士」，「我為什麼要成為學者」，「學術是否依然是一種值得擁有的生活」？我相信，這麼多中青年學者在這裏一起回顧各自的求學生涯，似乎不僅僅是在訴說作為過來人的一些經驗，也在於去澄清何以我們會成為所謂的學者，並且依然是一名學者。我們仍然要言說出，讀書人的生活何以仍然是值得去過的一種生活，或者，它何以在今天不值得一過？

在這方面，我仍然帶有一些或許不合時宜的「士」的懷想。我還是認為，儘管我們常常被這個社會所「教育」，但我們仍不應忘記我們作為教育者的身份與使命，我們仍需要去教育這個社會。我覺得，學者這一群體應該是某種「理想主義」的守護者，並以一種理性和務實的姿態去使得這種「理想主義」更成為可能，而教育與學術研究就是這樣一種可能性的管道。在今天如此現實的時代，去談論什麼理想主義，會讓人覺得如果不是迂腐和幼稚，就是一種自命清高。但我想說的是，對於從事基礎研究工作的學者而言，談論理想主義是基於一個很現實的理由：正因為我們生活在一個如此現實的時代，倘若沒有這樣的不那麼現實的「理想主義」，那麼，學術生活很可能是不值得一過的，因而，也是過不下去的。就此而言，選擇是否以及繼續成為學者的時刻，是考驗我們自身的責任倫理與信念倫理的時刻。

參考文獻

一、原始檔案

1.　上海市檔案館館藏檔案（具體檔號請見正文）

2.　上海市黃浦區檔案館館藏檔案（具體檔號請見正文）

二、報紙與誌書

1.　《人民日報》（1949-1966）

2.　《新民晚報》（1949-1966）

3.　《文匯報》（1949-1966）

4.　《上海財政稅務誌》（1995）

5.　《上海地名誌》（1998）

6.　《上海電影誌》（1999）

7.　《上海勞動誌》（1998）

8.　《上海工商社團誌》（2001）

9.　《上海計劃誌》（2001）

10.　《上海文化藝術誌》（2001）

11.　《黃浦區誌》（1996）

12.　《靜安區誌》（1996）

13.　《南市區誌》（1997）

14.　《盧灣區誌》（1998）

15.　《閘北區誌》（1998）

16.　《長寧區誌》（1999）

三、中文書刊

1. 羅伯特・白德基：〈國家的觀念：孫中山和毛澤東〉，《現代哲學》2009 年第 2 期。

2. 北島：《七十年代》，於第五屆國際研究生「當代中國」研討班之講座，香港中文大學，2009 年 1 月 9 日。

3. 北島、李陀主編：《七十年代》，香港：牛津大學出版社 2008 年版。

4. 賈恩弗朗哥・波齊著，陳堯譯：《國家 —— 本質、發展與前景》，上海：上海人民出版社 2007 年版。

5. 皮埃爾・布迪厄著，李猛、李康譯：《實踐與反思：反思社會學導引》，北京：中央編譯出版社 1998 年版。

6. 傑里米・布朗（Jeremy Brown）：〈從反抗共產黨人到反抗美國 —— 中國西南地區的內戰與朝鮮戰爭：1950-1951〉，載華東師範大學中國當代史研究中心編：《中國當代史研究》第一輯，北京：九州出版社 2009 年版。

7. 曹錦清、張樂天等：《當代浙北鄉村的社會文化變遷》，上海：上海遠東出版社 2001 年版。

8. 曹聚仁：《上海春秋》，上海：上海人民出版社 1996 年版。

9. 陳伯海主編：《上海文化通史》，上海：上海文藝出版社 2001 年版。

10. 陳春聲：〈走向歷史現場〉，載《讀書》2006 年第 9 期。

11. 陳家建：〈法團主義與當代中國社會〉，載《社會學研究》2010 年第 2 期。

12. 陳堅、陳抗：《夏衍傳》，北京：北京十月文藝出版社 1998 年版。

13. 陳順馨：《1962：夾縫中的生存》，濟南：山東教育出版社 2002 年版。

14. 陳耀煌：〈從中央到地方：三十年來西方中共農村革命史研究述評〉，臺北《「中央研究院」近代史研究所集刊》總第 68 期，2010 年。

15. 陳毅：〈在全國話劇、歌劇、兒童劇創作座談會上的講話〉，載《黨和國家領導人論文藝》，北京：文化藝術出版社 1982 年版。

16. 陳尹嬿：〈清末民初上海「女招待」的產生及書寫〉，載《中正歷史學刊》2008 年第 11 期。

17. 陳越：〈領導權與「高級文化」—— 再讀葛蘭西〉，載《文藝理論與批評》2009 年第 5 期。

18. 程美寶：〈清末粵商所建戲園／戲院初探〉，載姜進、李德英主編：《近代中國城市與大眾文化》，北京：新星出版社 2008 年版。

19. 程美寶：《平民老倌羅家寶》，香港：三聯書店（香港）有限公司 2011 年版。

20. 崔躍峰：〈1949-1958 年北京市同業公會組織的演變〉，載《北京社會科學》2005 年第 1 期。

21. 丁景唐：〈我參加了夏衍主持的兩次文化考試〉，載《上海文化史誌通訊》1995 年第 37 期。

22. 恩格斯：〈恩格斯致約‧布洛赫〉（1890 年 9 月 21-22 日），載《馬克思恩格斯文集》（第十卷），北京：人民出版社 2009 年版。

23. 樊衛國：〈民國上海同業公會處罰制度及其施行機制〉，載《社會科學》2008 年第 8 期。

24. 方文：〈轉型心理學：以群體資格為中心〉，載《中國社會科學》2008 年第 4 期。

25. 伊林‧費徹爾：《馬克思：思想傳記》，北京：北京師範大學出版社 2013 年版。

26. 費約翰著，李恭忠、李雪風等譯：《喚醒中國：國民革命中的政治文化與階級》，北京：生活‧讀書‧新知三聯書店 2004 年版。

27. 費正清著，張沛譯：《中國：傳統與變遷》，北京：世界知識出版社 2002 年版。

28. 詹姆斯‧戈登‧芬利森著，邵志軍譯：《哈貝馬斯》，南京：譯林出版社 2015 年版。

29. 馮俊鋒：《國民黨當局在大陸時期對電影的管理與控制研究》，四川大學博士論文，2008 年。

30. 馮仕政：〈國家政權建設與新中國信訪制度的形成與演變〉，載《社會學研究》2012 年第 4 期。

31. 馮筱才：〈「社會主義」的邊緣人：1956 年前後的小商小販改造問題〉，載《中國當代史研究》第三輯，北京：九州出版社 2011 年版。

32. 馮筱才：〈身份、儀式與政治：1956 年後中共對資本家的思想改造〉，載《華東師範大學學報（哲學社會科學版）》2012 年第 1 期。

33. 馮筱才：〈形塑黨國：1930 年代浙江省電影教育運動〉，載《華東師範大學學報（哲學社會科學版）》2013 年第 5 期。

34. 傅才武：《近代化進程中的漢口文化娛樂業（1861-1949）—— 以漢口為主體的中國娛樂業近代化道路的歷史考察》，武漢：湖北教育出版社 2005 年版。

35. 傅湘源：《大世界史話》，上海：上海大學出版社 1999 年版。

36. 高福進：《「洋娛樂」的流入：近代上海的文化娛樂業》，上海：上海人民出版社 2003 年版。

37. 高名潞：〈論毛澤東的大眾藝術模式〉，載《二十一世紀》1993 年 12 月號。

38. 高崢：〈五十年代杭州的城市革命和文化磨合〉，載姜進、李德英主編：《近代中國城市與大眾文化》，北京：新星出版社 2008 年版。

39. 高崢著，李國芳譯：《接管杭州：城市改造與幹部蟬變（1949-1954）》，香港：香港中文大學出版社 2019 年版。

40. 葛飛：《戲劇、革命與都市漩渦：1930 年代左翼劇運、劇人在上海》，北京：北京大學出版社 2008 年版。

41. 葛蘭西著，曹雷雨等譯：《獄中札記》，鄭州：河南大學出版社 2015 年版。

42. 溝口雄三：〈另一個五四〉，載《中國文化》1997 年第 15-16 期。

43. 顧彬（Wolfgang Kubin）：〈中國當代作家只會用一條腿走路〉，http://news.ifeng.com/opinion/phjd/qqsrx/201003/0330_6443_1590931_3.shtml，引於 2010 年 6 月 28 日。

44. 廣州粵藝發展中心編：《廣州粵劇團團誌》，廣州：廣州粵藝發展中心 2002 年版。

45. 郭聖莉：《城市社會重構與國家政權建設：建國初期上海國家政權建設分析》，天津：天津人民出版社 2006 年版。

46. 郭益耀：〈不可忘記毛澤東：談談毛在改革開放和中國和平崛起的歷史作用〉，載《信報財經月刊》2008 年版 12 月號。

47. 賀蕭著，韓敏中、盛寧譯：《危險的愉悅：20 世紀上海的娼妓問題與現代性》，南京：江蘇人民出版社 2003 年版。

48. 洪長泰：《新文化史與中國政治》，臺北：一方出版有限公司 2003 年版。

49. 洪子誠：《1956：百花時代》，濟南：山東教育出版社 1998 年版。

50. 胡思華：《大人家》，上海：上海人民出版社 2007 年版。

51. 胡曉軍、蘇毅謹：《戲出海上：海派戲劇的前世今生》，上海：文匯出版社 2007 年版。

52. 華爾德著，龔小夏譯：《共產黨社會的新傳統主義 —— 中國工業中的工作環境和權力結構》，香港：牛津大學出版社 1996 年版。

53. 黃冬婭：〈財政供給與國家政權建設 —— 廣州市基層市場管理機構研究（1949-1978）〉，載《公共行政評論》2008 年第 2 期。

54. 黃冬婭：《轉變中的工商所：1949 年後國家基礎權力的演變及其邏輯》，北京：中央編譯出版社 2009 年版。

55. 黃曼君主編：《毛澤東文藝思想與中國文藝實踐》，武漢：華中師範大學出版社 2002 年版。

56. 黃宗智主編：《中國研究的範式問題討論》，北京：社會科學文獻出版社 2003 年版。

57. 霍爾（Hall, Stuart）：〈大眾文化與國家〉，載陶東風主編：《文化研究精粹讀本》，北京：中國人民大學出版社 2006 年版。

58. 約翰‧A‧霍爾等著，施雪華譯：《國家》，長春：吉林人民出版社 2007 年版。

59. 約翰‧R‧霍爾等著，周曉虹、徐彬譯：《文化：社會學的視野》，北京：商務印書館 2002 年版。

60. 吉登斯著，胡宗澤等譯：《民族 — 國家與暴力》，北京：生活‧讀書‧新知三聯書店 1998 年版。

61. 吉登斯著，田禾譯：《現代性的後果》，南京：譯林出版社 2011 年版。

62. 紀鶯鶯：〈文化、制度與結構：中國社會關係研究〉，載《社會學研究》2012 年第 2 期。

63. 姜德明編：《夢回北京：現代作家筆下的北京，1919-1949》，北京：生活・讀書・新知三聯書店 2009 年版。

64. 姜進：〈斷裂與延續：1950 年代上海的文化改造〉，載《社會科學》2005 年第 6 期。

65. 蔣星煜：《文壇藝林備忘錄續集》，上海：上海遠東出版社 2007 年版。

66. 金杭堯：《1949-1958 年上海民間劇團改造運動》，華東師範大學歷史學系碩士論文，2005 年。

67. 金耀基：《中國社會與文化》，香港：牛津大學出版社 1993 年版。

68. 金耀基：《從傳統到現代》，北京：中國人民大學出版社 1999 年版。

69. 柯文著，林同奇譯：《在中國發現歷史 —— 中國中心觀在美國的興起》，北京：中華書局 1989 年版。

70. 奧古斯特・孔德著，黃建華譯：《論實證精神》，南京：譯林出版社 2014 年版。

71. 孔飛力著，陳兼、陳之宏譯：《中國現代國家的起源》，北京：生活・讀書・新知三聯書店 2013 年版。

72. 黎安友著，何大明譯：《從極權統治到韌性威權：中國政治變遷之路》，臺北：巨流出版社 2007 年版。

73. 李金錚：〈向「新革命史」轉型：中共革命史研究方法的反思與突破〉，載《中共黨史研究》2010 年第 1 期。

74. 李敬之：〈舊社會漢口的娼妓〉，載《武漢文史資料》1994 年第 2 期。

75. 李路路等：〈「新傳統主義」及其後 ——「單位制」的視角與分析〉，載《吉林大學社會科學學報》2009 年第 6 期。

76. 李娜：〈「心回腸轉」與「直杠子」——〈創業史〉視域中的幹部、群眾與國家〉，載《文藝理論與批評》2018 年第 3 期。

77. 李歐梵著，毛尖譯：《上海摩登：一種新都市文化在中國，1930-1945》，香港：牛津大學出版社 1999 年版。

78. 李鵬年等：《清代中央國家機關概述》，哈爾濱：黑龍江人民出版社 1983 年版。

79. 李孝悌：《清末的下層社會啟蒙運動：1901-1911》，石家莊：河北教育出版社 2001 年版。

80. 李勇軍、劉俊峰：〈漢口錢業公會與地方政府的互動關係（1928-1938）探析〉，載《中南民族大學學報（人文社會科學版）》第 29 卷第 4 期，2009 年。

81. 李澤厚：《中國現代思想史論》，北京：東方出版社 1987 年版。

82. 梁漱溟：《中國文化要義》，上海：上海人民出版社 2005 年版。

83. 列文森著，鄭大華、任菁譯：《儒家中國及其現代命運》，桂林：廣西師範大學出版社 2009 年版。

84. 林超超：〈新國家與舊工人：1952 年上海私營工廠的民主改革運動〉，載《社會學研究》2010 年第 2 期。

85. 林毓生：《中國傳統的創造性轉化》，北京：生活‧讀書‧新知三聯書店 1994 年版。

86. 劉崇文、陳紹疇主編：《劉少奇年譜，1898-1969》，北京：中央文獻出版社 1996 年版。

87. 劉蒂仙：《農村民眾教育》，上海：大華書局 1934 年版。

88. 劉鵬：〈三十年來海外學者視野下的當代中國國家性及其爭論述評〉，載《社會學研究》2009 年第 5 期。

89. 劉平、劉穎、張玄芝：〈歷史學與人類學的對話〉，載《文史哲》2007 年第 5 期。

90. 劉少奇著，中共中央文獻編輯委員會編：《劉少奇選集》，北京：人民出版社 1981-1985 年版。

91. 劉少奇：〈對於文藝工作的幾點意見〉，載中共中央書記處研究室文化組編：《黨和國家領導人論文藝》，北京：文化藝術出版社 1982 年版。

92. 劉永華等：〈社會經濟史視野下的中國革命〉，載《開放時代》2015 年第 2 期。

93. 劉子久：〈論廠礦企業中民主改革的補課問題〉，《人民日報》1951 年 9 月 14 日。

94. 樓嘉軍：《上海城市娛樂研究，1930-1939》，上海：文匯出版社 2008 年版。

95. 盧漢超著，段煉等譯：《霓虹燈外：20 世紀初日常生活中的上海》，上海：上海古籍出版社 2004 年版。

96. 盧向東：《中國現代劇場的演進：從大舞臺到大劇院》，北京：中國建築工業出版社 2009 年版。

97. 魯迅：《且介亭雜文二集》，北京：人民文學出版社 1981 年版。

98. 陸群：〈遺忘的一角〉，載《上海文化史誌通訊》1995 年第 37 期。

99. 羅芙蕓著，向磊譯：《衛生的現代性：中國通商口岸衛生與疾病的含義》，南京：江蘇人民出版社 2007 年版。

100. 羅崗等：〈作為「社會主義城市」的上海與空間的再生產〉，載王曉明等主編：《熱風學術》，第四輯，上海：上海人民出版社 2010 年版。

101. 羅蘇文：《近代上海：都市社會與生活》，北京：中華書局 2006 年版。

102. 駱曦：《娛樂、政治、風化 —— 審查制度下的上海大眾娛樂（1927-1931）》，華東師範大學歷史系碩士論文，2008 年。

103. 馬郇夫：〈回憶對劇場、書場、遊樂場的接管和改革改造〉，載《上海文化史誌通訊》1995 年第 39 期。

104. 馬軍：《1948 年：上海舞潮案 —— 對一起民國女性集體暴力抗議事件的研究》，上海：上海古籍出版社 2005 年版。

105. 馬軍、白華山：〈兩界三方管理下的上海舞廳業 —— 以 1927 至 1943 年為主要時段的考察〉，載《社會科學》2007 年第 8 期。

106. 馬俊山：《演劇職業化運動研究》，北京：人民文學出版社 2007 年版。

107. 馬學強：《出入於中西之間：近代上海買辦社會生活》，上海：上海辭書出版社 2009 年版。

108. 馬斯泰羅內（Mastellone, S.）主編，黃華光、徐力源譯：《一個未完成的政治思索：葛蘭西的《獄中札記》》，北京：社會科學文獻出版社 2000 年版。

109. 莫里斯·邁斯納著，杜蒲、李玉玲譯：《毛澤東的中國及後毛澤東的中國》，成都：四川人民出版社 1989 年版。

110. 莫里斯·邁斯納著，中共中央文獻研究室《國外研究毛澤東思想資料選輯》編輯組編譯：《毛澤東與馬克思主義、烏托邦主義》，北京：中央文獻出版社 1991 年版。

111. 毛澤東：《毛澤東選集》，北京：中國人民解放軍戰士出版社 1967 年版。

112. 毛澤東：《毛澤東農村調查文集》，北京：人民出版社 1982 年版。

113. 毛澤東：《毛澤東早期文稿，1912.6-1920.11》，長沙：湖南出版社 1990 年版。

114. 毛澤東：《毛澤東論文藝》，北京：人民文學出版社 1992 年版。

115. 毛澤東：《毛澤東文集》，北京：人民出版社 2009 年版。

116. 喬爾·S·米格達爾著，張長東等譯：《強社會與弱國家：第三世界的國家社會關係及國家能力》，南京：江蘇人民出版社 2009 年版。

117. 彭翔華：〈「文革」時期的民眾樂園〉，載《武漢文史資料》2010 年第 3 期。

118. 彭翔華：〈民眾樂園的前世今生（二）—— 老漢口的印象地標〉，載《戲劇之家》2010 年第 6 期。

119. 裴宜理：〈「告別革命」與中國政治研究〉，載《思與言》第 44 卷第 3 期，2006 年。

120. 裴宜理著，劉平譯：《上海罷工：中國工人政治研究》，南京：江蘇人民出版社 2012 年版。

121. 裴宜理著，閻小駿譯：《安源：發掘中國革命之傳統》，香港：香港大學出版社 2014 年版。

122. 裴自餘：〈追尋現代國家的觀念基礎 —— 晚清的國民國家論述〉，載《華東師範大學學報》2012 年第 3 期。

123. 錢穆：《宋代理學三書隨箚》，北京：生活·讀書·新知三聯書店 2002 年版。

124. 錢鍾書：《宋詩選注》，北京：生活·讀書·新知三聯書店 2002 年版。

125. 秦綠枝：《海派商人黃楚九》，上海：上海書店出版社 1999 年版。

126. 瞿同祖著，范忠信、晏鋒譯，何鵬校：《清代地方政府》，北京：法律出版社 2003 年版。

127. 阮清華：《上海遊民改造研究（1949-1958）》，上海：上海辭書出版社 2009 年版。

128. 蘇珊·桑塔格著，黃燦然譯，陳耀成編：《蘇珊·桑塔格文選》，臺北：麥田出版 2005 年版。

129. Carl E. Schorske：〈歐洲思想中的城市觀念：從伏爾泰到施賓格勒〉，載於孫遜主編：《都市文化史：回顧與展望》（《都市文化研究》第一輯），上海：上海三聯書店 2005 年版。

130. 戈蘭·瑟博恩：〈辯證法之後：後現代性、後馬克思主義及其他站位與立場〉，載於吉拉德·德朗蒂編，李康譯：《當代歐洲社會學理論指南》，上海：上海人民出版社 2009 年版。

131. 西達·斯考切波著，何俊志、王學東譯：《國家與社會革命：對法國、俄國和中國的比較分析》，上海：上海人民出版社 2007 年版。

132. 詹姆斯·C·斯科特著，王曉毅譯：《國家的視角：那些試圖改善人類狀況的專案是如何失敗的》，北京：社會科學文獻出版社 2004 年版。

133. 戴維·斯沃茨著，陶東風譯：《文化與權力》，上海：上海譯文出版社 2006 年版。

134. 蘇尚堯主編：《中華人民共和國中央人民政府機構（1949-1990）》，北京：經濟科學出版社 1993 年版。

135. 沈寂：《大世界傳奇》，上海：同濟大學出版社 1993 年版。

136. 沈亮：《大世界：綜合性文化娛樂場館的經營之道》，上海：上海書店出版社 2011 年版。

137. 沈雁冰：〈不斷革命，爭取文化藝術工作的持續躍進——在全國文教先進工作者代表大會文化工作系統會議上的講話〉，《人民日報》1960 年 6 月 15 日。

138. 沈宗洲、傅勤：《上海舊事》，北京：學苑出版社 2002 年版。

139. 斯圖爾特·R·施拉姆著，田松年、楊德譯：《毛澤東的思想》，北京：中國人民大學出版社 2005 年版。

140. 本傑明·史華茲著，葉鳳美譯：《尋求富強：嚴復與西方》，南京：江蘇人民出版社 1990 年版。

141. 宋鑽友：〈從會館、公所到同業公會的制度變遷——兼論政府與同業組織現代化的關係〉，載《檔案與史學》2001 年第 3 期。

142. 詹姆斯·R·湯森、布蘭特利·沃馬克著，顧速、董方譯：《中國政治》，南京：江蘇人民出版社 2003 年版。

143. 唐耿良：《別夢依稀：我的評彈生涯》，臺北：臺灣商務印書館股份有限公司 2007 年版。

144. 童本一主編：《上海文化娛樂場所誌》，上海：《上海文化藝術誌》編纂委員會 2000 年版。

145. 埃米爾‧涂爾幹著，渠敬東譯：《社會分工論》，北京：生活‧讀書‧新知三聯書店 2017 年版。

146. Graeme Turner 著，唐維敏譯：《英國文化研究導論》，臺北：亞太圖書出版社 2000 年版。

147. 汪暉、余國良主編：《上海：城市、社會與文化》，香港：中文大學出版社 1998 年版。

148. 王安憶：《憂傷的年代》，臺北：麥田出版股份有限公司 1998 年版。

149. 王笛：〈大眾文化研究與近代中國社會 —— 對近年美國有關研究的述評〉，載《歷史研究》1999 年第 5 期。

150. 王笛著，李德英等譯：《街頭文化：成都公共空間、下層民眾與地方政治，1870-1930》，北京：中國人民大學出版社 2006 年版。

151. 王笛：〈國家控制與社會主義娛樂的形成 —— 1950 年代前期對成都茶館中的曲藝和曲藝藝人的改造和處理〉，載於華東師範大學中國當代史研究中心編：《中國當代史研究》第一輯，北京：九州出版社 2009 年版。

152. 王爾敏：《明清時代庶民文化生活》，長沙：岳麓書社 2002 年版。

153. 王汎森：〈「儒家文化的不安定層」—— 對「地方的近代史」的若干思考〉，載於羅志田等主編，《地方的近代史：州縣士庶的思想與生活》，北京：社會科學文獻出版社 2015 年版。

154. 王宏志：《歷史的偶然 —— 從香港看中國現代文學史》，香港：牛津大學出版社 1997 年版。

155. 王瑾：〈「國家」三議〉，載《讀書》2000 年第 4 期。

156. 王玲：〈「禁聲」古今與文化政策〉，載《理論與改革》2013 年第 4 期。

157. 王紹光等：《中國國家能力報告》，瀋陽：遼寧人民出版社 1993 年版。

158. 王紹光等：〈中國政府汲取能力的下降及其後果〉，載《二十一世紀》1994 年 2 月號。

159. 王紹光：〈國家汲取能力的建設 —— 中華人民共和國成立初期的經驗〉，載《中國社會科學》2002 年第 1 期。

160. 王紹光：〈和平崛起與國家良治〉，《21 世紀經濟報導》2003 年 12 月 29 日。

161. 王朔柏、陳意新：〈從血緣群到公民化：共和國時代安徽農村宗族變遷研究〉，載《中國社會科學》2004 年第 1 期。

162. 王文錦譯解：《禮記譯解》，北京：中華書局 2016 年版。

163. 王耀寧：〈中共執政六十年 —— 從集體主義到個體主義〉，載《二十一世紀》2009 年 10 月號。

164. 王宗義、唐靜愷、童志強執行編輯：《上海百年文化史》，上海：上海科學技術文獻出版社 2002 年版。

165. 雷蒙·威廉斯著，劉建基譯：《關鍵詞：文化與社會的辭彙》，北京：生活·讀書·新知三聯書店 2005 年版。

166. 雷蒙·威廉斯著，高曉玲譯：《文化與社會：1780-1950》，長春：吉林出版集團有限責任公司 2011 年版。

167. 馬克斯·韋伯著，康樂、簡惠美譯：《中國的宗教·宗教與世界》，桂林：廣西師範大學出版社 2004 年版。

168. 魏昂德：〈現代中國國家與社會關係研究：從描述現狀到解釋變遷〉，載涂肇慶、林益民主編：《改革開放與中國社會：西方社會學文獻述評》，香港：牛津大學出版社 1999 年版。

169. 魏斐德（弗里德里克·韋克曼）著，中共中央文獻研究室《國外研究毛澤東思想資料選輯》編輯組編譯：《毛澤東思想的哲學透視》，北京：中央文獻出版社 1992 年版。

170. 魏斐德著，芮傳明譯：《上海歹土：戰時恐怖活動與城市犯罪，1937-1941》，上海：上海古籍出版社 2003 年版。

171. 魏斐德著，章紅等譯：《上海警察，1927-1937》，上海：上海古籍出版社 2004 年版。

172. 魏斐德著，梁禾譯：《紅星照耀上海城：共產黨對市政警察的改造》，北京：人民出版社 2011 年版。

173. 魏文亨：〈制約、授權與規範 —— 試論南京國民政府時期對同業公會的管理〉，載《華中師範大學學報（人文社會科學版）》第 43 卷第 4 期，2004 年。

174. 魏文亨：〈專業與統戰：建國初期中共對工商同業公會的改造策略〉，載《安徽史學》2008 年第 2 期。

175. 翁偶虹：《翁偶虹編劇生涯》，北京：中國戲劇出版社 1986 年版。

176. 吳飛：〈梁漱溟的「新禮俗」—— 讀梁漱溟的《鄉村建設理論》〉，載《社會學研究》2005 年第 5 期。

177. 武麗麗、趙鼎新：〈「克里斯瑪權威」的困境：寧夏文革的興起和發展〉，載《二十一世紀》2007 年 6 月號。

178. 夏志清著，劉紹銘等譯：《中國現代小說史》，上海：復旦大學出版社 2005 年版。

179. 肖文明：《「政治掛帥」時代的群眾文化 —— 1949-1976 間的 J 縣群眾文化機構和文化霸權》，北京大學社會學系碩士論文，2006 年。

180. 肖文明：〈國家能力與文化治理：以中華人民共和國建立初期的上海為個案〉，載《思想戰線》2013 年第 4 期。

181. 肖文明：〈國家自主性與文化 —— 邁向一種文化視角的國家理論〉，載《社會學研究》2017 年第 3 期。

182. 彼得·辛格著，張訊譯：《黑格爾》，北京：中國社會科學出版社 1992 年版。

183. 徐浩然：〈美國「中國學家」的中國政治研究 —— 一項文獻史的考察（上）〉，載《中共杭州市委黨校學報》2011 年第 1 期。

184. 徐喜先：《記憶上海：一位民間攝影師眼中的上海三十年》，上海：上海人民美術出版社 2010 年版。

185. 徐小群：《民國時期的國家與社會：自由職業團體在上海的興起，1912-1937》，北京：新星出版社 2007 年版。

186. 薛文俊、馬軍：〈一個老樂師的回憶〉，載《史林》2004 年第 6 期。

187. 學愚：《中國佛教的社會主義改造》，香港：香港中文大學出版社 2015 年版。

188. 簡‧雅各布斯著，金衡山譯：《美國大城市的死與生》，南京：譯林出版社 2006 年版。

189. 楊奎松：〈建國初期中共幹部任用政策考察 —— 兼談 1950 年代反「地方主義」的由來〉，載於華東師範大學中國當代史研究中心編：《中國當代史研究》第一輯，北京：九州出版社 2009 年版。

190. 楊念群：〈上海亭子間文人之「病」〉，載《讀書》2014 年第 12 期。

191. 么書儀：《晚清戲曲的變革》，北京：人民文學出版社 2006 年版。

192. 葉經元：〈漫話民眾樂園〉，載《武漢文史資料》2003 年第 4 期。

193. 葉文心等：《上海百年風華》，臺北：躍升文化事業有限公司 2001 年版。

194. 應星：〈社會支配關係與科場場域的變遷〉，載於楊念群主編：《空間‧記憶‧社會轉型 ——「新社會史」研究論文精選集》，上海：上海人民出版社 2001 年版。

195. 應星：〈「把革命帶回來」：社會學新視野的擴展〉，載《社會》2016 年第 4 期。

196. 應星：《新教育場域的興起，1895-1926》，北京：生活‧讀書‧新知三聯書店 2017 年版。

197. 袁進、丁雲亮、王有富：《身份建構與物質生活：20 世紀 50 年代上海工人的社會文化生活》，上海：上海書店出版社 2008 年版。

198. 岳永逸：《空間、自我與社會：天橋街頭藝人的生成與系譜》，北京：中央編譯出版社 2007 年版。

199. 澤慧：〈愛國衛生運動〉，載《檔案春秋》2019 年第 5 期。

200. 張愛玲著，倪文尖編選：《留情：張愛玲小說》，上海：上海古籍出版社 1999 年版。

201. 張發穎：《中國戲班史》，北京：學苑出版社 2003 年版。

202. 張灝：《時代的探索》，臺北：聯經出版事業公司 2004 年版。

203. 張濟順：〈轉型與延續：文化消費與上海基層社會對西方的反應〉，載《史林》2006 年第 3 期。

204. 張濟順：〈社會文化史的檢視：1950 年代上海研究的再思考〉，載《華東師範大學學報（哲學社會科學版）》2012 年第 2 期。

205. 張濟順：《遠去的都市：1950 年代的上海》，北京：社會科學文獻出版社 2015 年版。

206. 張靜：〈階級政治與單位政治 —— 城市社會的利益組織化結構和社會參與〉，載《開放時代》2003 年第 2 期。

207. 張煉紅：《歷煉精魂：新中國戲曲改造考論》，上海：上海書店出版社 2019 年版。

208. 張忠民：〈從同業公會「業規」看近代上海同業公會的功能、作用與地位 —— 以 20 世紀 30 年代為中心〉，載《江漢論壇》2007 年第 3 期。

209. 章詒和：《伶人往事：寫給不看戲的人看》，香港：明報出版社有限公司 2006 年版。

210. 趙文詞：〈五代美國社會學者對中國國家與社會關係的研究〉，載涂肇慶、林益民主編：《改革開放與中國社會：西方社會學文獻述評》，香港：牛津大學出版社 1999 年版。

211. 中共上海市文化局黨史資料徵集辦公室：《上海市文化局大事記：1949-1999》，上海：上海市文化局內部出版，2001 年版。

212. 中共中央黨史研究室：《中華人民共和國大事記（1949-2009）》，北京：人民出版社 2009 年版。

213. 周恩來：《周恩來論文藝》，北京：人民文學出版社 1979 年版。

214. 周恩來：《周恩來選集》（下卷），北京：人民出版社 1984 年版。

215. 周飛舟：〈從汲取型政權到「懸浮型」政權 —— 稅費改革對國家與農民關係之影響〉，載《社會學研究》2006 年第 3 期。

216. 周光蓁：《中央樂團史，1956-1996》，香港：三聯書店（香港）有限公司 2009 年版。

217. 周曉虹：〈中國研究的可能立場與範式重構〉，載《社會學研究》2010 年第 2 期。

218. 周揚：《周揚文集》（第一、二、三、四卷），北京：人民文學出版社 1984、1985、1990、1991 年版。

219. 周揚：《周揚集》，北京：中國社會科學出版社 2000 年版。

220. 朱鴻召：《延安日常生活中的歷史（1937-1947）》，桂林：廣西師範大學出版社 2007 年版。

221. 朱鴻召：〈延安文藝座談會上的激烈爭論〉，載《百年潮》2007 年第 12 期。

222. 鄒讜：《二十世紀中國政治：從宏觀歷史與微觀行動角度看》，香港：牛津大學出版社 1994 年版。

223. 左玉河：〈中國近代史研究的範式之爭與超越之路〉，載《史學月刊》2014 年第 4 期。

四、英文書刊

1. Abercrombie, N., Hill, S., and Turner, B. S. 1980, *The Dominant Ideology Thesis*. London: Allen & Unwin.

2. Adamson, W. L. 1980, *Hegemony and Revolution: A Study of Antonio Gramsci's Political and Cultural theory*. Berkeley : University of California Press.

3. Alexander, J. 2003, *The Meanings of Social Life: A Cultural Sociology*. Oxford: Oxford University Press.

4. Althusser, L. 2001, "Ideology and Ideological State Apparatuses (Notes Towards an Investigation)", in Meenakshi G. Durham and Douglas M. Kellner (eds.), *Media and Cultural Studies: Keyworks*. Oxford: Blackwell Publishing.

5. Arrighi, G. 2009, "The Winding Paths of Capital: Interview by David Harvey." *New Left Review* 56.

6. Barnett, Doak A. 1960, *Communism China and Asia*, New York: Harper and Brothers.

7. Bates, T.R. 1975, "Gramsci and the Theory of Hegemony." *Journal of The History of Ideas.* Vol.36, No.2.

8. Baum, R. and Alexei Shevchenko. 1999, "The 'State of the State'." in Merle Goldman and Rodrick MacFarquha (eds.), *The Paradox of China's Post-Mao Reforms*. Cambridge, Mass. : Harvard University Press.

9. Becker, H. S. 1974, "Art as Collective Action." *American Sociological Review* 39 (6).

10. Becker, H. S. 1976, "Art Worlds and Social Types." *American Behavioral Scientist* 1976 (19).

11. Becker, H. S. and M. M. McCall. (eds.) 1990, *Symbolic Interaction and Cultural Studies*. Chicago: The University of Chicago Press.

12. Bedeski, R. E. 1975, "The Evolution of the Modern State in China: Nationalsit and Communist Continuities." *World Politics*, Vol.27, No.4.

13. Bedeski, R. E. 2007, *Human Security and the Chinese State: Historical Transformations and the Modern Quest for Sovereignty*. New York: Routledge.

14. Berezin, M. 1991, "The Organization of Political Ideology: Culture, State, and Theatre in Fascist Italy." *American Sociological Review* 56.

15. Berezin, M. 1997, *Making the Fascist Self: The Political Culture of Interwar Italy*. Ithaca and London: Cornell University Press.

16. Blau, J. R. 1989, *The Shape of Culture: A Study of Contemporary Cultural Patterns in the United States*. Cambridge: Cambridge University Press.

17. Bocock, R. 1986, *Hegemony*. Chichester : E. Horwood.

18. Bottomore, T. 1984, *The Frankfurt School*. Chichester: Horwood.

19. Bourdieu, P. 1993, *The Field of Cultural Productifon: Essays on Art and Literature*. Cambridge: Polity Press.

20. Bourdieu, P. 1996, *The Rules of Art: Genesis and Structure of the Literary Field*. Cambridge: Polity Press.

21. Bourdieu, P. and Wacquant, L. 1992, *An Invitation to Reflexive Sociology*. Oxford: Polity Press.

22. Bourdieu, P., L. J.D. Wacquant and S. Farage. 1994, "Rethinking the State: Genesis and Structure of the Bureaucratic Field." *Sociological Theory*, Vol.12, No.1.

23. Brown, J. and Pickowicz, Paul G. 2007, "The Early Years of the People' s Republic of China: An Introduction." in Jeremy Brown and Paul G. Pickowicz(eds.), *Dilemmas of Victory: The Early Years of the People' s Republic of China*. Cambridge: Harvard University Press.

24. Calverton, V. F. 1929, "The Sociological Aesthetics of the Bolsheviki." *The American Journal of Sociology*, Vol.35, No.3.

25. Chen, J. and Peng D. 1995, *China since the Cultural Revolution: From Totalitarianism to Authoritarianism*. Westport: Praeger.

26. Claudin-Urondo, C. 1977, *Lenin and the Cultural Revolution*. Sussex: The Harvester Press.

27. Cohen, E. 1979, "A Phenomenology of Tourist Experiences." *Sociology* Vol.13, No.2.

28. Cohen, P. 2003, "Reflections on a Watershed Date." in Jeffrey N. Wasserstrom (ed.), *Twentieth-Century China: New Approaches*. London & New York: Routledge.

29. Crane, D. 1992, *The Production of Culture: Media and the Urban Arts*. Newbury Park, California: Sage Publications.

30. Cuomo, G. R. (ed.), 1995, *National Socialist Cultural Policy*. Houndmills: Macmillan Press.

31. DeMare, B. J. 2015, *Mao's Cultural Army*. Cambridge: Cambridge University Press.

32. Diamant, N. J. 2000, *Revolutionizing the Family: Politics, Love, and Divorce in Urban and Rural China, 1949-1968*. Berkeley: University of California Press.

33. DiMaggio, P. 1986, "Cultural Entrepreneurship in Nineteenth-Century Boston: The Creation of an Organizational Base for High Culture in America." in Richard Collins et al (eds.), *Media, Culture and Society: A Critical Reader*. London: Sage.

34. DiMaggio, P. and P. M. Hirsch. 1976, "Production Organizations in the Arts." *American Behavioral Scientist* 19.

35. Dimaggio, P. and W. W. Powell. 1983, "The Iron Cage Revisited: Institutional Isomorphism and Collective Rationality in Organizational Fields", *American Sociological Review*, 48:2.

36. Ding, X. 1994, "Institutional Amphibiousness and the Transition from Communism: The Case of China." *British Journal of Political Science*, Vol.24, No.3.

37. Dirlik, A. 1983, "The Predicament of Marxist Revolutionary Consciousness: Mao Zedong, Antonio Gramsci, and the Reformulation of Marxist Revolutionary Theory." *Modern China*. Vol.9, No.2.

38. Douglas, M. 1970, *Purity and Danger: An Analysis of Concepts of Pollution and Taboo*. Harmondworth: Penguin.

39. Durkheim, E. 1992, *Professional Ethics and Civil Morals*. London and New York: Routeledge.

40. Eisenstadt, S. N. 2000, "Multiple Modernities." *Daedalus*, Vol.129, No.1.

41. Evans, P. 1995, *Embedded Autonomy: States and Industrial Transformation*. Princeton, N. J.: Princeton University Press.

42. Evans, P. B., Rueschemeyer, D. and T. Skocpol. 1985, *Bringing the State Back In*. Cambridge: Cambridge University Press.

43. Finlayson, A. and J. Martin. 2006, "Poststructuralism." in Colin Hay et al (eds.), *The State: Theories and Issues*. New York: Palgrave Macmillan.

44. Fiske, J. 1989, *Television Culture*. London: Routledge.

45. Fitzpatrick, S. 1974, "Cultural Revolution in Russia 1928-32." *Journal of Contemporary History*, Vol.9, No.1.

46. Fitzpatrick, S. 1976, "Culture and Politics under Stalin: A Reappraisal." *Slavic Review*, Vol.35, No.2.

47. Fitzpatrick, S. (ed.), 1984, *Cultural Revolution in Russia, 1928-1931*. Bloomington: Indiana University Press.

48. Fontana, B. 2006, "State and Society : The Concept of Hegemony in Gramsci." in Mark Haugaard and Howard H. Lentner (ed.), *Hegemony and Power*, Lanham. Md.: Lexington Books.

49. Fritz, V. 2007, *State-building: A Comparative Study of Ukraine, Lithuania, Belarus, and Russia*. Budapest: Central European University Press.

50. Fukuyama, F. 2004, *State-building: Governance and World Order in the 21st Century*. Ithaca, N.Y.: Cornell University Press.

51. Fukuyama, F. 2011, *The Origins of Political Order: From Prehuman Times to the French Revolution*. New York: Farrar, Straus and Giroux.

52. Geyer, M. and Fitzpatrick, S. (eds.), 2009. *Beyond Totalitarianism: Stalinism and Nazism Compared*. New York, N.Y.: Cambridge University Press.

53. Giddens, A. 1982, *Sociology: A Brief but Critical Introduction*. London: Macmillan.

54. Gleason, A. 1995, *Totalitarianism: The Inner History of the Cold War*. New York: Oxford University

Press.

55. Gottdiener, M. 1985, "Hegemony and Mass culture: A semiotic Approach." *American Journal of Sociology* 90(5).

56. Gramsci,A. 1992, *Prison Notebooks*. New York: Columbia University Press.

57. Griswold, W. 2004, *Cultures and Societies in a Changing World*. Thousand Oaks: Pine Forge Press.

58. Gurley, J. G. 1978, "The Dialectics of Development: USSR versus China." *Modern China*, Vol.4, No.2.

59. Hagopian, F. 1994, "Traditional Politics against State Transformation in Brazil." in Migdal, J., Kohli, A and Vivienne Shue (ed.), *State Power and Social Forces*. Cambridge: Cambridge University Press.

60. Hall, S. 1996, "Cultural Studies: Two Paradigms", in J. Storey. Hemel (ed.), *Cultural Theory and Popular Culture: A Reader*. Hempstead: Prentice Hall / Harvester.

61. Harding, H. 1993, "The Evolution of American Scholarship on Contemporary China." in David Shambaugh(eds.), *American Studies of Contemporary China*, New York: M. E. Sharpe.

62. Harrington, A. 2004, *Art and Social Theory*. Cambridge: Polity Press.

63. Hershatter, G. 1997, *Dangerous Pleasures: Prostitution and Modernity in Twentieth-century Shanghai*. Berkeley, Calif.: University of California Press.

64. Holm, D. 1991, *Art and Ideology in Revolutionary China*. Oxford: Clarendon Press.

65. Horkheimer, M. and Adorno, T. 1972, "The culture industry: Enlightenment as Mass Deception." in Horkheimer, M. and Adorno, T. , *Dialectics of Enlightenment*. New York: Continuum Books.

66. Howlett, J. J. 2013, "'The British Boss Is Gone and Will Never Return': Communist Takeovers of British Companies in Shanghai (1949–1954)." *Modern Asian Studies* 47(6):1941–1976.

67. Huang, J. 2006, *Factionalism in Chinese Communist Politics*. Cambridge: Cambridge University Press.

68. Hung, C. T. 1985, *Going to the People: Chinese Intellectuals and Folk Literature, 1918-1937*. Cambridge: Council on East Asian Studies, Harvard University.

69. Hung, C. T. 1993, "Reeducating a Blind Story-teller: Han Qixiang and the Chinese Communist Storytelling Campaign." *Modern China*, Vol.19, No.4.

70. Hunter, J. D. 1991, *Culture Wars: the Struggle to Define America*. New York: Basicbooks.

71. Jenks, C. 2005, *Culture*. London: Routledge.

72. Jessop, B. 1990, *State Theory: Putting Capitalist States in their Place*. Cambridge: Polity Press.

73. Jones, A.F. 2001, *Yellow Music: Media Culture and Colonial Modernity in the Chinese Jazz Age*. Durham, NC: Duke University Press.

74. Kamrava, M. 1999, *Cultural Politics in the Third World*. London: UCL Press.

75. Kraus, R. C. 2004, *The Party and the Arty in China: the New Politics of Culture*. Oxford: Rowman & Littlefield Publishers, INC.

76. Laitin, D. D. 1986, *Hegemony and Culture: Politics and Religious Change among the Yoruba*. Chicago and London: The University of Chicago Press.

77. Li, H. 2001, "Making a Name and a Culture for the Masses in Modern China." *Positions: East Asia Cultures Critique* 9.1 .

78. Li, H. 2017, "Everyday Power Relations in State Firms in Socialist China: A Reexamination." *Modern China*, Vol.43, No.3.

79. Linz, J. J. and Stepan, A. 1996, *Problems of Democratic Transition and Consolidation*. Baltimore: The John Hopkins University Press.

80. Lloyd, D. and P. Thomas. 1998, *Culture and the State*. New York and London: Routledge.

81. Luhmann, N. 1995, *Social Systems*. Trans. by J. Bednarz Jr. &D. Baecker, Stanford, California: Stanford University Press.

82. Luhmann, N. 2002, "Limits of Steering." In C. Calhoun et al.(eds.), *Contemporary Sociological Theory*. Oxford: Blackwell.

83. Madsen, R. 1984, *Morality and Power in a Chinese Village*. Berkeley: University of California Press.

84. Mann, M. 1988, *States, War and Capitalism*. Oxford: Blackwell.

85. McClelland, J. C. 1980, "Utopianism versus Revolutionary Heroism in Bolshevik Policy: The Proletarian Culture Debate." *Slavic Review*, Vol.39, No.3.

86. Meisner, M. 1985, "Iconoclasm and Cultural Revolution in China and Russia." in A. Gleason, P. Kenez, and R. Stites. (eds.), *Bolshevik Culture: Experiment and Order in the Russian Revolution*. Bloomington: Indiana University Press.

87. Migdal, J. S. 1988, *Strong Societies and Weak States*. Princeton, N. J.: Princeton University Press.

88. Migdal, J. S., Kohli, A and Vivienne Shue (ed.), 1994, *State Power and Social Forces: Domination and Transformation in the Third World*. Cambridge: Cambridge University Press.

89. Migdal, J. S. 2001, *State in Society: Studying How States and Societies Transform and Constitute One Another*. Cambridge: Cambridge University Press.

90. Mitchell, T. 1991, "The Limits of the State: Beyond Statist Approaches and Their Critics." *The American Political Science Review*, Vol.85, No.1.

91. Münch, R. 1991, "American and European Social Theory: Cultural Identities and Social Forms of Theory Production." *Sociological Perspectives*, 34, 3.

92. Nathan, A. J. 1973, "A Factionalism Model for CCP Politics." *The China Quarterly*, No.53.

93. Nettle, J. P. 1968, "The State as a Conceptual Variable." *World Politics*, Vol.20, No.4.

94. Oi, J. C. 1985, "Communism and Clientism: Rural Politics in China." *World Politics*, Vol.37, Iss.2.

95. Parsons, T. 1968, "Social Systems." in David L.Sills (ed.), *The International Encyclopedia of the Social Sciences*, Vol.15, New York: MacMillan.

96. Parsons,T. 1973, "Culture and Social System Revisited." in L. Schneider and C. M. Bonjean (eds.), *The Idea of Culture in The Social Sciences*. Cambridge: Harvard University Press.

97. Pearson, M. M. 1997, *China's New Business Elite: The Political Consequences of Economic Reform*. Berkeley: University of California Press.

98. Perry, E. J. 1989, "Review: State and Society in Contemporary China." *World Politics*, Vol.41, No.4(July).

99. Perry, E. J. 1994, "Shanghai's Strike Wave of 1957." *The China Quarterly*, No.137.

100. Peterson, R. A. 1976, "The Production of Culture: A Prolegomenon." *American Behavioral Scientist* 19.

101. Pye, L. W, 1995, "Factions and the Politics of Guanxi: Paradoxes in Chinese Administrative and Political Behavior", *The China Journal*, No.34.

102. Rosenthal, J. 1988, "Who practices hegemony? Class Division and the Subject of politics." *Cultural Critique*.

103. Schram, S. R.1989, *The Thought of Mao Tse-tung*. Cambridge: Cambridge University Press.

104. Schurmann, F. 1970, *Ideology and Organization in Communist China*. Berkeley: University of California Press.

105. Schwartz, B. 1960, "Totalitarian Consolidation and the Chinese Model." *The China Quarterly*, Vol.1.

106. Schwartz,B. 1968, "The Reign of Virtue: Some Broad Perspectives on Leader and Party in the Cultural Revolution." *The China Quaterly* 35.

107. Seligman, A. 1992, *The Idea of Civil Society*. New York: Free Press.

108. Shils, E. 1975, *Centre and Periphery*. Chicago: University of Chicago Press.

109. Shue, V. 1988, *The Reach of the State: Sketches of the Chinese Body Politic*. Stanford: Stanford University Press.

110. Shue, V. 1991, "Powers of State, Paradoxes of Dominion: China 1949-1979." in K. Lieberthal et al. (eds.), *Perspectives on Modern China: Four Anniversaries*. Armonk, N. Y.: M.E. Sharpe, Inc.

111. Shue, V. 1994, "State Power and Social Organization in China." in Migdal, J., Kohli, A and Vivienne Shue (Ed.), *State Power and Social Forces*. Cambridge: Cambridge University Press.

112. Siu, H. 1989, *Agents and Victims in South China: Accomplices in Rural Revolution*. New Haven and London: Yale University Press.

113. Skocpol, T. 1992, *Protecting Soldiers and Mothers: The Political Origins of Social Policy in the United States*. Cambridge, MA: Harvard University Press.

114. Skocpol, T. 2008, "Bringing the State back in: Retrospect and Prospect." *Scandinavian Political Studies*, Vol.31, No.2.

115. Smith, P. 2001, *Cultural Theory: An Introduction*. Massachusetts and Oxford: Blackwell Publishers.

116. Smith, S. 2006, "Local Cadres Confront the Supernatural: The Politics of Holy Water in the PRC, 1949-1966." *The China Quarterly*, No.188.

117. Spillman, L. 2002, *Cultural Sociology*. Oxford: Blackwell Publishers.

118. Stark, D.(eds.), 1989, *Remaking the Economic Institutions of Socialism: China and Eastern Europe*. Stanford: Stanford University Press.

119. Storey, J. 1993, *An Introductory Guide to Cultural Theory and Popular Culture*. Harvester: Prentice Hall.

120. Street, J. 1997, *Politics and Popular Culture*. Philadelphia: Temple University Press.

121. Street, J. 2004, "The Politics of Popular Culture." in Kate Nash and Alan Scott (eds.), *The Blackwell Companion to Political Sociology*. Malden, MA: Blackwell Publishing Ltd.

122. Swartz, D. 1997, *Culture and Power: the Sociology of Pierre Bourdieu*. Chicago: The University of Chicago Press.

123. Swidler, A.1986, "Culture in Action: Symbols and Strategies." *American Sociological Review* 51(2).

124. Thilly, F. 1951, *A History of Philosophy*. London : Allen & Unwin.

125. Thomas, G. M. and Meyer, J. W. 1984, "The Expansion of the State." *Annual Review of Sociology* 10.

126. Thornton, P. 2007, *Disciplining the State: Virtue, Violence, and State-making in Modern China*. Cambridge: Harvard University Asia Center.

127. Tilly, C. (ed.), 1975, *The Formation of National States in Western Europe*. Princeton, N. J.: Princeton University Press.

128. Tilly, C. 1989, *Big Structure, Large Processes, Huge Comparisons*. New York: Russell Sage Foundation Publications.

129. Tilly, C. 1999, "Epilogue: Now Where?" in G. Steinmetz (ed.), *State/Culture: State-formation after the Cultural Turn*. Ithaca and London: Cornell University Press.

130. Tilly, C. 2000, "Processes and Mechanisms of Democratization." *Sociological Theory*, 18(1).

131. Todd, N. 1974, "Ideological Superstructure in Gramsci and Mao Tse-Tung." *Journal of The History of Ideas*, Vol.35, No.1.

132. Tsou, T. 1986, *The Cultural Revolution and Post-Mao Reforms: A Historical Perspective*. Chicago: Chicago University Press.

133. Tsou, T. 1995, "Chinese Politics at the Top: Factionalism or Informal Politics? Balance-of-Power Politics or a Game to Win All?", *The China Journal*, No.34.

134. Turner, G. 1996, *British Cultural Studies: An Introduction*. London: Routledge.

135. U, Eddy. 2007, *Disorganizing China: Counter-bureaucracy and the Decline of Socialism*. Stanford, California: Stanford University Press.

136. Wakeman, F. E. 1973, *History and Will: Philosophical Perspectives of Mao Tse-tung's Thought*. Berkeley: University of California Press.

137. Wakeman, F. E. 1975, "The Use and Abuse of Ideology in the Study of Contemporary China." *The China Quaterly*, No.61.

138. Walder, A. J. 1986, *Communist Neo-traditionalism: Work and Authority in Chinese Industry*. Berkeley: University of California Press.

139. Walder, A. J. 2015, *China Under Mao: A Revolution Derailed*. Cambridge: Harvard University Press.

140. Walker, R. L. 1956, *China under Communism: The First Five Years*. London: Allen and Unwin.

141. Wang, S. 2001, "The Construction of State Extracting Capacity: Wuhan,1949-1953." *Modern China*, Vol.27, No.2.

142. Weiss, L. 1998, *The Myth of the Powerless State: Governing the Economy in a Global Era*. Cambridge, UK: Polity Press.

143. Williams, R. 1976, *Keywords: A Vocabulary of Culture and Society*. New York: Oxford University Press.

144. Williams, R. 1977, *Marxism and Literature*. Oxford and New York: Oxford University Press.

145. Womack, B. 1991, "Transfigured Community: Neo-Traditionalism and Work Unit Socialism in China." *The China Quarterly*, No.126.

146. Wood, B. 1998, "Stuart Hall's cultural studies and the problem of hegemony." *The British Journal of Sociology*, Vol.49, No.3.

147. Wright, E. O. 1996, "Marxism after Communism." in Stephen P. Turner (Ed.), *Social Theory and Sociology: The Classics and Beyond*. Cambridge: Blackwell Publishers.

148. Wuthnow, R. and Witten, M. 1988, "New Directions in the Study of Culture." *Annual Review of Sociology* 14.

149. Yan, Y. 2003, *Private Life Under Socialism: Love, Intimacy, and Family Change in a Chinese Village, 1949-1999*. Stanford, California: Stanford University Press.

150. Zhou, Y. 2013, "State-Society Interdependence Model in Market Transition: A Case Study of the 'Farmers' City' in Wenzhou during the Early Reform Era." *Journal of Contemporary China*, Vol.22, Iss.81.

後　記

　　本書源自筆者於整整十年前完成的博士論文。在此十年間，筆者也從而立之年邁向不惑之年，但無論是對個體的人生抑或宏大的歷史，仍有不少困惑有待解惑，這部姍姍來遲的書稿某種程度上就見證了這十年解惑之旅的徘徊、迂迴與探索。倘若讀者諸君在閱讀本書的過程中，能夠感受到這種解惑的努力，並有所感、有所得的話，則筆者將不勝欣慰。

　　本書的初心是源自對文化與傳統於現代中國之重要性的信念與體認，而過去十年於高校工作的經歷，以及過去一年新冠疫情於環球的肆虐，更讓我深刻體會紮根於生活世界與傳統的人文理性在現代社會之根本重要性。遺憾的是，這一人文理性在當代社會仍然是一股隱而不彰、若即若離的力量，而有待一陽來復的時刻。在我寫作的此刻，窗外陽光普照，風和日麗，經歷寒潮之後的南國又迎來了久違的冬日暖陽。我企盼，深深紮根於我們這片土地的人文理性，能一如這冬日暖陽一般，給予這片土地上的人民生生不息的活力、溫情和秩序。可以說，這樣的企盼與信念一直是支撐我學術與教育生涯的重要動力。

　　需要說明的是，本書導論的第二節、上篇的第一章、第三章、第五章、下篇的第七章和第八章的部分章節、附錄二的相應主體內容，分別以〈將國家帶入文化社會學〉、〈作為文化行動者的現代國家：現代中國的國家建設與文化治理體系的演進〉、〈國家能力與文化治理：以中華人民共和國建立初期的上海為個案〉、〈國家觸角的限度之再考察：

以新中國成立初期上海的文化改造為個案〉、"Building a 'Lofty, Beloved People's Amusement Centre': the Socialist Transformation of Shanghai's Dashijie（1950-1958）" 以及〈超越集權主義模式：關於新中國「前三十年」國家與社會關係的海外中國研究述評〉為題刊登在《中山大學學報（社會科學版）》、《政治與法律評論》、《思想戰線》、《開放時代》、Modern Asian Studies 以及《開放時代》等刊物上，但在收錄於本書時，在文字與結構上都做了不同程度的修改與調整。筆者感謝上述刊物的慷慨允許，使相應章節得以作為此書的一部分出版。

筆者之成長為一名學者，幸賴吳文紅、彭泗清、方文以及陳海文等諸位師長在不同階段給予我的悉心教誨與引導。筆者在香港中文大學社會學系完成博士論文的期間，正是一段內外交困的歲月，幸賴導師陳海文教授的諄諄教誨與悉心關懷以及王淑英、呂大樂、鍾華、陶林、丁國輝等諸位師長給予的大力幫助，方能走出困境。該書的資料搜集得到孫新生、王俊、宋鑽友、花建、沈亮等諸位師友的大力幫助，在寫作方面也先後得到了李康、方文、程美寶、麻國慶、侯旭東、劉志揚、姚澤麟、蔣勤、胡凌、郭樺、韓榮斌、吳歡等師友的指點。劉江楠和潘梓暘二位同學對書稿的編輯校對多有幫助。在出版方面，中山大學歷史人類學研究中心的劉志偉教授、謝湜教授和黃曉玲女士為本書的出版資助工作付出了不少辛勞；顧瑜和李斌二位編輯則為我提供了不少建議和無私的幫助；劉韻揚編輯專業細緻的工作減少了書稿中的錯漏，保證了書稿的文字品質。謹在此一併致謝！

筆者自香港中文大學博士畢業後，即赴中山大學博雅學院任教。可以說，我的學術生涯是伴隨著這所新生的學院而共同成長的。博雅學院創院院長甘陽教授對我的學思歷程有深遠影響，而本書的出版也離不開他的一再鞭策。我也特別感謝郝雅娟、龍波、謝湜等幾任學院領導給予我的諸多幫助。在博雅學院，我結識了一批志同道合的朋友，他們不

僅讓我免於「獨學而無友」的困境，更讓我這位與中大素無淵源的異鄉人有「遊子歸家」之感。此外，由於共同的學術志趣，近年來我有不少機緣向復旦大學社會學系的周怡教授和北京大學社會學系的周飛舟教授請益，受益良多，二位教授無論為人與為學都是學人之榜樣。

近七年前，我的父親離世而去，在此之前的幾年裏，他一直在與病魔抗爭，那個時期也正是我步履艱難、內心掙扎的一段歲月。父親平日沉默寡言，但為人敦厚樸實，他的品格一直潛移默化地塑造著我。我的母親含辛茹苦撫養我們姐弟成長，而今我漂泊在外，不常回家，但我知道她在千里之外時時刻刻都在惦記著我。在過去的十多年裏，我的岳父岳母一直不辭辛勞地照料幫扶我們這個小家庭，為我的工作解除了很多後顧之憂。我的姐姐與姐夫一直在家鄉默默地關心支持著我的工作與生活，讓我能更安心地在外工作。我的堂兄肖強先生在我成長的歷程中，一直給我遠超其本分的關懷與扶助，對此我一直感銘於心。最後，感謝內子的陪伴，在過去十年，她自己一邊照料小孩，一邊努力地完成了從博士生向青年教師的轉型，一路走來，實屬不易。在當下，學術生活與家庭生活存在著不小的張力，而家庭往往是奉獻的一方。倘若寫作可以作為一份回報的話，我願以此書獻給我所愛的親人們。我相信他們都會帶著笑意接納這份微不足道的禮物！

2021 年 1 月 18 日於康樂園

作者簡介

　　肖文明，江西吉安人。先後畢業於北京大學光華管理學院、北京大學社會學系與香港中文大學社會學系，獲管理學學士、法學（社會學）碩士與哲學（社會學）博士，曾於美國加利福尼亞大學柏克萊分校短期訪學。現為中山大學博雅學院副教授，中山大學歷史人類學研究中心研究員。主要從事文化社會學、社會理論以及中國的現代轉型研究。在《社會學研究》、《開放時代》以及 *Modern Asian Studies* 等國內外重要學術期刊發表論文多篇，並承擔國家社科基金、國家博士後基金等科研項目多項。

三聯學術文庫

叢書策劃編輯	顧　瑜
策劃編輯	李　斌
責任編輯	劉韻揚
書籍設計	吳冠曼

書　　名	國家與文化領導權
	——上海大眾文化的社會主義改造（1949-1966）
著　　者	肖文明
出　　版	三聯書店（香港）有限公司
	香港北角英皇道 499 號北角工業大廈 20 樓
	Joint Publishing (H.K.) Co., Ltd.
	20/F., North Point Industrial Building,
	499 King's Road, North Point, Hong Kong
香港發行	香港聯合書刊物流有限公司
	香港新界荃灣德士古道 220-248 號 16 樓
印　　刷	陽光（彩美）印刷有限公司
	香港柴灣祥利街 7 號 11 樓 B15 室
版　　次	2021 年 12 月香港第一版第一次印刷
	2022 年 3 月香港第一版第二次印刷
規　　格	大 32 開（140 × 210 mm）496 面
國際書號	ISBN 978-962-04-4896-6

© 2021 Joint Publishing (H.K.) Co., Ltd.

Published & Printed in Hong Kong